妖怪少年の日々

アラマタ自伝

荒俣 宏
Hiroshi Aramata

角川書店

妖怪少年の日々　アラマタ自伝

まえがき

Little Boy Lost

迷子になった男の子（The Little Boy Lost)
お父さん、いったいどこに行くの？
お願いだからそんなに速く歩かないで
お父さん、ぼくに声をかけて
かけてくれなきゃ、ぼくは迷子になっちゃう

夜は暗く、父親はどこにもいなかった。
子どもは涙でびしょ濡れ。
沼地は深く子は泣きやまない。
そしてすべては霧に覆われた。

ウイリアム・ブレイク『無垢の歌』より
長尾高弘訳

わたしは、すでに齢七十を越えた散木《さんぼく》である。数え切れぬほど多くの恥をかいてきたから、今さら恥ずかしいこともないが、さりとて胸を張って語るような偉業もない。ただ、信じがたい運に恵まれたことを感謝するばかりである。

先の大戦のあと、昭和二十二年いわゆる団塊の世代に生まれつき、日本人が数千年にわたり伝えてきた古い文化伝統が、いったんすべて消え去り、かえってさばさばした焼け野原の中、腹は減るけれども大きな抑圧から解放されて、海や虫やお化けと戯れながら幼年期を過ごすことができた。長い日本の歴史にあっても、これだけ自由な少年時代を体験した世代は稀有《けう》だったのではないだろうか。しかも、その後から世界に現れ出た驚くべき新文明の誕生と消滅を眺めてこられた。二千年の文化史を、わずか七十年のあいだに、長大な保存データを早回しするかのように効率よく楽しめた。それをこれから、もっと圧縮して早回し上映をする立場になったのだから、なんともふしぎな不思議な気分でいる。

冒頭でわたしは、自分が幸運に恵まれた果報者だと書いた。その意味は、現在から見ればほぼ原始時代のようにワイルドな暮らしから始まり、SFがそのまま現実になったエレクトロンとハイ・テクノロジーの銀河系暮らしを手に入れた二十一世紀初頭にまたがる「時間」を往来できたこともあるが、より身近には数多くの師匠や先達にめぐり合わせた幸運にもある。本心から思うが、人生の喜びは、最高の導き手に巡り合えることしかない。たとえ腐れ縁のような関係でも、最後には宝となる。

わたしは、小学生のころから恐ろしいほどの「師匠マニア」だった。現在のように、あらゆる冒険や修業に導きの手が用意されておらず、本すら自由に読めなかった戦後の東京に生まれ合わせたので、ブレイク『無垢の歌』に収められた「迷子になった少年」と同じ気持ちで、必死に導き手を探し歩いた。だから、ブレイクの詩にうたわれた、あの心細さは、いつも心に刺さる。

　わたしたち子どもを食わせるのに必死の父と母が、それまできつく握りしめてくれた手を放してしまった時期から、わたしは導き手を探しはじめた。この人は師匠だ、と思える人を見つけると、恥ずかし気もなくファンレターや質問状を送った。いまでも覚えているが、小学校六年のとき、学校の図書室で『金魚の飼いかた』という非常におもしろい本に出あった。わたしは東京の板橋に暮らした頃から、大の魚好きであった。我が家のお隣りに豆屋さんがあって、すでに高齢だったご夫婦が毎日豆を炒って三和土《たたき》の隅でつましく売る店と、万屋《よろずや》に煙草店を兼ねた我が家との間に、小さな池があった。そこに、豆屋の老夫妻が愛らしい金魚を飼育していたのだ。それがあまりにおもしろかったので、我が家でも金魚を飼ってみたが、どうしても長く生きてくれなかった。それで、同級生の西尾《にしお》君が駄菓子と金魚を売る店の子だったので、金魚の飼い方を聞きに行った。そうしたら、裏の小さな養魚場に、見たこともない琉金《りゅうきん》という種類がいて、どうしても欲しくなった。そのとき三十円しかもっていなかったけれど、親切な西尾君のおかあさんが、その琉金を三十円で売ってくれた。大喜びでホーロー引きの容器にすくっていると、奥にいたおとうさんが出てきた。おとうさんは酔っぱらっていて、わたしが持っていた手網をひったくり、琉金を元の池に戻すと、やせっぽちの和金を一匹すくい直し、その手網を振り上げて、おかあさんを何度も叩いた。

　ブレイクの詩になぞらえれば、わたしがリトル・ボーイ・ロストになって冷たい世間に放り出されたのは、そのときだったような気がする。それ以来、金魚の飼い方がわかる本を探したが、学校の図書室にそんな本は見いだせなかった。わたしがやっと目的の本をみつけたのは、六年生になったときだった。子ども向けの本だったが、あのとき買えなかった琉金だけでなく、ランチュウやオランダシシガシラといっためずらしい品種が載っていた。これらはさらに不可思議な姿をしている。だが、そう簡単に手に入らない珍種たちである。わたしは思いあまって、本の著者である新井《あらい》邦夫《くにお》さんという水産庁技官の方に手紙を出した。そうしたら、板橋区滝野川《たきのがわ》にある金魚屋を教えてくれた。近藤勇《こんどういさみ》が処刑されたすぐそばの、立派な金魚屋さんだった。

中学生になったときには、トゲウオという川魚の生態を書いた本をみつけた。この小魚は雄が巣をつくる。杉並《すぎなみ》の善福寺池《ぜんぷくじいけ》で採集できる、と本に出ていた。そこでまた、著者に手紙を出し、採り方を質問した。今になると驚くのは、著者の名は中西悟堂《なかにしごどう》といって、日本野鳥の会を創った人だった。また、高校生ではサボテン栽培に興味が向き、たくさん読んだサボテン読本のうち、一番気に入った本の著者にファンレターを出したこともある。やはり名前がおもしろく、龍胆寺雄《りゅうたんじゆう》といった。のちに川端康成《かわばたやすなり》の代作をおこなったという新興文学派の文学者と知り、本職が文学者であることに驚かされた。

当時は、読んだ本の著者に手紙を出すのが、知りたい情報を得る方法だったが、やがて弟子入りを申し込むようになった。決定的な出会いが、中学三年生のときにあった。その相手は、小《こい》泉《ずみ》八雲《やくも》の翻訳者として名高い英文学者、平井呈一《ひらいていいち》である。わたしは平井先生の押しかけ門弟になった。わたしを怪奇幻想文学の世界に導いてくれた師匠である。ここから、迷子になっていた少年が、偉大な先生に手を差しのべてもらい、lost boyではなくなった。

それから、かぞえきれないほどたくさんの導き手に出あうことになるのだが、さて、どこから話しはじめればいいだろうか。

目次

カバーデザイン・DTP／山下武夫（クラップス）
カバー挿画／Mario Laboccetta

第一章

下谷の幼児、「神隠し」に遭う

図版所有　荒俣コレクション。

「私は自分の幼年時代の思い出の中から、これまで何度も何度もそれを思い出したおかげで、いつか自分の現在の気もちと綯《な》い交ぜになってしまっているようなものばかりを主として、書いてゆくつもりだ。そして私はそれらの幼年時代のすべてを、単なるなつかしい思い出としては取り扱うまい。まあ言ってみれば、私はそこに自分の人生の本質のようなものを見出したい」

堀辰雄「幼年時代」

故郷は下谷、鬼子母神の横

荒俣《あらまた》というあまり聞かない姓をもらったわたしは、東京の下町っ子である。縁とは不思議なもので、小泉八雲の翻訳をはじめ欧米の不思議な物語を日本に紹介した恩師平井呈一先生の実家があった下谷《したや》西黒《にしくろ》門町《もんちょう》にも近かった。平井先生もみずからを「明治の末っ子」と呼んだが、その伝で言うならば、わたしは「昭和の江戸っ子」である。

とにかく変わった子で、お化け話が異様に好きだった。田舎を持たぬ東京住まいの三代目であるから、父の代からすでに「ひ」と「し」の区別がつかず、アサヒシンブンを「アサシシンブン」としか言えなかったことも、情けないことであった。父親仕込みの江戸弁が染みついて、たとえば「教える」ということばは、「おせぇる」と言った。中学校は山の手に通ったのが運の尽きで、その「教える」ということばが教科書に出てきた。わたしは迷うことなく、「おせぇる」と読んだところ、教室中に爆笑がおこった。そのせいで、自分は下卑《げび》た下町の子という負い目を背おわせられた。

霊魂とか宇宙とか、人のあまり振り向かぬ妙なことに関心を集中させたのも、このときのショックが原因だったかもしれない。

わたしが生まれたのは昭和二十二年七月十二日、東京の景色はいまだ終戦直後とたいして変わらず、物のない時代だった。父母ともに東京育ちだから、食料調達に苦労したようだ。母は戦争中に千葉へ疎開し、そこで畑を耕しながら、戦地から帰ってくるはずの父を待った。父は中国とシンガポールに出征したらしいが、運良く戦死を免れ、千葉まで母を探しに来て、東金《とうがね》の田圃《たんぼ》で働いていた母と、あぜ道で再会した。これは我が家の数少ないドラマである。

二人は昭和十八年六月十日に結婚した。まさに太平洋戦争の真っただ中である。父は支那事変に出征し、一度帰国してからふたたび南方戦線に送られたから、ちょうど両戦争の間隙をついて祝言をあげたことになる。したがって、ほとんど新婚生活はできなかったらしい。父は荒俣一男といい、大正七年に東京市台東《たいとう》区小島町《こじまちょう》に生まれた。東京先住民のような下町言葉で、わたしの師匠になった平井呈一の話し方とそっくりだった。祖父は荒俣敬三郎といって、小石川区音羽町に住んだ富山出身の荒俣徳太郎家から分家した人だった。どうやら徳太郎が東京へ出てきてからの江戸っ子らしい。それでもわたしで三代目だ。この荒俣姓は富山県高岡《たかおか》あたりに非常に多い。祖父はブリキ職人でお茶缶やお菓子缶をつくる工場を経営していた。高岡が銅をはじめとする金属加工の土地だったことを反映する職業といえる。その長男坊だった父は工場の目の前に今も同じ姿で残っている旧小島小学校の卒業生だ。三つ下の叔父と一緒に草野球に熱中した。これは自己申告だからどこまでほんとうか知れないが、草野球では地元の有名少年だったという。

母は旧姓が小川ミツ、福島県田村《たむら》郡守山町というところで生まれたが幼女の頃に東京の中野《なかの》に引っ越してきた。しかし性格も言葉も江戸下町である。祖父は宮大工だったので、母の兄、正二も中野で棟梁を張る宮大工になった。木遣《きや》りを謡わせれば絶品で、いつも伯父さんの声に聞きほれた。小川家はこの兄の家の近辺に集まっており、文化教養の高い親戚もたくさんいる。もっとも、小川家で一番偉かったのは、祖母だった、と親戚の人達はいう。終戦後に東京に引っ越してきたが、直ぐに病気で亡くなったので、孫のわたしも会った記憶がない。新潟の弥彦《やひこ》神社で巫女をしていたとか聞いたが、行儀作法のしつけに厳しく、いたずらっ子の母はいつも叱られていたという。

　母は大工の娘だけになかなかの鉄火肌だったから、終戦直後は闇市通いをして家を助けた。いちど警察官に見咎められ、闇で買った物を没収されそうになったのを、必死の言い訳により免れたことがあった。母のほうに武勇伝が多い。

　ときどき、父の戦友だという人たちが遊びに来た。母が酒肴《しゆこう》をどこからか調達してくると、父は南方戦線に従軍していた戦友と一緒に、「さらば、ラバウルよ、また来る日ィまーで」だの「わたしのラバさん、酋長の娘ぇ」だのを歌うのがおもしろかった。母は頃合いを見きて、すばやく肴の残りを引き上げてて、子供のご飯のおかずに食べさせてしまうような、しっかり者だった（九十六歳まで健在だった）。

　わたしが自分の記憶としてはっきり覚えているのは、板橋で雑貨屋を営んでいた時代に目撃した母の度胸である。ジープでやってきた米兵を相手に、日本語一本槍で口説き通し、ついに九谷焼《くたにやき》の置物を売ってしまった。わたしたちは物陰に隠れ、どうなることかと見守ったが、下町のおばさんにはかなわないと、このとき子ども心に悟った。

　父母は戦争を生き抜き、感動の再会を果たしたまではよかったが、見込みのある商いをなかなか見つけられなかった。上野《うえの》の下谷という庶民の町に落ち着くまで、数年を要したようである。したがって、わたしの生まれた時期も、実際は下谷に店を出すすこし前のことであったらしく、生まれた場所も板橋にある祖父の家ではなかったかと推測される。しかし、それについては確証がない。わたしが確実に記憶しているいちばん古い住まいは、下谷の「豊住町《とよすみちょう》」である。本籍もかつてはここであり、今でもここを故郷と思っているから、話を「下谷豊住町」から始めることにする。

　ＪＲ山手線《やまのてせん》の線路が上野駅から鶯谷《うぐいすだに》へ向かう途中、上野恩賜《おんし》公園のほうへ大きくカーブするところに、この町は位置していた。昭和通りと言問《こととい》通りとで二

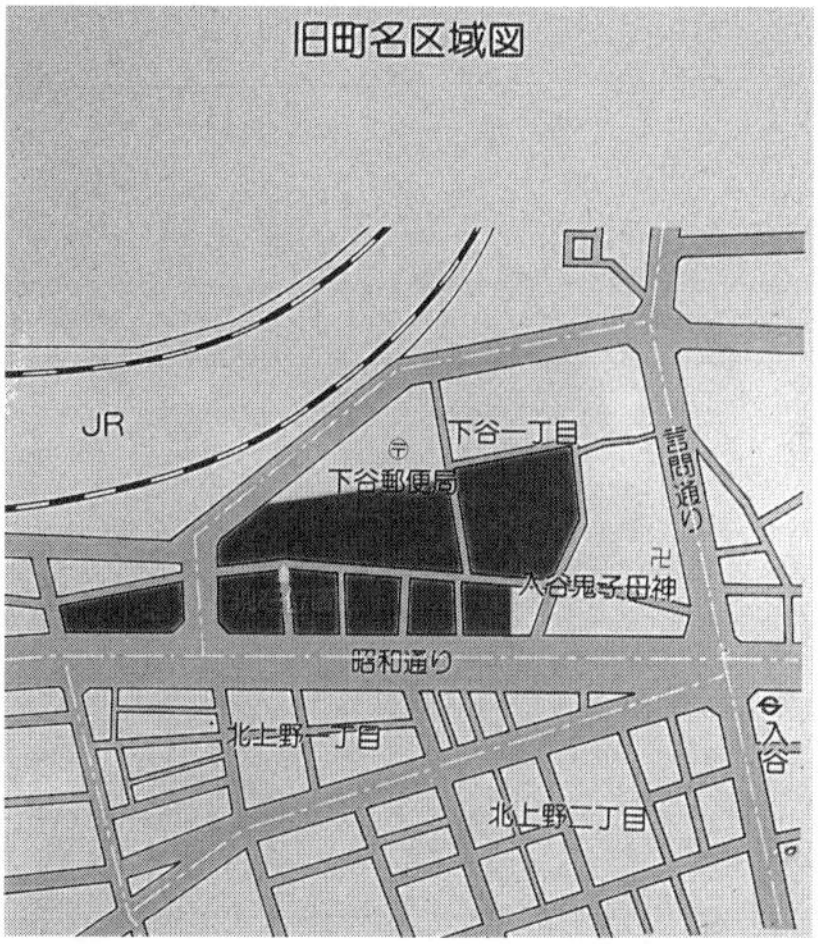

旧「豊住町」を示す地図。言問通りと昭和通りに区切られた一画。江戸時代は「御切手町」と呼ばれたが、明治２年に「下谷豊住町」、明治44年から「豊住町」となり、現在は台東区下谷１丁目に属している。

方を切り取られた三角地の一角が、明治二年から「下谷豊住町」となり、戦後は下谷を外して単に「豊住町」と呼ばれた。現在の台東区下谷一丁目にあたる。上野の崖うえは昔から格式ある寺や神社が建ちならび、徳川《とくがわ》将軍家の墓所もあった聖なる一帯であったが、がけ下の上野は古くから「下谷」と呼ばれた通り、いろいろと訳アリの地域であり、貧者が肩を寄せ合って暮らすところだった。豊住町という名も、実態ではなく願望から名付けられた名だと思う。

　このあたり、江戸時代は千束池《せんぞくいけ》の水が溜まった湿地帯で、上野寛永寺《かんえいじ》あたりの通行を管理する「切手同心」の拝領地だったと聞く。切手とは、江戸期の通行手形のことであるが、「下町まちしるべ」によれば、勘定奉行の下で禄米の証書（切米手形）を管理する同心のことだという。つまり、江戸の蔵米支給を担当した役人が住んだ低地であり、葦やら蓮やらの生える田んぼであった。その湿地帯を利用して朝顔の栽培が盛んになり、江戸末期から大正の初めにかけては、初夏の朝顔市で賑わった。大正の震災

や町の改制などで朝顔は消えたけれど、昭和二十五年に朝顔市だけ復活した。ちょうどそのとき、我が家はここに越してきたのである。わたしはここで育ち、保育園というモダンな幼児保育施設に通いだした。

　書き忘れたが、この地域のランドマークといえば、おそれ入谷《いりや》の「鬼子母神《きしもじん》」である。我が家は台東区でも下谷と呼ばれた地区にあったが、お隣りに建つ鬼子母神は地名が入谷というのは、どうも違和感があった。今にして思えば、上野台地を取り巻く電車線路一帯の低地はどこも「下谷」であり、上野広《ひろ》小路《こうじ》あたりまでがすべて一地区に属していたらしい。ちなみに言えば、わたしを霊的文学の世界に導いた平井呈一も、下谷育ちである。平井先生の実のお兄さんは、谷口喜《たにぐちき》作《さく》といって、どら焼きで名をあげた下谷の菓子舗「うさぎや」のご主人だった。

入谷鬼子母神。鬼神「散支夜叉」の妻で、千人の子を養うために人間の子を食べたといわれる。日融上人創建になる真源寺に祀られ、子育ての神として信仰される。

　いっぽう、鬼子母神がある入谷というところは、下谷の一部ではあるものの、もと千束池の水底であった。そこを陸地化し開拓したのが入谷だというのが、地元っ子の認識だった。浅草《あさくさ》も近いので、いわば下町気質の坩堝《るつぼ》といったところなのである。

　上野といえば、戦後は戦争孤児たちの集まる場所だった。駅の地下道で雨露をしのげたことと、西郷《さいごう》さんが立つ上野恩賜公園が「たまり場」として都合がよかったせいだと思う。そこに、偶然とは恐ろしいもので、下谷には子供の守り神とされる鬼子母神もおいでだった。鬼子母神とは、万治《まんじ》二年（一六五九）創建になる真源寺《しんげんじ》に祀られた、インド仏教系の鬼神である。鬼だから、本来は怖い神なのである。「鬼子母神はね、女の神様なのに子供を捕まえて食べてしまう恐ろしい鬼だったんだよ。そこで、お釈迦《しゃか》様が鬼子母神の子供を隠してね、子供がいなくなったらどんなに悲しいかを思い知らせてくだすった。そのあと、鬼子母神は心を入れ替えて子供を守る神様になったんだとさ」と、母から聞かされた。わたしにとって妖怪との第一遭遇が鬼子母神だったと言えるかもしれない。わたしは鬼子母神に拐《さら》われる怖さをすっかり刷り込まれ、真源寺にお参りに行くと自然に体が縮こまった。それで興味も、子供を食べてしまう恐ろしい姿に集中し、子供の守り神という親しみがどうしても持てなかった。

　父母がこの豊住町にいつ店を出したかは、前述したとおり、はっきりとわからない。けれども、朝鮮戦争がつづいていた時期だったらしいので、たぶん昭和二十年代の後期だったのだろう。昭和通り沿いに、非鉄金属の卸売店を開業した。ようするに地金《じがね》屋である。上野広小路にも近い商業地だったけれども、新参者なので、なかなかお客がつかなかったそうだ。ただし、父にはこの辺の土地勘があった。祖父が上野御《お》徒町《かちまち》の先にある小島町というところでブリキ職人をしていた縁で、下谷辺をよく知っていたのである。

　復員した父は長男だったし、子どもも生まれたので、商いの口を探さねばならなかった。さいわい、敬三郎という偉そうな名を持つ祖父には商才があって、父も頼りにすることができた。祖父はブリキの菓子缶を明治座《めいじざ》や歌舞伎座《かぶきざ》に卸す仕事で大当たりし、商品を父と叔父に作らせていた。また、陸軍造兵廠《しょう》が板橋にできると、今度はそこに工場を建て、砲弾の部品を軍に供給する仕事でも当てた。なんでも、じいさんの工場に軍人がやってきて、砲弾の部品を作ってくれるなら言い値で買い取る、と持ちかけてきたそうなのだ。それで祖父は一時、現金を「縁の下貯金」にした。しかし、そういうお金は身につかなかったらしく、博打とか、あるいは税務署に追徴されて消えた、と聞いたことがある。戦争中、この祖父に仕えた母は、たいへんな目に遭ったそうだ。東京に空襲があると、焼け跡回りをさせられたからである。逃げようとしたら、ダメだ、ここに残れ、と言われた。爆撃を受けたところは誰の土地か分からなくなるから、うまくいけば縄張りをしてうちで使えるかもしれないという、嘘みたいなアイデアを思いついたらしい。母は気の毒に、空襲になっても逃げられず、賢い祖父に連れられて焼け跡を見に行かされた。

祖父は浅草の職人だったから、芸事と相撲が好きで、孫たちに浪曲や都々逸《どどいつ》を教えた。わたしは今でも浪曲を一節《ひとふし》くらい唸ることができる。この敬三郎じいさんはわたしが小学三年生のとき、好きな芝居見物に出かけて、あろうことか歌舞伎座の信号あたりでダンプカーに撥《は》ねられて亡くなった。わたしが本物の死者をまぢかに見たのは、それが最初だった。

この「賢いじいさん」が戦後、長男と次男それぞれを地金商売で一本立ちさせようと考えた。次男の叔父は、祖父が住む地元板橋の清水町《しみずちょう》に店を持ち、いっぽう長男であった父は、祖父が以前住んでいた浅草小島町に近い豊住町に、店を建てた。しかし、運命は父に味方してくれず、昭和二十八年ごろに店をつぶしてしまう。板橋で成功した叔父に、わが父が廃業した原因を訊いてみたら、こう教えてくれたことがある。

「おまえのおとうちゃんはね、運が悪かったんだ。あっちは上野の地回りが支配していたんで商売がしにくかった。脅されたりするんだよ。だから、慣れない人間には商売がむずかしかった。ところが板橋はうちのじいさんがいたし、怖い地回りもいなかったから、新しく店を出しても、商売ができたんだな」

なるほど、そういうものか、とわたしは納得した。

父は最初、前金なしで銅板を卸していたが、悪い人に引っかかり、売掛金を回収できなくなった。すると、そこからワケありの人たちが割り込んできて、苦労したらしいのだ。

けれども、わたしの記憶に残る豊住町は、楽しく温かい、の一語に尽きる。今でも色褪せない助け合いの気風があった。お醤油、お米、ろうそくなどが切れると、近所へ行って「お米、貸してちょうだい」とお使いするのが子どもの仕事だった。お互いさまなので、どこの家も精一杯貸してくれた。お祭りがまた楽しかった。わたしは山車《だし》を引いたことをまだ覚えている。情緒ある東京下町の住みよさがあり、町内の人たちも人情に篤かった。ここを故郷と決めているのも、幼い時期にいろいろな体験ができたからである。

まず第一に、夏の夜の縁台。暑さしのぎに浴衣掛けの人たちが集まり、将棋をしたり、花火をしたりした。これが毎晩なのである。それから、銅板を卸していた我が家の店内も、おもしろかった。親戚のお兄さんが手伝いにきていた。店に置かれた銅板の冷たさも忘れられない。商売物である大きな金属板が積まれた棚が、わたしと妹の遊び場だった。たぶん夏だったはずだが、店が閉まると銅板置き場は一転して冒険ジャングルと化すのだ。わたしたちは棚に潜り込み、冷たくて気持ちのよい銅板の上に横になって、遊んだ。そのうちに眠り込んでしまい、探しに来た父に怒鳴られるというのが、常だった。次に、我が家の隣りはアイスキャンデー屋であった。保育園から帰ると、わたしは真っ先に隣りへ行って、入口にどんと置かれた冷蔵庫のむこうへ声を掛けるのだ。「おばちゃん、キャンデーちょうだい！」と。

すると、おばちゃんが飛んできて、冷蔵庫を開け、キャンデーを一本くれる。むろん、隣りの子なので無料である。それを舐めるのが大好きだった。当時、上野のあたりにはアイスキャンデー屋が多かった。自転車でキャンデーを売りに来る人も多かった。なぜキャンデーだったのか、あとあとまで不思議だったが、九州の「千鳥《ちどり》饅頭」というお菓子を取材したときに謎が解けた。終戦後、砂糖や小麦が配給されないために商売を再開できない菓子屋は、そろってアイスキャンデーを売っていたのだそうな。キャンデーなら、砂糖さえ手に入れれば、あとは砂糖水に味と色をつけて凍らせればいい。使用済みの割り箸をバーのかわりにして、りっぱなキャンデーができあがる。

　お隣りの中庭には、子熊が飼われていた。いつもこの熊が遊び相手だった。母は、熊を飼っていたのはうちだよ、というのだが、わたしの記憶では、あの子熊は隣家で飼われていた。しかし熊なのだから、大きく育ったら危険になったにちがいない。その後、熊はどうなったのか、たまに心配になることがある。そういえば、中学生の頃、山手線で新宿《しんじゅく》駅に出かけると、「しょんべん横丁」の線路際に熊の檻が見えて、子熊がいたことを覚えている。昭和二十～三十年代は、家庭でも猛獣を飼うことが許されていた。

コロッケ屋と「手児奈せんべい」の奇縁

　我が家でキャンデー以上によろこばれたのが、コロッケである。鬼子母神前を走る言問通りの信号を渡り、金杉《かなすぎ》の方向に歩いていくと、「きたはち」という大きな肉屋があった。名店である。ここでいち

かつて開業していた肉屋「きたはち」の跡地周辺。言問通りから延びる商店街「うぐいす通り」（根岸３丁目）の道沿いにあった。

ばん安くて美味しいのがコロッケだった。わたしの「初めてのお使い」は、この店だった。電車道を渡って七、八分ほど行った先に、魚屋と八百屋に並び合って営業していたこの肉屋で、コロッケを買ってくる。残念ながら、「きたはち」は現在廃業し、跡地がマンションに変わっている。でも、地元では「きたはち」の伝承が今も根強く残っている。じつはわたしが「きたはち」のあった場所を知ることができたのも、長くこの地に住み続けている地元の方々が教えてくださったおかげなのである。

肉屋「きたはち」があったと思われる跡地のすこし先に、創業六十三年という老舗「手児奈《てこな》せんべい」が営業を続けているので、先だって近所に用事があったついでに、このせんべい屋を訪ねてみた。下町らしく気風《きっぷ》のいいおかみさんが答えてくれた。あの肉屋さんはね、大きくて、美味しい店だったから人気があったんだわよ、と。

この「きたはち」は、鶯谷近辺では地元民に愛された名店であり、八百屋、魚屋、肉屋と三軒の店が並び合うところが目印であった。とくにコロッケなどのフライが美味しいと評判だった。それで、揚げ物好きの我が家では、しばしば「きたはち」のコロッケが食卓に出たのである。

せんべい屋のおかみさんに「きたはち」の話を聞いているうちに、わたしはもうひとつ、別なことを思い出した。「そういえば、この『手児奈せんべい』って、どこかで聞いたことがあるぞ。いや、幼児のころにお菓子を買いに行った可能性さえあるんじゃないか」と。せんべい屋が開業した時期を計算すると、わたしがここに住んでいた時期と一年ほど重なるのだ。

それで、おかみさんに「手児奈」というおもしろい名前の意味を尋ねてみた。すると、おかみさんが由来を書いた小さなカードをくれた。この登録商標は、万葉集にも歌われた下総国《しもうさ》葛飾《かつしか》郡真間《まま》（現在の千葉県市川市《いちかわ》）に古くから伝わる絶世の美女「手児奈」に由来するという。古くは「手古奈」と表記したが、いつのころからか「手児奈」になったので、

手児奈せんべいの店舗（根岸３丁目）。創業六十三年目とされるせんべいの老舗。千葉県市川に伝わる「手児奈」伝説にちなんだ名だが、意外にも『雨月物語』に関連する。

わたしもこの表記を使うことにする。今の市川市に属する真間には、大昔から、悲しい愛の物語が語り伝えられており、手児奈は市川市の一大ヒロインだったのである。

市川！　わたしはその地名に反応して、その場に一瞬凍りついた。それがまた奇妙な縁でわたしを結びつけたからである。だが、それを書き始めると長くなるので、詳細は後に回そう。まずは肉屋の「きたはち」の話から片づける。

ほんとうに「迷子になった少年」になった？

わたしはこの肉屋へ買い物に行く途中、迷子になったのである。母の話によれば、迷子になったその日は、たまたま板橋区の本家から祖母と叔母が我が家に遊びに来ていたという。それで、今夜はご馳走をしようという話になり、叔母が言問通りを渡った根岸《ねぎし》のほうにある「きたはち」にコロッケを買いに出かけた。わたしも、叔母が「きたはち」にコロッケを買いに行ったと聞いて、すぐに後を追いかけていったらしい。「きたはち」はすでに何度も「初めてのお使い」を経験していたので、母も迷子になる気遣いはないと思ったそうなのだ。ところが、コロッケを買って戻ってきた叔母は、わたしを見ていなかった。あわてて「きたはち」に戻ってみたが、わたしの姿はない。まだ頑是《がんぜ》ない保育園児だったので、これは迷子か人さらいだと、家族中で大騒ぎになった。親たちがとっさに想像したのは、やはり、子どもをさらって食べた鬼子母神の伝説だったようだ。祖母がすぐ警察に駆け込んだが、暗くなってもわたしは発見されなかった。

わたし自身もこの日のことをぼんやりと記憶している。あやふやな記憶だが、迷子になったその日、わたしはどうやら、近所に来ていたホームレスの子供と一緒に遊び、気がつくと上野駅の地下道と思しきコンクリートの壁際で、ゴザをかぶって眠ってしまったらしいのだ。「きたはち」へ行くつもりが、どこで引っかかったのか、鶯谷の陸橋を渡って、上野台地の方まで行き、そこで迷子になった。わたしが目を覚ました場所は、ひょっとすると交番の中だったかもしれないが、とにかく周囲がコンクリートだった。祖母が迎えに来ていたので、おんぶをしてもらって帰宅した。その間、四時間くらい消えていたことになろう。祖母も、我が家のそばに入谷鬼子母神があったので、子をさらって食べてしまう恐ろしい邪鬼の伝説がすぐにひらめいたという。それで、必死に捜索した。母は、わたしが「神隠し」に遭ったと思い込んだようだ。

この事件があって、わたしは住所と名前が入った金属の迷子札を首からぶら下げられる羽目になった。この迷子札はずっと後まで家に残っていたが、いつのまにか失せてしまった。だが、迷子になった際の怖い思い出は、ない。ホームレスの子たちと遊び、疲れてゴザに寝てしまったのだが、その子たちが親切にも、わたしを寝かせてくれたように覚えている。

当時は上野の西郷さんのあたりに「浮浪児」と呼ばれたホームレスの子たちが多数たむろし、駅の地下道がその子たちの溜まり場だった。上野の山のほうも子どもの群れが多かったし、下谷にまで出てくる子も少なくなかった。わたしは「神隠し」に遭ったにもかかわらず、むしろ孤児たちに楽しく遊んでもらったらしい。したがって、その後もひとりで上野動物園までふらふら歩いていく癖がついた。今回そのルートを歩いてみたが、鶯谷駅へは陸橋を上り、あとは上野公園の中を抜けると、動物園の門まで子供の足でも十五分とかからない。動物園は有料だったが、柵の一部に通り抜けできるところがあって、そこを潜って園内に入った記憶もある。わたしを生物好きにしたのは、上野動物園の近くに住んだ影響が大きい。

恋しい女が冥土から招く

さて、ここで話を「手児奈せんべい」に返そう。「手児奈」を名乗るせんべい屋の一号店は、やはり千葉県市川市にあった、というところまで話したと思う。鶯谷の店は二号店で、おかみさんの話によると、はじめは北海道に開店したのだが、あちらはせんべいといえば「南部《なんぶ》せんべい」が中心だったので、草加《そうか》せんべいのタイプはさっぱり売れない。すぐに立ち行かなくなり、店を上野の下谷に移した。しかし、わたしがこの名を覚えていたのは、幼児期の記憶からではなかった。むしろ、ここ十年の間に蓄えた記憶に関わっていたのである。

手児奈せんべいの由来は、すでに書いたように、下総国葛飾郡真間すなわち現在の千葉県市川市に伝わる薄幸の美女にある。彼女が生きていたのは欽明《きんめい》天皇の時代、すなわち奈良時代以前だとされるから、じつに古い伝承である。この女《ひと》は葛飾の真間川近くに住んだ農家の女といわれ、決して身分は高くないが、働き者で、しかも男なら通り過ぎることができなくなるほどの美人であった。もっとも、元来は国《くにの》造《みやつこ》の家柄で、隣りの国に嫁いだ女性だったという話もある。しかし、勝鹿《かつしか》（葛飾の古表記）の国府と諍《いさか》いが起こったため、誤解を受けて嫁ぎ先を出ることになり、真間に帰って一人で子を育てながら、つましく暮らした。ところが、真間でも彼女をめぐる男たちの諍いが生じた。「心は均等に分けて与えることが出来るけれども、体はひとつなので分けてあげられぬ」と苦悩した挙句、手児奈は誰のものになることもなく、真間の入江に入水したという。後年、この秘話に感動した行基《ぎょうき》菩薩が霊堂を建てて鎮魂したのが、今の手児奈霊堂である。

美しすぎて男たちを諍いに巻き込む自分の身を「罪」と感じた女の物語だが、この話に感動したのは行基ばかりではなかった。なんと、日本屈指の怪談集と言われる『雨月物語』を著した上田秋成《うえだあきなり》も、手児奈の崇拝者であった。あの傑作「浅茅が宿」は、手児奈の話に霊感を得て生まれた怪談なのである。わたしが聞き覚えある名と感じたのは、この「浅茅が宿」を愛読していたからだった。中学生のとき、この作品はわたしのお気に入りであり、全文を記憶したことすらあるのだ。その一節、真間の勝四郎《かつしろう》が七年も帰らなかった家に帰り着き、妻の宮木《みやぎ》の安否を探る場面は、まさに怪談文体のお手本といってよい。

「此時《このとき》日ははや西に沈みて雨雲は落ちかゝるばかりに闇《くら》けれど、舊《ひさ》しく住みなれし里なれば、迷うべくもあらじと、夏野わけ行くに、いにしへの継橋《つぎばし》も川瀬におちたれば、げに駒の足音もせぬに、田畑はあれたき儘にすさみて、舊《もと》の道もわからず、ありつる人居《いえい》もなし」

とつづく文章は、いまもときどき口をついて出てくる。

しかし、いかに怪談集を諸国物語とも呼びなすとはいえ、「浅茅が宿」の舞台となった坂東の下総国勝鹿は辺境に過ぎるのではないか。今、千葉の田舎の恋愛怪談を語っても、ひとは耳も傾けないであろう。だが、秋成は学者であり、文学者でもあった。鎌倉幕府滅亡のあおりを受けて、ここが戦場となり荒れ果てたことを、巧みに利用したのである。冒頭に「手児奈」と書いただけで、どんな美女が出てくるのかと、当時の読者は心ときめかせたからである。手児奈の伝説がある真間を舞台に設定することで、世にも健気《けなげ》な乙女の物語が、誰の頭にも浮かんできた。さらに秋成は、障害があって村から出られない翁を登場させ、物語を実話に近づけようとした。戦場となった土地から逃げることなく、帰ってくると約束した夫を待ちつづけた末に死んだ妻の様子を、この翁は勝四郎に伝える。ここで、「真間の手児奈」

の言い伝えが語られるのである。家が貧しいので「麻衣に青衿つけて、髪もらず、履だも履かずてあれど、面は望の夜の月のごと、笑めば花の艶ふがごと、綾錦につゝめる京女臈にも勝り」たる美女。彼女は、里人はもちろん、京の防人《さきもり》や他国の男にまで言い寄られるのだが、多くの男の心に報いることができぬと悲しみ、川に身を投げた。翁は、宮木の健気さが手児奈のそれに勝ると賞賛した。

この物語は、冥土に落ちた死者が、それでも恋しい夫のために此の世に現れるという、それまでの「亡霊談」を覆すような掟破りのストーリーになっている。なぜかといえば、死者は汚れているので、いかなる理由があろうとも此の世に迎え入れることができない、という約束事があったからである。こうした死者の強い情愛は、それ以前には「恨み」とか「悪縁」として否定的に扱われた。ましてや、死者は黄泉に下って、黄泉戸喫《よもつへぐい》と呼ばれる死の世界の汚れた食べ物を口にする行為を犯してしまうと、絶対に地上へ戻れなくなる。万一戻れば、この世を汚して、懲罰を受けた。ところが中国では、明の時代から「伝奇」という名の新たな文学が流行しだした。現世そのものが腐敗と悪業の巷《ちまた》と化した時代、汚れたという意味では黄泉も此の世も違いはない。ならばいっそ、異界の妖魔や慣れ親しんだ死者と結ばれた方がよほど幸福であり、純愛の名に値する。どうせ此の世でうだつが上がらないなら、自分はあえて闇の世界で汚れた美女を抱きしめたい、というような腹を据えた霊界恋愛小説を執筆する作家たちが、科挙に受からず怨念を募らせたインテリ絶望派の中

死者が此の世の者に恋をするという日本的怪談は、死を汚れとして俗世に持ち込むのを禁じた伝統的な霊魂観を覆した。橘小夢画『牡丹灯籠』より。

から出てきたのである。そんなかれらが書いたのが、伝奇小説だった。この新型「亡霊小説」は、同じ思いでいた読者に迎えられた。伝奇小説に反体制的な恨みを鋭く嗅ぎ取った権力側も、すばやく反応して、怪談を激しく弾圧した。しかし、なんと、この伝奇小説が日本にも伝わって、説教や道徳話にうんざりしていた読者に受け入れられ、秋成のような「国産伝奇小説」を創作する人々が現れた。こうなると、怪談は「心中」と同じ「世に逆らう恋愛」という看板を掲げることになる。かくて、心中や伝奇を書くインテリ作家や版元は、風俗紊乱《びんらん》という旗のもとで、ここぞとばかりに体制側の弾圧を食らっていく。

歌舞伎も風俗紊乱の元凶として目の敵にされ、とりわけ女の歌舞伎役者が一掃されて、江戸時代に「女形」というじつに不可思議な芸が誕生するのだが、歌舞伎もまた「霊魂観の一大転覆」に深く関わっている。歌舞伎流行のきっかけをつくった出雲《いずも》の阿《お》国《くに》は、周知のように出雲大社の巫女だった。それればかりでなく、浄土教とも関係した「鎮魂師」でもあった。阿国が舞台に載せた演目を基にして書かれたといわれる『歌舞伎草子』に、その意味がちゃんと表現されている。この時代、「風俗」と名付けられた「浮世＝憂世」の退廃的な光景が絵や物語や演劇を覆い尽くす。この末世末法、「憂世」感覚が、中国で伝奇小説を発生させ、日本でもお伽《とぎ》草子や阿国歌舞伎を生み出した原動力だった。

「歌舞伎草子」あるいは「歌舞伎草紙」といわれる読み物は、もとが「かぶき踊り」をベースにしているため、絵が取り入れられた絢爛豪華なエンターテインメントになっている。その内容は茶屋で繰り広げられるどんちゃん騒ぎと遊女との睦《むつ》みごとである。しかも、阿国がその恋人で日本三大イケメンともされた名古屋三左衛門《なごやさんざえもん》をあの世から現世に呼び出し、茶屋遊びに招待して歓楽の限りを尽くさせる。すでにここからして、阿国と名古屋山左《さんざ》は「浅茅が宿」や「牡丹灯籠」の恋愛怪談仲間なのである。

せんべいの絆を知る

そんなわけで、伝奇はそれまでの教条的な勧善懲悪の文芸を一掃し、ついでに「汚れた黄泉」の禁じられた扉を破った。

死者と恋をすることは、江戸時代以後に発展する日本の物語世界を拓く尖兵を引き受けた出来事だった。だがむろん、このような発想は、当時中学生だったわたしが思いつくわけもなかったが、怪談は「純愛小説」であるという直観だけは、感じ取っていた。そんな迷信みたいな話にのめり込むのはやめろ、と学校の先生に何度も警告されたが、先生というならわたしにはその頃から天下の名翻訳者、平井呈一がついていたので、びくともしなかった。堂々と「手児奈」を語り、「浅茅が宿」の暗誦《あんしょう》に励んだ。

その「手児奈」が、なんと、わたしの幼児時代と縁を結んでいたのである。神隠しに遭ったコロッケ屋のそばの、せんべい屋の看板だったのだから、これを奇縁といわずになんと言うべきか。わたしが『雨月物語』で霊の世界に心奪われたのには、きっと、下谷のせんべいの縁が作用したにちがいない。そう考えると、わたしは「手児奈せんべい」を徒《あだ》や疎《おろそ》かにかじっていられなくなった。下谷を撤退して六十年、ふたたび作動した「手児奈」の絆は、せんべいというキーワードを介して、さらに途方もない発展を見せたからである。

真間の住人だった「猪場毅」

さて、このせんべいが売られていた第一号店は、手児奈伝説に関係がある千葉の市川にあった。当然だが、市川では地元の名物として売られていたはずである。なにせ奈良時代以前から有名だった霊堂であるから、縁結びの願をかけにくる参拝客も多かったに相違ない。境内には土産物屋も並んでいたことであろう。いま、手児奈霊堂を見物に行くと、彼女が身を投げたといわれる継橋も、赤く塗られた美しい橋として境内に存在している。が、それだけではないのだ。昔、ちょうどわたしが下谷で神隠しにあったころ、この境内に一軒の玩具絵馬屋が小さな店を出していた。店主は猪場毅《いばたけし》といった。神田《かんだ》の冨山房で編集を手がけたこともある文人だった。奥さんと二人、みずから絵馬を彫って土産物として売るかたわら、文人の書や画幅なども商っていた。

　猪場という人は樋口一葉《ひぐちいちよう》の手紙などを出版し、永《なが》井荷風《いかふう》の門人としても知られていた。おそらく、職業柄、文学者や画家に知り合いが多く、色紙などの執筆を依頼できたのだろう。

　荷風も「近頃珍しい和歌俳句、江戸文芸などに精通した若者」と一目置いていたようだが、不運にして文壇に名を成すには至らなかった。彼は伊庭心猿《いばしんえん》の筆名で市川市の文人としても活動したので、地元の名士名鑑にも取り上げられている。この人物にどうしても興味を感じてしまうのは、わずか二十六歳で関東大震災の犠牲になった天才俳人、富田木歩《とみたもっぽ》のお弟子だったからである。わたしと同じように、子供のうちにお弟子になったことでも、好奇心が働いてしまう。先生の木歩は両足麻痺のために歩くことができなかったけれど、貧乏と戦いながらたくさんのお弟子を指導した。いまここで木歩の経歴を詳しく紹介できないことが口惜しいので、どうか読者ご自身で調べていただきたい。残された作品は、とても鮮烈で心を打たれる。

　で、この猪場さんは、昭和十年代に永井荷風と交流した時期、もう一人の文人と知り合いになったのである。その文人こそ、驚くなかれ平井呈一なのだった。二人は古典の素養があり、書も能くし、江戸文芸に詳しく、なにより俳人であったために親しくなり、千葉に移り住んだ平井が上京するときの宿泊先は、たいてい手児奈堂の猪場の店であった。二人は最初いたずらのつもりで荷風の偽作をつくったが、いたずらが過ぎて荷風の怒りを買ってしまった。この詳細は、いずれ別の回に書くつもりだが、ここでは、「手児奈」がまたも奇縁を結んだことだけ書いておきたい。猪場は手児奈霊堂に移り住む前、短期間だけ千住《せんじゅ》にも住んだ。このとき隣りが草加せんべいの卸元だったそうなので、せんべいの奇縁ともつながっている。

さらに、意気投合した友人の平井呈一もまた、せんべいと関係があったことを、最近知った。正津勉著『忘れられた俳人　河東碧梧桐』（平凡社新書）によると、平井の俳句の師匠であった碧梧桐《へきごとう》は、昭和八年ごろ老後の生活を安定させるために、せんべい屋を開業しようとしたというのである。自由奔放な俳句を詠んだ碧梧桐に、せんべい屋は似合わない。弟子たちは「大先生に、慣れないせんべい屋なぞをさせていいのか」と大反対だったたが、そもそもこの話は、碧梧桐の門人であった「菓子商谷口喜作の弟平井程一（呈一の本名）が営業する煎餅屋が廃業するというので、それを引き継ごうと持ち上がった話に始まる」のだった。碧梧桐は、信州《しんしゅう》のせんべい生地屋と契約して、「ふたば煎餅」なるブランドを立ち上げる気だったが、門人の反対はつづいたという。

わたしはこの本を読むまで、平井先生が昭和八年前後にせんべい屋を開業していたことを知らなかったから、とても驚いた。生涯のほぼすべてを和服で貫き、文士らしい長髪をなびかせていた平井先生が、せんべいを売る姿をとても想像できなかった。

平井先生の実家は喜作せんべいというヒット商品があったので、きっと実家の関係でせんべい屋になったのだろうが、真間のせんべい屋と関係があったかもしれない、と心のどこかでは思っている。

ルルドの奇跡と保育園

せんべい話がつい長くなった。人生の絆というものがどんなに不思議なものか、自分ながら驚いているところである。だが、下谷時代の思い出はまだ終わっていない。真打ともいうべき記憶を、最後に書く。我が家の裏にカトリック上野教会という、フランスの神父さまが作った教会があって、わたしはその保育園に通っていた。当時はどこの家も貧乏で、カメラなどという洒落た機器を持っている家はなかったのだが、保育園に通っていたおかげで、当時の写真が奇跡的に三枚も残っている。うち、二枚は遠足へ行ったときの集合写真、残る一枚が保育園前に勢ぞろいした同級生との七夕祭りの写真である。それぞれに写された季節が異なるので、ここから推

カトリック上野教会入口（下谷1丁目）。戦後、上野に集まっていた窮民や孤児を救済するために創建された教会。フランス・カトリックの聖地ルルドを開いた少女ベルナデッタに捧げられ、診療所と保育園が併設されていた。現在も教会本体は健在である。

測すると、保育園時代はすくなくとも二年にわたっているようだ。遠足写真の一枚には、わたしだけでなく母と妹も写っている。

だが、もっと重要なのは、七夕祭りの写真だろう。よくぞ残ったこの一枚、板張りのバラックのごとき建物の前に並んだ保育園児の中に、五歳のわたしがいる。昭和二十七年の七夕に撮影されたと思われる。注目してほしいのは、児童がみんな下駄を履いている中で、わたしだけズックを履いていることである。それだけズックは高価な品であった。両親は子どもの教育にお金を使った。板橋に引っ越して区立小学校にわたしを入学させたときは、ＰＴＡ会費を十口分、三百円も払った。おかげで先生にイイとこのボンボンと勘違いされたが、あれは親バカの見栄であった。その始まりが、写真に写っているズックだった。「あのとき、保育園にズックで通ったのは、あんただけだったんだからね」と、母は変なところで自慢するが、たぶんこの写真は親にとっても輝かしい記念品だったのだろう。その後我が家は廃

上野教会の保育園児が七夕祭りを楽しんだときの記念写真（昭和27年ごろ、アラマタは最前列右から5人目）。黒い修道服にクルスをかけたシスターと一緒に。子供はみんな下駄履きだが、アラマタだけズック靴を履いている。

業し、この町を出て行ったのだから。

わたしはこのミッション系保育園でミサを体験したし、七夕祭りと、たぶんクリスマスの祝いにも参加している。そして遠足も二回以上参加している。ここには窮民の救護をおこなう診療所もあったので、病気になるとすぐに薬がもらえた。忘れられないのは、風邪をひいたときにシスターからとても美味しい、ニッキの味がする飴をいただいたことだ。それは浅田《あさだ》飴《あめ》だったのだが、ニッキの美味しさが忘れられなくなった。風邪をひくのが楽しみだった。ここは教会の保育園だったので、黒の修道服にクルスをかけた丸めがねのシスターが先生だった。日本人だが、カトリックの黒服がとても似合い、外国人に見えた。ほんとうに清楚で、優しかった。シスター先生の名前が思い出せないのが、とても悔しい。園内にブランコがあって、ちょっと離れたところに「汽車ポッポ」と呼ばれる建物があった。木造の客車を国鉄から譲り受け、保育室に改造したのである。汽車に乗る気分がしたので、子どもの人気スポット

昭和30年代の保育園。アラマタが通った当時の面影を残す。手前から国鉄線路と車輛、続いて道路と市電の軌道、その後ろの黒い建物群が教会。中央に十字架も見える。保育園舎は左端、斜めの大きな建物。写真の右手を占める広場の左に、木造客車を改造した「汽車ポッポ」（保育室）もある。

だった。

また教会正門の前に山手線の線路が延びていて、保育園との間には市電も走っていた。わたしはすぐに保育園に親しみ、毎朝家の裏手から近所の庭を突き抜けて、教会へ通った。だが、この保育園は昭和四十七年に閉鎖された。

カトリック上野教会は興味深い歴史をもっている。おそらく福音《ふくいん》を伝えるだけでは、町の人たちにとけ込めなかったと思われる。貧乏な庶民が肩を寄せ合って暮らす下谷では、毎日のご飯をどうするか、という問題のほうが信仰よりも優先されたからだ。我が家も信徒ではなかった。しかし店の仕事が忙しく、日中だけ子どもの面倒を見てもらうために、保育園に助けを求めたにちがいない。最初の遠足写真には、我が家だけ付き添いの保護者が写っていないのだ。

しかし、日本で長い布教経験のあった創設者ヨゼフ・フロジェク神父は、その辺の事情をちゃんと酌んでいた。布教活動より先に、死にかかった窮民を救うことのほうに全力を注いだ。昭和二十年暮れから、夜間救護班を組織して上野山や駅地下道に横たわる人々に医療を施し、孤児たちを収容した。孤児たちは最初、感謝するどころか嫌がって、わざとベッドを汚したという。シスターたちは想像もできぬ修羅場で活動を開始した。

最初の夜間診療班に参加したベタニア修道女会のベルナデッタ小出ふささんの手記に、当時の様子が書かれている。「昭和二十年十月十七日、(仙台から上野駅に着かれた)フロジェク神父様は、なにげなく駅の地下道へと足を運んだ。(中略)浮浪者が地下道の両側に間もなく折り重なり、虫の息で伏している者、コンクリートの壁に頭をもたせ虚ろな眼をして虚空をみつめる者、立ち込める悪臭は筆舌につくし難い。地下道に延々と続くこの惨状に、これが生きることであろうか……、師は心中深く救済を決意なされたようであった。(中略)最初の巡回日は十二月二十五日、いみじくもクリスマスの夜であった。寒さで一晩に七、八人の方がなんの助けもなしに凍死された。毎晩百人程の患者を診、薬の投与、傷の手当てをし、病人を忍ヶ岡に運ぶのであった。上野駅の駅長、助役の方は実によく協力して下さった。駅には戦災孤児が住みついていた。神父はララ物資のお菓子などを与え慰めておられた」(『共に歩む—50周年記念誌—』二〇〇四)

この教会はのちに「ベルナデッタ教会」を名乗ることとなり、ルルドで聖母マリアの出現を目撃した少女ベルナデッタを守護聖人に定めている。昭和二十年、焼け野原になった上野にあえて診療所を建て、上野地下道に集まった病人や孤児の救護を開始した神父とシスターは、病を奇跡的に癒すといわれたルルドの風景を、心の支えにしたにちがいない。

偶然だが、わたしは成人してから三度、ルルドを訪れた。夜のミサでは、松葉杖の人からベッドに横たわる人まで、多数の病人が介護人の手を借りながら聖堂前広場に参列し、満月の下でアベマリアを合唱する。わたしはこの光景を陶然と見つめ、知らず知らずに自分でもアベマリアを口ずさんだ覚えがある。上野教会はたしかに下谷の「ルルド」だった。

その後、教会は救済事業に邁進したこともあって人々の信望を集め、昭和二十四年にはベタニア修道女会が移転してきて、本格的な診療所の開設に至った。翌二十五年四月には子供を守る保育園もできあがった。鬼子母神とベルナデッタ、和洋二様の「子供の守護神」が下谷に揃ったといえる。

今回、わたしは回想録執筆のため、ほぼ六十五年ぶりに教会を訪れた。保育園があった場所には今、巨大マンションが建ち、敷地もビルに隠れるほど縮小されていたけれど、あい変わらず下町のカトリック教会として活動を続けていた。フロジェク神父が元来中国布教をめざしておられた縁により、その日のカトリック上野教会は中国の人たちのためにおこなう中国語によるお説教があった。わたしが訪ねたとき、教会の方々がわたしの到着を待っていてくださった。古くからここに住んでおられる信徒の方々が中心だったので、話はたちまち六十年前の下谷にタイムスリップした。貴重な体験談の連発だった。わたしが神隠しにあった「きたはち」肉店の場所も、すっかり明らかになった。とても初対面とは思えない、親切でざっくばらんな話が聞けた。「豊住食

カトリック上野教会で60年前の話をしてくれた方々。右から山口正幸さん、入倉晴治さん、三堀萕美さん、上木千恵子さん、清水泰子さん、吉田ゑい子さん。

堂」とか「坂本湯」といった今はない名所の名が出るたびに、誰かがとんでもない話を思い出す。するとまた、そこから新たな記憶が蘇る。わたしの脳にほとんど存在しなかった隣り町の記憶までが、まるで元から自分の記憶だったかのように頭に収まっていった。

隣りの万年町へ行きたかった

隣りの町というのは、下谷万年町《まんねんちょう》のことである。これまで意識すらしたことがなかったのだが、自分の住んだ豊住町の隣りにもっとユニークな町があった事実を、教会の方々から知らされた。そう、唐十郎《からじゅうろう》さんが幼年期に長屋住まいをした、あの下谷万年町である。唐さんはその記憶を幻想的な舞台に結晶させた。破天荒な演劇として知られる『下谷万年町物語』である。この町には、終戦直後たくさんの「おかまさん」が住み着いた。その人々が見せた不可思議な異世界を物語にした舞台である。とにかく凄まじい数に上る異装の役者が登場し、本物の水を溜めた池も出てくる。迷宮みたいな長屋が登場し、さらにまた地下が異界と交錯するという、まさに奇想の下谷である。

この魅力を文章で紹介するのはむずかしい。譬《たと》えて言うなら、同じ奇想演劇の東京グランギニョルから少女趣味を差し引いて、アングラ劇のパワーを盛った作品とでも言うしかない。ちなみに書けば、この東京グランギニョルという奇妙な劇団は、わたしが書いた小説『帝都物語』を原作にして『ガラチア帝都物語』という耽美《たんび》的な残虐劇を上演した。のちに映画版『帝都物語』の主役を演じてくれた嶋田《しまだ》久作《きゅうさく》は、この劇団の一員だった。

唐十郎『下谷万年町物語』は、じつは最近までそのおもしろさを理解していなかった。というのも、わたしが豊住町に暮らした幼児期は、幅の広い昭和通りのむこうにある町に出かけたことがなかったからである。車が走っていてだだっ広い昭和通りを、子どもが一人で渡るのは危険だったから、むこう側へ行くことを親が禁じたのだと思う。あっちの街へは、子どもは行っちゃいけないよ、とでも言われたのであろうか。いや、ほんの数分の距離なのだから、親に連れて行かれたこともあったはずだが、あいにく父は酒がだめで、あのあたりにあったディープな飲み屋に親しむ機会がなかったのかもしれない。

ところが今回、思いがけなく地元の方々から思い出話を聞いているうちに、万年町の話題がひょっこり出てきた。おかまさんたちが信号を渡ってこちらがわの豊住町まで来て、銭湯に入ったり食堂でご飯を食べたりしたんだそうである。わが町の若い衆は興味津々で、銭湯では女湯か男湯か、どちらにはいるか賭けをしたとも聞いた。

聞くだに、興味を掻き立てられる話が多かった。どうやら、唐さんの幻想的な舞台にも、厳然たるモデルが存在し、フィクションといえない部分があったようである。わたしは悔しくなってきた。自分には、そういう思い出が語れないからである。

『下谷万年町物語』を書いた唐さんは、わたしより七歳上だと聞いている。たぶん、万年町のディープな世界に関心を持つには、わたしは幼すぎたのだろう。一方の唐さんは万年町の長屋で暮らしたのだから、それだけ密接な縁を結んだはずである。

わたしに語れるのはせいぜい、この町の通り一遍の歴史しかない。万年町という祝福された町名は明治になってから与えられたもので、江戸期には山崎《やまざき》町《ちょう》と呼ばれた。なんとも凡庸な名に見えるが、上野台地にある東叡山《とうえいざん》の端に位置するので、山崎となった。豊住町の隣りが坂本町《さかもとちょう》と称されたのも、本家である比叡山《ひえいざん》の山下に坂本という地があったことに拠っている。この辺は東叡山と関わりが深そうである。

そして、この山崎町に領地を持っていたのが、江戸幕府の下支え組織である「黒鍬《くろくわ》組」だった。湿地や河川敷の埋め立てや土木インフラの工事を担当した技術集団に付けられた名であり、土地の造成や人の出入りのセキュリティー確保に当たった。この点では、豊住町に領地を得ていた切手同心と、職掌が似通っている。風水的に説明するなら、江戸の裏鬼門の番人というところか。

偶然とはいえ、わたしは江戸下町のうちでも相当に奥深い地域で幼年期を過ごしたことを、いまさらながらに認識できた。しかも、ここに住んでいた時期が、朝鮮戦争にも重なっている。特需もあった代わり、修羅場もあったに違いない。戦争特需のおかげで日本が救われ、カトリック上野教会が実施した救護事業も民生を向上させ、庶民の暮らしがやっと復興に向けて速度を上げようとするときだった。しかし昭和二十八年、我が家は店の経営が立ち行かなくなり、懐かしい下谷を去って、東京の周縁に位置する板橋へ移転したのであった。

第二章

板橋で「狸の国」に迷い込んだ

小泉八雲作『日本のおとぎ話』ちりめん本表紙。

声の或るもの、
——天子の如き！——
厳密に聞きとれるは
私に属す、

酔と狂気とを
決して誘わない、
かの分岐する
千の問題。

Terque quaterque

悦ばしくたやすい
この旋回を知れよ、
波と草本、
このやり方を思い出せ、
ただ波と草木があるばかり
それの家族の！

アルチュール・ランボオ　『黄金期』
中原中也訳

両親のことを今になって知る

どうも柄にもなく自伝執筆の真似ごとを始めたら、とたんに鬼子母神の逆鱗に触れたらしい。大正から平成まで波乱万丈の人生を送った実母が、この五月末に九十六歳で逝ってしまった。水木《みずき》大先生よりも一歳上で、三回もの大手術を生き抜いた人だったから、百歳まで生きてくれるかと思ったが、そうもいかなかった。大動脈瘤の破裂で眠るように静かに亡くなった。

こう書くと罰があたるかもしれないが、おかげでさまざまなアルバムや記録類を整理しながら、母の生涯を覗くことができた。わたしが知らなかったことも、母が残してくれた大きな真鍮《しんちゅう》製の箱から出てきたさまざまな書類が教えてくれた。しかもタイミングよく、第二章は五歳からの話を書く予定だったので、諸事実の正確度もずいぶん上がったと思う。

わたしは三人きょうだいの長男であるが、戦後すぐの昭和二十二年七月に生まれ、妹がすぐ後の昭和二十四年元旦に生まれた。それから四年半おいて昭和二十八年五月三十日に弟が生まれている。しかしまあ、子供の頃から仲がよかったわけではない。妹は女だったのでこちらも取り扱いがわからず、弟は六歳違いなのでこちらも取り扱いがわからなかった。東京の商家の場合、どうしても長男に期待がかかるので、祖父母までが長男に投資する傾向があった。妹と弟は割りに合わず、さぞかし不満だったに違いない。ただ、どういうわけか、長男のわたしがやっていたことに二人ともが興味を持ち、妹はマンガ家になり、弟は観賞魚の研究家になったので、二人に借りのいくらかは返せたのではないかと思う。

そんな関係だったので、わたしたち三人の子どもは、ここまで長生きした母をとくに喜ばせたりしたことはなかった。それで、相談して最期の霊送りくらいは三人そろうことにしようと申しあわせた。まずは恰幅のよかった母を精いっぱいきれいにしようということになり、納棺師の方に頼んで死化粧を念入りにしてもらった。そうしたら驚くほど若々しい姿になった。死んだ後の自分の姿がどうなるか気にしていた母だったが、急死のおかげで窶《やつ》れがなかった。化粧した顔が楽しげに見えた。わたしたちはお別れのときに、「ミッちゃん、お疲れさま、あっぱれな一生でした」と褒めた。考えてみたら、これまで子どもがそろって母を褒めたことがなかった。

母の持ち物がたくさん残った。捨てることが嫌いな質《たち》だったから、きっと昔の物がどこかにしまってあるはず。じっくり探して我が家の記録を整理しようとしたら、葬儀の日に鎌倉《かまくら》から来た妹が、さっそく母の鏡台まわりで「母子手帳」を発見した。それは妹を産んだときの母子手帳だったが、何枚かの書き込みがあり、これまで正確にわからなかった下谷豊住町への移住の日付が分かった。この手帳によれば、妹は昭和二十四年一月五日に出生届が出されている。両親がまだ祖父母の家に居候していた時分らしく、届け出時の住所は板橋区志村清水町二三七番地になっていた。この住所が四か月ほどで消され、台東区豊住町三〇番地と上書きされた。ということは、父母が戦後、祖父母の家から独立して新所帯を持ったのは、昭和二十四年の正月ということになる。おそらく子どもが二人にふえたので、親元を離れて台東区の上野へ引っ越したのだろう。そうなると、わたしはきっと板橋で生まれたに違いないが、直ぐに引っ越した先の上野を本籍にした可能性が高い。

ちなみに、わたしの生年月日は父母から七月十二日といわれ、祖父母からは十七日と教えられていたが、その謎も今回理由が分かった。戸籍には最初十七日と書かれたが、その後に十二日と訂正されていたのだった。理由は「区役所側の誤記」とだけ書いてある。祖父母が出生届を出しに行った十七日を誕生日欄にも書いてしまい、後から父母が訂正を申し入れたのだと思われる。病院で生まれたのは、たぶん父母のいうとおり、十二日だったのだろう。

母はよく、「(妹は) 本当はクリスマスの日に生まれた子だったんだけどね、年末で忙しかったから、もっとおめでたい元旦の出生にしたのよ」と、話していた。母子手帳の表紙をよく見ると、昭和二十三年十二月二十五日となっていた交付日が消しゴムで消され、一月五日に直した跡がある。とすれば、「年末がいそがしかった」というのは、この時期に下谷への引っ越しと店の開業が重なったことを指すのだ。とにかく下谷に住み始めた正確な日付が特定できたことは、よろこばしい。

板橋への移転と「戦争の幻」

だが、これでも自分の幼少時代の年譜は完成しない。昭和二十四年の初めにわたしの本籍が下谷豊住町になったあと、次は一転して東京の奥地「板橋区」へ転居したのだが、それが正確に何時だったか、よく分からないのである。板橋区役所へ行って父の戸籍謄本を見たが、届け出をずっとあとに引き延ばしたらしく、そこに書かれていた転居届日はわたしの記憶とずいぶん違っていた。ただ、引っ越した理由だけは幼い時分に何度も聞かされた。地金問屋の商売がすぐに不振になり、不渡り手形を摑まされたり、地元の怖い人たちにいろいろ因縁を付けられた父は、思い切って新天地を求めたらしい。
　母によると、板橋に引っ越したのは「三月」（年代は不明）だという。いろいろ計算したところ、昭和二十八年のことと結論づけられた。というのも、私は板橋に転居後、落合幼稚園という近所の幼稚園の園児になり、確実に丸一年、そこへ通園したからである。それともう一つ、七五三のお祝いに、妹と一緒に撮ってもらった記念の写真がある。わたしが五歳で、早生れの妹が三歳だったので、年にすれば昭和二十七年になる。撮影した写真館は、これまた確実に上野下谷であった。すくなくとも昭和二十七年末までは下谷にいたことになり、年代が一致する。

七五三の写真。妹と一緒に着飾って写真館にでかけた。昭和27年の撮影。

　ついでに書くが、七五三の写真はわたしも妹もいい服を着せてもらっている。だのに、どうして急に店を畳んで引っ越さねばならなかったのだろう。母が昔話に、こんなことを言っていた――「下谷で地金を卸していたけれど、最初はうまく行ってたんだよ。あるとき、○○っていうカメラ会社と取引したんだけれど、不渡りを掴まされちゃってね。そのあと急に苦しくなった。おとうさんは人がいいから、信用したんだ。それで、在庫の地金を二束三文で売り払い、借金の返済に充てたんだよ。ところがさ、そのすぐあと米軍が日本に兵器の製造を許すっていう話になって、地金が高騰して。まったく、ついてないったりゃ、ありゃしないよ。そのちょっと前に在庫を全部売っちまったろ。特需景気に乗りそこなったわ。あと数日も我慢してたら、地金の高騰で廃業せずに済んだのに」と悔しがるのだ。それで年表を調べると、そういう事態が発生したのはむしろ昭和二十七年の三月のほうだった。

それから、わたしが板橋で最初に観た映画にディズニーの『シンデレラ』があって、この日本公開が昭和二十七年三月からだとわかった。板橋は田舎だから、わたしが板橋の大山《おおやま》商店街で『シンデレラ』を観ることができたのは、たぶん早くても二十七年の末以降だろう。新作アニメが回りまわって板橋あたりの二番館に下りてくるには、それぐらいの時間がかかる。とすると、板橋への移転は昭和二十八年の暮以降だという可能性も十分に出てくる。

残念なことに、板橋転居時の正確な記録は発見できなかった。だが、ここへ移ってきてすぐに味わった衝撃だけは鮮明に覚えている。最初に焼きつけられた強烈な光景のことを、まずはお話しせねばならない。それは、米軍の兵器と兵士の物々しい車列に、突如ぶつかったことだ。

わたしたち一家が引っ越してきたところは、板橋町二丁目三六七番地だった。しかしこの番地は地元では不人気で、江戸時代から村名として使われていた「金井窪《かないくぼ》」のほうがよほど流通していた。しかもこの旧名は、あとで書くように土地の特徴をよく表していた。町としては、群小工場と空き地が続く、まず見栄えのしないところだった。我が家のちっぽけな新店は山手《やまて》通り沿いにできた。大通りだったが、車の数はいたって少なく、我が家の建つ地点から大通りが急に上り坂になり、東上線《とうじょうせん》の上をまたいで、板橋区役所へ延び、そこで中山道《なかせんどう》に合流していた。その先は、日本陸軍の造兵廠やらがあった旧軍需工場地区となり、そこから出る仕事を引き受ける町工場がたくさん集まっていた。東上線をまたぐ架橋は大きな工事だったらしく、わたしたちが転居したときはまだ完成しておらず、架橋の下にコンクリートや砂利の山があった。今ではあり得ないのだが、この架橋の側面は土のままで、長く伸びた雑草が土留めの役を果たしていた。夏にはコオロギやバッタが出るので、わたしはたちまち昆虫採集少年になった。
しかしその大通りにまさか、鬼の群れともいいたくなるような異様な軍団が行進してくるとは、思いもよらなかった。引っ越してしばらく経ったある日、唐突に、地面と家が振動した。慌てて外に出たら、二度びっくりさせられた。目の前に米軍の戦車列が出現したからだった。戦車だのジープだの砲弾運搬車だのが長い列をなし、地響きをたてて通りを渡ってくる。天地がひっくり返るような轟音と振動だった。耳をふさいでいないと耐えられない圧迫感があり、あたりが土埃《つちぼこり》に閉ざされた。しかも、戦車列の通過はその後何度も繰り返されたのである。それは「戦争の幻」とでも名づけたくなる光景だった。太平洋戦争が終わった後、すぐに朝鮮戦争が始まり、軍事施設が多かった板橋地区にアメリカ軍が乗り込んできた。自分は戦後生まれなのに、眼の前を戦争の幻が行進していく場面を、しっかりと心に焼きつけられた。

これは決して大げさな譬えではない。突然、地震と落雷と土埃の嵐が巻き起こり、恐ろしい迫力で町に襲いかかったのだから。まず、地響きが発生し、すぐに土埃の塊が押し寄せる。父が慌てて子どもたちを抱きかかえ奥へ逃げたほどだった。戦車は恐竜のように大きくて、キャタピラで路面を引っ掻きながら走り抜ける。一瞬だが、あたりが戦場と化したかと錯覚した。車数にして数十台はあったろうか、それが延々と通り過ぎる。ジープには兵隊が乗っている。鉄兜を被っている。やっと鉄の化け物が消えたかと思ったら、最後のほうからジープが数台やってきて、運が悪いと、赤鬼のように毛むくじゃらの将校が店の前で車を止めるのだ。招き猫や唐獅子の瀬戸物をみつけ、せせら笑いながらそれをもてあそぶ。私たちは泣き声を上げて裏に逃げる。ついでに父も隠れる。ただ一人店の前に踏みとどまった母が、迫ってきた米軍将校を独りで食い止めたのには、驚かされた。すくなくとも、幼いわたしにはそう見えたのだ。母は鬼を手玉に取り、なにやら商品を見せて、それを売ってしまった。どうしても忘れられない板橋の記憶とは、この「戦場風景」だった。

昭和二十八年は七月まで朝鮮戦争が表面的に継続されていたそうだ。でも停戦が発表された後、逆に、日本へ運ばれてくる戦車が増えたようで、その移動走行に脅かされた。それに、特需がいつまでつづくわけもなく、社会は先行きの不透明さに気づきだしていた時期だ。輸入超過の日本国財政は「準戦時下」の状況に入ったようだった。小さな地金問屋なんぞ戦争の大波に翻弄《ほんろう》されまくるだけのこと。でも、幼いわたしにはそんな家庭の事情は理解できない。毎日アイスキャンデーをもらえて、しかもかわいい子熊と遊ぶことができ、やさしいシスターが迎えてくれたカトリック上野教会の保育園、そんな幼児期のパラダイスにサヨナラをしなければならなくなったのが悲しかった。しかし、わたしを板橋で待っていたのは、文字通りの煉獄、それも戦争の風がまだ吹き残っている焼け跡のちまたばかりではなかった。ようやく自分で本が読めるようになり、周りの光景の意味もつかめる「少年時代」がはじまったからである。上野がパラダイスなら、板橋は文字通りの「黄金時代」だった。見るもの聞くものがすべて、心をおどろかせ、想像力を刺激してくれたからだった。

そのときの夜逃げも同然の引っ越しを、わたしは一切記憶していない。けれど母には忘れがたい体験であったらしい。十年ほど前、動脈のバイパス手術を受けるために入院した母が、病室でわたしに妙なことを訊いてきた。「絵本をよく描いている、ほら、いわさきちひろとかっていう絵描きさんがいるだろ。あのひとに一枚絵を描いてもらったら、いくらぐらいお礼すればいいのかね?」

わたしは驚いて、問い返した。「いわさきちひろって、もう亡くなった人だから無理だけど、いったいどんな絵を描いてほしかったの?」

すると、母はぼそぼそと答えた。「おまえがまだ保育園児のときに、下谷から板橋に引っ越してきただろ。おかあさんはおとうさんと大八車に荷物積んでさ、小さいおまえたちをその横に乗せて、二人で上野から板橋まで運んだんだよ。ちょうど板橋の金井窪に来たとき、あたりが夕焼けでね、道路の向こうにお日様が沈んでいくんだよ。これからどうなるんだろうね、とおとうさんに言った。そのときに見た夕焼けそっくりの風景をさ、そのいわさき何とかという絵描きさんが描いていたんだよ。こころ細かったんだねぇ。おまえたちは大八車に乗ってスヤスヤ寝てるだろ。おとうさんと顔を見交わしてさ、こんな住民の少ない辺鄙《へんぴ》なとこへ落ちてきて大丈夫なのかしらって心配だった。その引っ越しの絵を描いてもらいたくってさ。夕焼けの中の」

はじめて聞く話だった。もしほんとうに上野から大八車を引いてきたのであれば、どう考えても半日くらいかかる。ただ、父は板橋でも行商をつづけていた。重い瀬戸物をリヤカーに積んで池袋《いけぶくろ》の繁華街まで瀬戸物を売りに行っていたのだから、ウソともいえない。どうやら、この引っ越しあたりから、母は女の勘を働かせ、父だけに経済を頼ってはいられないという現実を察知したらしい。父は旋盤を扱わせたら一流の職人だったそうだが、いかんせん人情味のありすぎる下町の「ビンボっちゃま」だった。祭りだの商店会の寄り合いだの自治会活動には熱心だった代わり、商売の手練手管をまるで使えない人だった。母がこのままでは先行き一家心中にもなりかねないと直感したところへ、夕焼けの侘《わび》しさが妙に似合う板橋に流れ着いたのだから、話は切実だったのだろう。母は、「優しくて真面目なおとうさんを支えるために、あたしもお金を稼がなければ」、と決心したと話した。

わが少年時代が始まった

この金井窪は、江戸時代にはすでに村だった。畑と田んぼばかりの近辺に比べると、まあまあ文化の香りがあった地区らしい。その証拠に、近くにあった東上線大山駅の商店街には、映画館が五軒もひしめ合い、古本屋や貸本屋もたくさんあった。この環境が、わたしを本好きにさせたのだが、詳細は後で書こう。それよりも、この一帯が町工場の集合だったことを先に書かねばならない。

昭和に入って板橋が工場地帯といわれるようになったのは、この近辺が石神井川《しやくじい》を中心にした「水の便がよい」断層地域だったからだ。石神井川はちょっと前まではすさまじい流れがあって、板橋宿の周辺でも激流だった。夏は水遊びができたほどで、この流れを引き込んだすばらしい庭園が加賀前田《かがまえだ》家の下屋敷にあった。赤門《あかもん》がある本郷《ほんごう》の前田屋敷に対し、板橋の下屋敷は別荘みたいなところだったが、本家よりも有名だったらしい。明治になり、ここに火薬工場が建設されたのは、石神井川の激流を利用する工作機械の設置に好都合だったためだ。これが縁になって、火薬工場は軍需工場となり、やがて陸軍の造兵廠がここに完成して、成増《なります》のほうには飛行場ができる騒ぎとなった。

したがって、この軍需工場の集積が戦後に平和的産業を発展させる基礎をつくり、レンズ工場やカメラ、また印刷工場が生まれた。当然、小さな町工場も引き寄せられ、二十三区内でも有数の工業地区に発展した。

ちなみに、板橋が工場町だったことから生じた「事件」が、戦後すぐに起こっている。戦後の区割り改正で、板橋は城北《じようほく》の大部分を擁する巨大な区となった。各区の人口を同じになるよう区割りにすると、人があまり住んでいない板橋は広大な地域を占有することになるのだ。戦後の改制で、二十二区の境界がこのように決められた。ところが行政施設がすべて町場に集中したために、広大な農村部すなわち現在の練馬《ねりま》地域が反乱を起こした。練馬の農民は区役所へ行くにも板橋の工場街まで出なければならず、また地域の性格もまるで違ってしまうので、練馬地区を板橋から分離独立させろと、有志総出でＧＨＱに押しかけたのだそうな。ＧＨＱは「日本国からの独立」と勘違いして驚きあわてたが、あとで板橋区からの独立だったことを知って、胸を撫でおろした。この独立は承認され、板橋区に組み込まれた広大な農村部は、新たに二十三番目の「練馬区」となり分離された。

板橋の家は瀬戸物を並べた小さな店で、ちょうど「金井窪」のバス停留所そばにあった。山手通りすなわち環状六号線が、志村《しむら》方面へと抜ける道沿いである。当然ながら、さてこの新天地でどういう商売をしたらいいか、と父母は考えたことだろう。問屋は一度失敗し、父の性格ともあわなかったから、こんどは日銭をコツコツ稼ぐつましい小売りがいい、となったらしい。

さいわい、商才があり財産を残していた祖父が、近所にあった大きな瀬戸物屋に口をきいてくれた。瀬戸物を仕入れる道筋がついて、毎月決まった日に、大きな荷物を二つ自転車に乗せた問屋の店員さんが家に来るようになった。狭い座敷に陶磁器の見本品をたくさん並べ、仕入れの商談に入るのが、新しい慣例になった。この見本から売れそうなものを父母が選びあげ、個数を決めて注文するのだ。八畳座敷にずらりと並べられた瀬戸物を品定めする景色がじつにおもしろくて、わたしたち子供も茶碗の目利きに参加した。「お前たち、こっちとあっちはどれが好き?」と、母が意見を聞いてくれるので、子供としても商人になった気分だ。冷たい地金商売よりも、カラフルなお茶碗屋のほうが楽しくなってきた。

しかし、この瀬戸物というものは、右から左に売れるわけではない。しかも、山手通りの道端に開いた店だったから、「ついで買い」をしてくれる主婦が通る場所でもない。だから父はリヤカーを引いて馴染みの上野や池袋へ行商に行き、母が店を守るようになった。ただ、そのときすでに母の目は、周辺の状況を「企業家」の視点で見渡していた。すでに書いたとおり、わが店のそばには、池袋を経由して浅草 寿《ことぶき》町まで行く路線バスの停留所があったのである。金井窪のバス停と呼ばれ、朝と夕方はバス待ちの客がコンスタントに並ぶのだ。母はこのバス待ち客に売れるものはないかと考え、ある結論に行きついた。そうだ、「たばこ屋」がいい！　母はさっそく知り合いを頼って、専売公社に出店申請を出しにかかった。

当時、たばこ屋を開くにはいろいろと厳しい規制があり、簡単には店を出せなかった。いちばん近くにあるたばこ屋との間に一定の距離がなければ許可されないのだ。しかし、しぶとくて楽天的な母は、近所にいた田所《たどころ》さんという親切な同業者の援助を得て、たばこ販売の許可を取った。母は、瀬戸物屋だけでなくたばこ販売も引き受けることになり、家事洗濯に買い物といった主婦業も加わって、ネコの手も借りたいほど忙しくなった。そこで、ネコの手代わりに目をつけられたのが、わたしたち子どもであった。

わたしはまだ小学校入学前だったが、店番をさせられた。バス停の方を向いたたばこ販売の窓口に、ガラスケースとカウンターがあり、そこに公衆電話が置かれた。わたしはそこに並んだたばこの名前と値段を覚えて、半畳ほどしかないカウンター後方のかまちに座り、店番をした。幼児といってもバカにできない知能があって、たばこの種類と値段は一か月ほどで完全に記憶した。年末の頃には引き算もマスターしてお釣りが出せるようになった。いっぱしの戦力である。こういう店番の仕事は、下谷にいた

たばこ屋ウィンドウのイメージ。行徳でみつけた古いたばこ屋さんのウィンドウに入れてもらい、昔を思いだした。

頃はまだなかった。板橋に来て、店にたばこ販売が加わってから、わたしは商人の子になったといえる。

たばこのカウンターには公衆電話を置いたのも、おもしろい体験の一つになった。電報を打ちに来るお客さんがいたのである。お客さんが電文を片かなで用紙に書いて、お金を払う。するとうちが電話局に電話を入れ、電文を伝える。その時、一字ずつ読み上げるのだが聞き間違いを防ぐために、「タバコのタ」とか、「サクラのサ」とかと言うのである。小学校三年くらいから、この電報業務もわたしはやらされた。これが非常におもしろかった。

小遣い稼ぎと赤さびの水たまり

この金井窪という町は、一言でいえば「土管が積んである原っぱ」の町である。実際、空き地がかなり多くて、そこにはかならず土管が置いてあった。下谷にはない光景だったので、さっそく土管の中で遊ぶのが好きになった。近所には年齢が近い子ども（というよりもガキだ）がたくさんおり、年長の子が組を仕切っていた。幼稚園や小学校が引けると、十人以上の集団ができあがり、原っぱで遊びが始まる。一通りの遊びはできたし、おにごっこなどは、十数人の規模なのでスリリングだった。しかし、リーダーがすこし色気の出た年長の不良少年だったせいか、かなりセクハラじみた遊びも多かった。いやだったのは、いきなりズボンを下ろされ、下半身丸見えにされる悪戯《いたずら》だった。やるほうはおもしろいのだが、やられるほうはたまらない。さらに、遊んでいる途中うんこがしたくなる子がでると、家に飛んで帰るその子のあとを、ガキ集団がひそかに追跡した。ハエがむらがる便所で用を足している子の虚を衝いて、いきなり掃き出しの戸を外から開け、みんなして覗き込む。覗かれた子は驚いて、出かけたうんこも止まった。これを男女かかわりなくやるものだから、排便姿を見られたショックのあまり、翌日学校に来られなくなった子もいた。わたしも何度か覗かれたので、用心のため掃き出しの前にものを置いて覗き見を防いだ。

どうしてああいうみだらなことや、きたないことを、子どもは好むのだろう。当時は東京のど真ん中でも犬のうんこがいたるところにあった。いや、荷馬車を引きながら通りかかる馬が、大きくて湯気が出ている「大便」をすることもあった。これがまた非常に臭かった。やまがらのおみくじ引きや猿回しもよくやってきて、東京の道路はちょっとした動物園でもあった。

こう書いていると、当時の友の顔が浮かんでくる。落合幼稚園の同級生で小学校も一緒だった鈴木《すずき》君枝《きみえ》さんは、台風の日も東上線の架橋をずんずん上ってしまうリーダーシップのある女の子だった。すでに書いたように、我が家の隣りは豆屋さんで、いつもおじさんが豆を炒っていた。息子さんが大学生で、おじさんおばさんの将来の楽しみだった。豆屋さんの小さな庭には池があり、ここで金魚が飼われていた。下谷時代は子熊がいたが、こんどは金魚だ。金魚の可憐さに惚れてしまって、わたしも金魚を飼いだした。思えば、わたしが魚好きになったのは、この金魚が原因かもしれない。そのもう一つ隣りに、教養のありげなおかあさんがミシン掛けを仕事にしているマーちゃんの家があった。おとうさんの部屋がないところをみると、たぶん戦死されたのだろう。一緒に幼稚園に通い、一番仲良しの女の子だったが、一年たたずに引っ越していった。マーちゃんの家はおかあさんだけだったので、おかあさんがなんでもやらなければならず、うちの父も手伝いをしたことを覚えている。そのマーちゃんとは、以後出会うことがなかった。小学三年から落合幼稚園に珠算を学びに行ったが、このとき先生方に、マーちゃんとよばれている元気な女の子がいた。園長先生とも親しそうだったので、この幼稚園の卒業生なのだろう。この子がたぶんあのマーちゃんではないか、と思ったが、気が弱いので一度も話しかけないうちに、こっちのマーちゃんもいなくなった。

さて、そのさらに先のお隣りには、脇本《わきもと》さんの町工場があった。かなり大きかったと思う。ここに若い衆がたくさん働いていて、じつににぎやかだった。お酒を飲んで暴れる人もいた。脇本さんには娘さんが何人もいて、いちばんお姉さんは板橋第七小学校でわたしと同学年だった。

それから山手通りを渡った向こう側の子たちとは、小学生になってから遊び友達になった。経木屋《きょうぎ》という珍しい店の娘だった小野みさ子ちゃん、チャボを飼っていた家の娘で関根さん、彼女たちもすべて同級生だった。あの子たちは、いまどうしているのだろう。幸せであることを祈ろう。

そういえば、あの頃の子が集団でやった「お金儲け」のことも思い出した。とにかく右も左も貧乏人だらけだったから、小遣いがもらえない。そこで自分で稼ぐことになるのだ。こういう自立心は小学校に入ると同時に芽生えた。磁石を引きずって金属のカスを集めることは当たり前で、稼ぎになったのが工事現場に捨ててある銅線をあつめて屑《くず》屋に持ち込んだり、ガラス瓶をひろって酒屋に持っていくことだった。やがて小学校高学年になると、鳩を飼って雛を売るとか、新聞配達をする子とかも出てきた。わたしも五年生のときに新聞配達をやった。エッチなことや汚いことが好きなのは、いまの子も同じかもしれないが、お金を稼ぐために働くという小学生は、もう絶滅したかもしれない。だが、団塊世代はそういう生活だったから、あさましいほど生命力が強い。

伊勢湾台風に襲われた

というわけで、金井窪の暮らしは、板橋工場地帯の端っこに連なる町の、子どもがたくさんいるコミュニティーの中で進展した。その意味でも、みんな「足りる」を知る「大人のこども」揃いだった。

わたしは、そのころ「金井窪」という町名が気になっていた。「窪」の字があることからわかるが、ここは低地帯で、山手通り沿いにさえ水溜まりのような池が点々とあったのだ。色々と聞いてみると、その水溜まりに「金気」があって、赤い汚水になることがわかった。汚い水なので、中へ入る気にはならなかったが、「赤さびが浮いた金ッ気水がたまる窪地」なのに、そうした池でも水生昆虫が住みついていて、夏にはゲンゴロウやミズスマシ、そしてギンヤンマを筆頭とするトンボがたくさんいて、とてもおもしろかった。

けれども、大きなマイナスもあった。台風が来ると石神井川からあふれ出す水で洪水が起きるのだ。石神井川湾曲地点に近い大谷口《おおやぐち》ほどではなかったが、わたしは伊勢湾《いせわん》台風の際に大洪水にぶつかった。あのとき大雨がもたらした洪水は床上に達し、我が家も家財をすべて二階に避難させねばならなかった。二階から下を見ると、山手通りはすでに泥川に変わっていて、店の前の停留所あたりには、たくさんのたらいが集まってきていた。どうもそこがもっとも低い地点だったらしい。たらいが流れて集まったのも、そのせいだろう。

ちなみに、3・11の大津波のあと、わたしは現地を取材したことがあるのだが、もっとも印象に残ったのは石巻《いしのまき》市の高台だった。あの津波が付近にあった墓石を押し流し、波が到達したいちばん高いあたりで墓石の集合地点を作り出した。そこには、驚くほどの数の墓石が置き去りにされていた。水の力は信じがたい。

金井窪停留所　山手通りを走る池袋行きや浅草寿町行きのバスが停まった。今も健在。

怪談噺を聞かされる

わたしが金井窪に越してきて、いちばん気に入ったあそび場が、その「赤い水溜まり」だった。気持ちが悪いし、危険もあるので、たいていは親から、水のそばで遊んじゃいけないといわれたが、蛙もザリガニも取れるので、おもしろがって遊びにいった。あるとき、わたしが心から崇拝していたギンヤンマ様が、山手通りの脇にあって一番大きな池の水面を飛んでいた。大きなギンヤンマ様が腰のあたりを銀色に輝かせながら、大きな翅《はね》をブルブルさせて草の生えた水辺あたりを飛びまわる光景は、自然の神秘そのものだった。わたしは長靴を履いていたので、池のなかへ入り、泥に足を取られながら必死に網を振った。あと一歩踏み込めば網が届く。その一歩を踏み込んだとたん、長靴が泥の中に沈み込み、体を前に投げ出したまま動けなくなった。もがくと体がねじれ、頭から水に浸かった。そのとき本能がそうさせたのだろうが、持っていた網を水中に突き立てて体が水没するのを防いだ。しかし、それ以上動けなくなり、汚い水の中で網にすがりながらギンヤンマ様を見上げた。

そのあと、どうやって池から脱出できたのか覚えていない。たぶん小学校の二年生だったと思うが、絶体絶命の危機を感じた。長靴は泥底にはまり込んだが、さいわいに片足がスポンと靴から抜けたおかげで自由が戻った。わたしは泥だらけで逃げ帰った。これが恐怖体験の始まりだが、その後川で魚を捕るのが趣味になったため、荒川《あらかわ》土手で何度も危ない目に遭いつづけた。いちど足が立たなくなり溺《おぼ》れかけたこともある。失神する瞬間は目の前が急に真っ黒になり意識が消えたので、意識ってうまくできているなー、ほんとに危なくなると痛さやこわさを消してくれるんだ、と知った。

書き忘れないうちに、本題を語っておこう。わたしが怪談や幻想文学にのめり込んだのは小学生の時からだが、高校生になって盛んに読んだのが小泉八雲だった。もちろん、平井呈一先生が恒文社という

アラマタによる漫画原稿『蛍火』。小泉八雲の影響下に描きあげた高校時代の作品。下書きは終わりまで残っている。

出版社から刊行することになった『小泉八雲作品集』の影響だが、八雲がじつは昆虫好き、さらに海好きで夜光虫が好きだったということも、平井先生を通じて知った。とりわけ蛍を題材にしたエッセイに感動した。この話を題材にして『蛍火』という少女漫画を描きだしたのも、高校時代である。この作品は完成できなかったが、描きかけの画稿はいまも保存してある。その八雲の昆虫随想に「トンボ」という作品がある。トンボにはしばしば「ユウレイ（幽霊）トンボ」とか「ショウリョウ（精霊）トンボ」という霊的な名があることを指摘しており、自分が少年期にトンボ捕りに熱中したことの意味がすこし分かった。ユウレイトンボは、オハグロトンボのように黒くて気配を消すかのように飛ぶ種類に与えられた名であり、古く幽霊が「影」の一種と思われていたことの名残だという。ショウリョウトンボのほうはさらに霊妙で、死者の魂が「馬に似た姿のトンボにまたがってこの世とあの世を行き来する」という信仰に由来しているらしい。ヤンマという大きなトンボを指す名も、語源は沼《ヌマ》らしく、よどんだヌマを飛び回る霊魂の運搬者を示していたのだろう。たぶん、そのような霊の気配に、わたしは感応していたのだと思う。

　その意味でいうと、板橋に引っ越した大きな副産物は、家が本家に近くなり頻繁に祖父母を訪れるようになったことである。本家そばの志村清水町には親戚の店も数軒あり、年齢のごく近いいとこたちがいたから、毎週土、日に戸田橋《とだばし》行のバスに乗って荒《あら》川《かわ》へ遊びに行くのが楽しみになった。都会の子はませているので、幼稚園児でも独りでバスに乗れたのだ。

本家は古い日本家屋で、大きな座敷のまわりを廊下が取り巻いており、これが夜になると真っ暗になった。便所へ行くにも、この暗い廊下を抜けねばならず、おまけに祖父と祖母が布団のなかで怪談噺を聞かせるので、おしっこに行くのが怖かった。

東京っ子である祖父母の十八番は、「本所七不思議《ほんじょ》」という江戸ローカルのお化け話だった。代々東京に住む人たちは、この話を地元の民話のように諳《そら》んじていた。ましてや祖父は長らく浅草小島町の職人であったし、父が生まれたのもそこだったから、ほぼ生粋の江戸弁で怪談を語れた。大きくなって、平井呈一先生に対面したときにいちばんびっくりしたのも、先生がほんとうにみごとな江戸弁で話をされることであった。聞けば浜町《はまちょう》の育ちで、上野にお兄さんがいたとのこと。「おう、江戸っ子なんざね、バカなもんなんだよ。痩せ我慢して意地を張るだろ。だから素直じゃねえんだね、それでいつも損をする。おいらんとこの家も商売がうまく行かなくてね」と、祖父や父とまるで同じ口調で話されるのを、うっとりしながら聞いた。平井先生も、子供のころはおばあさんから怪談噺を夜な夜な聞かされたそうだが、その様子も想像できる。寝床に入ると、夏は蚊帳《かや》の中で団扇《うちわ》を煽ぎながら、冬は股の間にぎゅっと挟まれながら、べらんめえ言葉の「本所七不思議」を聞かされたはずだ。もちろんわたしも、本家に泊まれば、まちがいなくこの話を聞かされた。

化ける妖怪がいた東京

東京っ子の「不気味な子守歌」ともいえる「本所七不思議」は、七つのごく短い怪談から成る。お化けが出てくる場所はほとんどが掘割か、塀を巡らした大名や旗本の屋敷の中だ。どちらも庶民が出入りするところではなく、夜になれば人気《ひとけ》が失せ、手探りしたくなるような「闇の異界」となる。ただし、そこに出てくるのは、提灯《ちょうちん》の明かりとか謎の物音とか、要するに他愛もない「物怪」に過ぎない。けれど、中に二つだけ、ダントツに怖い話があった。「おいてけ堀」と「足洗い屋敷」である。

足洗い屋敷のほうは、どこぞの旗本屋敷で夜になると天井から巨大な足が下りてきて、「足あらえ、足あらえ」と命令する。洗わないと大足が暴れまわり、洗ってやるとおとなしく消える。大足が上からドドンと現れ、座敷に置いた家具などを踏み壊すという光景がすごい。小学校五年生のときにこれが映画になったので、さっそく観に行ったが、期待していた大足の暴れまわるシーンは、毛むくじゃらの大足の動きがいかにもスローモーだったので失望した。

いっぽう、おいてけ堀のほうも話としては足洗い屋敷によく似ている。夜中まで堀で魚を釣った人が帰ろうとすると、堀の水中から、「おいてけ、おいてけ」と声がする。魚を置いていけば何も起こらないが、置いていかないと怪事が起きる。どちらも聞かせどころは、「おいてけ〜、おいてけ〜」「あしあらえ〜、あしあらえ〜」という化け物の声である。

これを耳元でじいさんかばあさんにささやかれると身がすくむのだ。とくにばあさんは孫を股の間にしっかり挟み込んでいるので、逃げようがない。わたしが怖がって泣き出すまで、じいさんばあさんはこの台詞を繰り返すのだった。わたしが翌朝、「あのおいてけ堀のお化けは何なの?」と訊くと、「あれは狸の仕業だ」と教えてくれた。

タヌキ? わたしはそこで拍子抜けしたことを覚えている。もっと途轍もなくすごい化け物じゃなかったの? わたしのイメージは、『大アマゾンの半魚人』というアメリカ映画に登場した怪物が一番近かった。しかし、狸だと聞いて、笑いたくなった。ちなみに、江戸以来、この話の化け物はどちらも同じ狸が化けたものだと考えられたのである。映画の『本所七不思議』も、たしか、おいてけ堀の化け物を狸としていた。それを聞いたわたしは、もっと深い意味で七不思議がおもしろくなった。親しみが湧き上がった。きっと江戸の人たちも正体をタヌキとしたから、この妖怪に親しめたのだろう。「あれ、おいらはおいてけ堀かい。冷てえじゃねえか」というような洒落に使うのは、そのせいだと思う。

狸が化ける話は、すでに記紀に現れるので、人を化かす動物の元祖を狸とする見解が古くから存在する。そう、この動物の仕事は、人を恐怖させるのでなく、化かすことなのだ。わたしは最近になって、東京のお化けが圧倒的に化けタヌキであることの意味が腑におちるようになった。要するに、彼らは化けて、「人にいたずらする」のが本領なのだ。言い換えれば、茶化してバカにすることだ。これは一種の娯楽なのである。

したがって、江戸の人がおいてけ堀や足洗い屋敷の正体を狸であると決めた真意も、化かされたい、ということにあったはず。そこが、ほかの妖怪とは決定的に異なる点だった。大人は不純だから、化かされることをマゾヒスティックな喜びとして楽しむことができる。しかし、子どもは違う。子どもはどうやったら狸の化かしを楽しめるのか？　答えは決まっている。化かされたことを気づかせない配慮をすることなのだ。その点、クリスマスのサンタクロースは化かし方の傑作だった。わたしなぞは小学校三年生まで、サンタクロースを実在だと信じていた。同様に狸の化かしも、現実よりずっと楽しい幸福感を振りまく、稀有《けう》な「まぼろし」として子どもに受け入れられたのだ。

狸が開いた「お化けの国」

それで合点が行くことがある。戦後すぐの時期に、妖怪としてのタヌキは人間界のばかばかしさを映す鏡として歓迎された。もともと精霊との合同ダンスであった盆踊りの楽しさを現代に復活させる役をも演じたのである。団塊世代がなぜ妖怪に親近感を抱いたかを解明するための重大なキーワードが、この「狸」だったのだ。この「化かされる」「ばかにされる」ことへの熱情は、他の地域の妖怪好きにも伝わらないだろう。こわがったり、かわいがったりはするけれど、化かされるのを楽しむという文化はない。

わたしはその実例を体験している。

一九五〇年代の日本映画界を牽引したのは、『君の名は』や黒澤《くろさわ》映画ばかりではない。俗に「狸ミュージカル」と呼ばれた化け狸映画だった。水木しげる大先生が妖怪を「楽しいお仲間」にイメージ替えする以前に、狸たちはまったく同様の役割を果たした。「四谷《よつや》怪談」を中心とする因果を巡る怪談映画とは一線を画し、オペレッタの音楽に乗せた色っぽい浅草ミュージカルの延長であり、子供も見ることができる「セクシー映画」だった。その魅力は二つ、極度のバカバカしさと、化かされて夢を見る楽しみだった。この「バカバカしさ」と「バけバけしさ」こそ、戦中戦後唯一の心の逃げ場だった。「おいてけ堀」に飽き飽きしたわたしに衝撃を与えたタヌキ映画は、なんといっても一九五五年公開の『歌まつり　満月狸合戦』だった。斎藤寅次郎《さいとうとらじろう》監督が美空《みそら》ひばりと雪村《ゆきむら》いづみの二大少女スターを起用し、川田《かわだ》晴久《はるひさ》のヴォードヴィルや堺駿二《さかいしゅんじ》のおとぼけ芸、さらに広沢虎造《ひろさわとらぞう》の浪曲までも詰め込んだ阿波《あわ》踊りそのままのにぎやかな作品だった。狸の王国と人間国との「化かし合い」という世界観は、はからずも現代ファンタジーに通じていたといえる。美空ひばりは狸御殿ものの大スターであり、この一年前にも『七変化狸御殿』で堺駿二と狸を演じ、町娘から長崎の中国娘、そしていきなりセクシーなレヴューダンサーに変じて歌い踊った。『満月狸合戦』のほうは、それをさらに豪華に、ファンタスティックにした。わたしはひばりお姉さんのあられもない姿にくぎ付けになった。狸は妖怪を脱し、憧れのアイドルになった。松島《まつしま》トモ子《こ》が狸娘を演じた『たん子たん吉珍道中』（一九五四）も、欠かさずに観に行った狸ファンタジーだった。なにしろ金井窪は映画館がたくさんあった大山商店街から歩いて十分の近さ。しかも我が家の壁には、すべての映画館のポスターが全部貼ってあったので、無料入場券がいくらでももらえた。おまけに父は大の映画好きだったので、幼稚園のころから邦画、洋画のことごとくを観られたのである。極言すれば、この時代は楽しい化け狸映画の黄金時代だった。

しかし、このように書いたところで、いまの読者にはイメージが伝わらないだろう。この時期にタヌキ妖怪がなぜ阿波踊りと結びついて爆発的な人気を誇ったか、すこし真剣に書いておく必要がある。それをひとことでいえば、妖怪狸と人間界のあいだに共存共栄関係が成立したから、である。『七変化狸御殿』の最終場面、月の砂漠の王子様さながらの幻想衣装で登場する高田《たかだ》浩吉《こうきち》らに見送られ、狸のお花が若殿さま（これも高田浩吉が演じた）のお城に輿入れするというシンデレラストーリーの結びに、こんなナレーションが入る――「でもこれは人間世界の話ではございません。狸の森の物語なのです」と。これぞ、幸福な「化かし」の本質だった。辛い戦後生活が一瞬のうちにファンタジーの国に変わる、この化かしこそが、たぬきの本領だった。わたしは生まれながらにして化かされることに快感を覚える子供だったが、多くの大人も「こうした狸ミュージカル」を観ることで、化かされて幸せになる喜びを知ったはずだ。つまり、戦時中から戦後の昭和三十年代にかけて、日本人は狸に化かされることで現実と対峙する力をもらっていたのだ。

じつは、戦時中にスタートした狸御殿ものには、この役割が狸でなければならない切実な理由があった。戦時下に狸御殿もののエース監督として活躍した木《き》村《むら》恵吾《けいご》の『歌ふ狸御殿』（昭和十七年）を観ると、それがよく理解できる。カチカチ山で大やけどして死んだ狸の娘おくろが、シンデレラのように若殿さまに見初められ玉の輿に乗るまでを、全編あでやかな芸者衆の歌と踊りと笑いで描きあげた、時勢無視の幻想作品なのである、現実の社会は戦争に突き進んでおり、レヴューを楽しむなんてことは想像もできなかった。ならば、狸の国の話を作って、そこでレヴューだの恋愛だの、平和の夢を仮想するしかない。笑いを担当する益田《ますだ》喜頓《きいとん》すら貧弱に思えるほど豪華な狸の化かし舞台が、こうして実現した。

最初の化け狸映画『狸御殿』の製作に乗り出した

会社は新興キネマだった。当時新興キネマ京都撮影所の所長だった永田雅一《ながたまさいち》（大映の創立者）が、脚本家と一緒に出掛けた阿波徳島で、おもしろいタヌキの物語を聞いたのが始まりだったという。製作動機は、この戦争の重圧を忘れる楽しいバカ話をつくろうとすることにあった。担ぎ出されたのが、化かす妖怪すなわち狸である。主人公のおくろをいじめた姉や義母すらハッピーエンドを迎えるという平和主義に徹した話になっている。これをリアルな人間界の話として映画化したら、おそらく上映禁止になっただろう。それを隠蔽《いんぺい》したのが、狸や河童などの「幻想の住人」だった。ファンタジーをこれだけ大胆に活用した例を、わたしは他に思い浮かべられない。狸御殿という幻想の化け物国が、勇気ある現実逃避のシンボルとなったのである。ついでに書くなら、中国では日本の妖怪を用いたゲームが大人気であるという。このゲームが中国で解禁された理由を聞いたら、「政治的に敏感な中国でも、人間界でないファンタジーであれば、大目に見てくれる」というのだった。戦時中の日本と同じ理由である。

でもなぜ、狸御殿がこのような形で流行し得たのか？　鬼太郎《きたろう》が子どものアイドルになった時期を経験している世代なら、その理由が分かるはずだ。学校では、お化けなんかいません、という合理的精神を培う教育がなされていたけれども、狸王国の阿波ではまるで反対の文化が生まれていたことこそ、重要だった。それが「阿波踊り」である。この踊りには、盆踊りや精霊踊りからの流れと、ええじゃないかのおかげ参りに通じる世直しの遺風――無礼講の大騒ぎとが合流していたからだ。阿波踊りは、蜂須賀《はちすか》家が徳島城完成の祝いに場内で行わせた「無礼講のバカ騒ぎ」に由来するといわれる。これは「狸国」を作ってよろしい、という江戸時代のカーニヴァルでもあった。

富田狸通《とみたりつう》という道後《どうご》の趣味人がいた。人間の目標は狸になることだと志をたて、四十年間も狸のことを研究した。著書に『たぬきざんまい』（昭和三十九年）があり、そこでわざわざ狸映画の歴史を論じた。それによれば「昭和十五、六年の頃、洋画に押しまくられて、一時日本の映画界がどん詰めの曲がり角に来た時には時局も何となく窮屈で、何か息抜きの方法が欲しい、化かされてみたい、馬鹿にされてみたいという昭和十六年の春、新興キネマ映画会社がタヌキに取材して『狸御殿』を製作した」という。狸役はのちに狸女優とうたわれた高山廣子《たかやまひろこ》、狸御殿ものの第一作だ。ただし、狸通の記述は正確でなく、『狸御殿』の公開は昭和十四年十月が事実だが、野暮は言うまい。新興キネマはこの思いがけぬ大当たりに勢いづいて新作を出そうとしたが、戦時下であったため映画会社が統合を命じられ、新興キネマは「大日本映画株式会社」に吸収されてしまう。これが「大映」であり、社長は『狸御殿』の制作を仕掛けた永田雅一だった。永田は国策映画会社の第一作に『笑ふ狸御殿』を選んだ。ここから狸ものが乱発されることになる。この映画から宮城千賀子《みやぎちかこ》、水の江瀧子《みずのえたきこ》といったスターが誕生する。富田狸通先生はおっしゃる――「世相が忠臣蔵からタヌキへと移行したことがわかるのである」と。当時のわたしはそんな映画界の裏を知る由もなかったから、狸の国を楽しんだ。この時期の妖怪は、民俗学のテーマというよりも、むしろ西洋ファンタジーの日本的展開だったというべきだろう。

蛇足ながら、狸好きの集まる「狸会」というイベントが、戦争の開始とともに本場松山《まつやま》の狸まつりをはじめ、東京や北海道でも旗揚げされている。東京の「日本昭狸会《しょうり》」は戦時中の昭和十六年に結成され、「円満明朗なる社会建設に資せんとする」と宣言している。日本勝利というスローガンを「日本昭狸」ともじった精神がすばらしい。会則も第一畳から第八畳まであって、狸のキンタマ八畳敷にちなんだ。会員が豪華版で、エノケン、柳田國男《やなぎたくにお》、恋文収集の池田文痴庵《いけだぶんちあん》、宮尾《みやお》しげを、『狸御殿』の脚本家八尋不二《やひろふじ》など洒落を知る文人を揃えた。「国民一億火の玉となって、外敵に当る宿命の統制下に潤いと、いこいの活路を見出して大いに狸が活躍したのであった」

と狸通先生はまとめている。

貸本屋は未知への扉だった

さて、わたしが板橋で遭遇したもう一つの偉大な世界、それは戦後のストーリー漫画だった。この出会いは、まず貸本屋の発見から始まる。ほんとうは小学一年生のときに発見していたのだが、小学三年以上でないと貸してくれなかったので、実際に読めるようになったのは昭和五十五年頃からだ。

じつは我が家には本がなかった。といって、文化の香りがまるでなかったわけではない。父は映画とラジオの浪曲番組が好きだったし、母は日本画と琴に親しんでいた。ただ、本だけがなかったのだ。けれども付近に三軒もの貸本屋があって、うち一軒は「千人風呂」という大きな銭湯の隣りにあった。それで、大人たちが怪しげな本を立ち読みしているのが気になり、風呂の帰りについ立ち寄ったのが運のつきだった。非常に不運なことに、手塚治虫《てづかおさむ》の赤本系単行本と出会ってしまったのだ。タイトルは『ロストワールド』、本格SFだった。映画のような動きとまるまっちくて愛らしい人物像が気に入った。ストーリーがまた、テレビで放送していた「空想科学劇場」に輪をかけて壮大だった。こういう漫画本は東京の新刊書店ではお目にかかれない。わたしはこれを見て、自分も将来は漫画家をめざそうと決意した。目標は手塚作品のようなSFである。

『ロストワールド』以外の手塚漫画を読破したのは、それからすぐあとだった。銭湯そばの貸本屋は小規模で、手塚作品や大阪の貸本漫画があまり充実していなかった。そこで、山手通りを越え、「ネオ書房」という大手の貸本専門店に行ってみると、さすがはネオ書房！　ひと棚全部に手塚作品が揃っていた。さっそくSFものを読破し、それからゲーテの『ファウスト』やドストエフスキーの『罪と罰』も手塚漫画で読んだ。これで大阪系の貸本漫画がわたしの知の源泉になった。お気に入りはなんといっても、日の丸文庫で刊行が始まっていた読み切り劇画の競

昭和30年代、貸本屋全盛のころ読むことができた数々の漫画。楳図かずおのホラー少女漫画、水木しげる以外の手による『墓場鬼太郎』など（荒俣コレクション）。

作短編集『影』である。「探偵ブック」という角書《つのが》きがあったとおり、ミステリーや犯罪ものの専門月刊誌（正確には雑誌でなく単行本）であった。ここで読んだ松本正彦《まつもとまさひこ》、山森《やまもり》ススム、辰巳《たつみ》ヨシヒロなどの劇画は、『少年』とか『冒険王』などの新刊書店向け漫画でお目にかかれぬタイプだった。映画を観るのと似たような、大人の感性を味わったわたしは、小学三年生から大阪貸本漫画一筋の読者になった。

　貸本漫画で出会った天才的作品を挙げれば、きりがない。その筆頭は『底のない町』を描いた楳図《うめず》かずおだった。少年探偵岬一郎《みさきいちろう》が活躍するその作品は、髪の毛が命を持ってしまった古老を描き、その髪の毛が根を張ったために沈んでいく町から出られず死んでいく怪老人の姿に凍りついた。しかも初めから終わりまで画面に雨が降っているのだ。漫画の絵に一種の狂熱を感じたのは、楳図かずおのほか、初期のつげ義春《よしはる》あるのみだ。

　楳図かずおはその続編『姿なき招待』で、さらに突飛な物語をつくりあげた。双子として生まれながら、片方の体内に吸収されたもう一方が、ときおり姿を現して意識を奪い取るという斬新なアイディアだった。双子の一方がもう一人を吸収してしまうケースがまれに存在することをのちに知り、衝撃を受けた。しかし、この両作品は、同時代に読んだ読者を除けば、長い間知る者がいなかった。近年ようやく復刻され、五十年以上前の興奮を味わえたが、やはり『姿なき招待』のおどろおどろしい画面に降参させられた。その当時、わたしはまだ西洋の恐怖小説も、『雨月物語』も知らなかったので、恐怖小説への開眼は楳図作品によって行われたのかもしれない。

だが、手塚や楳図以上にわたしを興奮させた漫画家が、まだ貸本屋の棚に眠っていた。『影』の姉妹誌として刊行された時代劇漫画専門の『魔像』で、武蔵のごとく活躍し始めた平田弘史《ひらたひろし》だった。この人こそは貸本漫画界にあって最強の描き手だったと思う。歴史小説並みの時代考証を加え、なによりも武士道の精神に迫ろうとする気迫がただ事ではなかった。その気迫と情熱が、そのまま絵に現れていた。絶句するほど興奮したのは、長編『邪剣破れたり』だった。この作品あたりから、平田弘史は手塚治虫のような「マンガ」あるいは「コミック」ではなくなった。むしろ葛飾北斎《かつしかほくさい》や国芳《くによし》に近い。「北斎漫画」というときの「漫画」の感覚だった。平田漫画に魅せられつづけて五十年余、わたしは運よく平田先生に対面することができたが、ご本人に会って、作品そのままの「もののふ魂」に感電した。さらに驚いたのは、ご自宅の一角に旋盤などを備えた機械工房があり、映写機などを工作されていたことだった。

平田弘史の時代漫画を読みだした影響は、すぐに表れた。幕末の歴史や徳川《とくがわ》時代の風俗文化が、俄然おもしろくなったのだ。たとえば日本ではじめて麻酔をおこなった外科医、華岡青洲《はなおかせいしゅう》。青洲が手術した患者の事例を模写した平田作品がある。それから徳川家の紋章の時代的な変化。こんなトリビアも、平田作品で教えてもらった。あとで聞いたら、平田先生は天理教《てんり》が誇るあの天理図書館に毎日通って、江戸期の珍籍を自由に読んでいたという。天理図書館を資料にしたのなら、青洲も屁の芸人も、葉隠れも平山行蔵《ひらやまぎょうぞう》も、いくらだって深く突っ込めるわけだ。

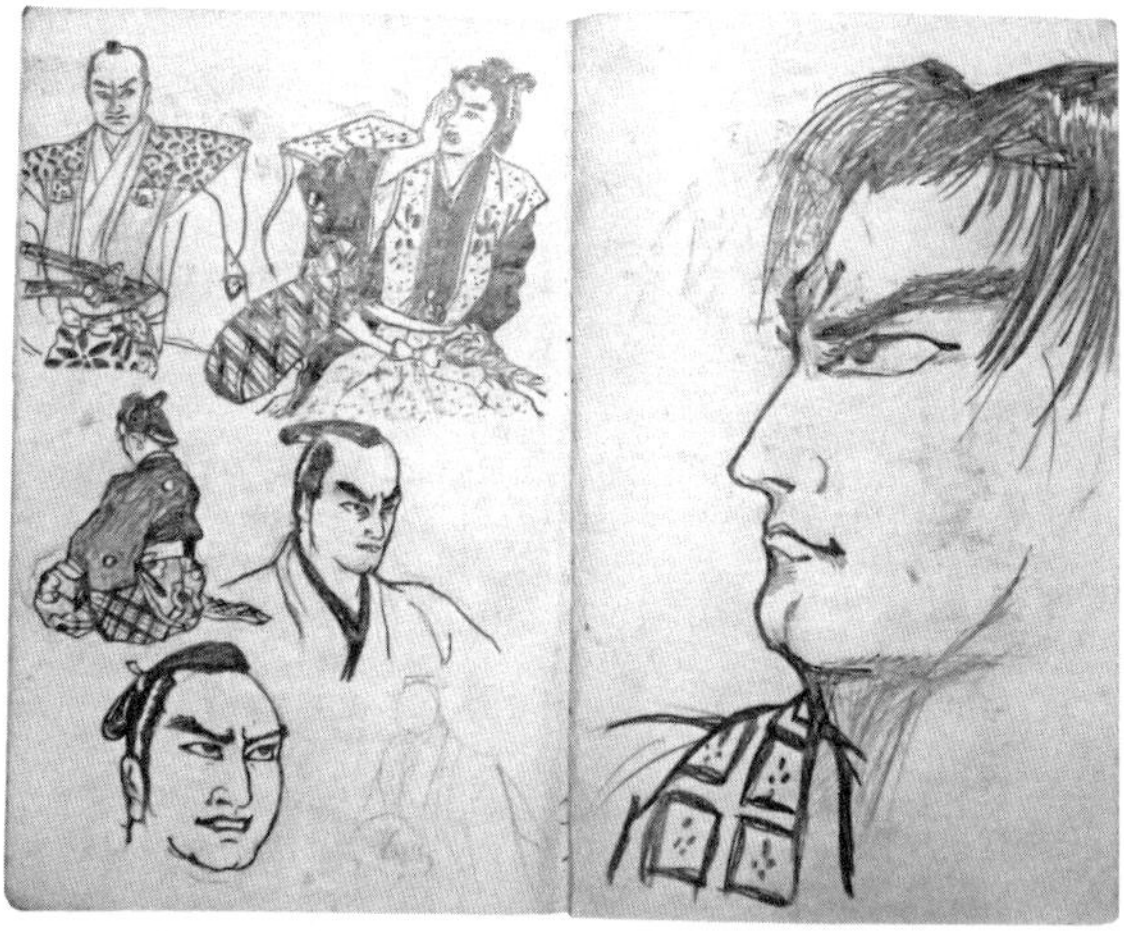

アラマタ武士画稿（平田弘史の作品模写）。これも高校時代のノートに描いた鉛筆描き。教科書の余白も模写で埋まった。

平田作品でわたしに止《とど》めを刺したのは『血だるま剣法』だった。わたしはこの作品が回収処分を受ける直前に貸本屋で借りて読むことができた、幸運な読者の一人である。翌朝本を返しに行ったら、「これはもう店に出せなくなったのよ」とおばさんから引ったくられた。東京生まれには差別問題のことがよく分からなかったので、非常な衝撃を受けた。この体験があって、平凡社が差別問題を社会史として取り上げた話題作『日本残酷物語』が出たとき、どうしても読まずにいられなかった。

　平田作品は中学、高校と年齢が高まるにつれ、いっそう愛読するようになり、一時は時代漫画を描こうとも思って、さかんに絵の模写をした。中学時代の教科書は、どのページも侍の絵で埋まった。

　貸本屋は、こうしてわたしの読書趣味を決定したが、板橋にかかわる忘れられない思い出もある。板橋時代のわたしは、じつは非常に病弱であり、幼稚園児の時期に赤痢と疫痢に罹っている。どちらも死にかけたらしいが、父母が必死の思いで抗生物質を入手してくれたおかげで、一命をとりとめた。幸いだったのは、板橋には東上線大山駅のそばに都立豊《と》島《しま》病院という伝染病に強い病院があったことである。わたしはどちらの場合も豊島病院に入院した。当時、感染症など公衆衛生に関係する病気を扱えたのは、都立病院だった。二回も大病で入院したので、看護婦さんにも知り合いができて、退院後も名前を憶えていてくれた。だが、小学生になっても豊島病院とは縁が切れず、小学校一年と三年でも夏に全身発疹が出て、板橋第七小学校から通院する羽目になった。全身包帯巻きで学校へ行くので、「透明人間だ!」とからかわれたが、包帯を取ると今度はゾンビみたいに瘡蓋《かさぶた》だらけになるので、よけい怖い。しかたなく包帯姿のまま二、三週間病院通いになった。

たしか、三年のときだったが、このときの病院通いの慰めは、貸本屋で発見した山川惣治《やまかわそうじ》の絵物語『少年ケニヤ』だった。まずは大好きなジャングルものだというのが、気に入ったきっかけだが、第四巻に恐竜ティラノサウルス・レックスが登場したあたりから、本気で熱中することになった。初めて恐竜を知った興奮は計り知れず、どうしても貸本屋に返すことができなくなった。子供向けの本にあってT・レックスについてのちゃんとした説明が出たのは、『少年ケニヤ』が最初だったのではないか。わたしはそれまで恐竜のことを知らなかった。

包帯巻きの小学生は毎日豊島病院に通い、待合室で『少年ケニヤ』の恐竜を飽かずに眺めた。しかし、さすがに一週間すると貸本屋も黙っていない。我が家に乗り込んできて、「オタクの子がまだ本を返さない」とクレームをつけてきた。母がすぐに飛んできて、「『少年ケニヤ』はどこだい、はやく返すんだよ」と言った。でも、どうしても手放したくなかった。それで母に「なくしてしまった」とウソを言った。母は貸本屋まで詫びを言いに行き、本代を弁償した。

さあ、これで『少年ケニヤ』は自分のものになった、と思ったが、こんどは「なくしたことになった」

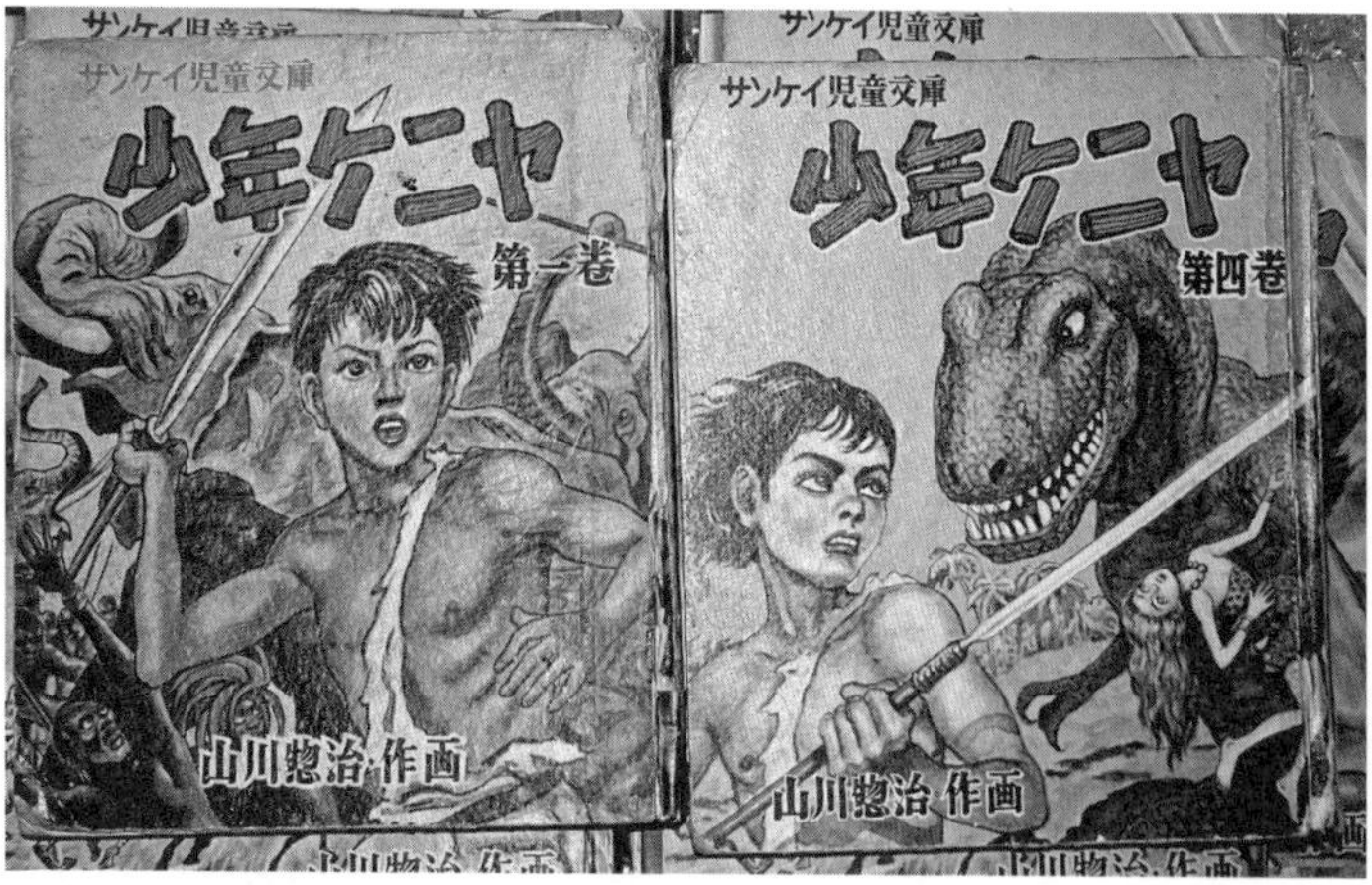

『少年ケニヤ』。小学生時分に熱中した絵物語。当時は貧乏で買えなかったが、今は２セット持っている。

本を机に置いておけなくなった。毎日カバンに入れて学校に運んでいくうち、なんだか悲しくなってきた。それで、豊島病院へ行った帰りに、坂道を流れ落ちる排水溝の中に本を沈めた。ところが運が悪いことに、そこは豊島病院の塀沿いであった。ひょいと上を見ると、よく知っているおばあさんの看護婦が窓からたまたまわたしの行動を見ていた。

「何してるの？」と問いかけられたとたん、とんでもない悪事の現場を見られた気分がして、その場を走って逃げた。そのために、翌日から豊島病院に行きにくくなった。あの看護婦さんに出会わないよう用心するのだが、そういうときに限って会ってしまう。しかし、その看護婦さんは何も言わなかった。

　これが非常に苦しかった。発疹よりもずっと苦しかった。ようやく発疹が治まり、もう通院しなくていいといわれた日も、帰りがけにまた看護婦さんと鉢合わせした。逃げようとしたら、看護婦さんに呼び止められ、こう言われた。「あんたは皮膚が弱い。おできにならないように、夏みかんをね、すっぱいの我慢してたくさん食べなさいよ」

ありがとうございます、とか挨拶でもすれば、まだ救われたが、罪悪感があったから、このときも逃げた。その代わり、看護婦さんに言われたことだけは守った。いまも夏みかんを食べるたびに思い出す。夏みかんが好きになったおかげか、あれ以来全身に発疹が出ることはなくなった。

貸本業は、その後衰退し、いまはほとんど見られない。けれど、わたしは貸本屋があったおかげで本の虜《とりこ》になった。悪書追放運動が燃え盛ったとき、貸本漫画が標的にされて学校へ持ち込むと没収される決まりができたが、わたしは最後まで学校に抵抗した。どんなに罰を受けても、平田弘史や佐藤《さとう》まさあきの本を先生に引き渡すことを拒否しつづけた。

第三章

昔話への疑問と死の習俗

『怪談牡丹燈籠』お露（大蘇芳年に従う模写）作者不詳、大正年間。

「姉御。ここだ。でもおまえさまは、尊い御神《おんかみ》に仕えている人だ。
おれのからだに、触ってはならない。そこに居るのだ。
じっとそこに、踏み止って居るのだ。――ああおれは、死んでいる。
死んだ。殺されたのだ。――忘れて居た。そうだ。此は、おれの墓だ。
いけない。そこを開けては。塚の通い路の、扉をこじるのはおよし。
……よせ。よさないか。姉の馬鹿」

折口信夫『死者の書』より

髪の毛が絡みついた髑髏のように

どうも、この荒俣という苗字が苦手であった。小学校に入学したとたん、「あ」で始まる名前を持ったおかげで、出欠をとるとき一番先に呼ばれるのだ。「渡辺」とかいうアイウエオ表の最後に来る名前の子は、少々遅れて教室へ滑り込んでもまだ名を呼ばれる番が来ていないから、遅刻にならない。その点、「あ」から始まる名前は割りに合わない。給食当番とか、あるいは試験の点数読み上げとかも、最初にお鉢が回ってくる。

それに輪をかけて、わたしの苗字は誰でも駄洒落にしたくなるようで、先生までが「あら、また来たの」などとからかう。ただ、自分でいうのもなんだが、荒という漢字のただならぬ気配だけは気に入った。その字形からは、なにかこう、おどろおどろしい感じがあふれ出ている。ずっと後年になって、漢字の字源辞典が出たときに調べたら、この漢字の象形が説明してあった。荒という字は「草かんむり」+「巟」で構成される。金文《きんぶん》ではさらに分解されて、「亡」+「川」だという。どうやら、死体が浮いているような川と、されこうべが転がっている荒れた草地が広がるところを、かたどったらしい。

白川静《しらかわしずか》の大著『字通』によると、巟という字は髑《どく》髏《ろ》をあらわし、下の川の字は水ではなく、髑髏にへばりついた髪の毛を意味するのだそうな。すでに頭髪が濡れ落ち葉のように抜けつつある、みすぼらしい頭が草地に捨て置かれた光景、とある。思わず、今のおいらの頭と同じじゃないか、と己《おのれ》のあさましい姿を鏡に映したら、(頭以外の毛が)「総毛」立った。こわい、コワイ。

そこでわたしは納得した。名前からしてホラーである自分は、生まれながらにお化けの係累であったのだなぁ、と。もはや諦めの境地である。

ほんとうは「納得」がいかないおとぎ話

わたしが板橋に移住したのは、ちょうど絵物語や童話が読めるようになったときだった。幼稚園は最後の一年に当たっていた。太平洋戦争が終わってまだ七―八年、子どもの読み物がなかったせいか、ラジオでしばしば昔話を聞いていた。

そのころのラジオは「おはなし」や「物語」の朗読をときおり放送していた。子供向けには、『少年探偵団』や『赤胴鈴之助』、あるいは『新諸国物語・笛吹童子』なども始まり、わくわくするような「フィクション」の世界を楽しめる時期であった。これらの練り上げられた朗読や台詞は、完成度が高いので、ちょうど「絵」のない映画のように頭に入ってくる。だから、自然に、これは「お芝居」あるいは「演芸」だ、という区分けができた。だが一方、祖父や母から直接聞かされる怪談は、毎日の会話の合間や寝る前などにさりげなく割り込んでくるので、ご近所の噂話を聞くような素朴なリアリティーがあった。すなわち「語り物」ではなく、「噂」の類《たぐい》だった。

しかし、板橋に来てから、わたしの中にあらたな「物語のメディア」が追加された。それが「本」だった。本は「語り物」でも「噂」でもない、「読み物」である。まだ不慣れの言語を用いた物語でも試聴するような引っかかりがあった。わからない箇所にぶつかれば、そこで物語は中断され、自分の頭で考える。あるいは自然に湧いてきた疑問を解決しようとする。これで読解力がつき、また想像力やチェック力も付いた。本だけは、物語をいつでも中断して疑問を解く作業に入れるメディアだったから、わたしのようなひねくれ者にはまさにぴったりの「オモチャ」となった。

幼稚園では『キンダーブック』と『チャイルドブック』が毎号読めたので、武井《たけい》武雄《たけお》ら挿絵画家が描いたおとぎ話の絵本を愛読した。とくに神話や昔話は、?と思う箇所が満載だったので、正直にいうと、単に怖い話よりも、歴史に絡んだふしぎなおとぎ話のほうが好みだったかもしれない。

わたしが今もって怖いと感じているおとぎ話の代表は、なんといっても『ハメルンの笛吹き』だ。読んだ絵本の挿絵までも覚えている。これはまことに不思議な話で、基本はどこかの正体不明の男が笛を吹いて子どもを誘拐した、という「人さらい」の話だ、と理解した。でも、この笛吹きは魔法の笛を持っているところが、ただの人さらい事件と違う。『笛吹童子』の話も頭にあったせいか、何か途轍もない謎を宿した「異人」に思えた。とりわけ、まだらの道化衣装を着けた笛吹が、町からネズミを一掃した笛の音をもって、子どもまでも森に連れ込んでしまう場面がおそろしかった。いったい、この笛吹きは何者なのか。これがまた、実際に横行していた人さらいへの恐怖と重なって、ただひたすらに恐ろしかった。

それから『桃太郎』も『酒呑童子』も、なんだか後味《あとあじ》が悪かった。鬼がいつも退治されるからだ。鬼はどうしていつも退治される側に回されるのか。『カチカチ山』も納得がいかなかった。だまして泥船に乗せ、沈めてしまうからだった。そうした「奇妙に納得がいかない」おとぎ話の中に、『瓜子姫とあまんじゃく』という変な話も入っていた。このあまんじゃく、すなわち天邪鬼《あまのじゃく》になんとも説明のつかない興味を抱いていた。こうして絵本というあらたなメディアが、納得のいかない物語の裏を考えるという、子供にあるまじき変態的な楽しみを教えてくれたのだった。突っ込みどころが多い化け物だとか忍術だとか、あるいは宇宙などに興味を持った原因も、ここにあったと思う。

本というものの存在を認識したのは、毎晩のように父に連れられて行った東上線大山駅の周辺にある商店街だった。今でもそうだが、商店街のまんなかに電車が割り込んでくる感じが、ちょうどつげ義春の奇作『ねじ式』の有名な一場面に似ていた。あの、汽車が路地に走り込んでいく場面を、電車が商店街に割り込んでくる感じに直したようだった。駅前にはだるま市場があって、地面はたしか土であり、雨の日などはところどころに水たまりができて濡れていた。それでも、食べ物屋、雑貨屋、おもちゃ屋などがびっしりとならび、橙《だいだい》色の裸電球があちこちにぶら下がっていた。

父親がここへ来る目的はパチンコだった。わたしと妹もくっついていき、下に落ちている玉を拾っては、空いた台で自分もパチンコを打った。非常に興奮するゲームだったので、喜んでついて行った。そのせいか、パチンコ屋にはいつも幼児や子供がうろうろしていた。

大山商店街は、おそらく板橋では一、二をあらそう大商店街だったと思う。すぐ隣りの中板橋駅商店街は、規模ではぐんと劣ったが、値段がすごく安かった。商店街全体が大山のだるま市場のイメージだ。けれども、映画館や本屋が沢山あった大山には、同時に文化の匂いがあった。それは、直ぐ近くに壮大な都立病院があり、戦争中も空襲にやられず、戦前の帝都病院の偉容をとどめていたことにある。豊島病院と地元で呼ばれていた。なにしろ昭和五十年代、わたしが東上線に乗って毎日築地《つきじ》まで通勤したときにも、電車の車窓からそれが見えたのだ。戦前の西洋館で、もとは白亜の殿堂だったらしいのだが、戦時中に空爆されないよう、タールのようなもので真っ黒に塗られた痕が歴然と残っていた。都立病院といえば伝染病、豊島病院はその元締めみたいなところだった。わたしは二度の伝染病にかかり、どすぐろい焼け跡のようなこの病院に入院している。

そしてもう一つ、豊島病院の横に、これまた広大な都立養育院があった。地元では「養老院」と呼んでいた。昔、渋沢栄一《しぶさわえいいち》が老人を救済するためにこしらえた施設で、ほんとうにだだっぴろい運動場と並木があった。野球場が七、八面もできるようなひろさだったので、近所の子どもたちは放課後になるとここへ集まり、隅っこのほうで野球をして遊んだ。

さらに、小学校五年生くらいになると、養育院と大山商店街の間に「区立文化会館」という、これまた大きな公会堂ができた。わたしは小学校を卒業した日、ともだちとみんなで別れがたく、大山へ出かけたことを思い出す。仲良しの五人で、文化会館の前を通ると、たまたまテレビの人気番組『お笑いタッグマッチ』の公開収録がおこなわれていたので、見物した。これは「笑点」の前身といえる大喜利番組で、司会があの春風亭《しゅんぷうてい》柳昇《りゅうしょう》だった。この会場では先代の林家三平《はやしやさんぺい》も観た。もちろん、浪曲もここで聴けた。わが家の娯楽はラジオで落語や浪曲を聴くことだったので、いつも『浪曲天狗道場』(ラジオ東京)を楽しみにしていた。素人が出る番組だったので、聞いているうちにたいていの浪曲をおぼえてしまい、三門博《みかどひろし》の『唄入り観音経』(「遠くちらちら灯りがゆれる　あれは言問こちらをみればー」の歌い出し)、二代目広沢虎造の『清水次郎長伝』(「旅行けば、駿河の国に茶のかおり」の歌いだし。これがまたマキノ雅弘《まさひろ》の手で全九作の映画『次郎長三国志』となり、虎造も出演して盛りあがった)などは、小学生もうなることができた。

こうした文化の香りが立ち込める大山駅周辺で、さらに異彩を放ったのが、五軒もの小屋がひしめき合った映画館である。洋画から大手五社まで、上映作品が下手をすると二週間の更新頻度で新作にいれかわるのだからうれしかった。ヒッチコックも見たし、ジョン・フォードも観たし、ジャン・ギャバンやアラン・ドロン（小学六年のとき、『太陽がいっぱい』を観に行った）も、裕次郎《ゆうじろう》も嵐寛寿郎《あらしかんじゅうろう》もゴジラも中田康子《なかたやすこ》もだ。ちなみに、大映の人気女優だった中田康子は、小学三年生のとき池袋に三越デパートがオープンした際、屋上イベントにナマ出演し、わたしにサインをくれた。ふだん身の回りに大根やカボチャみたいなおばちゃんたちしかいなかった下町に、突如女神が降臨した感じだったので、わたしはこのセクシーなお姉さんの大ファンになった。彼女は子供が見られないタイプの作品にも出たが、どうしても観たくてたまらず、切符もぎりのおじさんの目を盗んで入り込んだこともある。

　大山駅前商店街は、そんなlowな文化の殿堂だった。古本屋が少なくとも四軒あった。父が生まれたばかりの弟をおんぶして大山にパチンコ通いする行き帰りだったから、おそらく昭和二十九年か三十年のころ、わたしはここの古本屋で光文社版の『少年探偵団』シリーズや学童社版『ジャングル大帝』を発見、古本屋通いの味をしめた。とくに『ジャングル大帝』や山川惣治の『少年ケニヤ』は思い出が深い。動物がすきだったせいもあるが。

　わたしがここ板橋在住の時期を「黄金時代」と呼ぶのは、そういうわけなのである。後年掘り下げることとなる文化的主題のすべては、ここで遭遇したのだった。

じつはわたしは「天邪鬼」だった

　小学校のときに友達から付けられたあだ名が「天邪鬼」だった。こっちのほうも魔物だし、妖怪の仲間である。なぜそういうあだ名を頂戴したかというと、性格がへそ曲がりで、みんながイエスといえば一人だけノーと言う子だったからだ。なんと、二年だか三年だかの通信簿に、担任の先生がわたしの行動と性格を評して、「協調性に欠けており、天邪鬼的なところがある」と書いてくれた。よくもまあ、傷つきやすい幼子に向けてそういうことを書けたもんだと、今は感心するのだが、それが意外にも父母や友達に大受けして、「おまえはほんとにあまんじゃくだ」という話になった。

しかし、現代の読者にはピンとこないかもしれない。天邪鬼って何？ と訊き返されるだろう。妖怪マニアでもすぐに説明できないような、マイナーなお化けなのに、なぜ級友や親までが喝采したのだろ

天邪鬼のイメージ 橘小夢画『水魔』。

うか。その答えは簡単で、あまんじゃくは狸と同様に、昭和二十年代には妖怪の中でもいちばんポピュラーな存在で、とくにへそ曲がりにつけるあだ名の代表だったからだ。つまり、このあだ名は妖怪としてよりも、譬《たと》えに引かれる名前として、ごく日常的に使われる名詞だった。ものの本によれば、このへそ曲がりの鬼は、執金剛神《しゅうこんごう》や毘沙門天《びしゃもんてん》などに踏みつけられている悪い鬼だという。毘沙門天が身に着けている鎧の胴にある鬼の面が本来の「天邪鬼」だそうなのだが、この小鬼の顔は河童に近い。河童すなわち河伯は水神でもあるので、「海の邪鬼」＝あまのじゃく、となったらしい。要するに、突っ込みどころ満載の鬼だったといえる。

この事実を知ったとき、わたしは素直に、「名は体をあらわす」ものだと恐れ入った。たしかに、子供の頃の自分は、あまのじゃくのように「人と反対のことを言うひねくれ者」を意識して演じたふしがある。なによりもまず、人の言うことに従うのが嫌いだった。だから、従わない理由を考えるのに、い

ろいろと屁理屈を絞りだした。で、この鬼も、地方の伝説では、人の声をまねて悪戯《いたずら》したりウソをついたりする妖怪と言い伝えられ、木霊《こだま》も天邪鬼の所業とされていた。だれかに化けるのがうまい鬼だったのだ。その意味では、真正の「化け物」である。だが、こんな特殊な化け物なのに、小学生のあだ名にまで使われる。変だとは思わないだろうか。むろん、これには理由《わけ》があった。前述したように『瓜子姫とあまんじゃく』なる民話が広く語られていたからだった。放送が始まったばかりのテレビでも、この民話がアニメーションや人形劇になって放送された。絵本でもよく見かけた。

天邪鬼はなぜ忘れられたのか?

昭和三十年ごろまでは誰もが知る妖怪だった天邪鬼なのに、いまはほとんど噂にすら上らない。ならば、この鬼の重要性をアピールするのは、本人が「あまんじゃく」とあだ名されたわたしの仕事かもしれない、と思いついたのは、最近のことだ。

じつになさけない話だけれども、わたしはこの自伝を書く段になって、ようやく自分に付けられたあだ名のふしぎさに気づいた。あまんじゃく、あるいは天邪鬼は、室町時代に盛んになった民話集の出版を通じて知られるようになった。起源は途轍もなく古いらしいのだが、記紀にはこの名が出てこない。しかし、『御伽草紙』として編纂《へんさん》された民話集には、名前を違えた話として出てくる。「瓜子姫」の物語である。その原文を読んでみて、とてつもなく恐ろしい「物語のルーツ」であることが判明した。たとえば、西洋民話『赤ずきん』に出てくる悪い狼と、天邪鬼とは、役どころを一《いっ》にしているのだ。『赤ずきん』の話は、イタリアの民話集『五日物語』に出てくる短編を基にしている。たぶん元型は千年ほど前に生まれたのだろうが、これが天邪鬼の話によく似ているのだ。ひょっとすると、両方のおとぎ話は、さらに古いアジアの民話から流れ出た二本の支流かもしれない。

『御伽草紙』に載った天邪鬼の話は、通常「瓜子姫子」というタイトルで語られる。明治になって日本民話が教育にも使用されはじめ、子どもの本の人気作になったことで、瓜子姫と天邪鬼はセット化したと思われる。まずは、古代医術の研究家槙佐知子《まきさちこ》が手掛けた、分かりやすい現代語訳（『日本昔話と古代医術』より）を借りて、「瓜子姫子」のあらすじを追ってみる。

むかし、むかし、大和国石上《いそのかみ》（現在の奈良県天理市）に、貧しい翁《おきな》と嫗《おうな》がいた。二人は子に恵まれなかったので、朝夕、そのことだけを嘆き悲しんでいた。

そんなある日、翁は丹精している瓜畑で、この世に二つとない美しい瓜を見つけた。あまりにもみごとな瓜だったので、二人の子にして育てようと考え、漆塗りの箱へ入れておいた。あるとき、その蓋を開けると、瓜がほんとうに女の子になっていたので、二人はたいそう喜び、女の子を大切に育て上げた。瓜子姫はこうして美しい娘となり、近隣の評判になった。その評判を聞きつけたのが、自身の嫁を探していた国の守護代だった。並ぶもののない権勢を握る守護代があまりに熱心に手紙を寄こすので、翁と嫗も姫を隠しきれなくなり、嫁入り話が進んだ。ちょうどその頃、神代の昔から万事に妨げや苦しみを及ぼす「天探女《あまのさぐめ》」という曲者がいた。この魔物も瓜子姫の評判を知り、なんとかして姫を誘い出し、自分がそれに化けて輿入れできないか、と考えた。さっそく翁と嫗の家に行ってみると、守護代から届いた贈り物が山のように積んである。これを見て、ますます瓜子姫をだまして自分の利益にしようと欲がふくらんだ。あるとき翁と嫗が外出することになり、瓜子姫が留守を預かることになった。

この機会を逃してなるものか。天探女は独りでいる瓜子姫を訪い、「嫗が帰ったから戸を開けておくれ」と引戸越しに甘く囁いた。だが、どうも嫗の声とも思われない。すると天探女がさらに優しく、手にした花を差し入れた。

「では、細くでいいから戸をあけておくれ。このお花をあげましょう」と、天探女は言った。姫が少し開けると、「もっと、もうすこし開けておくれ」と懇願する。その誘いに乗って、戸をもっと広く開けたとたん、天探女は戸に手を入れて無理に押し開け、姫を抱きかかえると、遠いところにそびえる高い木を見つけて、その木にくくり付けた。自分は姫の衣を被って伏せるようにし、翁たちの帰りを待った。(別の話では、姫を食い、皮を剝いで頭からかぶり、姫に化けたともいう)。

帰ってきた二人は、まさか瓜子姫が天探女に入れ替わったとは思いもよらず、さっそく嫁入りの支度を始めた。そして迎えの牛車がやってくる。翁と媼は姫を輿入れの車に乗せ、行列を組んで守護代の屋敷へ向かったのだった。

当時、輿入れは夜に行われたが、暗いので行列は道に迷った。そして高い木が生えている下を通りかかったとき、どこからか歌を詠じる人の声が聞こえた。

「ふるちごを　迎へとるべき手車《てぐるま》に　あまのさくこそ乗りて行きけれ」と。

ふるちご、というのは「瓜《うり》の稚児《ちご》」の意味である。その瓜子姫が乗っているはずの手車に、「あまのさく」が乗っているという警告だった。お伴の人々が松明を掲げ、高い木の上を照らすと、なんと、瓜子姫がそこにくくり付けられているではないか。衛士たちは仰天して姫君を木から降ろし、車を開けてみると、そこには恐ろしげな老婆が伏せていた。よくよく問いただし、その老婆はあらゆることに邪魔だてする「天探女」だと判明した。行列は大急ぎで老婆を引き出し、姫を乗せて守護代の屋敷へ向かった。

憎むべき天探女は大和国宇陀《うだ》の野末に引っ立てられ、手や足を割いて捨てられた。天探女は薄《すすき》や刈萱《かるかや》の下でもだえ苦しんだ挙句、絶命したという。

いや、すごい話である。とくに最後の、鬼の体が野ざらしにされる場面は、荒俣の「荒」の字を彷彿《ほうふつ》させる。しかもこの残虐な話は、何も知らずに鬼を招き入れて食われた（この原文では木にくくられた）娘が『赤ずきん』を連想させるだけではない。瓜から生まれた小さ子という点では『竹取物語』にもそっくりだ。さらに鬼が八つ裂きにされるという結末も、他の鬼退治伝説と一致する。

さらに、この天邪鬼が『御伽草紙』では「天探女＝あめのさぐ（め）」となっている。この名ならば、じつは『日本書紀』にも出てくるのである。槇佐知子が著した、古代民話を本草学《ほんぞうがく》の観点から再検討する著書『日本昔話と古代医術』には、この鬼女のことが詳しく書かれている。書紀によれば、この「あめのさぐめ」は、高天原から神下ったアメノワカヒコの従者だったという。高天原《たかまがはら》を統べるタカミムスビノカミは当初、中つ国つまりヤマトの国にアメノホヒノカミという神を派遣したのだが、中つ国の王であるオオクニヌシノミコトの娘に恋してしまい、妻にめとって三年も報告に帰らなくなった。そこで、次に地上に送られた使者が、アメノワカヒコだった。だが、この神もオオクニヌシの娘と懇ろになってしまい、八年も帰らない。そこでアメノワカヒコの様子を探り、早く報告に帰ってくるよう警告する目的で、「鳴女《なきめ》」という名の雉《きじ》を放った。この雉がアメノワカヒコの動静を探ろうとして、門前の桂の樹に留まっているところを発見したのが、探女だった。彼女はさっそくアメノワカヒコに「高天原から遣わされた密偵が偵察にきています」と通告した。高天原から見れば、裏切りである。しかし、高天原の神々が中つ国の支配を開始したあとも、この天探女は厄介な裏切り者として同じような活動をつづけたという。

わたしはこの話を知って、自分が天邪鬼と呼ばれたことを、むしろ誇らしく思うようになった。

このひねくれた女神は、占いに長けていたから、神託の巫女といえる。神の声の代弁者であるから、本来は天津神《あまつかみ》の声を下々《しもじも》へ伝える巫女の役柄だったのだろう。したがって、スパイとして遣わされた雉の声を聴いて「不吉」を感じ取り、主人であるアメノワカヒコに警告したのは当然の役割を果たしただけともいえる。いっぽう、それが高天原に対する裏切り行為だったかといえば、そうともいえない。なぜなら、天から下ってきたアメノワカヒコが間者《かんじゃ》である雉を射殺したことがもっと重大な罪であるからだ。この行為は神の使いを殺した大罪にあたる。天探女は従者として手伝っただけで、脇役にすぎない。事実、雉を殺した矢はそのまま高天原に届いた。カミムスビノカミが「ワカヒコに邪心あるなら射殺せ」と矢に命じて地上に投げ返すと、矢はアメノワカヒコの胸に当たり、命を奪う。つまり天探女の行為は、二次的ではあるけれど、天津神から託された反逆者ワカヒコの殺害をも成就させたことになるのだ。

敵対関係になった両者をともに殺すことで、天探女は喧嘩両成敗ともいうべきミッションを達成したともいえる。高等戦術である。どちらの権威にも服従せず、どちらにも災いを及ぼすというひねくれ者のスタンスが、ここでわたしの心を摑んだのだった。嫌われ者のレッテルを甘んじて受ける潔さがある人物は、愛されなくても生きられるし、嫌われてもうまくやっていける底力を持つふしぎな神ではないか、という具合に。

しかし、やがて問題が生じた。大正から昭和期の日本では、子どもに本を読む習慣をつけさせることが教育上の流行となったのである。子どもを手っ取り早く読書人に仕立てるには、童話やお伽噺がいいという話になった。ところが、『御伽草紙』の人気キャラクターは浦島も桃太郎も首尾よく子供のアイドルになれたのに、ひねくれ者の天邪鬼はそういうわけには行かなかった。たぶん、子どもには理解できない複雑な役回りだったからだろう。そこで、このキャラクターは物語の中で分かりやすく「悪役」を仰せつかることになる。瓜子姫の人気を上げるための黒子となったのだ。瓜子姫を食べたり、高い木にくくりつけてしまうような鬼では、だれも手本にしないはずだから。かくて天邪鬼は奇妙な悪役として戦後まで命をつなぎ、少なくとも昭和三十年代まで民話の中にしぶとく残った。

ちなみに、天邪鬼に食われた瓜子姫にも触れておこう。この姫君が絶世の美女だったという伝承から見て、女性の理想的な顔を「うりざね（瓜実）顔」といい、女性が初めて男と関係することを「破瓜《はか》」というのも、もしかしたら天邪鬼に犯された犠牲者「瓜子姫」を起源としているのかもしれない。

皮を剝ぐことの罪

天邪鬼に関連して、もう一つ書いておきたい話がある。天邪鬼が瓜子姫の皮を剝いでそれを被ることで、瓜子姫に化けることができた、という行《くだり》だ。最近わたしはたまたま、欧州映画『五日物語』を観た。イタリアで書かれたもっとも古いお伽噺集と言われる『五日物語』を映画化したもので、三つの短編をつないだ作りになっているのだが、そのうちの二作に「皮を剝ぐ」という薄気味悪いモチーフが取り上げられていた。このお伽噺集は、「赤ずきん」「シンデレラ」「眠れる森の美女」などの名作をもっとも古い形で記録した本だが、「皮を剝ぐ」話が異常に多いのだった。詳細は省くけれども、ある年老いた女が古い皮を剝ぎ、若々しい肌を取り戻して、妃に選ばれる話がある。その幸運をねたんだ老女の妹が、自分も老いさらばえた皮を剝いでもらおうとする。しかし、妹は見るも無残な姿になった。

そういえば『赤ずきん』にも、この皮剝ぎのヴァリエーションと見られる部分がある。狼がおばあさんを食べ、そのおばあさんに成りすまして赤ずきんを食ってしまうからだ。このとき狼はおばあさんの皮をかぶって化けるのである。これが「皮剝ぎ」というモチーフに共通して感じられる妖しさの出どころであった。

罪深いことだが、子どものときに感じた疑問は長くトラウマとなって心に残るらしい。わたしの場合も、三十歳を過ぎて作家になり、平凡社で百科事典の編集助手を務めたときまで、この疑問に悩まされた。しかし平凡社で、飯島吉晴《いいじまよしはる》という民俗学の若手研究家と知り合ったことから、疑問は興味へと変化した。彼もそのときは百科の編集助手だったが、いまはもう大学者になった。その飯島さんから、鬼研究の「知られざる鬼才」若尾《わかお》五雄《いつお》という学者の論文を見せられた。若尾説によれば、鬼とは農耕民ではなく金属を生成する山師のことで、赤鬼だとか青鬼だとかいうのは、あれは鉄（赤）や銅（青）を表わす金属の色彩に由来するのだそうな。

わたしはそこで、ハタと膝を打ったのを覚えている。なるほど、金属の民だったのか！

我が祖父と父も銅を中心にした非鉄金属をあつかう職人だったし、母方の祖父と伯父は大工であった。大工も鬼と関係がある（大工道具ののこぎりを持っている）。なーんだ、自分は父母どちらの家系でも鬼の子供だったのか、と初めて気がついた。

これで、鬼が山師だったと分かった。こんどは飯島さんに「皮を剝ぐ」ということはどういう意味を持つのだ、と尋ねた。そうすると、飯島さんは民俗学の知識を全開してくれた。むろん、珍説、奇説に思える途方もない話も聞かされたけれど、「天津罪」と「国津罪」という、とても興味深い概念を教えてもらった。

動物の皮を剝ぐことは、これまた農耕民の習俗や仕事になかったものである。その代わりに、「天津罪」すなわち農耕社会の掟破りにあたる罪には、「生き剝ぎ」と「さか剝ぎ」がちゃんと入っていた。この罪を犯した最初の罪人は、馬の皮を剝いで姉神の仕事場に放り込んだスサノオだという。また農業が伝わる以前の暮らしにあったタブーと思われる「国津罪」のほうにも、近親相姦や獣姦とともに、他人の肌を割く罪、割いて殺す罪が挙がっていた。

これはどうもただ事ではない、と直感した。皮を剝ぐという行為は、天津罪にも国津罪にも、両方に指定されている。まさに「天邪鬼」のような罪のあり方ではないか。おそらくこの罪はよほど根深いのだろうが、だんだんにこう考えるのがいいのではないかと思うようになった。すなわち、新旧どちらの掟にもでてくるということは、裏を返せば、この罪が人間の誕生とともについてまわったものであり、キリスト教にいう原罪に近いものではないか。とすれば、この罪の本質は、知性あるいは知力を用いて相手を負かすことの譬えである。神から独立するための力である。

子どものころ、おとぎ話や昔話を読んで、その背後になにやら暗い秘密があると直感したのは、まちがいではなさそうだった。この例のような、昔話に出てくるむごたらしい話の主人公たちに、あらためて好奇心を抱いた。小学生の直感が、現在の自分にいまなお影響しているのだった。

板橋的気質を生んだ「下町の人情」

わたしは運の悪いことに、天邪鬼によく似た気質を持ち合わせただけでなく、団塊世代の昭和二十二年生まれでもあった。戦後最初の生まれであって、同じ年齢の子が多すぎたことも、ひねくれ気質を確固たるものにした。体こそ大きいが運動神経がほぼ皆無だったので、運動会や学芸会といった大勢の前で行われる催しが苦手だった。それで、だれかと競争するよりも、だれもしないことをするのが好きになった。これなら、他人と争わなくても済む。といっても、現代の小学生のような「ひきこもり」とは意味が違う。学校社会でも独りで生きて行けるような「アンタッチャブル」な雰囲気あるいはオーラを身につけたかったのだ。お化け好きになったのも、じつはそのような動機が働いたせいかもしれない。

もう一つ、この気質が決まるうえで影響を及ぼした環境要因がある。その環境要因というのは、板橋の住民が「下町」感覚をかなり濃厚に身に保持していたことだ。我が家は祖父が浅草出身であることからも明白なように、ほぼ純粋な下町東京弁を語る一家だった。そして、祭りだとか自治会活動とかが飯より好きな「町人」気質だった。農民でもなければ、お役人や勤め人でもない。貧乏だけれども一国一城の主と若様、という思い込みが自営業の子の感覚には潜んでいた。

昭和二十二年に板橋区の新しい区割りが決まったとき、現在の練馬地域に居住していた農業者たちが、GHQに押しかけ板橋区からの「独立」を請願するという事件が起きた。その原因も、わたしが思うに、区役所やそのほかの役所が板橋地区に集中していた事情ばかりでなく、「町民」と「農民」の価値観が相容れなかった事情にあるのではないか。

その点で、自分の立場は多少この問題を語る資格があると思う。なぜなら、わたしは板橋に六年半、練馬にもおおよそ二十年住んだ実績があるからだ。町民と農民の両方の気質に触れてきたのだから。

板橋のほうは、みんな「一国一城」の自営業という矜持《きょうじ》があって、一様に貧乏ではあったが自治の精神というか「コミュニティー」感覚を持っていた。助け合いの精神といってもいい。

これに対し、練馬は大いなる田舎だった。主要な地主が巨大な屋敷を持ち、地区の中核に君臨する。冠木門《かぶきもん》があるお屋敷に入り込んで、中の様子を見ると、江戸時代の駕籠《かご》や龍吐水《りゅうどすい》型の消火器が置かれていたのに仰天したこともある。そうした庄屋様と、どこまでもつづくダイコン畑とに圧倒された。自治のある下町ではなく、農業を柱にした村の論理が垣間見えたのだ。けれども、練馬のお話は、また中学生時代を語るときに再開するとして、ここでは町場であった板橋のたたずまいと小学校生活のほうをざっと書きあげよう。

小学生で知った生活の現実

戦争が終わってまだ十年も経っていない頃の小学校は、すべての設備が今の小学校とは大違いだった。まず第一に、冬の暖房はストーブだった。朝になると、各教室のブリキ煙突からモクモクと煙が出る。これがまた妙に暖かいので、児童は一時間目から眠くなる。毎日石炭当番が決められており、石炭小屋から黒光りする石の塊を教室に運び込んで、火を点けなければならなかった。みんな、この仕事を嫌がったが、わたしは案外に好きであった。当番の日には石炭小屋で色と形のいい標本を拾って、石炭標本箱を作っていたからである。このときすでに、水木しげる大先生のいわゆる「収集癖」が形成されていたらしい。

当時の小学生はけっこう重労働をしなければならなかった。校舎は木造、床が板張りだったから、毎日掃き掃除と雑巾がけが欠かせなかった。一番の楽しみは、GHQの肝煎りで実施されたパン給食だ。クジラ肉のステーキなどという肉っ気ぎらぎらのメニューが食欲を煽り立てた。三年生になると、この給食を料理室から運んで、みんなに取り分ける仕事が増えたが、ただもうお玉を脱脂粉乳に突っ込んでかき回すだけで胃袋の筋肉が至福の声を上げ、ギュウギュウ鳴いた。

わが板七小の誇りは大きなプールがあることだった。皇紀二千六百年記念で多くの小学校に記念モニュメントが建造されたが、プールを作った学校もけっこう多くて、板七小もその一校だった。七月になると水を張り替えて水泳の授業になるのだが、たしか半数は泳げなかったし、海水パンツなる装備も十分ではなかった。たいていは自宅にあったお古のパンツを引っ張り出して代用にしたようだ。ただ、さすがに「ふんどし」ではなかったところが、戦後少年のこだわりだったかもしれない。

小学校にはいって受けた最大のショックは、新入生の数が多すぎて教室に入り切らなかったことだ。わたしは背が高かったので、いつも最後列の椅子があてがわれ、隣りには決まって男が座った。前の方は男女で机一つなのに、男の頭数がかならず女よりも多いせいで、後ろの方になると男女同席ができなくなる。したがって六年間、隣りに女の子を迎えたことがなかった。クラスは十組以上もあるのに、すべてのクラスで男の数が女を上回った。いま考えてもじつにふしぎな現象だった。

ただし、クラスは十組以上だが、教室がそんなに多くない。したがって、二部授業が実施された。午前組と午後組に分かれ、一つの教室を時間差で使用した。わたしは一組に配属され、例によっていちばん後ろの席をあてがわれた。後ろから見回したところ、どうも賢そうな子が見当たらなかったし、お金持ちらしい子も少なかった。だいたいが鼻たれ小僧とおかっぱ頭の女の子で占められた教室にあって、それでも一人だけ異彩を放つ賢い同級生がいた。おさお・かく君という。どういう漢字を書いたのか覚えていないが、姓名ともに珍しかった。このおさお君、頭は坊主っくりではなく、ちょっと長めの七三に分け、ポマードで固めていた。ジャケットにワイシャツ、蝶ネクタイをして、半ズボン姿だった。しかも、趣味がまた高尚だった。たしか楽器を演奏し、小学生だてらに油絵も描き、黄色いレインコート姿の自画像などという小じゃれた作品を描いて、クラスの注目を浴びた。わたしもけっこう賢かったとは思うのだが、なにせ小さな商店のガキだったから、おさお君とは生活環境からして勝負にならない。

それでも、おさお君とは話がよく合った。二人とも絵を描くのが趣味で、絵本も好きだった。賢い同士だからだと思うが、東上線の旧金井窪駅そばにあった機関車回転台へ行き、蒸気を吹き出す機関車の構造や種類を一緒に研究した。金井窪駅というのは、戦時中まであった小さな私鉄駅だが、空襲で焼けてしまい、敗戦後も復活することがなかった。駅跡には手動式の遮断機が残っており、カンカンと警報がなると小屋からおじさんがあらわれ、遮断機を下す姿がおもしろかった。

そういえば、当時の板橋ではどの家にもおとうさんが朝からいた。勤めに出る人がほとんどいなかったからだ。小さな町工場の経営に苦しむ、「隣りのタコ社長」よりもさらに弱小なおじさんたちだったが、中には戦争で受けた心の傷を引きずるナイーブなおとうさんもいた。そういう人たちは昼間から家でお酒を飲み、暴れては奥さんをいじめていた。奥さんが赤ん坊を背中に背負って内職に励んでいると、ときどき赤ん坊が泣きだす。すると、酔っぱらったおとうさんが怒って、奥さんを叩いた。

あけすけに家庭内暴力が展開する友達の家で、そういうやり切れない光景を、わたしたち子供は無関心に眺めていた。でも、あのころのお母さんは信じられないくらい強かった。赤ん坊をかばいながら、旦那の暴力に耐えていた。旦那のほうも奥さんを殴るのが情けなくなってきて、ぷいと外へ出ていく。すると奥さんは腫れた顔を上げ、何事もなかったかのように内職を再開する。子どもたちも、何事もなかったかのように遊びを再開したものだ。

子どもだって、さまざまな危険にさらされた。当時は道路には信号があまりなく、家の前の環状六号線も車の合間を見て横断するので、かなり危険だった。あるとき、「ミゼット」と称する小型三輪に、お隣りの小黒《おぐろ》君が轢かれる現場に出くわした。小黒君はキャッと叫んで車輪の下敷きになった。わたしは息を呑んだが、車が通りすぎると、小黒君が泣きながら立ち上がったのに驚いた。小さい三輪車だったので、轢かれても怪我だけで済んだのだった。

こう書くと、とても悲しくて幸薄い日々だったように見えるかもしれない。でもそれは、今の人の感覚だ。わたしたちには案外、悲しみという実感はなかった。むしろ、諦めのすがすがしさがあった。どう転んでも、幸せなんて来るわけがない、と覚悟ができていた。小学校の同級生も、中学を卒業すれば、よくて工場の職工さん、悪ければ家出して底辺の暮らしに落ちる。だったら、小学校と中学校の合計九年間が人生でもっとも幸せな時間になるはず。わずか十五歳で、人生のピークは過ぎるのだった。

思い出す友達は、梅谷《うめたに》君と大沢君である。梅谷君は、当時住んでいた金井窪ではとても大きい材木建設店の熊谷《くまがい》さんというお店兼住宅の離れに間借りしていた。熊谷さんのお宅にはわたしの妹と同学年の熊谷京子《きょうこ》さんというかわいらしいお嬢さんがいたので、たまに遊びに行った。大きな事務所があり、材木が山のように立てかけてあった。その材木林の奥に梅谷君の離れ家があった。梅谷家はわが家と同じく貧しかったが、それでも何だか居心地がよい。近くだったのでよく遊びに行ったけれど、冬はとても寒かったことを覚えている。

大沢君は、川越《かわごえ》街道に面したコンクリート建てのアパートに住んでいて、たしか二階の一番角部屋だった。大沢君はいわゆる「冷めた」タイプの子で、どこかに大人の諦めみたいなところがあった。ときどき学校で暴れたりしたが、わたしは彼が気に入り、いろいろ遊んだ。ある日、「俺んちへ来るか」と言われ、ついて行くと、階段で二階まで上がった部屋の前で、彼は鍵を取り出し、それで扉を開けた。家の中はきれいにかたづいていたが、誰もいない。私は、まだ若いおかあさんとふたりくらしではないかな、と想像した。昭和二十九年ごろは、戦後すぐだったので、おとうさんを戦争で亡くした友達がかなりいたのである。大沢君は、「鍵っこ」の元祖だった。たぶんお母さんは仕事に出ているので、帰るまで一人で留守番するのだ。机に財布が置いてあって、大沢君はそこからお金を出し、「なんか食べに行こう」といって、近くの支那蕎麦屋に連れて行ってくれた。ある意味、哀しいお金持ちであった。そして、梅谷君も大沢君もいつのまにか、「家庭の事情」というやつで、転校して行った。

そんな日常の悲哀を感じながら、東京の子は無我夢中で遊んだ。歳の割にマセていたから、エッチなこともたくさんした。また、無常ということも知っていた。小学生のくせにパチンコ屋通いをしたし、盛り場も探検して回った。そこにはダメな大人がたくさんいたが、こういう人たちを食わせるのが子どもの義務なんだろうな、と思ったりした。つまり、よき反面教師だったように思われる。

小学校を通じて仲が良かったのは、大沢君のアパートの隣りでかなり大きな工具店を開いていた室《むろ》田《た》啓介《けいすけ》君だった。この子は、たぶん、商売で成功したと思う。何でもよくでき、趣味も広く、行動半径も広かった。石神井公園で魚が獲れることを教えてくれたし、電車の乗り方も知っていた。また、趣味は手品でかなり本格的だった。卒業の謝恩パーティでは、室田君のコーチで手品を特訓して、父兄の前で披露した。この室田君と一緒に四年から六年まで同じクラスだった笹山正博《ささやままさひろ》君は秀才だった。数学がよくでき、イケメンだったので、女の子にも人気があった。笹山君の家も工場があり、そのそばに住宅があった。わたしは笹山君のお母さんをよく覚えている。親切で、いかにも大きな工場をもつ社長の奥さんという気品と気配りがあった。笹山君の家でクリスマス・パーティが開かれ、わたしも呼ばれたが、大きなツリーがあったのを覚えている。お母さんが「さんどいっち」というものをだしてくれた。それは、外国のテレビ番組に出てくる食べ物であり、初体験でおいしかった。東京下町育ちの我が両親からは期待できなかった「文化の香り」があるおうちで、わたしは大好きだった。ここで観た映画雑誌に載っていた『太陽がいっぱい』の写真が今でも記憶に残っている。

女の子にも友達がいた。裏の工場の娘さんだった脇本家の姉妹は、偶然にもわたしと妹の同学年だった。彼女たちの工場には若い人達が沢山働いていて、家族ぐるみのお付き合いだった。働いている人達の中でもおもしろい人が多かった。よく我が家にも遊びに来た。赤ちゃんも生まれて、我が家で子守を引き受けたこともある。このご主人の悪い癖は、お酒が入ると騒ぎだすことで、夫婦喧嘩のあげく、包丁を持って奥さんを追いかけまわす。ある晩、奥さんが赤ちゃんを抱いてうちに逃げ込んできた。「亭主が包丁を持ち出して、わたしを殺すというんです」と、奥さんが泣きながら事情を話した。さっそく、面倒見のいい父が脇本さんと一緒に旦那を説得に行き、奥さんと赤ちゃんをわれわれが守ったこともある。当時はまだストレスだらけの毎日だった。庶民にとっては、酒でも飲まねばやりきれないことも多かったのだ。

幼稚園から一緒に通った鈴木君枝ちゃんは、小学校に行っても頭がよく、そのうえ美人で、クラスの人気者だった。二つの思い出がある。台風の日に東上線の上をまたぐ陸橋を越えなければならず、大風の中を途中まで行ったが、怖くなって引き返したことがある。しかし、後から来た君枝ちゃんがすいすいと橋を越えていくので、すごいな、と思った。二つ目は小学校に入った後、当時一番好きだった君枝ちゃんのところに、自分で描いた鞍馬天狗《くらまてんぐ》の絵をプレゼントしに行ったこと。初プレゼントだったが、ありがとさんの一言でおわり。しかし、それから五十年以上たったとき、我が家で階段のカーペットを張り替えることになり、来てくれた業者の方が、仕事終わりに声をかけてくれた。

「あの、アラマタさんは板橋第七小学校の卒業生ですか?」

「はい、そうですが」

ちょっともじもじしながら、「あの、同じクラスの鈴木君枝という子にご記憶ありませんか?」

「はい、覚えてます。クラスでいちばん好きな子でした。教室で琴も演奏してくれて、あこがれでしたけど」

「そーですか。よかった。じつはわたしの妻が鈴木君枝なんです」

文字通り、ひえーっ、となった。まさか、二度と会うチャンスはあるまいと思っていた君枝ちゃんの旦那さんに、カーペットを張ってもらっていたとは。さっそく対面させてもらい、半世紀ぶりに元気で幸せな彼女の顔が見られ、うれしかった。

小学一年のクラスには、もう一人、笑顔がとてもいい高橋芙美代《たかはしふみよ》さんがいた。大山商店街に大きな電器屋さんを開いているおうちで、こちらもよく遊びに行った。美人だったし、活発なリーダー格だった。君枝ちゃんに消息を訊いたら、まだお付き合いがあって、元気に暮らしているとのこと。

そのほか、我が家の裏にうちがあった坂本のり子さん、女の子なのに六年のときわたしと同じくらいの身長があり、力ではこちらが負けた。きっと彼女もどこかの町で婦人のリーダーをしてると思う。それから、男だが、六年生まで一緒だった吉村健正《よしむらけんしょう》君とは、NHKの番組で再会した。番組で幼馴染を探してくれて、対面したときにすぐわかった。当時から頭がよかったが、お父さんの跡を継いでレンズの会社を発展させ、東京商工会議所板橋支部の大物となっていた。これを書いていると、次々に幼馴染の顔が浮かんでくる。この辺でやめよう。

友達との別離と樋口一葉

というわけで板橋の環境要因を書き並べたが、最後に心理的要因にも筆を伸ばしておきたくなった。今度は、下町のガキに似合いそうで似合わない「東京っ子の無常観」のことを話す。

子どもという人生の黄金時代は、これでなかなかに複雑であった。その中でも、なぜか「別れ」の切ない気分がみんな好きだったから、相当のマゾ揃いだったにちがいない。その始まりが、例の秀才学友、おさお君との別れだった。仲がよかった彼とのお付き合いは、一年の一学期が終わったところで打ち切りとなった。夏休みが過ぎると、かれはどこか遠くへ転校したのだ。

彼のおとうさんがサラリーマンか公務員だったらしい。前述したとおり、町工場が集まった板橋では、お役人とかサラリーマンといった勤め人のおとうさんはほとんどいなかった。

だから、昨今のサラリーマン家庭とちがって、引っ越しがないかぎりは「別れ」もそうは起きなかった。けれど、その別れが、いちばん仲良しだった友達との間に起ころうとは、想像もしていなかった。

わたしにも、下谷から引っ越すときに別れがあったはずだが、なぜかカトリック上野教会保育園の友達のことを、すべて忘れていた。覚えているのは、黒い修道女服をまとったシスター先生の顔だけだ。でも、そのおかげで、「別れ」ということの悲しみからは免れた。ところが板橋では多くの「ジンとくる別れ」が待っていたのである。

小学一年生になるよりも前、じつはおさお君以前にも「幼馴染」との別れがあった。相手は、板橋の落合幼稚園に籍を置いたわたしが最初に仲良しになった女の子だった。わたしも母も、彼女をマーちゃんと呼んだ。本名はまったく覚えていない。

すでに前章で書いたことだが、我が家の二つ隣りに住んでいた「マーちゃん」とは、毎朝手をつないで幼稚園に通う仲だった。勝気で勇敢だった彼女は、友達の世話もよく焼いてくれる「姉御」だった。こういうタイプの女の子に、下町の男の子はからっきし弱い。彼女はクラスの人気者だった。わたしはたまたま家が近所だったよしみで、マーちゃんと一緒に通園できただけなのだが、早々にマーちゃんをお嫁にもらう気になっていた。東京下町の子は、みんな、ませていたのだ。もう幼稚園の頃から○○ちゃんと結婚したい、などと惚れ込む相手がいて、それがだいたい隣り近所の幼馴染なのである。しかも厄介なことに、男の子のほうが基本的にグズで天邪鬼が多かったせいか、好きになると、わざと意地悪をしかけるのだ。これは、ませているからともいえるが、逆に純情すぎた、ともいえる。どうしていいかわからないので、すねるのだ。その様子がおもしろくて、友達が誰か女の子と仲良くしているのを見つけると、教室の黒板に相合傘を描いて二人の名を書きだす。これで二人は恥ずかしくなってツンケンしあう仲に一変する。それをはやし立てることで、間接的に自分の恋心を押し隠すのだから、ややこしいガキどもであった。だから、東京っ子が幼馴染に急によそよそしくなると、それは思春期が来た証拠となる。早いやつになると、幼稚園でもう色気づくのがいた。

明治時代に、樋口一葉はそういう都会地の子供が見せるねじくれた純情を、上手に文学にした。『たけくらべ』に出てくる、吉原《よしわら》遊女の妹で美登利《みどり》という男勝りの女の子の場合が、まさにそれだった。子供だった美登利も、いつまでも近所の悪ガキと遊んでいるわけには行かない。やがて遊女になる年齢が来て、ひょっとするとひそかに水揚げでもされたのだろう。男女の性別を意識することなくじゃれ合っていた親しい男の幼馴染に対し、ある日ふいによそよそしくなる。そういう幼馴染との別れが『たけくらべ』のテーマだった。一葉の『たけくらべ』を読むと、どうしても自分の幼稚園時代を思い出さずにいられなくなる。マーちゃんは、たぶんわたしにとっての美登利だったのだろう。

板橋に引っ越してきて半年もしないうちに、マーちゃんは家の事情で突然引っ越していった。前に書

宏（前列右端）、マーちゃん（前列左から3人目）、母と妹（左端）。

いたように、彼女の家はお母さんがミシン掛けの仕事をしていた。おとうさんはいなかったと思う。ただ、ありがたいことに、その別れは悲しい記憶にはならなかった。まだ幼かったのがよかった。別れがなければ、小学校でも一緒のクラスになっていたはずだから、きっと大きな余波を残したに違いない。わたしの手元には、六十五年が経つ今もまだ、彼女の写真が二枚残されている。一枚は自分と一緒に池のほとりで座った写真、もう一枚は橋の上に立って、おかあさんや幼稚園の先生と写っている。二枚とも遠足の際に写されたものと思う。

マーちゃんとの別れを皮切りに、小学生になったわたしは本格的に人との別れを体験することになった。おささお君との別れになると、すでに忘れがたい哀しみが残ったが、無常観を決定的にしたのは、祖父の死に始まる知り合いの死であった。なにかにつけて我が家を助けてくれた警察官の伯父とも、突然の別れをした。母の姉と結婚した柔道家の伯父は、じつに頑丈そのものの巡査だった。口ひげと黒いま

金井窪・弟の幸男と（旧辻さん宅の跡地で）。

るぶち眼鏡がよく似合った。昭和三十年に公開された日活映画『警察日記』に出てきた森繁久彌《もりしげひさや》演じる巡査が、伯父にそっくりだった。だから、巡査はおかたああいう顔をしているものと思い込んだ。その伯父が、脳梗塞だったかで突如この世を去った。親戚みんなが喪服を着て並び、「世の中はわからんもんですナァ」とひそひそ話をしていた。それほど唐突な死だった。

また、本物の祖母のように親しくお付き合いしていた隣家の辻さんは、わたしが小学生のときにもう還暦に近かったおばさんだ。太っていたので、貫禄があった。わたしが疫痢に罹り、死にかけたとき、寝ずの看病をしてくれたそうだが、やはり急にあの世へ行ってしまった。後に残された二人の娘さんが、我が家を新築したときに、二階の部屋を借りて店子《たなこ》になってくれたので、さらに深く記憶に残っている。なぜか、母から聞かされた、こんな話も覚えている――辻さんは大きなおばさんだったので、普通サイズの棺桶ではおなかが出っ張って蓋がしまらない。

それで棺桶を特注せねばならなかったというのだ。辻さんが亡くなった後、そのお宅は更地になった。そうしたら、戦時中の防空壕が現れた。半地下になったコンクリート製で、空き地になって雨水がたまると蟾蜍《ひきがえる》が住み着いた。うちの近くに千人風呂という大きな銭湯があって、その入り口近くに、防空壕に逃げ込めず亡くなった子供たちを悼《いた》むお地蔵様

千人風呂跡にある空襲犠牲者慰霊八面地蔵。
ここは防空壕だった。

が立っていたが、ひょっとすると、これと同じような防空壕だったかもしれない。雨ざらしになった辻家の防空壕も、翌年の夏、とつぜん崩れた。危険なので埋められてしまったが、板橋の工場町は海軍の造兵廠《しょう》から仕事をもらっていたので、軍事拠点の一部と見られて空爆を受けたのだと思う。

墓の謎——なぜ墓場は寺にあるのか

このような別れが始まった小学三年生のころから、わたしは死について強い関心を抱き始めた。ところが、死といちばんかかわりの深い墓場というものを、わたしはよく知らなかった。板橋区大山金井町《おおやまかないちょう》の自宅付近には墓地が（ひょっとして、お寺さえ）見当たらなかったからだ。

近くには、子易《こやす》神社、熊野《くまの》神社、氷川《ひかわ》神社の三社があって、お祭りには露店が出るのでよく足を運んだが、どういうわけか、お寺がまるで思い出せないのだ。したがって、墓地を見たこともなかったし、

宏（左）。氷川神社で勇くんと。

寺で遊んだこともなかった。もちろん、肝試しもしたことがなかった。

小学六年の初夏に練馬区に引っ越すまで、墓地と寺は自分にとって未知の世界だった。最初に寺というところへ行ったのは、祖父を埋葬したときだった。荒俣家の菩提寺は文京区《ぶんきょう》小日向《こひなた》の浄土真宗・本法寺《ほんぽうじ》というところだった。ここにある本家の墓に祖父が葬られたので、はじめて墓参りした。険しい斜面に並んだ墓は、まるで野球場の観客席のように見えた。都市対抗野球が好きだった祖父が、孫を引っ張って後楽園《こうらくえん》球場へよく出かけたので、わたしは球場のスタンドを思い出したのだった。その斜面墓地の上へ登ると、茗荷谷《みょうがだに》の崖までスキー場のスロープのような景色が見下ろせた。本法寺はたしか夏目漱石の先祖墓があることでも有名だったが、子どものわたしは漱石という人のことが分からず、記憶に残っていない。

寺の近くに住む子供たちなら、おそらく夏の夜になると墓地に入り込んで、肝試しをしたことだろう。お化けが出るのは、やはり墓地が舞台だからなのに、墓の下に遺骨が安置されているということも知らないわたしには、石碑が並び立つ風景が異様に映った。肝試しもしたことがないので、お化けがでるという実感がなく、墓もどこかモニュメントに見えた。斜面にできた墓地が球場のスタンドみたいに思えたのも、きっと墓の意味が分からなかったせいだろう。

それでも、わたしは近所に墓がなかったことを、内心で幸運だと考えている。板橋時代には夜中に墓場を歩かされるといった怖い肝試しに引っ張り出される心配がなかったからだ。そして、やや皮肉だが、墓に不慣れだったおかげで、ふつうなら思いつかない疑問にぶつかれたことも大きかった。

疑問の第一は、お墓はなぜお寺にあるのか、ということだった。これは逆にいうと、なぜ神社に墓がないのか、ということになる。おかげでたいへんに重要な事実が、あとで分かった。「死は穢《けが》れである」と、日本の人たちが考えていたことを知ったからだ。この穢れという発想は、仏教の不浄という感覚とも少し違う。最大の違いは、穢れは死の世界に触れるところにある。死の世界に落ちた死者が幽霊となって現れた場合、幽霊は穢れを有する。したがって、幽霊と睦めば、命までが汚れる。穢れの語源はおそらく命の源である気（き、け）が枯れるという意味だったのだと思う。だから死の世界であるあの世は畏《おそ》れられた。この呪縛を破って、死の世界は黄泉なる汚れた場所でなく、この世と並行して存在する幽冥界だと言い放ったのが平田《ひらた》篤胤《あつたね》だった。だから、穢れを嫌う神社は清浄《しょうじょう》を何よりも好むのである。

忘れもしない、祖父が事故死したときのことである。通夜と告別式、そしてすぐ近くにあった戸田斎場での火葬と、子どもには初体験となる死者の儀礼がつづいた。焼香だの、読経だのという儀式にも当惑したが、いちばん奇妙に感じたのが、「お清め」だった。儀式が終わると塩を体に振りかける。何をしても、お清めをさせられるので、「塩をまいて、どうなるの」と祖母に訊いた。すると、「死の穢れを清めるんだよ。そうしないと、この世も穢れてしまうからね」という答えが返ってきた。

穢れ!?

わたしはこの単語に鋭く反応した。なんだか日本伝統文化の奥の院にとうとうたどり着いた気がした。子供の感性だから本能に近かったけれど、いままで不審に思ってきた鬼やら死者やら葬式やらの本質に触れた思いであった。これでもう、子どもに戻れないような不安にも襲われた。ここでようやく、球場の観客席みたいに感じていた墓地への想いが変わった。

お露さんに同情する理由

死は「穢れ」をもたらし、もしこれを地上に残せば、地上が穢れる。したがって、墓地は穢れた死体の「地下保存所」であり、穢れを払うのが職務である神社では、墓地を作らない――と、そういう理屈がある。そうなると、穢れた世界でも人々を教導できる仏教が、お墓の面倒を看るしかなくなるだろう。もちろん、死者の一種である亡霊も、穢れた存在であるから、地上に迷って出た幽霊を家に招き入れるなどはもってのほかだ。新三郎《しんざぶろう》恋しさに『牡丹燈籠』のお露《つゆ》さんが毎晩通ってくるなどという話も、本来なら純愛ロマンなのだが、相手が幽霊だという理屈で、この世が穢れるから愛を交わしてはいけない、という結末になる。

それでお露は、かわいそうに、霊験あるお札を貼った室内に逃げ込んだ新三郎と逢瀬ができなくなるのだ。お化け差別もまた、この「穢れ」なる究極の呪文によって生まれた習俗といえる。

――と、そう書いたところで、また思い出した。わたしは五館もあった大山の映画館をはしごして、昭和三十年代前半の怪談映画をかたっぱしから観た（なかには成人映画も混じっている）から言えるのだが、この時期の怪談映画にも「死者＝穢れ人」という等式が強力に作用していた。だから、化け猫やお岩《いわ》さんは掛け値なしに「穢れの恐ろしさ」を感じ

橘小夢画 お露

させたことも、間違いない。しかし、それらとは一線を画する怪談映画もあった。それが『牡丹燈籠』だったのである。この話に出てくるお露さんのお化けは、恨めしくて出てくるのではなかった。愛しているから、出てきたのだ。

三遊亭圓朝《さんゆうていえんちょう》のオリジナル版『怪異談牡丹燈籠』の速記録を、わたしは最近読み直してみる機会を得た。やはり想像していたとおり、圓朝がこの怪談の基本姿勢としたのは、「死者が穢れている」という盤石の論理だった。だから、死者とセックスするなどということは許されない。穢れを地上にばらまくことになる。新三郎と骸骨のお露が情を交わす光景を盗み見した従者の伴蔵《ともぞう》が、翌日占い師の勇斎《ゆうさい》に助けを求めに行く場面でも、その理屈がこう語られる。

勇斎「伴蔵本当か」

伴蔵「ほんとうか噓かと云って馬鹿〳〵しい、なんで噓を云いますものか、噓だと思うならお前さん今夜行って御覧なせえ」

勇斎「おらアいやだ、ハテナ昔から幽霊と逢引きするなぞという事はない事だが、もっとも支那の小説にそういう事があるけれども、そんな事はあるべきものではない、伴蔵、噓ではないか」

圓朝は、幽霊と人間の逢引きなんぞ、日本では聞いたことがない、支那の小説にはあったようだが、と言っている。まさにその通りで、『牡丹燈籠』は元来中国の伝奇小説が原典であり、「牡丹燈記」というのが原題だ。支那小説から借りてきた話だから、日本でもお化けとの恋愛話が成立するわけだ。

さらに圓朝は、こうつづけている――

伴蔵「そんなら先生、幽霊と一緒に寝れば萩原様は死にましょう」

勇斎「それは必ず死ぬ、人は生きている内は陽気盛んにして正しく清く、死ねば陰気盛んにして邪《よこしま》に穢れるものだ、それゆえ幽霊と共に偕老同穴の契りを結べば、仮令《たとい》百歳の長寿を保つ命も其のために精血を減らし、必ず死ぬるものだ」

と。圓朝ははっきり書いている、人が死者と交われば、陽気盛んにして正しく清い人間の生命力が、「陰気盛んにして邪に穢れ」た死者に吸い取られるのだ、と。さらに加えて、新三郎のために幽霊封じのお札を貸してやった新幡随院《しんばんずいいん》の良石《りようせき》和尚が、つぎのような説明をしているので、これも引用する——

良石「何しろ口惜しくて祟る幽霊ではなく、たゞ恋しい〳〵と思う幽霊で、三世も四世も前から、ある女がお前を思うて生きかわり死にかわり、容は種々いろ〳〵に変えて附纏うて居るゆえ、遁れ難い悪因縁があり、どうしても遁れられないが、死霊除けのために海音如来という大切の守りを貸してやる」

うらめしやでなく、恋しい、恋しい、で出てくるお化けはじつに執拗であり、「悪因縁」になるから、これを封じるお守りを貸してやろう、というわけだが、まるでお露の純愛が厄介だと言わんばかりだ。これも結局は、死者の穢れを地上に持ち込ませないという、日米同盟の原子力船対応を思いださせるような物言いとなる。

しかし、救いもある。圓朝はお露の純情をそれなりに認めている部分もあるからだ。なぜなら、結局お露は銭に弱い悪人どもに頼んで、お守りを取り除かせ、ついに新三郎を死の世界に引きずり込んでしまうからだ。

ついでに書いておこう。じつは明治時代でも、亡霊お露の純愛を認めて賛美した人もいたのである。その一人が、たまたま尾上菊五郎《おのえきくごろう》が手掛ける『牡丹燈籠』が芝居小屋にかかった明治二十五年、すでに来日していたラフカディオ・ハーンこと、小泉八雲であった。

小泉八雲は、日本怪談の人気作品であるこの芝居を英訳して世界に紹介するのだが、その話を最初に誘いかけた日本の友人と、次のような言葉を交わした。そのときのやり取りが、八雲の初期短編「宿世の恋」に掲載されている——、

「この話はすこしひどいじゃないかね、私は新三郎という男が嫌いです。お露にあれほど惚れられたのに、死人と分かると怖くなってお札を貼って封じてしまう。男なら、惚れられた女にあんな仕打ちをすべきではない。死んでも添い遂げるべきだと思うのだが、あなたがた日本人はどう思いますか」と、八雲は言った。すると日本の友人も同感だった。「新三郎は髑髏といえども愛してやるべきだ、逃げるとはもってのほかだ。武士なら、愛に報いてやるのがほんとうだ」、と答えた。期せずして洋の東西で意見が一致する。

お露（小泉八雲「宿世の恋」挿絵）。

死女の愛を受け入れてやらなかった新三郎を非難する心情は、よく分かる。八雲の随想を読んだとき、じつにすっきりした気持ちになれた。わたしが小学生以来抱いてきた「お化けはなぜ嫌われるか」という疑問に、答えが出たように思えたからだ。そう、わたしはここで、「お化けを愛せる」理論的裏づけを受け取ったといっていい。

お墓には死者愛があふれている

わたしはこのあたりからお化けやらオカルトやらの虜になった。テレビが一般家庭に普及したころには、『空想科学劇場』『ヒッチコック劇場』『世にも

不思議な物語』、そして会社の倒産でテレビに解禁されたユニヴァーサルの旧作ホラー映画などに、深夜までかじりつく少年になっていた。

こうなると、めざすは墓地の観察である。墓が死人のモニュメントであるという最初の実感は、中学に入って池袋生まれの同級生と知り合ったことから生まれた。和田垣裕一《わだがきゆういち》君という級友が、ときおり雑司ヶ谷《ぞうしがや》霊園と護国寺《ごこくじ》を案内してくれたのだ。記憶に残っているのは、たしか高校生のとき、古色蒼然とした木造の観音堂にあがりこんだことだ。中は天井が高く、ぼんやりとした絵が見えた。初めて江戸に触れる実感があった。入り口の仁王門も古い木造りで、千社札《せんじやふだ》がべたべたと貼られていた。

さて、そこから裏へ回ったところに、墓地が延々と、カラスの巣と化した森の奥まで続いていた。土《ど》まんじゅうみたいな古墳状の墓や、鳥居がある墓などもあった。普通の寺では見られないタイプの塚や卒塔婆《そとば》も見られた。寺の墓地としては異様な造りが多く、すっかり興味を抱いて墓めぐりをした。歴史の教科書に出ていた山県有朋《やまがたありとも》の墓に偶然行きあたった。大きな墓所だったが、その中にふしぎな墓石があったことも記憶している。墓石の一面に、海軍服を着てオモチャの馬にまたがった幼な子の浮き彫りがあったのだ。愛らしかった。後年になり三十年ぶりに調べに行ったら、山県有朋の三男が数え歳わずか四歳で亡くなり、その子のために建てたお墓と教えられた。その子はきっと「死」などというできごとも理解できなかったと思う。夜になると浮き彫りから出てきて、オモチャの馬にまたがり墓所を走りまわっているような気がした。ここに、死者愛があふれ出ていた。すでにして、死者を穢れとは思わない心が現れていた。

ついでに、小学生時代には全く知らなかったことも書いておく。護国寺の墓地の延長上に、豊島岡《としまがおか》墓地という場所がある。趣ある屋敷門があり、普段は閉じられていて、一般人は中に入れない。なぜかといえば、皇室専用の墓地だからである。天皇、皇后以外の皇族は亡くなるとここに葬られる。百歳で亡くなられた三笠宮《みかさのみや》さまも、ここに葬られた。明治時代に新政府が皇族がたの墓所として整備したところだという。中のことは窺えないのだが、護国寺側の墓地のはずれとか、あるいは門に続く土塀のたたずまいから、じつに森閑とした場所であることが知れた。穢れある死者の霊を留め擱《お》く所ではあり得ない雰囲気なのだ。日本的な静けさをたたえ、護国寺のように仏教的な感じもない。魂が静かに納まる場所という古の神道の「ひもろぎ」の再現に思えた。

井上亮《いのうえまこと》さんの著書『天皇と葬儀』(新潮選書)を読むと、明治の墓所は、国策もあって、埋葬の方法や墓のデザインも仏教色を排し、神道のイメージを導入したのだという。これに対し、帝国大学教授で、明治初期に岩倉《いわくら》使節に同行して米欧先進諸国の見聞記録をものした久米邦武《くめくにたけ》が、墓地行政にかみついた。神道本来の姿は「宗廟なし」であり、穢れ・不浄を忌む習俗であるから、神職が葬儀をつかさどることなどもってのほか、と批判した。久米はその後神道界から不敬であると反発され、帝大を追われたそうだ。

しかし、そうした問題は擱いて、皇族の場所がまず先陣を切って、死は穢れであるという固定観念を退けたように見えることは、注目に値する。まずもって天皇が我が子の死を悼み、悲しむという姿が人々に見えるようにしたのではないか、と想像する。護国寺もそうだが、死者たちを穢れた存在とは考えていないように見える。そこは、死者の静かな安息所である。

『天皇と葬儀』に書かれた内容を、私流に解釈すれば、明治維新のもっとも厄介な問題の一つが豊島岡墓地を通して窺える、ということだろう。じつは、この時期は天皇制最大の危機でもあった。明治天皇の父にあたる孝明《こうめい》天皇は、側室制度のもとにあって皇子皇女をもうけたが、成人したのは明治天皇だけで、明治天皇ご自身も十五人の子供をもうけたものの、成人したのは五人、うち男子は後の大正天皇だけであった。つまり、万世一系という天皇家システムを世界に向けて打ち出しはしたものの、家系存続が危うい状態にあったといえるのだ。したがって、幼くして亡くなった皇子皇女も多い。亡くなった多数の皇子皇女が埋葬されたのが、この豊島岡だった。そう考えると、明治天皇にとっても、この場所は純粋に、夭折した子どもたちと会える魂の聖所だったにちがいない。山県有朋が愛児のために、おもちゃの馬で遊べるお墓を建てた気持ちと、まったく同じだと思う。

わたしは墓地がなかった板橋で「死の習俗」に興味を持ち、近隣の池袋から歩いても行ける護国寺では新しい墓地のイメージと出会った。おかげで心霊の鎮まる処に近づけた。死の世界を穢れではないと信じられたからだ。どちらがどうということではないけれど、自分が東京のぱっとしない工場町に少年期を過ごせたことの、余禄じみた新体験であった。

第四章

学校図書館で「怪奇実話」に出会う

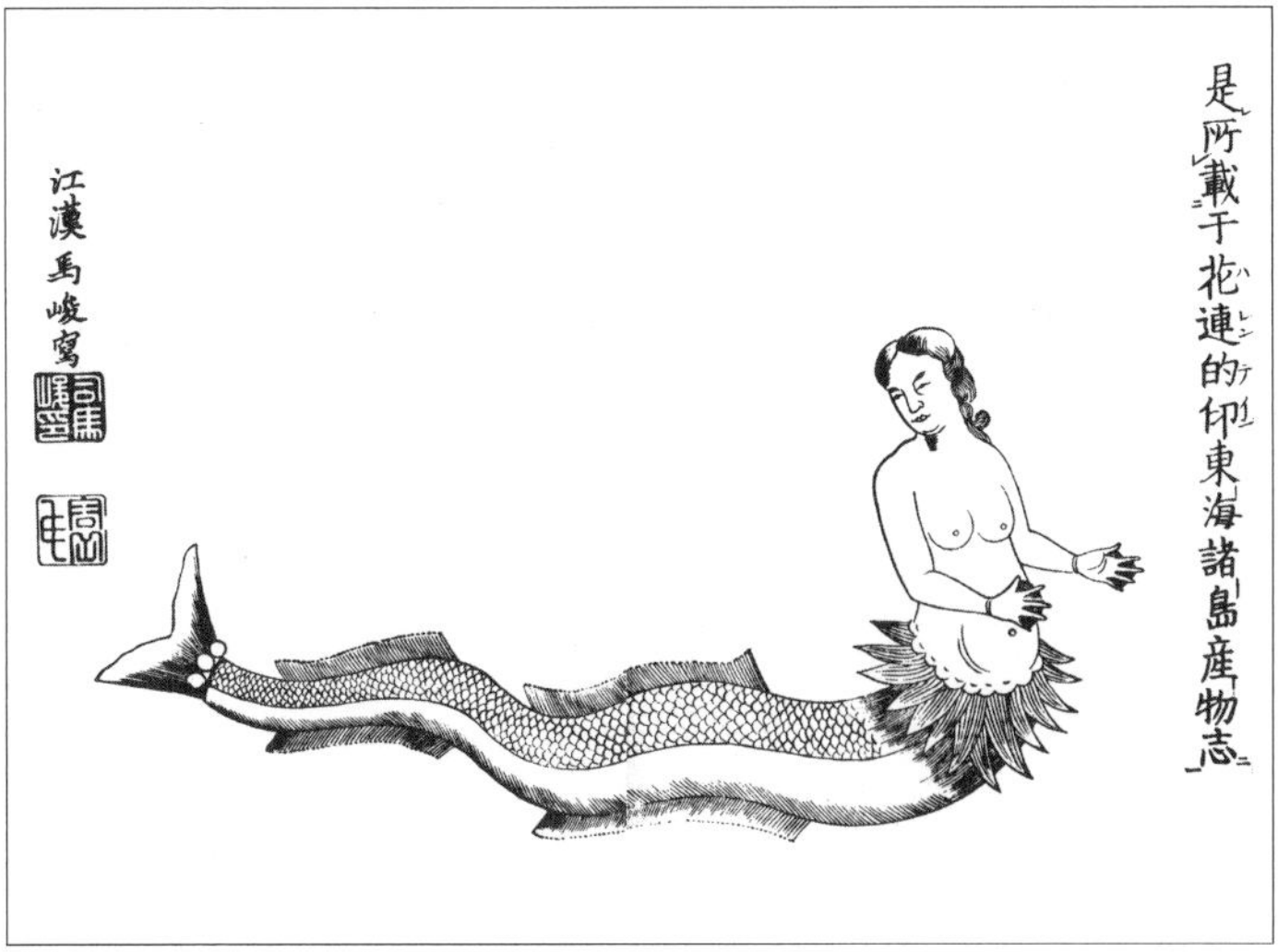
是所載于花連的印東海諸島産物志
江漢馬峻寫

大槻玄沢『六物新志』より。ハレンティンの書に所載された人魚図。江漢馬峻写す。

「昭和十八年十月十六日。晴れ。十五日はとても良い月夜なので、思い出して琴の袋を払い子守唄を弾く。今日より一番大好きなものを断ちますゆえ、どうぞお月さま一男に伝へてください。あなたが無事でおかへりになるまではいくらすきでも我慢します。なにとぞ早く無事でまいりますやう、と。久しぶりに雪子ちゃんをお守りする。ふんわりした手をもてあそぶ。赤い頬をすりつけると、甘い乳のにほいがする。子供がほしいと云ひましたわね。今あればあなたが帰る頃は三つになりますわ。すみません、ご希望を叶へて差し上げられず。そのかはり今度はきっと雪子ちゃんのやうな子をね」

荒俣ミツ、夫の出征を送った翌日の日記より

ワイルドだったが、マセてもいた

語るも懐かしいことだが、団塊世代が生まれた昭和二十二年の東京下町は、子どもがほぼ野放し状態で育つところだった。だから、生きる知恵と興味のあること、ならびに経済活動の基本となるお金の調達法は、教えられなくても自然に身についた。倫理観や道徳に関しても、めちゃくちゃではあったが、問題にぶつかるたびに自力で判断した。その意味では幼くして世事にたけていたが、一貫したポリシーはなかった。つまり、いわゆる「ワイルド」だったが「マセ」てもいたガキであった。

したがって、わたしのような妖怪大好きな子どもができあがったのも、ごく自然な現象といえる。大

人たちはまだ十分に科学的でなく、無批判に伝統的習俗を受け入れていたから、お化けなどについても、なかば実在すると思っていたらしい。そこへ、攻撃的な団塊世代がやってきた。疑う者はとことん疑うが、本当にいるかもしれないと思う者もいて、いろいろなリサーチを始めた。批判的というより、自ら進んでそんな俗信を楽しんでいこうという、東京下町の大正世代によく似た発想を有する世代であった。

母のアルバムには達筆で小文が付されている。「顔々顔　此の世は我よと思う風情なり　湯河原の開雲荘」18歳頃。

　ついでに書けば、わたしの両親もそのようなベタベタな日本人であったけれど、どこかに大正世代のハイカラでロマンチックな気風を身につけていた。宮大工の次女だった母は大妻《おおつま》技《ぎ》芸《げい》学校という女学校に通わしてもらったので、琴だの日本画だのの心得があり、青春時代のアルバムを覗くと、一枚一枚の写真に達筆なコメントが白い墨で書き添えてあった。それがまた、妙に乙女チックなので、体が大きくて勇敢な戦後の母親とは似ても似つかないのがおかしかった。卒業した後は電話の交換手を仕事にしながら結婚し、終戦後は闇市での武勇伝もなかなかのものであった。

　我が父と母は、子どもの目から見ると、どこにもいるような大正生まれの貧乏夫婦だった。昭和十八年六月十日に見合い結婚したが、同年の十月五日には父へ召集令状が届いた。母は新婚四か月目で夫を戦地に送り出さねばならず、応召者集合のとき、夫の一男を隊列から引っ張り出して逃げてしまおうとまで思いつめたようだ。母にはそれぐらいしかねない体力と運動力があった。

したがって母は婚家の父母を援《たす》けて、会社勤めをつづけながら毎日の暮らしに獅子奮迅の活躍をした。電車やバスはあったかもしれないが、板橋から埼玉に買いだしに行き、午後は実家がある中野区前原町に立ち寄って、新宿の闇屋で食糧を仕入れ、板橋区志村清水町へ戻って、食事の支度をするのが普通だった。それだけに、父がいる南方戦線の兵士は無事復員できるとラジオで知ったときは、家族全員で万歳した。もっとも、ラジオがそのあとに、帰国は三、四年の内になると報じたので、また全員畳に突っ伏したというから、サザエさんみたいな話である。わたしが小学生のころは、夜になると父母が語る昔話を聞くのが日課であった。父は寡黙な人だったから、中国やスマトラ、シンガポールに出征したときの経験を、話せばいちばんおもしろいはずなのにほとんど話さず、ときおり中国語で数をかぞえたり、スマトラ島でよく歌ったらしい「ラバウル小唄」をくちずさむ程度だった。でも、戦地で余程ひどい目に遭ったかといえばそうでもなく、大きな戦闘に出ずに済んだらしいから、単純に話下手だったのだろう。下戸であったので、酒を飲んで陽気になるということもなかった。

いっぽう、おしゃべりが好きな母ミツは、芥川《あくたがわ》の小説や八雲の怪談を話してくれたが、板橋で送った銃後の生活ぶりを語るのが好きだった。新婚早々に夫が出征してしまったので、さぞや心細かったろうが、幸いにも舅と姑がざっくばらんな人だったので、すぐに溶け込めたらしい。だが、長男の嫁なので気づかいはたいへんだったらしく、自分の弟が中野から板橋まで歩いて遊びにきたとき、食糧難の折であったため自分の親族にお昼ご飯を出してやることができず、そのまま帰してしまったことをよく話した。その弟は終戦前に亡くなったので、母は死ぬまでそのときのことを悔いていた。

あれやこれやの話がほぼ一方的に母の口から出たせいだろう。舅といっしょになって東京で踏ん張りつづけた話の中に父が出てこなかった。これを子どもが解釈するに、恋愛結婚じゃないのだから、一緒に苦労はしたが、いわゆるラブラブの間柄ではなかったことの証左ではないかという結論になった。母も一家のリーダーとなって、母親と父親を兼務するような感じであったから、妻らしい振舞いもあまり見せなかった。

それでも、母は家長の父をかならず立てた。食事のときも、父が食卓に着くまでは子どもといえど食べることが許されなかった。実質は母が家を仕切っていることを知っているわたしは、これを古臭い男尊女卑の遺風としか感じなかったのである。

平成二年に父が肺癌で死んだとき、母もたまたま同時に乳癌で入院していた。それでわたしたち子どもが二つの病院へ見舞いに行かねばならなかったときの話だ。父の最期が迫ったので、そのことを母に告げに行ったら、まだ手術の傷も癒えないのにどうしても面会すると言って、点滴装置を引きずりながら駒込《こまごめ》病院から板橋の豊島病院へ駆けつけた。父はモルヒネを処方されていたため、意識もうろうとしており、たまに手を空に挙げてもがいていた。母はそれを見ると父の上に屈《かが》みこみ、乳房を切りとったばかりの胸元を広げて呼びかけた。

「おとうさん、ずいぶん長いこと苦労したわね、ご苦労様でした。苦しかったら、あたしの胸を思いっきり引っ掻いていいのよ。思いっきりね」と。これを見て、わたしたちは驚いた。まぎれもない妻と夫の会話を聞いたからだった。

しかし、へそ曲がりのわたしは、それでもまだ、ドラマに描かれるようなロマンスなど現実には存在し得ないと思っていたので、母が乙女のロマンみたような純愛を四十年以上も保ちつづけられるはずはないと信じていた。

だが、その母も九十六歳で亡くなり、遺品を整理していたときに、母が大妻技芸の女学生時代にもらった級長の辞令や成績優良証に混じって、新婚時代の日記帳が出てきた。初めて観るもので、おそらく母は子どもにも見せない大事な思い出として筐底《きょうてい》ふかく秘していたのだろう。夫に召集令状が来た日から書き始め、銃後の暮らしの節々に夫の無事を祈る気持ちが、まるで少女小説の文章のように綴られていた。じつに自由な空想をふくらませ、満月の夜はお月様に向かって「あの人をはやくわたしの許に返してくださいね」と祈り、哀しくなると真夜中に琴の袋を解いて弾きながら、「あなたに会えるなら、わたしは戦場にまでも飛んでまいり、あなたを命の限り守ります」と書いてあった。

その母が夫を戦場に送った翌日に書いた日記も、わたしは読んだ。そこにはなんと、結婚して四か月目に夫と別れなければならなくなった母が、ほんとうに初々しい新妻そのものと言いたくなるような文章で、子を身ごもれなかった無念の気持ちを、綴っていた。本章の冒頭に引用したのがそれである。結局、母の願いが実現するのは、夫の一男が南方戦線から無事に帰国した後の昭和二十二年七月である。そのとき生まれたわたしとしては、母に対して、「ごめん、雪子ちゃんのようにかわいらしい赤ん坊でなく、こんなむさくるしい男の子で」と、平謝りに謝りたい気分になった。ほんとにすみません。

それはともかく、わたしは母の日記を読んで、さすがに参りました。母もみごとな大正の女性だったのだな。わたしは高校生のとき与謝野晶子《よさのあきこ》の『みだれ髪』を読んで、学問だとか道徳とかの追究にすべてを捧げ、熱い乙女の血潮に触れもしないで生きる男に呼びかけるその歌を、悪魔のささやきのように嫌ったことがある。だが、あの鉄火肌の母にも、与謝野晶子の想いが宿されていたことを、思い知らされた。まさしくワイルドであって、なおかつ純情でいることが、あり得るのだ。今ちまたにあふれる軽薄そうな乙女のロマンにも、おそらくはワイルドかつ純情な魂が受け継がれているはずだ、と思えるようになった。

が、それでも我が家にロマンスの要素は少なかった。最大の理由は、父も母も本を読んでいなかったことにあるようなのだ。子どもの頃、我が家で見かけた唯一の「本」といったら、母が読んでいた吉川《よしかわ》英治《えいじ》作の時代小説『ひよどり草紙』くらいなものだった。父に至ってはスポーツ紙を読むことが唯一の読書のようだったし。でも、わたしが生まれたこの一家に、文化の香りがなかったとは思いたくない。そこで、いろいろと思いだしたところ、父にも文化の気風が存在したことを発見した。

父はまったくの職人気質だった。叔父にいわせると「旋盤をまわしたら天下一品」だったらしいが、ごく朴訥《ぼくとつ》な町衆にもかかわらず、趣味はハリウッド映画の鑑賞であった。暇があれば浅草の観音さまにお参りし、子どもが病気になると巣鴨《すがも》のとげぬき地蔵に連れて行くくせに、帰りは洋画だの洋食などに立ち寄る。祖父と父が言葉遣いから趣味のもちかたまで「浅草文化」に深く根ざしていたおかげで、わたしは本能的に非日常的なスペクタクルに心を向ける気質をやしなったようだ。

父はまた、ちょっとした庶民の倫理にも気遣いのある人だった。ふだんは黙々と働く、人のよい金属加工職人だったが、浅草育ちの俠気《きょうき》も強くて、「弱い人をいじめちゃいけない」という心得だけは厳しかった。わたしが近所の幼児をいじめたりすると、人が変わったように怒鳴りつけるのだ。本人も昭和十四年に北支《ほくし》へ行き、同十八年にふたたびシンガポールの南方戦線へ出征させられた口だったから、街なかで、手足を失った帰還兵を見かけると、貧者の一燈を捧げるのが常だった。ところがわたしは、

荒俣一男（父）。昭和14年7月中国の徐州にて。

松葉杖を突き、白衣に軍帽というい で立ちでまったく無言のままアコーデオンを弾く傷痍《しょうい》軍人さんが、なんだかとても怖かった。いつも身をこわばらせ、父に促されて、やっと十円か二十円を箱に入れて逃げ帰ったものだ。

わたしが幼年期を過ごした東京の下谷豊住町、また小学校時代を送った板橋、金井窪の町工場地帯での暮しぶりをひとことで表現するなら、下町庶民文化のバリアに守られたユートピア生活だったといえる。父や母のような人たちばかりが肩を寄せ合って生きていたからである。暮しが近所の助け合いの上に成り立っていて、相互扶助の精神が自然にでき上がっていた。

父にくっついて映画館やパチンコ屋に出入りした。大人の娯楽が、よくも悪しくもそのまま子にも楽しめたものだから、パチンコ屋で玉拾いしては台も弾いたけれど、そのような庶民の生活舞台に、世界のhigh 文化を知る覗き穴のようにそびえていたのが、洋画の劇場であった。両親が必死に働くのに、暮しは一向によくならない昭和二十年代後半、まだテレビも何も存在しない時期に、世界のことが分かったのは、この洋画劇場が存在したからだった。父は洋画が大好きで、大山の板橋ピース劇場のプログラムが変わるたびに、わたしを観に連れて行った。その教育効果は板橋区も認めていて、フランスやアメリカの名作が来ると、小学校は映画見物を正規の授業に取り込んでいた。映画こそはメディアの王者だった。

化け物と異常な事象に惹かれる

そこで当然ながら、わたしは映画を通じて妖怪やホラーの世界を知ることとなった。化け物好きになったのは板橋の小学校時代だったわけだが、すぐに関心の広がりと情報源の深みに接近して、そこらの大人に引けをとらない「通」になった。

まずは、映画である。最初は洋画のモンスター映画に惹かれ、大山商店街にあった例の「板橋ピース劇場」に通った。最初の衝撃作であるポール・グリモー製作のフランスアニメ『やぶにらみの暴君』にしびれたのもここだった。近年この作品はグリモー監督自身が再編集し、『王と鳥』なる妙に白けたタイトルに変更されたが、オリジナルで表現されていた異次元の不気味さと恐ろしい悪の権威のすごさは、忘れることができない。脚本は詩人のジャック・プレヴェールが担当したが、原作にアンデルセンの「羊飼い娘と煙突掃除人」を利用していた。アンデルセンも含めて、彼らは子供向けの温《ぬる》い漫画映画を製作するような人たちではなかった。「やぶにらみの暴君」は、気に入らないとすぐに相手を奈落に突き落とし、悪辣《あくらつ》な暴行を平気で繰り返す。これがまた、じつに情容赦のない表現だったから、小学生は正視できなかった。

その作品には『エヴァンゲリオン』や『風の谷のナウシカ』に見られない知的な毒があった。子ども心に、こんな映画、観ていいのだろうかと訝《いぶか》しく思ったほどだ。

次いで、ハリウッド映画の話題作『大アマゾンの半魚人』がやってきた。一九五四年の製作だから、実際に観たのは七歳ごろだろうか。あのクリーチャー造形は、笑える部分もあったが、水中から水着美女を襲うシーンにはぴったりくる淫獣らしさがあった。したがって、子どもでもゾクゾクした。いま観れば確かに苦笑する作品でもあるけれど、ビリー・ワイルダーが監督したマリリン・モンローの代表作『七年目の浮気』で、道路のグリルの上に立ったモンローのスカートが下から風でめくれ上がるシーンは、この怪獣映画を見物した後に発生する出来事という設定になっていたほど、当時としては画期的な怪獣映画だったはずだ。しかもこの映画の製作はユニヴァーサル。戦前にロン・チェニー主演の『オペラの怪人』、ベラ・ルゴシ主演の『魔人ドラキュラ』、そしてボリス・カーロフ主演の『フランケンシュタイン』を公開して怪物映画のブームを築き上げた会社だ。ユニヴァーサルが戦後にぶつけた新たなモンスターが、アマゾンの半魚人だった。その前後に日本映画界も負けじと怪物映画を製作した。東宝からは『ゴジラ』、大映からは『宇宙人東京に現わる』などが登場した。

しかしわたしは生きもの好きでもあったから、アクアラングを発明したジャック・イヴ・クストーの『沈黙の世界』や、ディズニーがつくった自然記録映画『砂漠は生きている』にも熱中した。馬も食い尽くしてしまうピラニアが初めて登場したのは、『緑の魔境』という、アマゾン川の情景を撮影した映画だった。おかげで、わたしは魔境探検に憧れた。

さいわい、我が家では叔父が商売に成功していちはやくテレビを購入したので、アメリカのTV番組も初期から観ることができた。いちばん興奮した番組といえば、ターザン役者ジョニー・ワイズミュラーが主演した魔境探検ドラマ『ジャングル・ジム』、今でもいくつかの話のあらすじを覚えている画期的なSFドラマ『空想科学劇場』、そしてこれまた怪奇幻想の小説世界を視覚化した傑作『ヒッチコック劇場』である。このラインナップが昭和三十年代に日本で鑑賞できたことは、SFとホラーが氾濫《はんらん》する現在のメディア環境に比べても、一歩も引けをとるまい。ひょっとすると、番組の質は昔のほうが高かったかもしれない。

邦画で心に残ったのは、なんといっても東宝の怪獣映画だ。『ゴジラ』の第一作と、待ちに待った第二作『ゴジラの逆襲』は、劇場へ出かけていって、父とともに食い入るように眺めた。あとは、その興味が漫画本に引き継がれて、手塚治虫の『ジャングル大帝』と山川惣治の『少年ケニヤ』がお気に入りになった。が、残念ながら、板橋ではわたしの興味の広がりはここまでだった。あとは書物の世界を渉猟しなければ興味の深まりが望めなかったのだが、小学校の図書室はそれにこたえるような蔵書を持たなかった。頑是ない子どもの本しかなかった。しかしそのなかでも、ピカイチの発見だったのは、小泉八雲の怪談と『雨月物語』の子ども向け本。さらに農林技官の新井邦夫という人が書いた『金魚の飼いかた』の三冊であった。ここから少しずつだったが、学校図書館に通う習慣がついた。

中学校の図書室での出会い

ところが中学生になって、この学校図書館がすべてを変えた。

怪奇の世界にもっと深く侵入し、生涯の仕事にもつながったのは、家業不振のため板橋からさらにディープな東京辺境地帯、すなわち練馬のダイコン畑に引っ越した小学六年生のときからだ。小学校は最後まで板橋第七小学校に通い、卒業したのだが、約一年を東上線で上板橋駅から大山駅間を通学した。そのあと、中学は思い切って私立の中高一貫校へ行くことにした。練馬の自衛隊駐屯地近くだった我が家から自転車通学をすることになり、毎日、豊島園《としまえん》を経由して杉並《すぎなみ》区天沼《あまぬま》にあった日本大学第二中学校までを三十分ほどで往復した。この結果、ひ弱だったわたしは頑強な少年に変身することができた。ほとんどの病気と縁がなくなった。

それにしても、貧乏一家の長男がなぜ、コストのかかる私立学校へ入学したのか。それは、我が家の本家もふくめて昔から暗黙の了解が成立していたせいだった。「我が家系から大学生を出す」という悲願達成の誓いなるものがあったのである。まずは荒俣の本家である一男の実家で、何事にも先見の明のある祖父敬三郎が、これからは学歴のある者が勝つ、という方針を打ち出した。戦時中も、東京を逃げ出さなければ、きっと焼け跡に残った家が空き家とな

昭和34年練馬区北町1丁目（現・練馬区錦）に引っ越し、小さな瀬戸物屋を営んだが、貧乏暮らしから脱出できなかった（左手が我が家）。

るところもあるから、それを買い取って貸し家にしようと言い出した。そのおかげで、母は空襲のたびに焼け跡廻りのお伴をさせられた。母家に祖父が建てた工場が空襲で焼けたとき、家探しで柳町のほうに仮住まいしていたのが運を呼び、祖父と母は焼死を免れたともいうから、運命は紙一重である。こんども、わたしがその標的にされ、うんと勉強させられることになった。目標は大学の医学部となったが、たまたま板橋区大山にちょうど日大医学部付属の病院が建ったので、日大の付属校にしようという話になったという。

ただし、祖父が打ち出した荒俣家再興の手段は、けっして独善的なものではなかった。わが母もまったく同意見で、貧乏脱出には息子を大学生にして、大会社勤めをさせることしかない、と思い込んでいた。

そのおかげで、わたしは首尾よく日大二中に入学できた。それがよかったことは、まず、中・高一貫校だったことである。図書館から運動部まで、ほぼすべてが高校生の使用を前提につくられていたからだ。どれも本格的な大人仕様だった。学校を我がもの顔にのし歩く大人びた高校生と「同居」することになったメリットは大きい。彼らはうっすらとひげが生えていて、あきらかに大人の匂いがした。おまけに、ここは高校に女子部が併設されており、色気まではいかないが、ほぼ大人のボディラインを具《そな》えた「女性の先輩たち」を、中学生が身近に観察できた。これはなかなか新鮮な体験だった。

わたしはその頃平田弘史の時代劇漫画に魅了されて剣豪漫画家をめざしていたので、とりあえず剣道部にはいった。竹の防具にボクシング・グローブみたいな籠手《こて》を着け、真新しい稽古着を着たら、なんだか侍になったような気がして、うれしくなった。

ただし、心配事もあった。私立校はコストがかかるという欠点である。区立中学に素直に入学すれば、家庭の出費は数百円で済んだはずだが、私立中学は学費だけで月々数千円を要した。そのことが心の負担だった。学費を内職で稼ぎだそうとする母の格闘ぶりを見ると、気軽に「小遣いをくれ」とも言えず、中学に通う交通費、昼食代をすべて節約して小遣いに回し、自由に使えるお金はなるべく自力でひねりだすようにせざるを得なかった。

ちなみに、通学はどうしたかといえば、古道具屋から真っ黒くて重い中古自転車を買うことで解決した。片道三十分かけて自転車通学である。夏はすさまじい夕立に出遭い、雷の閃光にさらされ轟音におびやかされながら坂を上った。冬は雪をついて怖いほどブレーキが利かない下り坂を疾走した。学校に飛び込むと、全身真っ白だ。しかも、レインコートなど着ていないから、学生服はずぶぬれ。一時間目が始まるころは、石炭ストーブの熱で全身から湯気が立ち上った。クラスメートに「あ、スチームマンが来た」とからかわれたが、そんなことでへこんではいられなかった。ありがたいことにこの自転車通学が頑強な体に鍛え直してくれたのだった。知らぬ間に、自分でもびっくりするようなパワフルな肉体になっていた。

中学三年のころ夏休みと冬休みに友達の父親が勤めているチョコレート工場でアルバイトできたことも、ありがたかった。これで本がたくさん買えた。アルバイトが終わる十二月二十九日ごろだったか、給料をもらっての帰り道、いつも立ち寄る阿佐ヶ谷《あさがや》駅北口商店街の「千章堂書店」に飛び込んで、ずっと買いたかったエドガー・ポオの科学エッセイ『ユリイカ』を収録した本を購入した。たしか八百円だったが、年末から正月の休みを使って、この面倒くさい宇宙論エッセイを必死で精読した。

そんなわけで、交通費も食費もすべて本を買うことに振り向けたわたしは、栄養失調にもならず、病気にも罹らず、日大二高を卒業したころに人生で一番丈夫ではなかったかと思えるほどの時期を迎えることができた。ただ、食事代をすべて他に回したので、昼休みにごはんが食べられない。空腹は我慢するとして、困ったのは時間のつぶし方だった。まだ誰もいない運動場をうろうろしていると、生活指導の先生に不審に思われる。どこか目立たずに暇をつぶせるところはないものか。ここで、図書館がわたしの味方をしてくれた。昼休みの約一時間をまるまる図書館で過ごせばいいのだ。しかも、がらんとした閲覧室では、届いたばかりの新聞や学年雑誌も真っ先に読める。これが毎日つづくので、図書館の先生も、昼休み開始と同時にやってくるわたしに不審を抱いたらしい。たまに声をかけてくるので、自分は三度のメシより本が好きなのだと、意味の分からぬ言い訳をした。鈴木という先生はわたしの言い訳を信じたか、あるいは信じたふりをしてくれて、読みたい本をリクエストしろといってくれるようになった。これで忘れられない思い出もできた。たとえば高校一年のときである。まったく偶然だが、『マンハント』という学内持ち込み禁止のハードボイルド雑誌を愛読していたわたしは、そのころ連載が始まった「モダンビジネス案内」という気の利いたエッセイを書く紀《き》田《だ》順《じゅん》一郎《いちろう》という人のファンになった。その紀田さんが、まるで予想もしていなかったジャンルで書き下し新書『現代人の読書』という画期的な読書論を出版された。わたしは新聞広告でそれを知り、何としてもこれを読まずにいられなくなった。というのも、この人の書く軽快なエッセイのあるページに、整形手術を扱ったおもしろい話を見つけていたからだ。眼の色を左右別々にしておけば、「ラヴクラフトの小説に出てくるような顔になれる」という一行にぶつかり、ウッと唸ってしまった。ラヴクラフトという超マイナーな怪奇作家を知っている人に出会ったのは、これが最初だった。それで歓

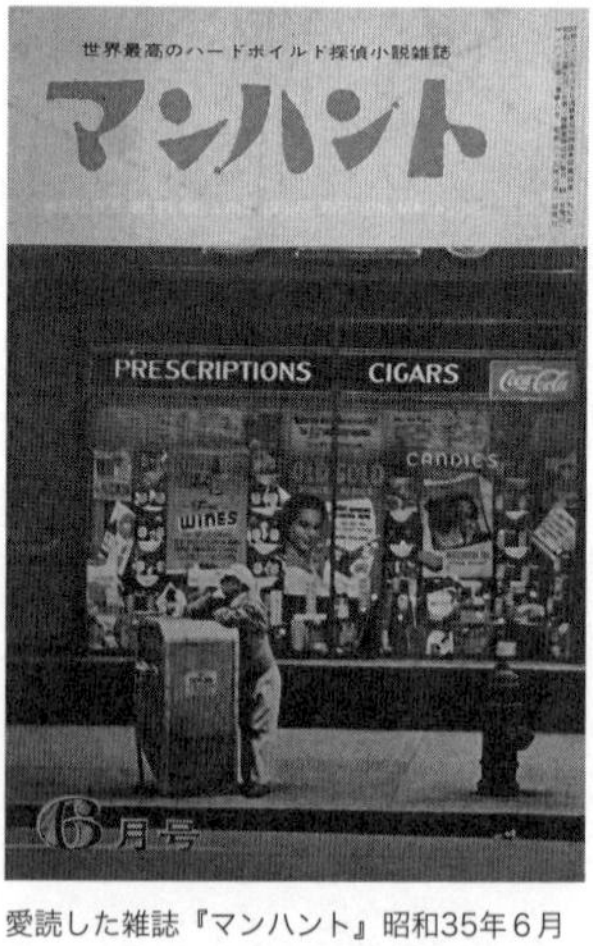

愛読した雑誌『マンハント』昭和35年6月号、この雑誌で紀田順一郎先生はじめ、植草甚一、大橋巨泉、永六輔などの「師匠」に出会った。

喜して、以後は紀田順一郎ファンになったのだった。なので、その新刊をぜひ読みたいと図書館にリクエストしたら、ほんとうに買い入れてくれた。いつものように昼休みが始まった直後に図書館へ行ってみると、鈴木先生が「来てるよ」と真新しい『現代人の読書』を出してくれたときは、両足が数センチ浮き上がるほど舞い上がった。

実際のはなし、日大二中の図書館は小学校の児童図書室とは似ても似つかぬ巨大な世界であった。だいいち書籍のつくりが違っていた。背は金文字、装丁は布クロスか、糊のきいたバックラム。あちらには平凡社の百科事典、こちらには巨大な世界地図や写真集が置かれていた。もちろん、エロ本などがあった漫画中心の貸本屋とも違う。人体内部をリアルに写した解剖図鑑や医学事典のほうが、貸本屋のエロ本よりはるかに「禁断」の感じがした。さらに、本格的な古典叢書がずらりとならび、戦時中に購入したと思われる岩波文庫と哲学の叢書までがみごとにそろっていた。それに加えて、うれしいではないか、本格的な動物図鑑、とりわけ北隆館の『原色日本動物図鑑』全五巻が書棚から飛び出すかのようにわたしを迎えてくれたのだ。

「これで六年間、暇がつぶれる。独りぼっちでも寂しくない。どんなに貧しくても、悲しむことは何もない！」と、中学一年のわたしは確信した。

『信じようと信じまいと』vs.『動物妖怪譚』

そこでわたしは、入学を待ちかねて、始業式が終わったその日から図書室に通い詰めることになった。真新しい図書借り出しカードに初めて記入した書名は、いまでもおぼえているが、一時間ほど図書室の棚を眺めまわって発掘しておいた次の二冊だった。どちらも、わたしの将来を決定した本といって過言ではない。この二冊を執筆した著者とは、幻想文学やオカルトの分野だけでなく、わたしが別ジャンルへ関心を向けた際にも、ふたたび思いがけぬ形で再会したからである。

とりあえず、二冊の書名から書こう。まずは庄司《しょうじ》浅水《せんすい》という人が訳出したアメリカの漫画家ロバート・リプレーによる『リプレーの世界奇談集』全五冊（昭和二十三―三十五年）。そして二冊目はかなり古い戦前版の大冊、日野巖《ひのいわお》著『趣味研究　動物妖怪譚』（昭和五年版）だった。どちらも怪奇ジャンルに含まれるが、小説ではなくノンフィクションだったところが、これまで読んできたラフカディオ・ハーン『怪談』や『雨月物語』のような「お話」とは違っていた。要するに「実話」である。さっき書き忘れたが、中学校時代にのめり込んだ海外テレビ番組の極北に『世にも不思議な物語』という怪奇実話のドラマ番組があった。日本テレビが夜の十一時から放送したため、両親が早寝したときにだけ観ることができたが、これがまたすばらしく刺激的な実話ドラマだった。世界には奇怪な事件が無数に起きており、それがすべて未解決のままだという現実を知って、完全に怪奇実話ハンターの仲間入りをした。

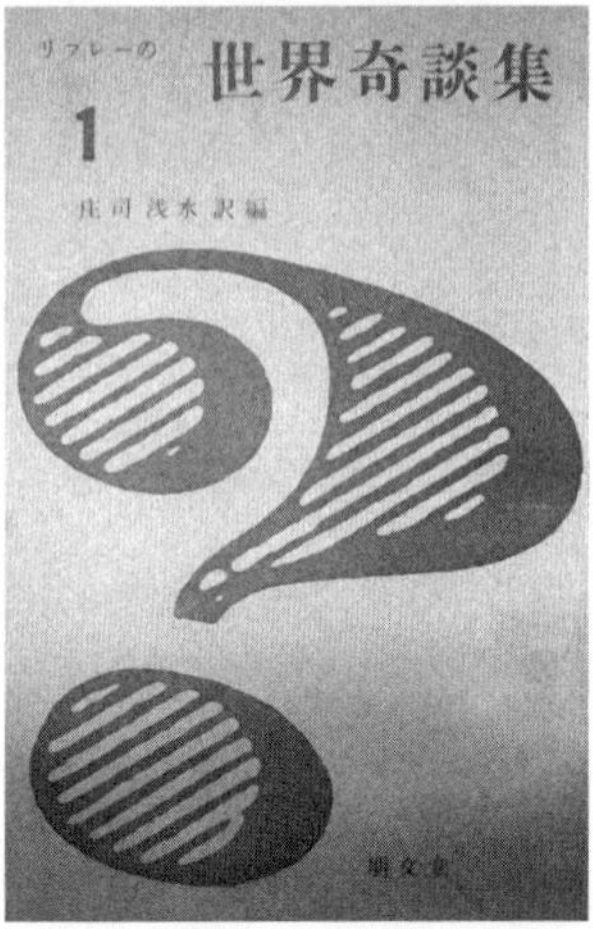

庄司浅水『リプレーの世界奇談集』（朋文堂刊）

もちろん、フジテレビが放送したタモリの出てくる『世にも奇妙な物語』とは別物、むしろタモリ番組のネタ元と思われる。アメリカのオリジナル・タイトルは『One Step Beyond（一歩向こう）』といい、タモリの「祖先」としてホスト役になり、番組内で起こる超常現象を案内するのは、ジョン・ニューランドというディレクター兼プロデューサーで、この人は『ヒッチコック劇場』の製作にもかかわったテレビ界の名士だった。番組サンプルは、現在ユーチューブで観ることができる。

この番組と関連して発生した日本で起きた奇談は、

わたしも同時代に目撃している。この番組がリンカーン大統領暗殺にかんするミステリーを放送した翌朝のことである。その朝は、日米間に衛星回線が結ばれアメリカからの中継が実現した記念の放送が流された日だった。画面に映るはずだったのは、ケネディ大統領のパレードシーンだったのだが、一転してケネディ暗殺のニュースが流れることになった。前夜に『世にも不思議な物語』でリンカーンの暗殺を観て寝たから、起きたとたんにケネディ暗殺の実況を見せられ、二つの事件が完全につながってしまったのである。

そういう経緯にかんがみても、二冊の実話本はわたしにとって、「運命の本」に違いなかった。一冊目の翻訳者である庄司浅水さんには、晩年に直接お目にかかる機会があった。それも、日本有数の愛書家、書籍研究家としての庄司さんにである。庄司さんは怪奇ノンフィクションの戦後最初期のリーダーだったけれど、もっと世間に注目される分野でも業績を残した人だった。それは愛書趣味の世界である。まだ日本全体が貧乏だったころ、知的贅沢のシンボルだった「稀覯《きこう》本蒐集」に邁進し、その普及を成し遂げた。でも、庄司さんといえども、焼け跡の日本で、海外の貴重な刊行物を集めるための資金は、そう簡単に得られなかったと思う。ご本人に挨拶する機会があったとき、ぶしつけに庄司さんに問いかけたところ、「自分は昭和三十年代に世界の奇談に関する記事を書いたことで人気を得ました。とくに『リプレーの世界奇談集』はよく売れ、「奇談の庄司浅水」と謳われてたくさんの怪奇ノンフィクション本を刊行するきっかけになった。そんなにたくさん奇談ものを書いたのは、じつは本業の古書籍収集に注ぎ込む資金をかせぐためでもあったのです」、と教えてくれた。冗談半分の話だったかもしれないが、たしかに怪奇ノンフィクションといえば昭和三十―四十年代にあっては、庄司さんと、それから黒沼健《くろぬまけん》が飛びぬけて有名だった。黒沼健は新潮社から多数の著作を出しており、いっぽう庄司浅水は社会思想社の「現代教養文庫」から次々に刺激的なタイトルを刊行していた。

とはいえ、わたしが学校の図書館で発見した『リプレーの世界奇談集』は、スペシャルな本だった。この本は昭和二十六年に早くも庄司さんが『信じようと信じまいと（Believe it or Not!）』の表題で翻訳したあと、昭和三十年代にあらためて五巻本にした決定版だ。ここには、日本で取材した「奇談」もかなり含まれていた。たとえば、昭和天皇は世界でもっとも古い由来を持つ家系の子孫で第一二四代である、日本では赤い雪が降った記録がある、などに加え、

ロバート・リプレー『信じようと信じまいと』
オリジナル英語版。

箱根《はこね》富士屋ホテルの山口支配人のひげ、高知の尾長《おなが》鶏《どり》、盆栽、富士山、塙保己《はなわほき》一《いち》、英人落語家快楽亭ブラックも紹介されていた。また、眼が一つだけの女の子が一七九三年にフランスで誕生した、ヘビのように二またの舌をもつグレーテル・マイヤーという女性がフランクフルトにいたが、しゃべることができなかった、と海外記事はさらに過激だった。庄司さんによれば、リプレーはアメリカの新聞王ハーストに引き抜かれて怪奇実話の漫画を連載するなど絶頂期には少なくとも八千万人の読者を得ていたという。日本でも英字紙『ジャパン・タイムズ』に載り、『週刊朝日』別冊に掲げられたこともあった。これはすごい売れ方である！

わたしは庄司浅水のおかげで、世界の珍奇を探訪するという仕事が非常にスリリングであることを教えられた。できれば、成人してから探検旅行に出てみたいと、強く思ったものだった。

後にリプレーの奇談集はテレビ・シリーズ化され、日本でも一九六〇年初めごろに朝番組として放

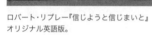

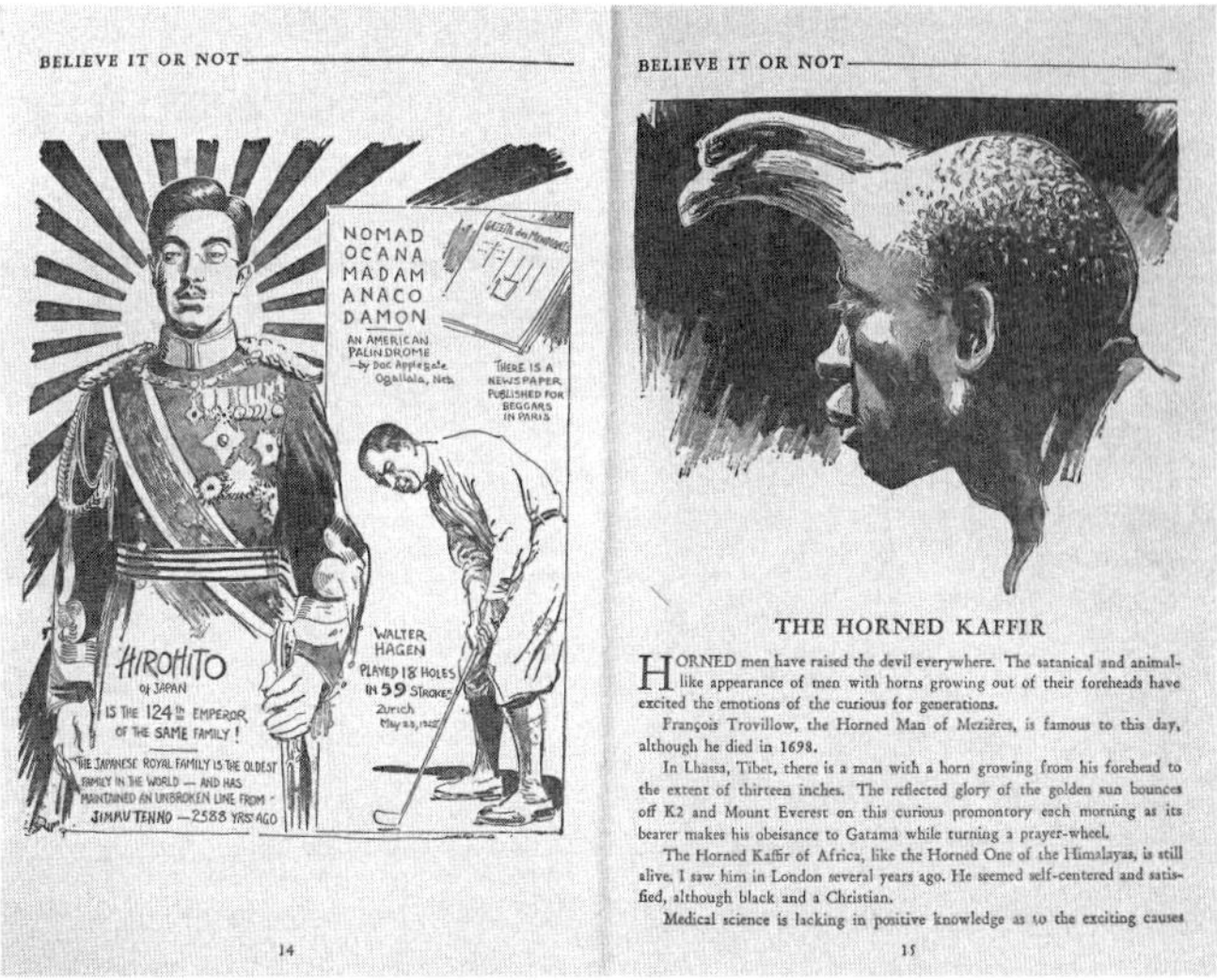

リプレー『信じようと信じまいと』内容。世界最古の家系として昭和天皇が挙げられている。

送された。たとえば、角を持つ人間、髪の毛を自由に動かせる人、下唇が鼻まで届く人などの「珍人間」、また世界の珍獣・奇獣、驚異の遺跡など。これを直接取材したので、漫画だけにとどまらず、テレビ番組となってリプレーの名を高らしめた。だが、話はそこでも終わらなかった。リプレーの仕事は、さらに「リプレーの信じようと信じまいと博物館」という施設に継承され、実物が展示されるようにもなったからである。この博物館は、アメリカ各地にたくさん建設された。わたしはサラリーマンになってから友人のSF評論家鏡明《かがみあきら》と初めてアメリカ旅行したときに、サンフランシスコでたまたまその一館と遭遇している。まさかリプレーが博物館まで展開しているとは知らなかったので、さっそく入館し、「毛の生えた鮭」などウソかホントかよくわからない奇品を見物した。

ついでに書くと、戦後すぐに怪奇ノンフィクションの著作を刊行しだした作家は、なんらか別の分野で地位を築いた人物であることが多い。庄司浅水は印刷業界に身を置いていたし、黒沼健は戦前に推理小説の創作と翻訳で名を成していた。黒沼の場合は、祖父と父が経済界の名士であり、本人も東大の法学科を出ている。翻訳家として推理小説の原書に親しむ中で、ＳＦやミステリー・ノンフィクションへと関心を広めたようだ。神智《しんち》学《がく》やＵＦＯ問題にも深い関心を寄せる先駆者だった。わたしがいちばん印象に残っているのは、Ｈ・Ｐ・ラヴクラフトがまだ日本でほとんど関心を抱かれなかった時代に、この怪奇小説作家に関する噂を書いた記事を発表したことだ（黒沼健著『謎と怪奇物語』新潮社刊、一九五七）。一日じゅう暗い自室に閉じこもり、ろうそくをともして恐ろしい異次元の恐怖を描いたラヴクラフトが、ある日行方不明となり、どうやら宇宙人に拉致されたらしいという内容だった。ネタ元は当時のゴシップ雑誌などだったのではないかと推察できるが、これはラヴクラフトに触れた最初期の日本語記事ではないだろうか。

黒沼健『第二の世界物語』（新潮社刊）。

　しかし黒沼健にかんしては、詳細を別の機会に譲るとして、ここでは庄司浅水に話を戻す。この人は三田《みた》英語学校の出身であり、黒沼と同世代の一九〇三年生まれである。愛書趣味の主要ジャンルである書物装丁についての論文からスタートし、愛書家向けの雑誌や同好会で人脈を得る一方、凸版印刷など印刷業界でも実務者として活動している。英語が堪能だった関係で、黒沼と同じように怪奇ノンフィクションの紹介者となった。この面での活動が始まったのは、はるか戦前のことであるらしい。その浅水も戦後の「時流」に助けられた。当時はどんな本でもかたっぱしから売れてしまう書籍不足の時代であり、それを当て込んでいわゆる「カストリ雑誌」が出回った。これらの雑誌の売り物は「猟奇」と「エロティシズム」であり、戦後の開放的な空気とも合致していた。そこに怪奇実話も紛れこんだのである。

庄司さんも、いざこの手の読み物を書こうとしたとき、頼れる資料がないことに困り果てたと、著作のあとがきに記している。その結果、ヒトラーが焚書によってナチス政権を維持したのと正反対に出版物を「知の兵器」と位置付けて兵士にばらまく戦略をとったアメリカ軍の置き土産ともいえる大衆雑誌類を丹念に集めまわって、それを資料に活用した。偶然だが、庄司、黒沼両氏は「海にまつわる怪奇事件」を好み、マリー・セレスト号事件やシーサーペントなどの海洋もので売った。

わたしも大学生になったころから愛書家庄司浅水のほうに興味が移り、本集めを開始した。愛書界での浅水ショックは、「近代三大美書」というキャッチフレーズを流行させたことに尽きる。十九世紀末イギリスで発生した「プライベートプレス（私家版）運動」にかかわって刊行された手作り書籍のうち、ウィリアム・モリスが興したケルムスコット印房の刊行本『チョーサー著作集』など三冊の代表作を喧伝する名文句だった。わたしも熱中して「三大美書」を探し回ったが、これがまた当時ですら数十万円以上したので、手が出なかった。しかし、奇談と美書は、偶然だが、あとあと自分の趣味と完全に一致することになった。

ついでに、庄司さんが著したリプレー以外の奇談集についても書いておく。リプレーはカートゥーン（一コマ漫画）の人気画家でアマチュア人類学者だったが、最初は庄司さんと同じく文献資料を求めて世界を旅する暇に、「奇怪なものごと」の実物を入手するようになった。この実物主義が一世を風靡し、テレビの怪奇探検番組ブームを仕掛けるようになった。そのリプレーを翻訳した庄司さんも、常時新聞・雑誌に目を通して、実話資料をコレクションした。その中には黒沼健の本も含まれていたことがおもしろい。庄司さんの代表作の一つである『海の奇談』（昭和三十六年）には、あとがきで「黒沼健氏の著書のうちから転用させていただいた」と謝辞があり、どうやら二人は知り合いであったようだ。

庄司浅水の海洋奇談のなかでは、わたしがもっとも関心を抱いたのは「タイタニック号遭難」にかかわる『海の奇談』の記述である。あのタイタニック号には日本人も乗船していて、細野《ほその》正文《まさぶみ》という人が奇跡的に生還した事実がよく知られている。この細野さんの孫が音楽家細野晴臣《はるおみ》だということは、わたしも細野さん自身から聞いたことがある。ところが、この話は戦前では「日本人の恥だ」と批判されていた。なぜなら、救命ボートに乗船が許されたのは女性と子供だけであったはずなのに、細野さんが生還したということはルールを破らぬかぎり起こり得ないと噂されたからだ。戦後の昭和二十九年、函館《はこだて》で洞爺《とうや》丸《まる》の沈没事件が起き、やはり乗客の混乱が話題となったとき、ふたたびこの一件が引き合いに出された。海外怪奇文学の紹介者としても功績のあった木村《きむら》毅《き》が、「新潟日報」紙に記事を載せ、次のように書いたからだった。

「……この時も、醜名をさらしたのは、例によって日本官吏である。彼らは、パリやロンドンで淫売かいをして、物笑いになっているばかりでなく、この危急のドタン場におよんでも、日本人の顔にいい泥をぬってくれた。それは、女子供が優先というのに、この通産省の役人は、いち早くボートにとびのって、命を助かったのである」と、庄司本に引用されている。

文中にあった通産省の官吏とは、鉄道院の副参事で唯一の日本人乗客だった新潟出身の細野正文である。ところが、批判を一方的に受けた細野の遺族が、「新潟日報」に手紙を送り、タイタニック号のロゴ入り用紙に書かれた正文の遭難日記を反論の証拠として提示した。しかもこの資料による反論は、遺族の手で昭和十七年に学術論文として発表され、そのような行為がなされたという話には根拠がないことが示されたのである。遺族側はそれで汚名がそそがれ、根拠のない批判もやんだと考えていたのだが、それを木村毅が蒸し返す結果となった。

庄司さんは『海の奇談』でタイタニック号の日本人乗客の話を書くにあたり、細野家から航海日誌などの資料を提供してもらい、その日誌の写真を掲載した。さらに、木村毅にも質問を送り、「この一件に関し航海日誌は貴重な文献資料だが、なにぶんにも本人が書いたものであるため客観的資料とは認めにくい」という意味の回答を得ている。わたしも『海の奇談』によってタイタニック号事件を知った口だが、そういう論争があったことを知らされて興味深かった。

狐の一目入道（日野巌『動物妖怪譚』より）

そして、次なる著者は日野巖だ。この人が『動物妖怪譚』で展開したのは、江戸時代の妖怪本にかかわる研究だった。なんといってもこの本の魅力は、江戸本の妖怪挿絵をたくさん転載してくれたことに尽きる。師匠の水木しげる大先生にもこの本に載った絵を参考にした妖怪画がたくさんある。わたしもここに載った古い妖怪画の楽しさに感銘を受けて、絵柄をずいぶんノートに写した。ようもまあ、こんな本が図書館に残されていたものだ、と今でも唸ってしまう。江戸期の妖怪画にはじめて接したことで、わたしは江戸文化にも関心を抱き、さらに図書館を捜索して、江戸時代の随筆ものや、小学生のとき読んだ『雨月物語』の原文にあらためて接した。そうこうするうち、昭和三十六年だったかに分厚い『随筆辞典』第四巻「奇談異聞編」(柴田宵曲編、東京堂)という本がやってきた。これぞ、博覧強記の江戸文化研究家柴田宵曲《しばたしょうきょく》が多数の江戸随筆集から抽出した怪奇譚の集大成である。この本が図書館にはいったあと、借り出したのはわたしばかりで、ほぼ独占状態となった。おかげで古文の読み方も自然に身についた。

　が、日野巌とのかかわりはそれだけにとどまらなかった。わたしは中学・高校時代、自分ながらきわめて多趣味な少年であったから、怪奇幻想以外にも他分野の研究にいろいろと手をつけていた。したがって忙しいうえに資金も要るので、いよいよ生活費を切り詰め、アルバイトに励むしかなくなったが、バカ体力にものをいわせ、こまかいアルバイトをこなして自己投資にあてた。

　ちなみに、当時どんな趣味に励んでいたかといえば、第一は漫画を描くことだった。実際、将来の第一志望は漫画家になることで、同じ趣味に巻き込まれた妹とともに少女漫画を描いては投稿し、ときには編集部に持ち込んだ。妹は高校を卒業するときに母から「兄さんたちの学費がたいへんだから、お前を上の学校にはやれない」と言われたため、自力で藤子不二雄《ふじこふじお》さんのスタジオを訪ねてアシスタントにしてもらい、のちに漫画家になった。そんなわけで、わたしも学生のうちにデビューして、稼げるようになりたかった。

　そして二番めの趣味が、本集めだった。これがいちばん資金を要した。買うべき本はいくらでもみつかった。というのも、入学した日大二中は阿佐ヶ谷と荻窪《おぎくぼ》の中間にあり、いわゆる中央線古書店街のど真ん中に位置したからだった。もちろん、荻窪古物会館で開催されていた定期的な古本市には欠かさず顔をだした。ここで遭遇したいちばんの宝は雑誌『新青年』のほぼ完全な揃いだった。江戸川乱歩《えどがわらんぽ》の作品をはじめとして、いったいどんな作家の小説が載せられていたのか、その頃はまるで情報がなかったから、ほんとうに欲しいと思ったが、十万円を軽く超える値が付いていた。とても買えなかったが、諦めるには惜しすぎた。今でも夢に見るくらい、悔しかった。

さて、三番めの趣味はまるで別ジャンル、小学生のころから好きだった魚の採集と飼育である。小学校があった板橋には池や田圃《たんぼ》が残っていて、メダカだのダボハゼだのが採集できた。その結果、生物が好きになったのだ。金魚にも熱中した。だった西尾君の家が金魚も売っている駄菓子屋だったから、お店の裏にあるたくさんの池を眺め回るのが好きで、よく魚を購入した。けれども中学校にはいると、この分野でも新しい世界に遭遇してしまった。図書館で牧野《まきの》信司《しんじ》というネオンテトラの繁殖に成功した人が書いた熱帯魚の飼育書に出会ったのだ。わたしはたちまち熱帯魚飼育に熱中することとなった。ところが、これも器具をそろえなければならず、資金が必要だったので、アルバイトに拍車がかかった。当時熱帯魚は池袋のデパートに展示されていたので、西武と三越にしばしば通い、実物の観察を行った。日本野鳥の会を創設した詩人の中西悟堂さんが書いたトゲウオの飼育記も図書館で発見、さっそく中西さんに手紙を書いて、トゲウオのことをいろいろ質問したのも、この頃だった。金魚については、農林技官の新井邦夫さんにも手紙をだし、中国には思いもよらない不思議な姿をした金魚が実在するとの話を教えてもらった。その中国金魚を手に入れたくて、上海《シャンハイ》に出かける方法を真面目に考えたことさえある。ランチュウの宗家、石川亀吉《いしかわかめきち》の養魚場にも出かけたことがある。

どの趣味も真摯に打ち込んでいたのだけれど、いちばん真剣に研究したのは、ひょっとすると生物飼育だったかもしれない。なぜなら、こっちの趣味は高校生になって、究極の新世界に踏み込んだからだった。ちょっと先回りだが、手みじかに書いておく。高校に上がってたまたま席を隣り合わせたのが、八王子《はちおうじ》から通学してくる田川君という歯医者さんの息子だった。この同級生のおとうさんが、なんと、当時としてはきわめて稀有な海水魚の採集と飼育を趣味にしていた。わたしはその話を聞いて、海の生物の魅力にたちまちのめりこんだ。田川君のおとうさんが夏休みに三浦《みうら》半島の佐島《さじま》という漁村にさそってくれたので、よろこんで連れて行ってもらった。そこで一週間、磯での採集に取り組んで、ハコフグやタツノオトシゴを捕った。これで完全に磯採集家に転身し、三浦の磯あそびと水族館通いが始まった。

　ここで話が、ようやく日野巖に戻ってくる。あれはきっと、慶應大学に入学した後だと思うが、今度は三田の慶應図書館で古い魚類学書をあさっていたとき、宇井縫蔵《ういぬいぞう》という博物学者が書いた『紀州魚譜』という古書をみつけ、紀州《きしゅう》にたくさんの熱帯性海水魚が生息することを知った。この宇井縫蔵は南《みな》方熊楠《かたくまぐす》の知り合いであり、やがて熊楠に関心をもったときに再度出会うことになった著者でもある。それで、さっそく紀州の磯にかんする情報をさぐったところ、昭和天皇が紀州に軍艦で訪問され、この海岸でたくさんの生物採集を行われた記録にぶつかったのだ。その詳細を書いたのが、『聖上陛下の生物学御研究』という希少な本だった。しかも、驚いたことに、著者は日野巖とある！　ちょっと待った！　まさかこの人、妖怪本を書いた、あの日野さんじゃないよな——と思ったが、調べてみると、昭和天皇の生物採集に同行したこの人物は、妖怪本の著者自身なのだった。

　動物妖怪学者として知り合った人物が、熊楠につながり、熊楠から昭和天皇にまでたどり着いた。しかも、近代博物学への道筋も、ここで拓かれた。日野といい、庄司といい、中学に入学して図書館で選びあげた二冊の本は、現在の自分の興味分野を予言するものだった、と今更ながらに思う。こうした偶発的なつながりにこそ、人生の妙味があり、だから、生きる楽しみがあるのだ、といったら世迷言《よまいごと》になるだろうけれど。

森の石松と金毘羅代参に興味を抱く

ともあれ、ここまで書いたせいで、世迷言ついでに「自分の倫理観の根っこ」にもちょっとふれる勇気が出た。たぶんわたしの根っこは、昭和の子どもによくあるパターン、「ひねくれた浪花節」だといえる。だから、川口松太郎《かわぐちまつたろう》や山本周五郎《やまもとしゅうごろう》の小説が好きだったのだと思う。池波正太郎《いけなみしょうたろう》は現在とても人気があるけれど、「ひねくれ方」が浪花節的じゃない。あっちは頑固だ。長谷川伸《はせがわしん》や大佛次郎《おさらぎじろう》の時代小説も、描かれる女が鉄火肌じゃない感じがする。池波さんは暮しの軌跡を見ると浅草の人だが、書く方は長谷川や大佛の影響下にある。美術なら小村雪岱《こむらせったい》や甲斐《かいの》荘楠音《しょうだおと》がいい。女の描き方がちょっと尋常でないからだ。わたしはそういう下地だから、自分は穏やかな市民になれそうもない、果ては野ざらしでもいいや、という「諦め」を負のエネルギーにしてきた。幻想文学や漫画のような、世間が相手にしてくれないジャンルを愛せたのは、この気質のせいだと思っている。

それでも、せっかく生まれたのだから、せめて世の中の捨て石になって間接的に他人に喜んでもらえるようなことができないか、と考えてきた。これが小学生のときに生き方のイメージとして固まったのである。男なら任俠、女なら芸者である。このイメージ完成に役立ったのが、侠客と芸者の映画だった。最近になって気持ちが枯れてきたことも手伝って、わたしはこれを「修羅道と観音道」なんて呼んでいる。

きっかけは、板橋の小学生時代にいやというほど観た次郎長映画だったが、そもそもの始まりは、祖父から浪曲の趣味を植え付けられたことにある。広沢虎造の「清水次郎長伝」や相模太郎《さがみたろう》の「灰神楽《はいかぐら》三太郎」などをくちずさむ小学生になった。昭和二十年代末はラジオ放送の黄金時代であり、都会の子供はラジオで聞いて、すぐに浪花節を覚えた。今のポップミュージックと同様に、家庭や小学校で渋い喉を自慢しあった。わたしも「馬鹿は死ななきゃ直らないーい」の名文句を座右の銘にして、なるべく意味のないことをすすんで引き受けるようにした。それから、たぶんマキノ雅弘の名作『次郎長三国志』

で、広沢虎造が美声を鳴らして一曲うなるシーンにしびれたのが、「とどめの一撃」だったのではなかったろうか。わたしにとっての任侠趣味は、平田弘史の武士道劇画とは別のルートから行きついた「江戸文化」の関心事なのだ。むろん、「忠臣蔵」の映画も年中小屋に掛かったから非常に気になったけれど、忠臣というのが野暮ったくて、どっぷりつかるまでにはいかなかった。やはり東京の下町育ちがピタリとくるのは、バカを承知で意地を張る親分さんたちだ。現に、そういうバカな大人が身の回りにたくさんいたし、わたしの父などもそんな愛すべきバカの一員だった。

その次郎長親分から始まって、浪曲ブームに乗った侠客たちの映画をかたっぱしから観倒すうちに、子供心にふと気になったのが「森の石松」だった。いかにわたしがバカ好きだったとはいえ、遠州《えんしゅう》森の石松はすこしバカすぎた。ただ石松の最期だけは気に入った。バカの最期としてはもっとも好ましい「無駄死に感」と皮肉にあふれていたからだった。だまし討ちに遭って、一度は逃げ延びられたのに、自分の悪口をいう敵の話を立ち聞きして激昂のあまり、わざわざ斬られに飛び出て行ってしまうのだから、これは自滅に近い。

この無常観をいちばん明快に見せてくれたのが、『次郎長三国志』で石松を演じた森繁久彌だった。日ごろから「親分のためならいつでも死ねます」と豪語していたのに、生まれて初めてお女郎にモテて、所帯まで持とうと決心したとたん、初めて命が惜しくなった。ところがその命を捨てるのに最高のシチュエーションが巡ってきたとき、石松はくだらん悪党どもの前で女々しく命乞いをする。これぞバカの美学だ。映画のバックに念仏というか御詠歌《ごえいか》がずっと流れていたことも印象的だった。

この石松がそもそも殺されるきっかけとなった話も、ついでだから書いておく。次郎長親分が、宿敵ほげたの久六を討ち取り、恩人の仇を取ったことで、神助をたまわった讃岐金毘羅宮《さぬきこんぴらぐう》にお礼参りに行き名刀を奉納するということになった。しかしあいにく、親分には用事がある。代参として石松に金毘羅詣で が命じられる。代参を無事に果たし、清水湊へ帰る途《みち》で、次郎長の妻おちょうさんの霊前に供えてもらいたいと託された二十五両を持って、都鳥吉兵衛《みやこどりきちべえ》という評判の良くない侠客の家に立ち寄ったのが、石松さんの不運であった。都鳥は石松が持っていた金を強奪し、ついでに命までうばってしまう。

ここで引っ掛かったのが、「金毘羅様へ代参する」という行《くだり》だった。次郎長がなぜ金毘羅参りに代参を行かせたのか。今の子どもにはまるでイメージがないかもしれないが、昭和二十年代には「金毘羅ふねふね、追風《おいて》に帆かけてシュラシュシュシュ」なる奇怪な音曲が津々浦々に知れ渡っていた。歌の調子がよいものだから、わたしもちょっと急ぐ遣《つか》いのときなどに、景気づけに口ずさんだものだが、歌の意味はよく分からない。母が教えてくれた「てまり歌」にも、「一かけ、二かけて、三かけ、四かけて五かけて橋をかけ、橋の欄干手を腰に、はるかかなたを眺めれば、十七、八の姉さんが、花と線香を手にもって、姉さん姉さん、どこ行くの、わたしは九州鹿児島の西郷隆盛むすめです……」という謎めいた歌詞があった。子どもがすぐに真似できてしまうので歌っていたけれども、いま考えると童謡には謎が多い。

そんななか、金毘羅さまは比較的わかりやすかった。これは海の旅を庇護してくれる神さまで、四国讃岐に祀《まつ》られていたからである。その当時は、これが役小角《えんのおづぬ》に関係ある護法童子のクンピーラに由来する大権現であることまでは知らなかったけれど。本地は不動明王《ふどうみょうおう》というから邪悪なものを調伏する修験《しゅげん》道《どう》の神さまだ。船乗りの信仰が厚く、次郎長は清水湊の舟もち船頭の子であったから、金毘羅を信仰していたのはよくわかる。日本最大の祟り神といわれる崇徳《すとく》上皇が金毘羅のお山に参籠したので、御霊信仰まで金毘羅さまに付加されたというから、ますますおもしろい。たぶん、そういう神秘な匂いを感じ取る「妖怪センス」が、子どものわたしには具わっていたらしい。

この強力な神さまにお参りするには、修験の妖怪である天狗のお面を背中にしょって巡礼するのが決まりになっていた。金毘羅参りとは、天狗を背負って巡礼することだったのだ。ここからが、さらにおもしろくて、江戸時代にはお伊勢参りにそっくりの代参システムがしっかりと確立していたのである。当時は旅が基本的にご法度だったはずだが、伊勢参りや金毘羅参りの宗教行事は許可されたので、江戸の街には「講」という積立旅行の組織がたくさんできた。それでも長旅に行けない人々が多く、そういう人が頼りにしたのが「代参」、すなわち身代わりの参拝者を雇うことだった。それも人間だけではない。たるを海に流したり、すごいのは犬を代わりにお参りに行かせた。犬は「狗」とも書き、天狗と近いので、金毘羅参りの代参に行かされる犬は「こんぴら狗」と呼ばれた。そういうわけで、金毘羅参りに出た人々が、旅の宿屋や御座敷で芸子とともにおこなった座敷あそびが、例の「金毘羅ふねふね」だったのだ。そのルーツは、修験の口呪にあったかもしれない。東京でも、戦後までこのお座敷うたが流行していた。ただし、ここに森の石松が加わると、さらにイメージが変化する。石松は帰りに殺される。死出の旅路ともなるわけだ。そこで遍路に「死」の匂いを嗅ぐこともできるのだ。

そして、子どもの直感は的中した。なぜなら、四国にはもう一つ、金毘羅参りと並んで、死の世界を巡る「お参り」の極北が存在したからだ。四国八十八か所霊場巡りである。これは文字通りの「死国巡り」と考えてもよかった。弘法《こうぼう》大師ゆかりの霊場を八十八か所さだめ、辺地《へち》すなわち辺境の四国を回る習俗だが、これに強力に死出の旅というイメージを与えたものは、足摺《あしずり》岬で行われた補陀落渡海《ふだらくとかい》ではなかったろうか。四国最南西端の岬であって、南方涅槃すなわち補陀落浄土に一番近いので、ここから修行僧が家型の舟に乗り込んで、生きながら海に乗り出した。生きているうちに家型の墓に自分を封じ込め、あとは息絶えるまで絶食しながら航海する。南の海のかなたへ行くには北風に押してもらう必要があるので、渡海は冬に行われたという。まさに生き仏を作る入定《にゅうじょう》のヴァリエーションだ。実際、ジョン万次郎はこの地から漁に出て漂流し、アメリカ船に助けられて「別世界」の地アメリカの土を踏んだのだから、補陀落渡海の成功者といってもいい。ゆえに、こういう場所はたいてい自殺者を招き寄せる断崖絶壁に設定される。死体をはるか沖に漂流させるためにである。真面目な話だが、TVのミステリードラマで、犯人が最後に断崖絶壁へ向かい、自殺するスタイルが定番になっているのは、補陀落の再現を意味するからなのだ。石松はその意味で、死の旅に発ったも同然だった。

観音さまと「救い」のネットワーク

もちろん、前に書いたような「死出の旅」のことなど、小学生が知っているわけもなかったが、一つだけ思い出す体験があった。それは板橋第七小学校が夏に六年生に課していた林間学校での体験である。林間学校は日光《にっこう》で開かれ、二泊三日の旅程だった。初めての「お泊り」に興奮してなかなか眠れなかったが、夜遅く担任が見回りに来て、まだ騒いでいるわたしたちを見つけ、布団から出られなくするために、「ものすごくコワーイはなし」をきかせてやる、と言いだした。怪談好きだったわたしがさっそく真面目に聞き耳をたてると、担任の馬場《ばば》松雄《まつお》先生は、怪談落語の口調で、こわーい、こわーい話を始めたのだった。

「森で夜道に迷った人がいてな。だが、どこまでいっても道に出ないんだ。これ以上さまよっていると森の化け物に食われるから、なんとか明かりのある民家を見つけなければ、と探し歩いた。真夜中頃、とうとう一軒家を見つけたんだ。旅人は喜んで、扉を叩いた。何度叩いても返事がない。それでも必死に叩いていたら、やっと奥から音がして、明かりが近づく気配がした。戸が開いて、暗がりから顔が現れた。それを下からろうそくの火が照らしたからたまらない。その顔は化け物みたいだった。髪を振り乱した老婆の顔が現れて、あまりの怖さに旅人が、ギャーッと叫んだもんだから、老婆が真っ黒い口を大きく開けて笑った。そのとたん、旅人は怖さのあまり死んじまった。

大きく開けた口は、歯がみんな抜けていたから……歯・な・しは、これでおしまいだーッ!」

?・?・? この話のどこが「こわい話」なのか分からず、キョトンとなった。すると、馬場先生は言った、「だから、こわーいお歯なしってさ」。さすがに気抜けしたとたん、怒りがわいた。子供を馬鹿にしやがって! 担任を簀巻《すま》きにして華厳《けごん》の滝に叩っ込んでやろうかと思った。

この子どもをからかって喜んだ、不届きな担任が、その日の昼間に引率したのが、日光名物華厳の滝だった。自殺の名所である。案内のおじさんが、こう説明した。

「えー、ここが有名な華厳の滝です。あの山が二荒《ふたら》山《さん》ですね。ケゴンというのは、ありがたいお経の名前です。そして日光という名は、二荒山から来ています。二荒って書けば、ニッコウと読めますでしょ。それでですね、なぜ二荒をわざわざフタラと読ませたかというと、これも仏教から来ているのですね。観音さまがお住まいになる山を、インドの古い言葉でフタラ山、と呼んだからです」

当時から難しい漢字が大好きだったわたしは、このときはじめて、日本語にはインドや中国から来た言葉が混じっているという衝撃的な認識を得た。一気に日本の見え方が変化してしまうほどに。

このとき教えられた「フタラ山」という異国語は、深く脳に刻み込まれた。やがて大学生になり、フタラが補陀落と漢字表記されること、その語源はサンスクリットの「ポータラカ」すなわち観音の浄土であることを知った。そして、この補陀落もやがて自分の関心の大きな一部を占め、現在まで何度も驚かせてくれる「歴史のびっくり箱」になってくれた。

観音にかんしては、いろいろと話題が多く、やがて熊野《くまの》古道《こどう》や南方熊楠にも絡んでくるのだが、ここではそのサンプルだけ書いておこう。森の石松から始まって補陀落渡海にまで広がった四国の巡礼について、片をつけておかねばならないことがまだあるからだ。

四国八十八か所霊場も、紀伊《きい》の熊野古道巡礼路も、死の匂いがあることに意味がある。その発火点が「補陀落山寺」にあること、そこでは補陀落渡海が実行されていたことなど、ヒントはいろいろと書ける。その聖地の背後に何があるかといえば、南方浄土の補陀落山なのである。四国の足摺岬も、熊野の那智《なち》も、そして日光の華厳の滝も、海あるいは川と絶壁が織りなす「浄土への出発点」である。これら巡礼路を巡る本来の意味も、この補陀落山にあったのではないか。だとするなら、役小角、空海《くうかい》、熊野の修験者といった人々も、結局のところ補陀落へ行きたかった心情が理解できる。

では、補陀落にはどなたがお住まいだったか？

むろん観音だ。鳩摩羅什《くまらじゅう》が「観世音《かんぜおん》菩薩」と書き、玄奘《げんじょう》が「観自在《かんじざい》菩薩」と表記した「三十三の姿に変身する救世の菩薩」だ。観音信仰のそもそもは、役小角や空海のそれよりも古い。わたしたちが死んだとき、蓮のつぼみを手にして浄土からお迎えにくる観音菩薩。そんな菩薩であるから、巡礼にまつわる次のような奇怪な伝承があるのも当然だろう。

まず、中国での伝承から書こう。

中国浙江省《せっこうしょう》の海上にある舟山《しゅうざん》群島の一つに、普済《ふさい》寺《じ》という寺があり、そこは普陀山《ふださん》と呼ばれ中国四大仏教名山に数えられている。山の名から推察できるように、ここが観音霊場の本拠なのだ。海に浮かぶ島に観音霊場を築いた僧は、じつは中国に渡って観音信仰を持ち帰ろうとした日本人留学僧といわれる。名を恵蕚《えがく》といい、平安時代前期に唐へ留学した。最初は文殊《もんじゅ》菩薩の聖地である五台山《ごだいさん》に登り、日本に禅の教えを説きに来てくれる学僧をもとめた。恵蕚はほかに白居易《はくきょい》が残した『白氏文集《はくしもんじゅう》』を日本にもたらしたことで有名だが、最大の伝説は観音信仰を日本にもたらそうとしたことである。彼は五台山にあった観音像を得て、寧波《ねいは》の近くから帰国しようとしたところ、船が動かなくなった。観音が「日本に行くのはまだ早い」と夢告したので、恵萼も日本に観音像を運ぶことを断念し、そばにあった舟山群島に観音像を降ろして霊場とした。これが普陀山の起こりといわれる。

観音はインドにおいて、救いを求める人がどこにいようとも飛んで行って、その人が理解できるレベルで仏説を教えることができる神通力と機知をそなえた菩薩とされる。どこへでも飛んで行って人を救える力は「観音力」、また話をいかようにもアレンジして理解させる知力があり、これを「機根」と呼ぶ。したがって、日本人がよく口にする「臨機応変」と「根性《こんじょう》」は、観音さまに由来する力であると言える。それを象徴するのが、密教に説かれる「観音の三十三身」である。観音は三十三種類の姿に化身でき、教えを説く相手にいちばんふさわしい形を取る。千手《せんじゅ》観音、十一面《じゅういちめん》観音、あるいは女性の姿を取るのは、その能力の現れである。したがって、観音信仰には三十三という神聖数が付きものとなり、観音三十三か所霊場や三十三間堂《さんじゅうさんげんどう》（観音を本尊とする仏堂）の名の由来となった。

というわけなので、観音は現世のどこへでも行って人々を救済できるはずなのだが、恵萼が日本に持ち帰ろうとしたとき、思いもかけず観音の方から来日を拒否した。これは異常な伝説というべきだ。恵萼はやむを得ず、普陀山を開いて観音霊場とし、そのまま帰国したという。なぜ、どこへでも行ける三十三面相の観音が日本に行くのを拒否したのか。

その謎は、平安から鎌倉時代に日本に定着した西国三十三か所観音霊場をまわる巡礼路にかかわる伝説にヒントが隠されている。この霊場巡りは、たぶん熊野の修験が貴族の巡礼のために整備した熊野古道と関係があり、藤原《ふじわら》氏の策謀に遭って十九歳の若さで天皇を退位し熊野へ隠棲した「史上もっとも数奇な」運命を辿った上皇、花山院《かざんいん》によって開始されたといわれる。その痕跡が、三十三か所巡りには残されており、有名なのは観音霊場巡りに御詠歌を歌いながら旅する習慣である。御詠歌は、歌の才能があった花山院にちなんで、巡礼の際に詠じる和歌となった。

この花山院には、なんと、陰陽師の安倍晴明《あべのせいめい》もかかわりがある。晴明は花山院に陰陽道を伝えたらしいのだが、ここでは安倍晴明の問題には触れず、観音信仰に集中しよう。

花山院が熊野で修験の道に入り、補陀落とかかわり深い那智に参籠して滝行に励んだとき、熊野権現が出現して夢告するには、「かつて徳道上人《とくどうしょうにん》が定めた観音三十三か所霊場を復興せよ」とのことで、そのしるしとして徳道上人が二百七十年ほど前に中山寺《なかやまでら》に納めた宝印がうずもれている場所を伝えた。花山院は熊野権現の託宣にしたがって中山寺を訪ね、徳道上人が残した宝印を探し出した。中山寺とは、聖徳太子《しょうとくたいし》の創建になるという日本最初の観音霊場だといわれる。

じつは徳道上人は六十二歳のときに病を得て、いちどあの世に旅立った人なのだ。そして、あの世で閻魔《えんま》大王と面会した。閻魔大王は死者たちを次々に地獄に送っている。徳道はその数があまりに多いことに気づき、そのことを訴えると、閻魔大王は答えたそうだ。「生前に罪を犯すものがあまりに多すぎるのだ。この数を減らすには、罪を消し去る観音菩薩の霊場三十三か所を巡り、罪を滅却することだ。ついては徳道よ、三十三の宝印を与えるから、これによって三十三か所を定め、巡礼路をひらくように」

こうして使命を受けた上人はこの世に戻された。ところが時代はまだ奈良朝の初期、観音霊場といっても道が整備されていないしご利益も定かでなかったことから、観音巡礼は広まらなかった。徳道は観音信仰の機がまだ熟さないことを知り、摂津《せっつ》の中山寺に宝印を納めたというのだ。この話は、恵蕚の伝説によく似ている。機が熟さないので観音が来日を拒否した伝説の焼き直しかもしれない。

徳道と花山院の伝説は、もちろん一種の観音サーガ（ロマンス）だろうが、案外真実が隠されているかもしれない。日本での観音信仰は院政期になって熊野詣でがさかんになり、また十一面観音を本尊とする長谷寺《はせ》が「夢告を受ける場所」すなわち予言の場所として信仰され、これに熊野詣での道筋にある「死出の出発点」こと那智の青岸渡寺《せいがんとじ》を取り込んだときに、成立した。観音信仰が貴族に広まった最大の理由は、熊野修験が「貴族も通れるような道と宿や休憩所、道案内に先達」といった旅行システムを確立したせいだと思われる。ちゃんとした道ができ、熊野の九十九王子《くじゅうくおうじ》のような道しるべがなければ、貴族に修験の修行路を歩かせられない。また、休憩所では歌会やら宴会やらを催す設備も重要だったろう。

このような「準備」が完了し、観音信仰が広まるのは、院政期から鎌倉時代にかけてだった。その証拠がある。都へ上った関東の田舎侍である源頼朝《みなもとのよりとも》が、この道路網と霊場の巡礼にたいへん感動し、観音信仰を鎌倉幕府の新文化として関東に引き写そうとした。これが坂東《ばんどう》三十三か所霊場であり、かつては巡礼もさかんだった。ちなみに、この関東版三十三か所巡礼の江戸での札所が、あの浅草寺《せんそうじ》である。浅草寺の縁起に、小さな観音像が網にかかったのが寺を創建するきっかけとなった、とあるのは、つまり観音霊場だからだったのだ。

そして関東には秩父《ちちぶ》三十三か所プラス一か所おまけの霊場も開かれた。これで合計百か所、日本の観音霊場が成立する。他にも、もっと小規模の観音巡礼路がいたるところに出現した。東国《とうごく》の観音ロードは非常に発達し、所沢《ところざわ》あたりの観音多発地域では巡礼路が何重にも交錯している。まさに観音ネットワークといってよいだろう。

わたしが東京生まれで、子どものころから病気になると巣鴨のとげぬき地蔵や浅草寺に連れていかれ、常香炉の煙を頭やお腹に浴びせられていたことの意味が、これではっきりした。そこが「死や苦を救う現世利益の観音霊場」だったからにちがいないのだ。東京も観音霊場のネットワークにつながる「東国」の一部だったといえる。言い換えれば、わたしたち東京の子は東国観音バリアに守られていたということなのだ。

第五章

「師匠」が多すぎて

The Bookman 1929年クリスマス号の表紙。

「文科大学へ行って、ここで一番人格の高い教授は誰だと聞いたら、百人の学生が九十人までは、数ある日本の教授の名を口にする前に、まずフォン・ケーベルと答えるだろう。かほどに多くの学生から尊敬される先生は、日本の学生に対して終始渝《かわ》らざる興味を抱いて、十八年の長い間哲学の講義を続けている。先生が疾《とう》に索寞たる日本を去るべくして、いまだに去らないのは、実にこの愛すべき学生あるがためである」

夏目漱石「ケーベル先生」より

友達より「センセー」が多かった

世の中にはどうやら、正・反両方の力が存在するらしい。自分のことでいえば、わが家系の「反」なる力が作用してわたしの気質ができあがったようにである。なぜなら、手本となるべきわが親族の大人たちは、生活力がある実践的なタイプか、あるいは生真面目な職人肌が多勢だったからである。どこかに純真があって、「大人っておもしろい」という成人憧憬を子供に抱かせる人たちといえた。父方の祖父、荒俣敬三郎は、芸好き・遊び好きな職人だったし、母方の伯父、小川正二は木遣《きや》りを歌わせれば惚れぼれするような美声をひびかせる宮大工の棟梁だった。ただし、学識豊かな知識人や自由なアーティスト系がいないのである。いないので、かえって偉いと勘違いされる場合がある。幸か不幸か、わたしは親族のうちで、この「反作用」を受けて誕生した少数派だった。

ありがたいもので、ほんとは遊んでいるようなものなのに、作家という職業に親しみがない親戚のじいさん、ばあさんたちは、本や絵や生き物が好きなわたしに過度な期待を寄せた。大学に行かせて、できればお医者か、あるいはお役人にさせたい、というので、父や母もプレッシャーをかけられ、板橋で小学校に入学したころから、はやばやとわたしを学習塾に通わせた。ところが、なにしろ大学を出た親戚がほとんどいなかった悪影響が出てしまい、学習塾なるものの性格をロクに知らずに息子を入塾させた。いわゆる進学塾に入れるつもりだったのが、近所で開いている悪ガキ相手の補習塾に入れてしまった。要するに、元気で好奇心は旺盛だけれど勉強が苦手な子供のために、補習をしてくれる町の塾なのだった。

板橋の金井窪周辺にはそういう町塾が結構あった。あまり健康には見えない青白い顔の先生が、まばらな無精ひげを気にしながら、手ぬぐいを頭に巻きドテラを着用して、一向に集中しない生徒を見て回っていた。ちょっと商人にはなれそうにない気弱で生真面目な先生が、自宅に座り机をならべて十人ほどの子に勉強を教えてくれる。まあ、寺子屋に近い。そういう塾に、三年生から通わされた。もちろん、そうした先生方は算数や国語の教科書を丁寧に理解させてくれたが、正直いって、まったくおもしろくない。だいいちわたしは家業の雑貨やタバコを売る仕事を幼稚園児のときから手伝っていたので、計算や暗算ができたし、そろばんも母から習っていた。ひらがなも書けた。

では、どんな習い事に興味があったかというと、芸術である。小学校にあがるとすぐ、近所のお屋敷の奥様からピアノを習った。大きな階段があるお宅で、半透明のカーテンが窓に掛かっていたことを思い出す。もちろん、ピアノはちょっと柄に合わなかったから長続きしなかったが、そのお屋敷に居候していた大学生には勉強を見てもらった。大学生の「先生」は、何かにつけて、当時出まわり始めた「学習年鑑」なる分厚い本を見せてくれた。グラフや写真や絵がはいった本で、自動車の構造やら世界地図やらが分かり易く説明してあった。わたしはどうやら、この大学生のところで「世界を知る」という作業のおもしろさを知ったらしいのだ。絵も大好きだったが、これは自分で絵本を見て自然にうまく描けるようになった。小学校一年の担任だった堀内キクというおばあさん先生が、「あんたは絵描きになりなさい」と言ってくれたものだ。

そういうわけで、わたしは、親族に知識人・教養人になるよう望まれたせいで、保育園のシスター先生からはじめて、さまざまな「センセー」の許に入門させられたのである。学校の先生だけでなく、近所に大学生をみつけると部屋に出入りし、インテリ家庭の友達と見れば、お宅に入り浸って書斎で本棚を見せてもらうのが楽しみとなった。こうして先生慣れしたことが、あとで自分の身の上を大きく変える「反作用力」を強化したと思われる。中学生になると、わたしは知らぬうちに「師匠依存症」に罹り、「先生」に教えを請うことを無上の喜びとしたのだった。

だが、これでずいぶん迷惑を受けた先生もいる。高校のとき『SFマガジン』を全号そろえているとい豪語するSFマニアの物理教師がいた。わたしはすぐにその先生に「SFを教えてください」と、門人になることを志願した。所蔵するという『SFマガジン』が読みたくて、毎日職員室に押しかけ、師匠に『SFマガジン』の貸し出しをお願いした。ところが、先生は「来週もってくるよ」とかいう空約束を連発するだけで、一冊も持ってきてくれない。しまいには休み時間や放課後に職員室から脱走するようになった。わたしは学校中を探し回ったが、雲隠れを決められた。しびれを切らせて、アパートの玄関に張り込んで帰りを襲い、直談判におよんだ。そうしたら、分かった。先生は見栄を張っていただけで、『SFマガジン』の全号そろいなぞ所持していなかったのである。でも、師匠だから収まりがつかずに、逃げ隠れしつづけていたのだった。

しかしこの先生も最終的には「反面教師」というかたちで貴重な教えを残してくれたといえる。師匠が逃げ隠れするということは、なにか事情があるので、そういうときは諦める、という「大人の付き合い方」を会得したからだ。

漢文の授業を受け持っていた堀内という先生とも、反面的な意味の師弟関係を結んだかもしれない。高校一年だったか、わたしは当時すでに英米の幻想小説を原文で読みだしていたので、漢文などに時間を割くのが惜しかった。机の下に原書を忍ばせ、熱心に英文を読んでいたところ、「アルバイト」が発覚してしまった。この堀内先生という人も、ユニークであった。昭和三十年代から夏休みに北京《ペキン》を訪問するなど中国文化に詳しく、並みの高校教師とも思えなかった。中国では「コカコーラ」は「可口可楽」と書くんだ、などといった珍情報を伝えてくれた。が、そういう自慢話を無視して、こともあろうに英文を読んでいる生徒をみつけたのだから、カッときたのであろう。「オレの話を聞けないのか！」と怒鳴られた。

以後、罰として毎回、授業で当てられ、漢文書き下しなどの「重労働」をさせられた。だが、こっちも変人気質（？）では負けていなかった。他人は許しても、このへそ曲がり精神が許さないのだ。そこでこっちは毎回、いやがらせの逆質問を堀内先生に浴びせることにした。一種の先生いじめで、じつにイヤミな生徒であった。そのへそ曲がり質問のうち、堀内先生からとうとう答えが返ってこなかったのが、一つ記憶にある。「不可避」なる語の読みくだし方だ。先生がこれを「さくべからず」と読んだので、わたしは待ってましたとばかりに、「いや、それは、さるべからず、ではないか」と逆質問した。たしか十分ばかり食い下がった。やれ、「避くは、江戸時代には、さる、と訓《よ》んだそうです。書き下し文はべからず、なんて古い日本語を使うのですから、避る、じゃないですか」とかなんとか、古語辞典片手に突っ込んでいるうち、「もう、わかった。来週ちゃんと調べて回答するから、今回は引き下がれ」と命ぜられた。以後、卒業までご返答はなかった。けれども、例の物理教師の一件でこちらも大人の解決法を学んでいたから、卒業式のあと押しかけるような野暮はしなかった。

高校生になったとき、我が校は中高一貫だったので、半分は相変わらずの面子《メンツ》だったが、新顔もたくさん出会った。確実に級友の顔ぶれが大人びてきた。旧友のほうからいうと、何んと云っても荻窪八幡《おぎくぼはちまん》の宮司の子息で天才と呼ばれた小俣宗昭《おまたむねゆき》が一番の「人物」である。勉強をしなくても、何でも分かっていた。その上、宮司の息子なのにクラス一の助平だった。また、卒業と同時に車を運転して母校にやってきた第一号でもある。

そして助平については小俣と名声を二分したのが小神新《こがみしん》であった。とにかくエロへの関心の高さは、この二人にかなう者がいなかった。変わり者では、やはり市岡仁君《いちおかじん》だろうか。わたしが愛読した軟派ハードボイルド雑誌『マンハント』は、じつを言えば、この市岡君がもともと学校へ持参してきたのだった。

その点では、戦後軟派文化の血を注入してくれた恩人である。ただ、市岡君は性格もハードボイルドであり、高校一年のとき学校でトラブルを起こし、留年になった。この市岡君と、今は歯科医になっている高橋貞就《たかはしさだなり》君とで、『e.t.c.』という洒落た同人誌を発行した。植草甚一や田中小実昌《たなかこみまさ》のファンだった我々が製作した最初の雑誌である。残念ながら一号で終わったが、高一の子供が作ったにしては上出来だったと、今でも思う。ただ、この雑誌は手許に残っておらず、まったくのマボロシと化した。いったいどんなことを書いたのか、記憶にないのだ。

ほかにも、中二の分際で教育実習に来たお姉さんを変な質問をして泣かしてしまった井上正弘《いのうえまさひろ》とか、どういうわけかわたしを見るといじめに来た大塚和夫《おおつかかずお》とか、今も元気な仲間がわずかに生き延びている。わたしの歯の治療をしてくれている和田垣裕一は、池袋在住で、護国寺の散歩や、夏には三浦半島の別荘にも呼んでくれた真の意味の幼馴染といえる。

　一方、新顔では、わたしに海水魚の採集と飼い方を伝授してくれた田川英一、ＳＦ翻訳者になった文学好きの畏友、竹上昭、そして善福寺池のあたりを一緒に探索した好奇心の強い江《え》畠《ばた》幸教《ゆきのり》君、まじめを絵にかいたようだった正論派の江《え》崎《ざき》才四郎《さいしろう》君らが思い浮かぶ。ここに名を記すから、元気ならまた遊びにきてくれないか。

高校で校長先生のありがたさを知る

　いっぽう、大変にうまく行った「師弟関係」の構築もある。すでに書いたように、大学まで遊んでいても卒業できるという私立大学の付属校に入学した関係で、公立に比べて高額な月謝を払う必要が生じたから、その帳尻をあわせるためにしわ寄せが母に行った。毎晩店を閉めた後、柔道着を縫うために遅くまでミシンを踏んでいる母親を見ていると、小遣いちょうだい、などとは口が裂けても言えなかった。

　しかし、わたしは中学生から本マニアとなり、おまけに漫画家をめざしてペン画を描く道具類を必要とし、さらに海の生物を研究観察する趣味まで持ってしまったので、毎月大金を必要とした。海水を汲んできて水槽でウニやクラゲを飼育するには、毎月最低一回は江《え》の島《しま》に海水を汲《く》みに行かねばならないし、学校が荻窪にあったので古物会館で開催される定例の古書市や荻窪、阿佐ヶ谷の古書店を毎日見て回るので、それなりの資金を用意せねばならなかったのだ。

　ほんとうに、毎日自転車で通学しながらも、父や母や弟妹《きょうだい》には申しわけないと思いつづけた。多かれ少なかれ、家族全員がわたしのために損をしているのであるから。それでも、何とか就職して定年まで家族に恩返ししたら、あとは自分のために余生を使わせてもらって、怪奇幻想文学の翻訳でもこつこつとやるつもりであった。だが、その当時は幻想の文学なぞ日本ではまるで流行《はや》らず、これが職業になるとはまるで思えなかった。それに、この分野をともに語りあえる友もいなかった。まったくの孤立、餓死か野たれ死ぬ老境の姿が、高校生ながらに予測できた。

　ところが、意外な幸運もあったのである。当時の高校校長、興水《こしみず》先生が大の文学好きだったことだった。学校がある天沼は、阿佐ヶ谷と荻窪の中間にあって、中原中也《なかはらちゅうや》や太宰治《だざいおさむ》、井伏鱒二《いぶせますじ》、フランス幻想文学の翻訳を多数手がけた窪田般彌《くぼたはんや》、さらに愛書家で神秘詩や吸血鬼伝説にも強かった日夏耿之介《ひなつこうのすけ》などの愛書家が住んだ場所だったのだ。どういうきっかけがあったのか記憶していないが、あるとき偶然に校長が本好きであることを知り、蔵書を見物できないかと校長室を訪れた。すると、退屈していたのか、興水校長がわたしをふかふかの応接ソファに呼んで、愛蔵する古本を見せてくれた。座り心地のいいソファの感触が気に入った。しかも驚くべきことに、そのとき校長は日夏耿之介の本まで出してくれたのだった。これは本物の文学好きだと、判断できた。

　校長は荻窪周辺の作家に関する古い話をよくご存じだった。その話があまりにおもしろくて、放課後は校長室をノックしてみるのが癖になった。興水校長が在室していたら、入り込んで本についての茶飲み話をする。そのうち、お茶菓子でもどうかね、となれば、さらにうれしかった。が、わたしは決して社交的な生徒ではない。ふだんは暗めの変人生徒として、なるべく人目につかぬよう暮していたので、授業中と放課後の校長室以外では息を殺し、気配を消していた。だから、友達は、わたしが放課後になると校長室でお茶飲み話をしているとは気づか

日夏耿之介監修になる異端文化雑誌『奢灞都』1925年。私が初めて入手した日夏本。

なかったであろう。現に、後年たいていの同級生がわたしをテレビで見て、あんなによくしゃべるのか、と驚いたと言ってくる。「あんな、気配を殺していたやつが、テレビに出てくるのは何かの間違いだ」と言う同級生もいた。

師匠探しが社会へ広がる

そういうわけで、中学入学から「師匠探し」が始まっていたのである。そのひろがりは、家庭内や学校を越えて、社会へと向いた。すでに書いたように、わたしの身の回りには「先生」と呼べるような学識ある人がいなかったから、自分の好奇心を満足させるには学校を飛び越え、社会で活躍する先生方に直接コンタクトを試みるほかになかったのである。

そこでまずは、ファンレター作戦ということを始めた。本を読んで関心をもった先生に、もっと詳しい話を聞くため手紙を出す。さいわい、昔の本には著者の住所が記載されていたから、手っ取り早い「直接交信」が可能だったし、住所がわからなくても著作の版元に「〇〇先生宛」と書いて手紙を差し出せばよかったのである。わたし自身は子供としてはじつに控えめな性格であり、あまり人と話したくないタイプでもあった。それでも、これは師匠だ、弟子入りしたい、と思った相手には、人が変わったように交流をもとめようとする意欲が湧いた。それだけ、知りたいという欲求が切実だったのだろう。それは不思議な二重性であった。ただし、相手にしてみれば、さぞや迷惑な「押しかけ弟子」であったことと思う。

最初にファンレターを出した相手は、漫画家の先生方であった。が、手塚治虫はあまりに偉大すぎた。わたしの関心を最も引いたのは、大阪あたりで流行していた劇画家であった。もっと正確に言えば、貸本屋を通じてしか読めない漫画の著作者たちであった。なぜ、そういう漫画に惹かれたか、理由は自分でもわかっている。教育的なバイアスがほとんどかかっていない貸本劇画には、少年物にない働く青年の世界が広がっていたからである。手塚治虫の初期SF作品で自分がもっとも興奮したのは、大胆でセクシーな衣装を着けた異星人の女の子たちだった。中学生で処女作を出版した楳図かずおの『前世紀』や『底のない町』も奇怪な作品であり、大好きになった。怪奇と恐怖の世界に引き寄せられた手始めは、この楳図作品だった。ほかに、横山光輝《よこやまみつてる》の時代漫画『魔剣烈剣』という長編にものめり込んだ。手塚作品ではあのドストエフスキー原作を意識することなく『罪と罰』にもはまった。完全に小学生の知的興味を超える作品群だった。

　小学校低学年から暖簾をくぐった貸本屋での最大の発見が劇画であった。大阪日の丸文庫の劇画誌『影』と『魔像』に熱中した。アクションやミステリーの短編劇画を雑誌風に何篇も掲載する『影』は、たしかこの劇画誌がボール紙表紙だった初期の号から読み始めていた。最初は松本正彦や山森ススムが好きだったが、さいとう・たかをを知ってから一気にのめり込んだ。けれども、姉妹誌に時代劇画専門の『魔像』というのが存在することを発見し、ここで平田弘史の作品に出会った。電撃が走るとはこのときの体験を表現する言い回しであると、今でも思う。たとえて言うなら、司馬遼太郎が『新選組血風録』を書いて、それまでの『鞍馬天狗』的な新選組像を一変させたような出来事だった。

　わたしはすぐさま『魔像』派に鞍替えした。平田弘史の先輩で、同じく『魔像』に忍者劇画を掲載していた宮地《みやじ》正弘《まさひろ》も好みだったが、平田劇画の気迫と武士道精神の高さには敵わなかった。ここまで江戸

『魔像』79号。
平田弘史時代劇画に遭遇した貸本漫画。

時代の武士の魂に接近しようとした劇画家は、見たことがなかった。劇画の師は平田弘史先生と決まり、平田式の劇画を模写する訓練にはいった。そこからほぼ六十年間、あこがれは持続した。『魔像』にファンレターを書いたのが、中学三年生ごろ。返事はいただけなかったが、半世紀以上を経てようやくご本人と面会が果たせた。

平田先生の姿が劇画に出てくる戦国武士そのままであったことが、もっとも印象に残る出会いだった。思わず、昔読んだ『茶筅髪禁止令《ちゃせんがみきんしれい》』という頑固な戦国武士の生きざまを描いた平田作品が頭に浮かんだ。しかもこのとき、先生宅の場所がわからず三十分も遅刻しての到着だったからたいへんだった。わたしはただ平頭して、腹切りも覚悟のお詫びを入れた。奥様が間に入ってくださるまで、ただ先生のお怒りの言葉を頭上に受けるしかなかった。ほんとうに、「無礼者、手打ちにいたすから、そこへ直れ」と一喝がとどろくような気がした。

古いものと異端のものと

かくて漫画家をめざすことが、自分で決めた第一の生き甲斐となった。平田先生の時代劇画は水準が高くて、中学生で作家デビューをめざす身には模写することさえ困難であった。羽織袴に着付けはもちろん、剣の構え方から家紋までも、参考書を広げて研究しなければならなかった。そうやって劇画を本気で描き出したことが刺激になったのか、妹の静枝も少女漫画家をめざすようになった。妹が毎月購入する『少女クラブ』ほかの少女雑誌を一緒に読むようになったわたしは、少女漫画でならデビューの可能性があることに気づいた。というのも、『少女クラブ』増刊号で石森章太郎《いしもりしょうたろう》（のち石ノ森章太郎）や水野英子《みずのひでこ》が完成度の高い、実験的な少女漫画を投稿しており、そこにトキワ荘の様子もよく描かれたからであった。とくに石森さんの作品には、漫画家志望の女の子がよくベレー帽を被って訪問してくるのである。漫画家の先生方もそれを嫌っているふうには見えなかった。

たとえば『少女クラブ』昭和三十六年冬の増刊号に載った「きのうはもうこない　だがあすもまた」という石森作品がある。ある冬の日に、かわいい姉妹のファンがとつぜん石森さんの部屋をおとずれて、万年布団のかたづけやら部屋の掃除やらをしてくれたあと、最新作はなあに、と質問する。すると石森さんは自信ありげに、その短編と同じタイトルの新作を出してくる。ここから話はその新作に切り替わり、あきらかにロバート・ネイサン原作のSFロマン『ジェニーの肖像』を下敷きにしたとおぼしい幻想漫画が展開する、というしつらえだった。石森さんは一年前にも同じ雑誌のお正月増刊号に、「雪の日に」という傑作を掲載している。こちらは、石森さんの妹だという愛らしい女の子に、漫画のアイデアの出し方を講義する形で、映画や小説を読むことの大切さをおしえ、実際に雪が降っている町を見ながら「雪ん子」という妖精と薄幸な少女の物語を作り上げてみせる。そこへまた、漫画家志望の女の子が突然自作を持ち込んで、石森さんに「弟子にしてほしい」と頼み込む。考えてみれば、わたしはどうもこの漫画を読んで、押しかけ弟子になるという道を知ったのではないかと思う。この漫画に出てきた「かわいい女の子」というのは、のちに一世を風靡することとなる少女漫画家の西谷祥子《にしたによしこ》なのではなかろうか、とずっと思っていた。おまけに、この押しかけ弟子が持ってきた自作品「かぐや姫」を次の題材にして、有名な物語でも自分なりに独創を加えれば新たな創作となることを示すべく、これまた石森流かぐや姫を実作してみせるという展開が、わたしたち漫画家予備軍には大きな刺激になった。

わたしは自分の好きなファンタジーを活かすのは石森さんのように少女漫画にする方法がベストだと確信した。ついでに押しかけ弟子になるのがいいとも考えたが、このほうは妹に先を越された。妹は高校を卒業すると、藤子不二雄さんのスタジオに押しかけ「アシスタント」として就職したのである。

いずれにしても、中学二年から三年にかけて、わたしは石森章太郎の絵をまねて少女漫画を描き始めた。おかげで漫画の筋は石森流となった。いま家に残っている原稿をみると、ほんとうに石森章太郎にそっくりなのがおかしい。平田弘史はどうなったのだ？　と自分でもふしぎな気がする。

石森に影響を受けていたわたしの漫画作品。昭和39年の作例。

けれども、実り多い中学生時代は、漫画の創作だけに終始したわけではなかった。もう一つ、文学の面ではエドガー・アラン・ポオという天才を発見し、ポオのような小説を書きたいと決意したことも大きな転換となった。文学での「師匠」として、無謀にもポオを選び取ったのだが、この選択はけっして間違いではなかった。むしろ、東京の変な中学生が新たな道筋へ一歩踏み出す後押しをしてくれた恩師だと思っている。

こう書くと、読者の中には「なーんだ、ポオか。ふつうじゃないか」という向きもあるかと思う。が、とんでもない。ポオほど謎に満ちた超絶的な小説家は今後も生まれないに違いない。わたしがポオのファンになったことで得た最初の宝は、イギリス世紀末派の挿絵画家を知ったことであった。かれらはこぞってポオ作品に挿絵を描いたからである。まず、オーブリ・ビアズリーのペン画挿絵を知った。ここからワイルドの『サロメ』を題材としたビアズレーの傑作とも親しくなり、次いでビアズレーの生まれ変わりかとも思えた怪奇色豊かな挿絵画家ハリー・クラークを知ることになった。この師匠のおかげで、漫画とは別に、挿絵（イラストレーション）という新世界にも興味を抱いた。後から図像学や、さらには博物画のコレクションにもつながる「美術」への関心が、ここで生まれた。

ハリー・クラークの挿絵『ペロー童話集』より。

高校時代に描いた挿絵。昭和39年頃。

中学生のころ、わたしがもっともたくさん本を購

東京創元社「世界大ロマン全集」。この叢書に『ジェニーの肖像』が入っていた。昭和34年刊。

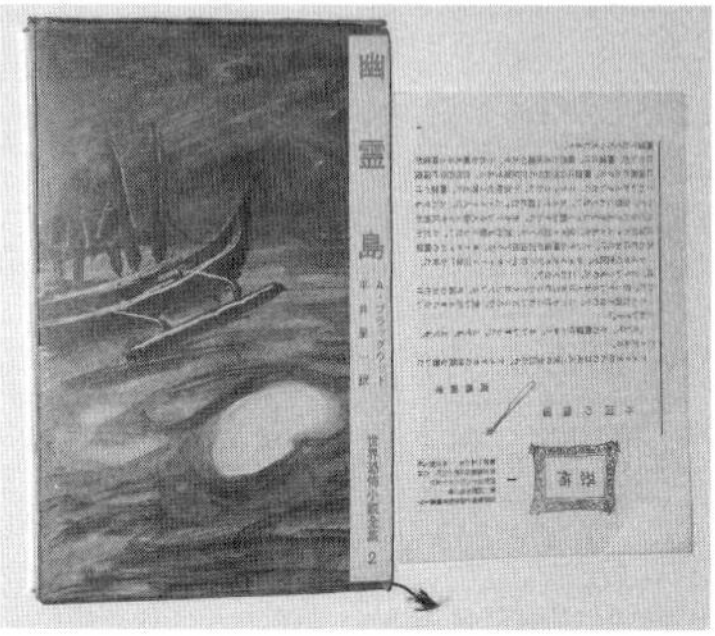

「世界恐怖小説全集」。第一回配本は平井訳のブラックウッド『幽霊島』。昭和33年刊。

入した版元に、東京創元社という出版社がある。この会社もポオとのつながりが深い。東京創元社は戦後になって推理小説の出版で有名となり、わたしの中学生時代に海外の冒険ロマンや推理小説を大量に出版し、日本で初めて推理小説専門の文庫シリーズを実現したところだった。わたしが石森章太郎の漫画をトレースしだした昭和三十五—三十六年頃には、「世界大ロマン全集」全六十五巻、そして日本最初の怪奇小説大系と呼ぶべき「世界恐怖小説全集」全十二巻を、この版元は世に問うた。この路線こそ、わたしが一生の仕事にしようとした日本未成立の文学的沃野《よくや》であった。さらに幸運、いや、会社にとっては不幸なことは、東京創元社はわたしが中学二年生だった昭和三十六年九月に倒産したことだった。これがまた縁の始まりとなった。倒産した東京創元社の「大ロマン全集」や「世界恐怖小説全集」が、その後に安価なゾッキ本となって投げ売りされたからである。

　自分の記憶によれば、昭和三十七年の秋、そのゾッキ本が池袋の西武百貨店で売られた。新聞の折り込み広告で、これを知ったとき、これまた偶然にも、おたふくかぜに罹って自宅の二階に臥せっていた。暇を持て余していたので、よく買っていた東京創元社の本が安く買えると知り、これまで正体がわからずに手を出さなかった「大ロマン全集」と「世界恐怖小説全集」の何冊かを、電話で注文したのだった。このときもし、わたしが元気で、いつものように剣道部の稽古に励んでいたら、怪奇小説なんぞにはまりこむことはなかったにちがいない。たぶん、そんな訳の分からないジャンルに首を突っ込んだ原因は、ただ一つ、平井呈一先生がじきじきに書かれたという全集の宣伝文に、たしかビアスとラヴクラフトを「ポオの再来」と讃辞する一語があったことである。大好きだったポオの再来を集めた全集なのだから、これは捨て置けないと思ったのである。

注文品は二、三日で家に届いた。最初に購入したのが、レ・ファニュの『吸血鬼カーミラ』とブラックウッドの『幽霊島』だった。平井先生の訳文にははじめて接した瞬間である。二冊をその日のうちに読み終えた。レ・ファニュの「緑茶」や「仇魔」で西洋の怪奇小説に魅せられ、翌日さらにラヴクラフトと世界怪奇実話集『屍衣の花嫁』を購入した。このとき、すでに熱狂的な海外怪奇文学党になっていた。その日から、平井先生が書いた解説を毎日読みふける日々となった。

この出会いもまた、わたしがポオに私淑した結果であった。ついでに書けば、東京創元社は昭和三十七年に復興し、翌三十八年には命運をかけた限定出版『ポオ全集』全三巻を刊行する。この限定版は本格的な背革装の豪華版であり、各巻にはハリー・クラークの挿絵も収められていた。しかし尋常でなく、高価だった。貧乏だった中学生は、もちろん買えなかった。この全集をどれほど購入したかったか、しれない。

『ポオ全集』の豪華限定出版は、一度倒産した東京創元社の復活を読者に印象づけた。何といっても、倒産した出版社が手を出すべき企画ではなかったからである。ポオの限定版とは、すこしばかりリスクがありすぎる。この点については、同じく大きな興味をもって当時の経緯をウォッチしておられた紀田順一郎先生の一文に詳しい。推理小説同人誌『SRマンスリー』昭和三十八年六月号に掲載された書評コラム「To Buy or Not To Buy」（酷死官名義）によれば、この企画を担当した編集者、厚木淳《あつぎじゅん》氏は、全生命をこれに賭け、ついに病に倒れたという、まことに悲壮なエピソードがあったそうだ。コラムの末尾には、「ポオ全集に寄す」と題した詩が掲げられており、その三章に、難産の末にようやく実現した事情が、こう詠まれている。

「三、いかんせん歳月久しきうちに／物価は騰貴するを得たり／初め千五百両たりしが／今二千五百両となる／予約せんとして未だ意を成さず／財布をかたむけて未だ額に充たざるに／書肆は我に納めんことを迫り／暫くも逡巡することを許さず／知らず一社の壮挙／万骨をかくも枯らしむとは」

今読んでも泣けてくる名書評ではないか。

ポオから贈られた新しい宇宙観

じつは、わたしがポオから受け取った最大の恩恵のことを、まだ本気で触れてこなかった。しかし、これなくしては現在の自分はでき上がらなかった。それは、ポオの壮大な哲学随想『ユリイカ』の影響である。

『ユリイカ』には、散文詩という副題がついている。文字通り解釈すれば、宇宙の構造的な神秘を哲学論文でなく、韻も踏まず定型でもない自由詩で表現した長大な賛辞といえるが、ふつう、相当なポオ愛好者でも読了をあきらめる。だが、宇宙の謎にも大きな関心があった中学生は、これをぜひ読みたかった。この論文は、神ばかりでなく、当時わたしが宮沢賢《みやざわけん》治《じ》の作品などで魅力的に感じていた「エーテル」という概念にも言及していたからだった。このエーテルというのは、すでにアリストテレスの時代から、宇宙空間が空っぽな場所でなく、なにか目に見えない媒質で満たされているはずと考えられた結果、その仮想媒質に付けられた名前だった。中国でいえば、「気」のアイデアに近い。ところが、ポオが没した後から近代心霊学（スピリチュアリズム）が勃興して、霊界との交信可能性が喧伝されると、心霊エネルギーなり情報なりをこの世に伝達する媒質が仮想されるようになってきた。そこで、科学者サイドにも波動と仮定できる光を媒介するのに媒質が必要だとの発想が生まれた。しかもこの空間は、霊魂のような非エネルギー的で質量が増えたり減ったりせず、しかも瞬時にどこへでも伝わる性質を持っているに違いない、と考えられた。じつは宮沢賢治が宇宙や銀河鉄道の空間をイメージしたときのアイデアは、この仮想的なエーテル空間だったのである。ポオの『ユリイカ』は、宮沢賢治が描こうとした宇宙的童話の本質に迫ろうとした「科学的想像力」の限界だったといっていい。そういうなんだか途方もない現象を扱った自由詩に、中学生の魂は燃え上がったのだった。

ポオはこの宇宙論をニューヨークで講演した。その収益で雑誌を創刊する予定だったのが、意に反して六十人ほどの入場者があっただけだったという。それはそうだろう。宇宙が不死の、常に若返る一種の波動、すなわち「エーテル体」であるとすれば、わたしたちの有する「エーテル体」ともいえる魂もまた不死であり、何度でも若く生まれ変わりうる、というのがメッセージなのであり、キリスト教的に見れば異端の匂いがムンムンしているのだから。

でもこうした発想は、ポオが講演した当時は「馬鹿馬鹿しくて、ふざけた話」だったかもしれないが、アメリカですぐに心霊学の重要概念としてポピュラーになり、欧州では科学者がマジに科学的関心をもつようになる仮説となった。つまり、ポオは時代に先んじていたのだ。もちろん、こういう御託は、今だから並べることができるのであって、六十年近く前のわたしにはまるで理解できなかった。が、何か途方もないことが書かれているらしいという直感だけは信じられた。それから現在までのトンデモ本を含めた読書は、ポオの『ユリイカ』を理解するための回りくどい作業となった。そう考えなければ、なぜ貧乏な中学生がアタナシウス・キルヒャーだのロバート・フラッドだのといった「ルネサンス期最後の宇宙論学者」の筆になる、古めかしい、ラテン語でつづられた読解不能のフォリオ本を、高級車なんかすぐに買えるような高い金を払って購入したのか、その理由が付かないではないか。

ただし、いきなり『ユリイカ』に食指が動いたかといえば、むろんそうではなかった。これには予告編があったのだ。東京創元社の「大ロマン全集」で読んだポオの冒険小説『ゴードン・ピムの冒険』なのである。この作品に描かれた「破滅へと向かう地球航海」の幻想は、言うならば「早すぎたパイレーツ・オブ・カリビアン」である。いや、カニバリズム（食人）を軸とすれば、戦争のかわりに「虚しい世界周航」を舞台に据えた大岡昇平《おおおかしょうへい》の『野火』だった、ともいえる。さらに、もっと大胆にたとえるなら、ハーマン・メルヴィルの『白鯨』とジュール・ヴェルヌの『海底二万海里』の予言的なフュージョンであったのだ。こんな小説はポオでなければ書けない。その証拠に、ポオが死んだ後の十九世紀後半は、ジョゼフ・コンラッドからW・H・ホジスンまで多数の傑作海洋小説が、オマージュを捧げるかのように書かれたのであるから。じつは、わたしが本当の意味でポオが好きになったのは、『黒猫』や『モルグ街の殺人』といった怪奇推理小説がきっかけではなかった。あの江戸川乱歩もそうだったと

ポオ作『ゴードン・ピムの冒険』フランス語版、マリオ・ラボチェッタ画。怪奇漂流譚の極致。

フンボルトの探検記録「中南米紀行」のうち、山岳図。

ダンセイニの文学は現代青年をも魅了する。
ダンセイニの『ダンセイニ卿書評集』と研究誌『ペガーナロスト』（西方猫耳教会）は好例。

思うが、チェスを打って人間を負かす機械人形「トルコ人」の秘密を暴こうとした「メルツェルの将棋差し」や、古今東西の暗号術を論じたポオのマイナー作品のほうに、大きな関心が向いたからだった。その中で『ゴードン・ピムの冒険』は、海の上どころか、やがてその果てが地球内部の大空洞（地下宇宙）

につながっていくという遠大な地球旅行に挑んでいた。この挑戦は、すでにポオの時代に開始されていた「地球を博物学的に観察し尽くすこと」と同調している。じつはこの最先端に、アレクサンダー・フンボルトというドイツの博物学者、すなわちゲーテの愛弟子がいたのであり、『ユリイカ』は彼に捧げられた本だったのである。

ポオが晩年に、地球を超えて宇宙全体の運命について論じた作品、それが『ユリイカ』である。わたしはこの作品の翻訳が読みたくて、中三の年末にアルバイトをした。大晦日に給料をもらったその足で、中央線阿佐ヶ谷駅前の北口商店街にいまも健在の「千章堂」書店に駆け込んで、ポオの『ユリイカ』が収められた全集の一巻を購入した。そして、この『ユリイカ』が縁となり、『僕の〝ユリーカ〟』というポオに倣って現代宇宙論を執筆した稲垣足穂《いながきたるほ》を知り、ここから足穂が愛読したアイルランドの幻想作家ロード・ダンセイニを知り、さらに足穂とダンセイニ両方の線から、編集工学研究所を主催する松岡《まつおか》正剛《せいごう》さんを知ることとなるのだ。

ポオ自身は、彼の宇宙論を数学的に、しかも美学的に語るために、十九世紀最高の知性であったアレクサンダー・フンボルトの大著『コスモス』を活用したといわれる。コスモスとは宇宙を意味するギリシア語である。お化け好きの中学生がよくもまあ、フンボルトにまでたどり着いたものよ、と自分のことながらあきれるのだが、このネットワークは自分にとって必然的に結ばれた回線だと思っている。なぜなら、フンボルトを知ったおかげで、三十歳を越えた頃から欧米の地球探検航海にかかわる歴史に関心を移していけたからだ。これでついに、博物学にまで到達できた。ほぼ、引き出しの中身が出そろったといってよろしい。

もう一人、忘れてやしませんか、ってんだ!

だが、話はこれで終わりではない。もう一人、大変な「師匠」というか、憧れの人物が現れた。発見は昭和三十九年、東京創元社から『ポオ全集』限定版の刊行騒ぎがあったちょうど一年後。中学生は同じ学園の高等部に進学し、高校二年生になってから間もない初夏、ある日の昼休み、例によって昼食代をつかうことなく無人の図書室へ行き、並んだばかりの「図書新聞」だったかを開いて新刊チェックをしたそのとき、新聞に若い文筆家の写真が載っているのを発見した。いかにも高等遊民を思わせるその青年文士は、裸の体に大きなバスタオルのごとき白い布をかけ、斜め目線で中空を見ている。

「誰だろう、この人は?」と思って、記事を読むと、美術出版社から『夢の宇宙誌　コスモグラフィア　ファンタスティカ』なる本を出した俊英だという。名は澁澤龍彦《しぶさわたつひこ》。なんだかゾワゾワしてくるような名前だった。むろん、この「宇宙誌」という題がわたしの心をわしづかみにしたこと、書くまでもない。その記事を読んだとたん、これは「ポオ」だ、と直感した。まだ、サド裁判の被告でもあるということすら知らなかったときである。

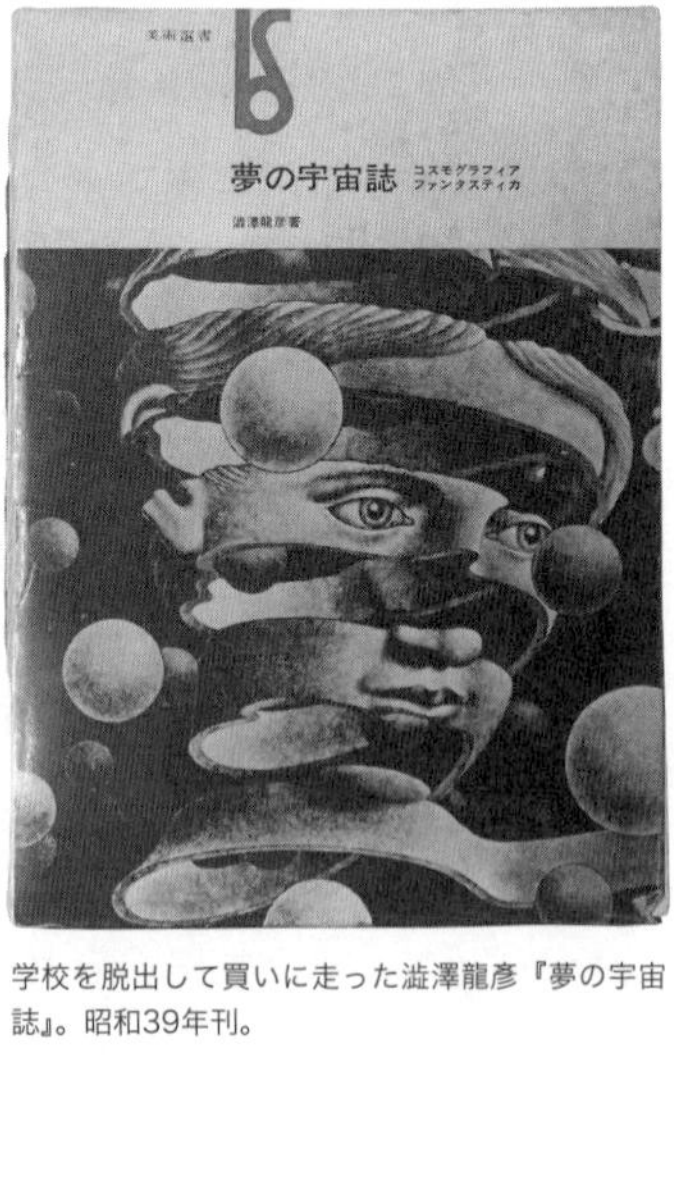

学校を脱出して買いに走った澁澤龍彦『夢の宇宙誌』。昭和39年刊。

わたしは次の日の昼休みに、ご法度になっている学園脱走を敢行した。閉まっている正門の大扉の横に、わずかに開いた潜り戸があって、普段はここに川瀬先生という風紀取り締まりのおっかない先生が張り付いている。わたしは郵便局に行かねばならないと断って、特別に外へ出してもらった。一目散に荻窪駅前の書店に飛び込み、澁澤の新刊を購入した。

一読して、まさしく自分が渇望していたタイプの本であることが分かった。とくに「異端」という言葉が新鮮だった。ながらくカトリックが支配してきたフランスの文壇を相手にしてきた人の感覚なのか、英米文学ではあまり使われない言葉なのだ。しかも、この異質な文化がヨーロッパ近代には知られざる別種の美学を生みだしていたことも分かった。しびれたのは、「マニエリスム」という用語だった。悪魔と怪物がものすごくとり憑いていそうなゴシック教会を連想した。それから、ボヘミアにはルドルフ二世というマニエリスム趣味の王がいて、「妖異博物館」と澁澤が表現する奇々怪々な私設博物館を開いていたことも、初耳だった。この妖異博物館は、いまわたしがドイツ、イギリスの文化誌経由で使用している「ヴンダーカマー」すなわち「驚異の部屋」のことであった。すでに澁澤には、プリニウスやルドルフ二世、解剖学者ドン・ヴェサリウスやアンブロワズ・パレら博物学に連なる偉人への言及があったので、もしかしたら博物学への興味も、澁澤の影響だったかもしれない。だが、そんなことはまだどうでもよかった。決定的にわたしをしびれさせた話題は、なんといってもオカルティズムだった。悪魔学や魔術、さもなくば怪物学や天使学と呼んでもいい。

今でも、『夢の宇宙誌』をひもとくと、心が騒ぐのが愛おしい。目次のラインナップは、ほんとうにただ事ではなかった。まず、「玩具について」の章には、「ホムンクルスについて」「怪物について」「貝殻について」と見出しがつづく。この貝殻の部には、以後わたしがとり憑かれたルネサンス期の奇妙な建築物、通称グロッタと呼ばれる貝殻装飾の人工洞窟に関する言及もあった。次の章が「天使について」ときて、すぐに「アンドロギュヌスについて」へ及ぶのだった。

アンドロギュヌス？　この新概念も「発見」だった。「天使について」の冒頭で、澁澤がとんでもない議論を吹っかけてきたのである。天使は男性か、女性か？

そして議論を吹っかけた本人がいきなり正解を書きつづるというのが、おもしろかった。

「天使は男性でもなければ女性でもなく、第三の性、一箇のアンドロギュヌス（両性具有者）にほかならない」と。この両性具有者とは「すなわち完全な人間の原型とみなされた」存在なのである……と、澁澤は言っておきながら、すぐにこの完全体の人間に苦悩が降りかかる美しい物語、バルザック作『セラフィータ』を引き合いに出すのだ。

「ノルウェーのとある美しいフィヨルドの近くの、ヤルヴィスの村のはずれの城館に、ふしぎな神秘的な美しさをもつ、憂鬱な人物が住んでいる。（中略）彼はミンナと言う少女を愛し、彼女からも愛される。ミンナは彼を男（セラフィトゥス）とみなして疑わない。と同時に、彼はウィルフレッドという男からも愛される。ウィルフレッドの目には、彼は独りの女（セラフィータ）でしかない。この完全なアンドロギュヌスは、もとスウェーデンボルクの愛弟子であった二人の両親から生まれ、誕生後、フィヨルドの田舎から一歩も外へ出ず、一冊の本も読まず、いかなる教育も受けなかったのに、その学識や知識の深さは、地上の人間の水準をはるかに抜いていた」

ここまで読んで、わたしは澁澤ワールドの虜になり果てていた。黒魔術はのちに「世界恐怖小説全集」で平井呈一先生が訳出したデニス・ホィートリーの『黒魔団』からイニシエーションを受けたが、神秘学としてのオカルティズムは、澁澤龍彥の血筋から伝えられたと思っている。慶應大学に入学してから、この血筋はさらにシュタイナー研究を開始されていた高橋巖《たかはしいわお》先生の薫陶を受けることで濃くなった。

わたしは澁澤龍彥さんに直接お目にかかったことはない。たとえお目にかかったとしても、単なるミーハーの賛辞以上のことを語れなかったし、寺山修司《てらやましゅうじ》さんや麿赤兒《まろあかじ》さんと先に出会った関係で、澁澤さんの独特な生活や美学も印象が薄かったからかもしれない。しかし手紙はやりとりしたことがある。また、アングラ仲間からよく噂は聞いていたし、澁澤さんの書くものが大好きだった関係で、親しみはあった。そのころ澁澤詣でに励んでいた平凡社の面々からも近況を聞けたので、自分から押しかけて行く必要もなかった。そして、わたしが三十五歳を過ぎて平凡社の編集部に寝泊まりするようになったとき、澁澤さんが平凡社の雑誌に博物誌や植物誌の連載を書き始めた。その文章を毎回読んでいるうちに澁澤さんがほんとうに博物誌にのめり込んでいる事実を知った。一度、博物図鑑のことで澁澤さんから問い合わせもあった。そうこうしているうちにわたしは『世界大博物図鑑』全五巻という大きな仕事に着手し、第一回配本の「鳥類篇」を刊行するにあたって、澁澤さんに一部を献本せずにいられなかった。きっと、博物誌のことなら澁澤さんと話ができる、直接の知り合いになる資格ができた、と思ったからだろう。これが昭和六十二年五月のことである。すると思いがけず、澁澤さんから葉書をいただいた。ベッドの横に置いて楽しく読んでいる、という文章だった。最初で最後の交信だったが、これで澁澤さんともつながりができたと大喜びした。その澁澤龍彥が亡くなったのは、葉書をもらってから三か月後、昭和六十二年八月だった。わたしは、これから本格化しようとしていた博物学復興の得がたい師匠を、永久に失ってしまった。

こうやって思い返すと、今でも気分が高揚してくる。ほんとうに、自分は呆れ返るほど多くの「師匠」連に恵まれたといっていい。この源泉のほとんどは、中学時代の身勝手な活動にあったにもかかわらず。他人から見れば暗くて孤独な青春だったかもしれないが、本人に言わせると毎日脳がぐんぐんふくれあがっていく音が聞こえるほど充実した、酔いしれるような毎日なのだった。

修業時代の高校生弟子

中学生時代の輝かしい発展に比べれば、高校の三年間は各師匠の弟子として一途に修業した地味な時代だったような気がする。すこしずつ増えていく師匠たちに手紙を書いて教えを受ける、まるで通信教育を受けているような感じだった。

その実例をすこし挙げておく。まず、平井呈一先生からいただいた最初の手紙だ。この実物は今、縁あって神奈川近代文学館の平井呈一コレクションに寄贈してあるが、手許にコピーが残っている。かつて拙著『稀書自慢　紙の極楽』で紹介したものであるけれど、あらためて引用したい。このときわたしは、英米の怪奇文学を本気で読んでみたいので、何が日本語で読めるか教えてください、という無邪気なお願いをした。先生から寄せられた手紙には（昭和三十七年）五月二十七日の日付がある。たしかこの前年に倒産した東京創元社が、昭和三十七年一月に再起を果たし、東京創元新社と社名を変えて活動を開始した時期と重なっている。平井先生は五十九歳になられていたはず、わたしとの年齢差は四十四歳もあったろうか――

「お手紙拝見しました。恐怖小説がお好きで私の翻訳を愛読していて下さるそうでありがとう存じます。

ラヴクラフトの『狂人狂想曲』は枚数が一巻にするには少し短かったので、『黒魔団』にかえたのです。べつに他意はありません。ラヴクラフトの『狂人狂想曲』は彼の唯一の長編で、いい作品なので、機会があったら訳したいと思っています。

ビアースの『いのちの半に』は岩波文庫からたしか西川正身という人の訳で出ているはずです。私は読んでいませんが、信用していい翻訳だろうと思います。

レ・ファニュのものは本国のイギリスでも稀覯本になっており、三冊本の長編（むかしは長編は大抵上・中・下の三巻本として出版されました）が、三万円もしているので、残念ながら、私などには手が出ません。レ・ファニュ、ラヴクラフト、ビアース、ブラックウッドなどの翻訳は私の翻訳以外にないのではないかと思います。ヘンリー・ゼイムズの物は「ねじの回転」というのが岩波文庫ででています。これは心理的恐怖小説として大そういい作品です。ぜひ読んでごらんなさい。

あなたも英語をもっともっと勉強して、翻訳でなく原作を読むように努めることをおすすめします。

そのうち出る七月号の「S・Fマガジン」という

雑誌に恐怖小説のことを少し書いておきましたから、雑誌が出たら、読んでごらんなさい。

なお、こんど東都書房と言う出版社から出る『世界推理小説大系』という叢書の別冊に「世界恐怖小説篇」というものが出ます。英米の作品は私が系統的に訳することになるはずで、もっともこれは来年のことになるかもしれません。

日本に何故怪奇小説が愛読者を持たないか。これは学校で先生やお友だちといっしょにいろいろの角度からかんがえてごらんなさい。

何よりもあなた自身が熱烈な怪奇小説の愛好家になることが、その第一歩でしょう。

今ちょっと忙しいので、以上ご返事にならないかもしれませんが、お許し下さい。

最後に、私は一昨年、中菱一夫というペンネームで「真夜中の檻」という怪奇小説の創作を出版しました。古本屋で見つかったら、読んでみて下さい。

同好の若人をえたことを心から喜んで、この手紙を終わります。

五月二十七日

平井呈一」

この長い手紙は、平井先生愛用の万年筆で、肉太につづられていた。あまりに達筆だったので、内容を全部読解するのに数日を要した。「今ちょっと忙しいから」と書いてはあったが、便箋三枚に記された文章は、そう気楽なものではない。この先生ならば、終生わたしを導いてくださる、と確信できた。

私事にわたることではあるが、じつはわたしもいま古希を迎えてしまったので、蔵書をすべて処分し終えて、愚妻とともに老人ホームへでも入居しようと思うところにいる。そこで現在、書庫の大整理を始めているのだが、いろいろ棚卸《たなおろし》してみると、昔の資料があちこちから出てきた。中に、平井先生から頂いた手紙類もいくつかあったので、参考のため紹介しておきたい。

昭和三十九年七月二日、わたしが高校二年生になった直後、平井先生がめずらしく電話をくださり、「小泉八雲作品集」がいよいよ出るよ、と声を弾ませた報告があった。あんなに興奮した先生の声を聞いたのは、最初で最後だった。先生にとって人生最大の慶事であったにちがいない。「あなたもぜひ予約してください。高額だが、わたしが渾身の力を込めた仕事だから」と念を押された。そのあと送られてきた予約申し込み書をみると、全十二巻セットの

平井先生が送ってくださった「八雲作品集」内容見本。先生自らの発送である。

特別価格は一万九八〇〇円だった。当時、わたしの小遣いは月二千円。ほぼ一年分の小遣いを当てないと支払えない額だった。先生には申し訳ないと思いつつ、購入はずっと後になってしまった。

　けれども、平井先生があそこまで興奮されたことには、背景があった。小泉八雲の長男である小泉一《かず》雄《お》さん（およびその未亡人）宛ての平井書簡を調査してわかった。戦後もずいぶんと時間が経った昭和二十九年頃、平井先生はみすず書房で企画された「小泉八雲全集」にかかわったことがあったのである。企画は誰から出たかわからないが、少なくとも平井先生は企画段階から深く肩入れしたらしく、執筆者や翻訳者の人選にまでかかわったようなのだ。しかし、話がすすむうちに有名学者などアカデミーの人々に編集の中心が移るようになった。平井先生もアカデミズムとの話し合いに不慣れで、そのうち学者から意地悪い扱いを受けたらしい。立腹した平井先生はこの企画から手を引き、資料提供などで支援を得た小泉家に、出版計画が頓挫したことの詫び

状を送っている。

この一件で平井先生は共著という形式に懲りたらしい。以後十年ほど小泉家の敷居が高くなって気軽なお付き合いが途切れたらしい。平井先生によると、その十年のあいだ、「八雲の企画倒れによって小泉家などの信頼を失い、しかたなく、好きな怪奇小説をぼちぼち翻訳する仕事で糊口をしのいできた」のだという。

ところが昭和三十九年、不運がつづいた戦後の平井先生の許に、思いがけない救いの手が差しのべられた。この年、恒文社という出版社の社長、池田恒《いけだつね》雄《お》氏が、母校の旧小千谷《おじや》中学（現小千谷高校）のために平井先生へ講演を依頼してきたからである。池田氏は戦後、野球雑誌『ベースボール・マガジン』で当てたスポーツ畑の出版人だったが、小千谷中学の卒業者であり、若いころから八雲の愛読者であった。池田氏は地元の縁で採用した社員から、戦争中に八雲の翻訳者平井呈一が小千谷中学の教師として在籍していたことを知り、小千谷中学出身の詩人西《にし》脇順三郎《わきじゅんざぶろう》と一緒の講演会出席を打診したのだった。

これが昭和三十八年の夏のことだ。

池田氏は平井先生から、挫折した小泉八雲全集の話を聞き、ぜひ自分のところで、あなたの好きな通りの、気のすむような全集を、あなたひとりの訳で出さしてくれという、夢のような提言をしたという。

「いや、スポーツ雑誌の会社というのは、ちと困る」と平井先生が返事したところ、池田氏から「じつはわたしはベースボール・マガジン以外に文学にも関心があり、恒文社という別会社も興している。そこで出版させていただきたい」と応じてきた。平井先生は「自分の好きなように編集できる」という一言に感動し、今度は余人を交えず、自分だけで八雲存命中に刊行した作品を中心とする「全訳小泉八雲作品集」全十二巻を刊行することを承諾した、というのである。

上の話は昭和三十八年の末頃までに具体化したらしく、平井先生は翌三十九年の二月に、事の次第を小泉家に報告して、許諾をもとめたのだった。この報告をした二月、すでに内容見本の制作に着手していたようすで、推薦文を、前東大学長の茅誠司《かやせいじ》、小《こ》林秀雄《ばやしひでお》、山本健吉《やまもとけんきち》、川端康成、福原麟太郎《ふくはらりんたろう》に依頼済みであった。この人選はアカデミズムそのものだが、おそらく池田氏の人脈でもあったのだろう。これが昭和三十九年六月ごろ完成し、いよいよ予約の公募が始まった。ただ、内容見本が半年もかかってできあがったというのは、すこし遅い感じがする。いま、わたしが保存してある内容見本を見ると、推薦者の面子も最初のラインナップとことなり、平井先生と親しかった小林秀雄、山本健吉、谷川徹三《たにかわてつぞう》が推薦の言葉を執筆している。

そうした信じがたい経緯があった企画であったから、平井先生はこれが実現したとき、子どものように興奮されたのだと思う。

その次に、二年後に私が大学入試に合格したことを祝う手紙が古い。日付は昭和四十一年四月三日だ。興味深い記述もあるので、一部を引用してみよう。

「拝復

ご入学をお祝い申し上げます。今年はたいへんな高率だったね。私の親戚のものは三人が落ちて浪人する始末でした。慶應は文学部長の西脇順三郎が旧知ですが、あなたは何科志望ですか。

お申越しの件について。

①A・マッケンのThe House of Soulsは初期のもの、「パンの大神」や「三人の詐欺師」などがはいっている作品集で、これはぜひ所蔵なさい。The Hill of Dreamsは純文学的作品でいいものですが、怪奇ものではありません。ついでながら、最近丸善にTwayne's English Authors Seriesという評伝叢書が来ていて、そのなかにアーサー・マッケンがあります。Sweetserというどこかの大学の助教授の著ですが、手引きとしては手ごろのもので、まだ丸善にあるだろうと思います。

A・ブラックウッドのJohn Silenceは五篇はいっていて、あなたのいわれる「秘密礼拝式」や私の訳した「猫町」もはいっています。初期のものですが、五篇ともみな力作です。

②C.A.Smithは「ウィアード・テールズ」出身の人で、妖怪画も描き怪奇詩もつくり、多才な人ですが、短篇はラヴクラフトのいわゆるコスミック・ホラーを主題にしたものが多く、ちょっと現代のダンセイニ卿といった作柄です。ラヴクラフトやダレットもその特色を買っています。コスミック・ホラーの好きな人には欠くことのできない人でしょう。（W・H・ホジスンの何を読んで失望されたのか知らないが、かれの海洋ものや『異次元を覗く家』、『幽霊狩人カーナッキ』などはいいものですよ。）

③あなたの考えは正論です。これを論ずる時間は今ありませんが、その考えでマッケンのHouse of Soulsを読んでごらんなさい。その上でなおかつマッケンの妖異に反撥を感じたら、その反撥の原因を整理することですね。怪奇小説消滅論大いにけっこうですよ。うんと読んで、大論文を書いてください。

D・H・ケラーのものでは私は「死んだ女」、ブラッドベリーのものでは「笑う人びと」が傑作だと思っています。ウィエイクフィールドは私の好きな作家ですが、この人もあなたと同じ（?・）ような考えから、最近Ghost Storyとは訣別しました。また帰ってくるかどうか、寂しいことだが仕方がありません。最近の作品に、以前のような迫力が薄くなってきたのは、やはりそういう疑義があったからでしょう。

A・E・コッパードは、もう四十年も前に、私が初めて翻訳というものをして原稿料をもらった最初の作家です。現代英国では随一の短篇作家で、今もって私の愛読作家の一人ですが、怪奇趣味もあり、アーカム・ハウスで、そのジャンルのものばかり集めたFearful Pleasuresが出ているくらいです。またデ・ラ・メアはGhost Storyだけを集めた選集が出ています。この一冊ですみますが、今入手できるかどうかな。

私は人間が生きているかぎり怪奇文学は滅びないと信じています。

私は目下「全訳小泉八雲作品集」十二巻の完成に没頭しています。ようやくあと二冊というところまで漕ぎつけました。これは私のライフ・ワークです。これが完成したら、英米の怪奇小説の集大成をやっておきたいと思っています……」

書簡はこのあとまだ便箋三枚分もつづくが、割愛する。それにしても平井先生は、よくぞここまで丁寧に高校生に返事をしたためてくださったものだ。文面にも表れているが、わたしは無遠慮な学生だったので、つまらないと感じればすぐにそう書いたし、怪奇小説そのものが先のない文学だと思っていた。だから、これでメシが食えるとは思えず、あくまで隠居仕事として愛好するつもりでいた。平井先生の信念に外れることとおびただしく、三度の破門宣告を受けたことも納得できる。はずかしいかぎりだが、今になってみれば、何でも包み隠さずに質問をぶつけたのがよかったのではないか、とも、思う。

話をすすめよう。さっき「全訳小泉八雲全集」出版に道を拓いた池田恒雄氏の話を書いたが、じつはこれにもつづきがある。平井先生がなくなられて十数年も経った平成初年頃だったか、後楽園球場が東京ドームに変わって数年後のことである。ある日、我が家に池田恒雄氏から連絡があった。突然であった。わたしはそれまで池田氏のことを何も存じ上げなかったが、ベースボール・マガジン社の創業者であるという。何事かと電話に出てみると、「おまえは平井呈一の弟子だといっているがほんとうか?」という、いきなりの問い合わせだった。「はい、中学生の時分から教えを受けました」と答えると、池田氏は「自分は平井さんのことを何でも知っている。ずいぶんお世話もして小泉八雲の作品集を世に出した。ついては、平井さんのことを調べているそうだから、話をしてやろう」というありがたい誘いをくださった。

が、こちらはさっぱり要領を得ないのだ。ベースボール・マガジン社の創業者が、なぜ平井先生のことを「何でも知っている」のだろうか。しかし、平井先生は明治の艶歌師の元締添田唖蟬坊《そえだあぜんぼう》の息子、添田知道《そえだともみち》とも中学時代に親しくしていたし、添田の伝《つて》で馬込文士村《まごめぶんしむら》にたむろしていた作家たちの句会へも出席していたというから、野球雑誌の社長さんだって知り合いだったとしても不思議はない。わたしはとりあえず池田氏と会うことにした。

ところが、会ってびっくり。平井先生が戦争中に疎開していた小千谷の名門中学を卒業した方だった。平井先生が数年間勤務した中学校の卒業生だというので、やっと二人のつながりが分かった。小千谷つながりだったのだ。わたしとしては、いつも先生から小千谷中の教師時代の話を聞いていたので、ぜひとも小千谷時代のエピソードが知りたかった。そこで、池田氏とお話を開始したのだが、出てくる話題がすべておもしろすぎて時間を忘れるほどだった。ただし、肝心の平井先生の小千谷時代のことは何を聞いたのかさっぱり記憶がない。そのかわり、プロ野球の話題に始まり、大相撲やプロレスのエピソードまでスポーツ秘話のオンパレードである。とくに、プロレス試合でもっとも印象に残っていた力道山《りきどうざん》対木村政彦《きむらまさひこ》の、雌雄を決する大一番にまつわる秘話がおもしろかった。

力道対木村についていては、わたしにも関係者に知り合いがいた。日本橋《にほんばし》の手島製氷店の大旦那だった故手島賢司《てしまけんじ》さんである。氷屋の親方で、とにかく粋な人だった。なんでも、あの阿部定《あべさだ》からご祝儀をもらったことがあるという浜町辺の生き字引であり、講道館《こうどうかん》柔道の猛者であった。この親方とは、あの川上貞奴《かわかみさだやっこ》が籍を置いた人形町《にんぎようちよう》の濱田家《はまだや》で会食したことがあるが、芸者さんたちの襟にご祝儀をそっと挟むしぐさがすばらしく粋だったので、見ていて惚れ惚れした。江戸下町のしぐさがすべてわかっていた親方である。そういえば平井先生も浜町が子ども時分の居住地で、きっと氷屋の親方のように江戸の粋な所作が身についていた人だったのだろう。手島さんは、講道館の鬼と言われた木村政彦の後輩らしく、講道館で鳴らした柔道家でもあった。その木村が力道山に敗れたとき、講道館の若手が血気にはやり力道に仕返ししようとする動きがあったという。手島さんも木村を破った力道山と組み合ったことがあったそうで、このとき力道山を投げ飛ばしたという噂もあったのだ。手島さんにこの話の真偽を聞いたところ、「なに、組んだら力道山がちょっと膝をついただけなんだよ」との答え。このなんでもなさがとても粋だった。

池田氏に聞いたときは、力道山の側からの見方だったが、これがちょっとここで書けないような話だった。さらに池田氏は、力道山が大相撲の世界をドロップアウトした「真の理由」まで話してくれた。これも、ちょっと書けない。そうしたとびきりの秘話が次々と繰り出されるので、話はどんどんスポーツの方に引っ張られた。そして最後まで平井先生の話に戻れなかった。

池田氏の誘いは、さらにつづいた。二回目は東京ドームの貴賓室で、巨人戦を見ながらの会見だったが、このときも平井先生の話はあっという間に忘れ去られた。

三回目は大相撲の砂かぶりに誘ってくださり、お土産もたくさんいただいたが、肝心の池田氏が所用で御出でになれなかった。わたしはついに、池田氏から小千谷の話を伺いそこなったのだった。今考えても、残念過ぎる。木村対力道の他人に語れない秘話などに巻き込まれることなく、池田氏にちゃんと本題を切り出さねばならなかったと思う。

しかし、池田恒雄という人は、大切な主題をのっけから忘れさせるような、信じがたいエピソードの持ち主だった。池田氏は戦後、故郷の北魚沼《きたうおぬま》郡(現 魚沼市)で新時代の出版企業人として戦後文化の復興策を巡らせ、上京するといち早く『ベースボール・マガジン』を創刊した。だが、じつは戦前に早大在学中から博文館に籍を置いて、『野球界』という雑誌を編集していたのである。戦時中にアメリカ伝来のベースボールが排斥されると、大相撲に軸を移し、相撲写真などの資料を所蔵していた両国《りょうごく》の工《く》藤《どう》写真館に通った。その工藤写真館の娘さんを妻にし、生まれたのがノンフィクション作家の工《く》藤《どう》美《み》代《よ》子《こ》さんだった。美代子さんとは、むかしTBSで放送していた「ブロードキャスター」でコメンテイター仲間として知り合いになった。ノンフィクション作家として怪談にも関心を示し、『怪』の姉妹誌『幽』でも連載を担当されたから、お化け仲間でもある。工藤さんご自身もずぬけて豪快な人なのだが、父の池田氏との確執（？）をつづった傑作評伝『今朝の骨肉、夕べのみそ汁』（講談社文庫）を読むと、池田氏の人生は波乱万丈を通り越し破天荒すらあとに置いて、「小説より奇なる」実録の体験者だったことがわかる。さらに、出版関係では初めて野球殿堂入りした池田氏であるから、わたしを東京ドームの貴賓室や両国国技館の砂かぶりに招いてくださった事実も、まったく驚くに当たらない。

加えて、この興味ある人物は、小千谷中学のころから読書家で、同郷同学の西脇順三郎の晩年を地元で世話したばかりでなく、小泉八雲に私淑して八雲本のコレクションも築いた。美代子さんをはじめ早大教授の池田雅之《まさゆき》さんら親族がこぞって八雲研究者であるのは、おとうさんの影響だと推測できる。しかも現在、新潟県南魚沼市浦佐《うらさ》には壮大な池田記念美術館が建ち、ここに小泉八雲と野球の資料が保存展示されている。日本のどこを探せば、小泉八雲の遺品と王《おう》、長嶋《ながしま》の記念品が同居する美術館があろうか。わたしも美代子さんの伝で記念館を訪れたが、じつにおもしろかった。土産は魚沼産こしひかりの米袋を利用したトートバッグが気に入り、今も愛用している。

ま、そんなことは余計だが、まさに小千谷と小泉八雲という考えられない運命の糸が、池田氏と平井先生を結びつけたのである。ともあれ、ここから先は非常に長いストーリーになるため、次章にゆずることにする。

第六章

文体と実体のあいだ

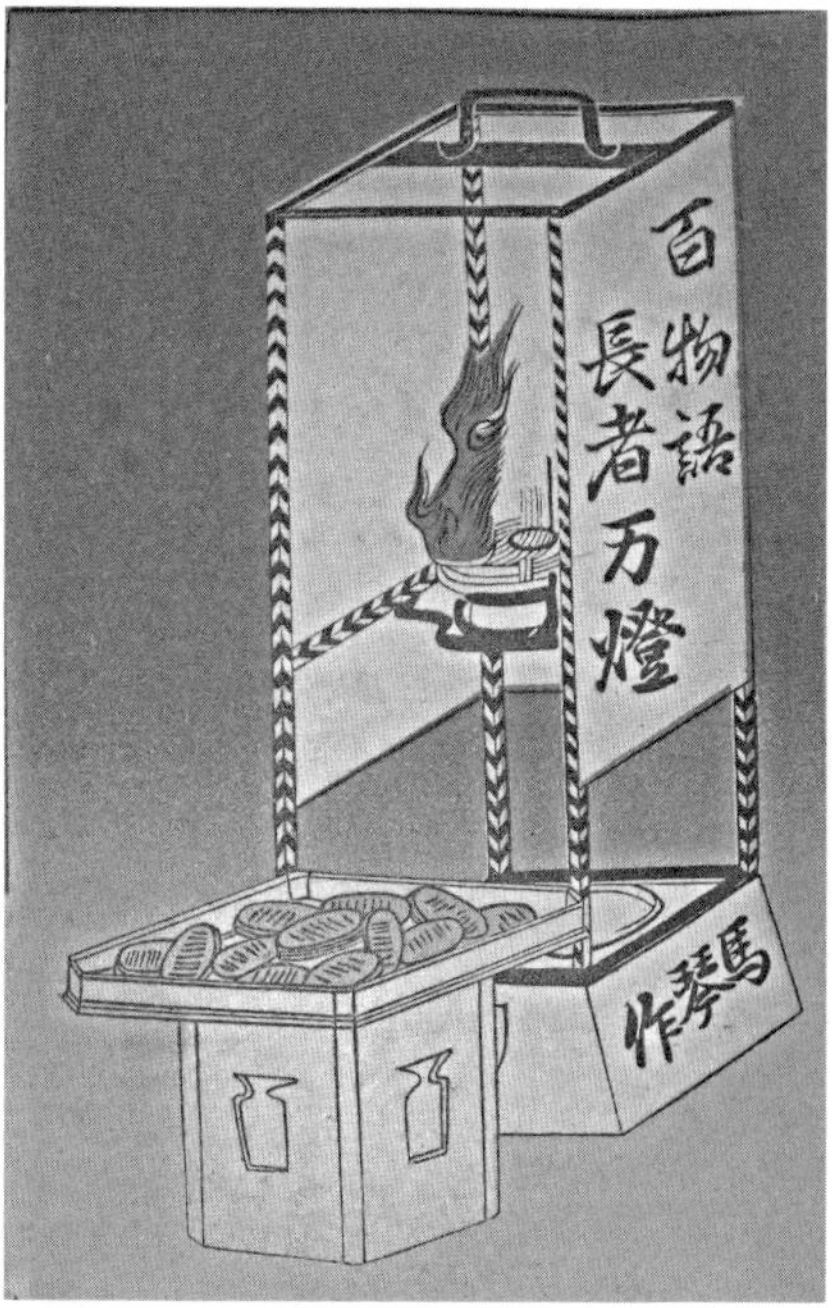

曲亭馬琴作『百物語長者万燈』の扉絵。

「……まだ二十代のことで、あの短編（アーサー・マッケン『パンの大神』のこと）を二日か三日かかって読み終った夜の十二時過ぎ、巻を閉じても読後の興奮でそのまま床にはいる気になれず、毎度のことだが、夜なか日本橋浜町の家をそっと抜けだして、大川端を歩いてみたがまだ興奮がおさまらず、足の向くまま新大橋を渡って真夜の深川・本所をむちゃくちゃに歩き、なんどか交番にとがめられながら、どこをどう歩いたか上野の森をぬけて、たしか不忍池で夜が明けたと憶えている。いつもの伝で、下谷の兄の家「うさぎや」で朝飯をたべながら、亡くなった兄貴に長々と小説の筋を話したことであった……」

平井呈一「アーサー・マッケン」、『世界恐怖小説全集 第三巻 怪奇クラブ』（昭和三十四年）より

妖怪博物学からの出発

前回まで高校生時代の「よしなしごと」を綴ってきたが、書き連らねればつらねるほどに、兼好《けんこう》法師じゃないけれど、物くるおしい気分が嵩じてくる。

そこで今回は、いったん理性的になろう。

わたしには、幼いころから理性的な部分もあるにはあった。生物の観察が好きだった。最初は昆虫と海の生き物の採集だったが、高校生になって中西悟堂の子ども向けエッセイに魅せられてしまい、悟堂さんが主宰する野鳥の会の話などが関心の的になった。わたしの学校の近くにある善福寺池のあたりで

採ったというトゲウオの飼育観察記には、とりわけ魅了されて、博物学にハマるきっかけとなった。

ところが、この科学的な生物観察の癖が、ひょんなところで幻想怪奇趣味と一致点をみいだしたのである。それが「妖怪博物学」の発見だった。非合理的な妖怪も、博物学なら研究の主題にできる。そのきっかけが日野巌の書いた『動物妖怪譚』との出会いだった。わたしが六年間すごした日大二中・二高の図書室にあって、最初にして最大の発見は、日野が書いた古めかしい妖怪研究書だった。この衝撃に匹敵するのは、のちの南方熊楠発見に道筋をつけた宇井縫蔵の『紀州魚譜』しかない。宇井の本は慶應義塾大学に入学したその日、入学式のあと潜入したあこがれの三田図書館で見つけだし、おどろおどろしいゴシック様式の読書室の暗がりで読んだ。

日野巌の本にかんしては、すでに日大二中の図書室に入り込んだときの話で紹介済みと思う。あのときはビアスの傑作短編「アウル・クリーク橋のできごと」を収めた子ども向けの短編小説集をみつけ、まずこれを十分ほどで読み上げたあとの出来事だった。大正時代に芥川龍之介が近代的幻想小説の見本としてビアスを紹介し、この短編作家が岩波文庫にまで収録されるきっかけをつくったわけだが、たしかに芥川がほれ込んだだけあって切れ味が鮮やかで、子ども心に感心した。だがそのあと、さらに書棚の探索を開始したところ、庄司浅水が訳した『リプレーの世界奇談集』五巻の完全そろいをみつけだして歓喜し、止めに、異様に古めかしい体裁の『動物妖怪譚』を掘り出したのだった。わが学校は創立が旧制中学時代の大正十五年なので、戦前の本がかなり所蔵されており、そういう古書籍の一冊が、なぜか開架式書棚に残っていたらしいのだ。

新米中学生のわたしが『動物妖怪譚』に引きつけられた理由は、二つあった。まず、そこに江戸時代のお化け絵がたくさん収められていたこと。たとえば「狐」のバケモノを語る項目に載っていた「狐の一目入道」という木版画である。顔の真ん中に大きな目が一つあって、手には身長とおなじくらいの大筆を握っている（一二九ページ図参照）。出典は『丹後国変化物語』所載とあって、こういう論文的なクレジット情報が記してあるところも新鮮だった。たぶんこれが、江戸時代の文化に感電した始まりではなかったか。文章は漢字が多くて難渋したけれど、苦労の果てに、「キツネがなぜ筆をもっているのか」という理由を理解できた。そのとき真の意味で脳が喜び騒ぐ「知の快感」なるものを覚えたらしい。それまで読んできたバケモノ本は、面倒な手続きを体よくカットしたり、お茶を濁すような教育的配慮でゆがめた書きっぷりだったので、妖怪の持ち物やら名前の由来やら、さらに民俗的な意味にまで筆が及んでいなかった。

しかし、二つ目の理由はもっと重要で、日野が生物学者だった点にある。植物学と昔の本草学に詳しかった。なにせ昭和天皇がフィールド採集や博物館見学に行かれる際に同行する説明役だった人である。おまけに漢籍に強く、和漢の古書をすらすら読んでしまう博識でもあった。井上円了《いのうええんりょう》ほどではないが、妖怪愛が非常に深くて、ウソだかホントだかわからない妖怪を博物学者の目で真摯に研究していたのがすばらしかった。その颯爽とした姿勢に、中学生は打たれた。

こういうタイプの先生が、さきほど名を挙げた中西悟堂と同様に、わたし自身にとっては古くからのヒーローだった。江戸の文献や挿絵までダイレクトに示してみせた点でも、じつに理性的だった。このタイプは、他に、『妖怪辞典』を日本で初めて刊行した佐藤清明《さとうきよあき》氏とも重なる。この人も本職は博物学者だった。ただし、当時のわたしは挿絵に強く反応しただけで、古典からの直接引用が続出する本格的な論述には、歯が立たなかった。それでも頭の中に残ったのは、「博物学」というキーワードだった。妖怪を生物としてアプローチする。このさっそうとして理性的なスタイルに感動した。この先生の本領を理解できるようになったのは、大学生になって自分も博物学のフィールドワークを始めたあと、水木しげる大先生《おお》が少年まんが雑誌の図解などに『動物妖怪譚』で見覚えのある一目大入道を引用されるのを見て大喜びするようになってからである。しかも日野本は、わたしが平凡社に住みついて『世界大博物図鑑』の制作にかかったときに、あらためて資料としての価値を再確認する一冊となった。

妖怪も食い物にする「素材学問」の神髄

そうして日野巌の『動物妖怪譚』を見直したとき、江戸の博物学にほれ込みだしたわたしは、初めて日野の本がおもしろい理由を理解することができた。なんのことはない、この人は江戸の博物学者と同じ関心をもって妖怪にアプローチしていたのである。要するに、お化けを含めた生物の文化的な研究をするには、古代の本草学や妖怪学をも視野に入れる必要があり、むしろ生き物の文化史自体が「お化けを含めないとわからない」ものなのである。このアプローチ法こそが、わたしの捜し求めていた「魂の生物学」の本筋であった。

それからすぐに、江戸博物学の礎をきずいた中国の博物書にも関心が向いた。平凡社で仕事をするようになり、ジョゼフ・ニーダムの大著『中国の科学と文明』の編集をやり遂げた生物系の偉大な編集者、垂水《たるみ》雄二《ゆうじ》さんと一緒に百科事典の編集にたずさわれたおかげで、垂水さんからは、日本の生き物知識の原材料が妖怪も含めてほとんど中国の本に基づいていることを教わった。『中国の科学と文明』は今どうなっているのか、こんなに該博でおもしろさをてんこ盛りにした中国関係図書は、ほかに思いつかない。たしか、植物学や本草学の部分をニーダムがまだ完成させていなかったときで、これからどんな展開になるのかを同時代に待てる幸福をも味わえた。

それほどの入れ込みようだったので、ニーダムが来日したとき、わたしは対談を申し込んだ。ニーダムの科学雑誌がお座敷をつくってくれたおかげで、あこがれのニーダムに会って話すことができた。どこかダムがそのとき興味を持っていたのは、倭寇《わこう》が使用していたという「大砲」のことだった、鉄砲発明の以前に大砲があったという。それから中国錬金術の科学的位置づけにかんする話もあった。中国科学は奥ふかい、という確信が生まれた。

そして、その中心が『本草綱目』だった。この本は語源学から始まって、分類学、民俗学、さらに薬になるかどうかや食えるかどうかをさぐる本草学を経て、最後は民話や伝承に及ぶ。この裁き具合は、西洋で言えばプリニウスの『博物誌』と同じである。本草学といっても、中国では薬の学問という体裁になっているが、実情は歴史や民俗や科学観察や語源学が一体化したものである。ここには、脳だけでなく、五官をフル動員した知見が織り込まれていた。たとえば、「食うこと」による知見だ。食えるかどうか、食えるならどんな薬効があるのか。この発想から、中国錬金術も発している。どの妖怪が食えるかといったような変な部分を気に掛ける癖がついたのは、中国で成立した本草学に学んだおかげである。実際、妖怪のほとんどは、食えば薬になる。それからもう一つ、中国の博物者にはかならず挿絵があった。画像が学問の補助をするのだ。だからおもしろい。不思議の国のアリスの台詞じゃないが、「絵のない本なんて、いったい何の役に立つの」という気分になれる。挿絵や図解が必須なことも中国文献から学んだ。図鑑がなければ博物学ではない。水木大先生も、その意味では妖怪博物学者といえるのだ。

とはいえ最近の妖怪好きのよい子たちには、日野巌の重大さがまだピンとこないかもしれない。この人のすごいところは、基本が科学者ではありながら、迷信的な妖怪を科学の力で撲滅することだけに快感をおぼえるような、野暮な人ではないというところだ。井上円了がごりごりの迷信撲滅主義者と思われていることとも似ている。しかしとんでもない!博物学者は、なんでも受け入れるのだ。たとえウソでも、まじめな研究のテーマに仕立て上げる、おそるべき能力がある。妖怪はかつて魔力ある薬物であり、食べることができた「生物」だった。この学風が、そもそも中国から伝わってきたものだった。中国人の学問はクールだったのである。

それで、『本草綱目』が入ってきたあと、江戸の本草学者も、クールに日本のバケモノを眺めた。人魚は不老不死の薬だったし、ユニコーンも、龍骨《りゅうこつ》も、ミイラも、ぜんぶ薬として捉えた。西洋でいえば、錬金術への知的興味に近い。つまり、科学と魔術の境目がない。存在と非存在の境目もない。両方を取り込んで研究する「メタ科学」であり、「メタ薬学」である、といってもワケわからないだろうけれど。分かりやすい実例を出す。江戸の奇人平賀源内《ひらがげんない》に『天狗髑髏鑒定縁起《てんぐしゃれこうべめききえんぎ》』という変な本がある。江戸中期、博物学者はようやく「化石」というものの正体がわかりだし、その研究が活発化した。平賀源内もその一人で、信州の山あたりに行くといくらでも出てくる海の生物の化石などに注目した。ある日、門人が夢に天狗があらわれたので愛宕《あたご》神社（天狗を祀る）に出かけてみると、傍の桜川《さくらがわ》に奇妙なものがあるので拾ってみた。まわりに人が集まってきて、これは天狗の頭だと言いはやした。門人は学者であったから、それを源内のところへ持参し、「俗人が天狗だ天狗だと言うけれども、そんなものであるわけないから、ひとつ学者のみなさんに鑑定してもらいたい」と頼んだ。そこで源内が門人を呼んで鑑定結果を言わせてみると、「これはダチョウの頭だ」とか「これは大魚の頭だ」と意見が出てどうも収まらない。そこで源内が、「こりゃやっぱり天狗だよ」と結論を出した。たぶん、これがイルカの頭骨などの化石であるということは分かっていたのだが、源内はあえて、「天狗」と鑑定したので、門人たちが怒った。「そんな迷信の肩をもつんですか、そんな妖怪は実在しっこないでしょう」と詰め寄った。すると源内が答えた。「学者といってもほんとにわかった人はすくないし、あとの連中は、金稼ぎみたいなもんだよ。世の中には正体の知れぬものもたくさんある。たしかに命がかかる薬のようなものは厳密に鑑定しないといけないから真剣な討議は必要です。そういう場合は、わたしも『本草綱目』を参考にしますよ。でもね、天狗の頭だっていう場合は、毒にも薬にもならないじゃないですか。これを上から目線で、迷信だ大ウソだって言っても、俗人から野暮天とさげすまれ、反発されるだけですよ。いわば、頭のカタい野郎ってわけですね。ならば、いろんな昔の本など調べて、たしかにこれは天狗の頭だと鑑定する方が、ずっと盛りあがるんじゃないですか」と答えた。ついで源内は、その心情を説明する歌として、狂歌を一首付け足している——

天狗さへ野夫ではないとしゃれかうべ
極めてやるが通りものなり

その意味は、天狗のような野暮（野夫）なもんでも、しゃれて鑑定してやるのが「通人」（通りもの）ってやつですよ、ということだ。この「通りもん」が、現代語でいえば「クール」にあたる。学問とはそういう楽しいものだ、と源内は江戸時代に言明している。博物学という学の本質は、物事の在りようを裸にして晒すことではなく、物事にいろいろな衣装を着せてやることだ、ただし、命にかかわる学問は別だけれどね、というわけだ。これで、博物学がなぜ妖怪をとり上げるのか、その意味が分かったと思う。日野巌が示した『動物妖怪譚』は、まさしく博物学の復活を示す著作だったというべきだ。ちなみにいうと、江戸の街では、学問でも芸事でも、人々に敬愛される要素は、「いき（通りもの）」しかなかった。じつにクールな時代だったのである。

さて、日野巌的な妖怪学のサンプルもあげておきたい。中国のお化け学では、よく、ガマガエルがバケモノの一種として取り上げられる。たしかに、日本でもガマは顔が怖いし、動きもあやしい。忍者の児雷也《じらいや》はガマをあやつる。ガマの油というマジカルな薬もある。傷が膿まないし心臓が強くなる。ガマが出す白い液には幻覚作用もある。

で、この妖怪を中国の文献で調べるならば、蟾蜍《せんじょ》という漢名で検索するといい。『淮南子』というおもしろい古典によると、蟾蜍は、もともと天に住んでいた仙女で「嫦娥《じょうが》」という女の成れの果てである、とされている。地上に降りてきたら不老不死でなくなってしまったため、夫が持っていた不死の霊薬を盗み、それを飲んで、月に逃げたため、姿がみにくいガマに変わってしまった。月面にあるあの怪しげな斑点は、ガマに変身した嫦娥の姿なのである。でも、どうして仙女がガマに？　中国の発音では、仙女も蟾蜍も発音が同じという「縁」があるのだ。発音が両者を結びつけた。

でも、蟾蜍の話はこれで終わりじゃない。妖怪と化すのはこれからだ。『中国神仙傳』という仙人の伝記をまとめた本に、劉海蟾《りゅうかいせん》という仙人のことがでてくる。なぜ「蟾」の字がつくのか。それは、古代にあって蟾蜍が悪事をはたらく妖怪と信じられたせいだ。こちらの伝説によると、蟾蜍はお金（銭）を食べるバケモノで、手が二本、足が一本の三本足をもつのが特徴だった。あるとき、人々にいやがられている蟾蜍を、仙人の劉海蟾が退治することになった。彼は小銭を餌にして釣り針をたらし、みごとに化け物を釣り上げた。バケモノは仙人に諭され、以後は口から銭を吐き出して人々に与える財神になったといわれる。この伝説にもとづいて、蟾蜍は金運を招く瑞獣となり、銭をくわえた三本足のガマの置物が飾られるようになった。ガマはバケモノから神様に格上げされた。

これがいわゆる「ガマ仙人」の伝説である。蟾蜍がなぜ財神にされたかといえば、「蟾」と「銭」の発音がこれまた一致するからだ。中国の妖怪は、おおむねこのように「発音」を鍵にして情報がつながっている。

ちなみに、化け物と実際に存在する動植物とを薬物の観点から博物学的に記述した中国のテキスト『本草綱目』にも、蟾蜍が霊的な生き物であることが説かれている――

「蟾蜍千歳頭上に角あり、腹下に丹署す、名づけて肉芝といふ。能く山精を食ふ。人得て之を食すれば、以て仙たるべし。術者取り用ひて以て霧を起し雨を祈り、兵を辟け縛を解く。今技あるもの蟾を集めて戯をなす。能く指使を聴く。物性霊あり、此に於て推すべし」と。

いっぽう、この話が日本へ伝わって、日本風にアレンジしたガマの化け物が生成される。

中国では月神か財神のイメージだが、日本では月神はウサギにうばわれてしまったので、あらたな創作がおこなわれる。日本人になじみの化け物といえば、やはり、ガマと児雷也の組み合わせだろう。妖術を使い、悪事をはたらく怪人（じつは義賊）のお使いである。児雷也は「自来也」とも書き、人気まんが『ＮＡＲＵＴＯ―ナルト―』に登場するナルトの師匠としても有名になった。

じつは、この自来也も、宋《そう》時代の中国の小説に語られた大盗賊をモデルに生まれている。本家のほうの名は、「我来也」だった。この盗賊は忍び込んだ家に「我、来たる也《なり》」と書き残したというのが、由来とされる。それが、江戸時代に日本で物語の主人公に使われるようになり、「自来也」に変わった。「児雷也」というのも同じ改変だが、こちらは雷獣というバケモノをとらえたので雷の字に置き換わったといわれる。ちなみに、中国の本家「我来也」は、盗みを重ねた末につかまったが、夜中に牢を抜け出して、また盗みに入り、そこに「我来也」と書き残した。そのため役人は牢にいる盗賊が本物ではなかったと誤解してしまい、本人を釈放したという。

とまあ、ここらあたりでガマ妖怪の話は終わりになるところだろう。しかし、語源学から薬草までもレパートリーを持つ、江戸以来の博物学者はチト違う。妖怪解説としては思いがけないポイントに興味を絞り込むのだ。

日本では、ガマはヒキガエルともいう。これはガマが不思議な息を吐いて虫を引き寄せ、これを食べるという習性から出た名といわれる。習性から生まれた名前とは、いかにも博物学らしいのだが、このような名称の由来を検討するのも博物学の重要な仕事と心得たい。

さて我々日本人の祖先は、ヒキガエルを「タニグク」とも呼んだとされている。谷に住んで、水に潜る生き物だから、「谷潜」と書いて、タニグク。だとすれば、むしろ「タニクグ」のほうがありえそうな読みに思えるのだが、語源学によれば、元来「グク」といって、その鳴き声が似ているからという理屈になっているらしい。なんとなく落語おちみたいで眉唾物だが、この「名前の音がそっくり」というパターンは中国でさんざん聞かされたものでもある。中国はこの手の解釈が得意技だ。むろん、日野先生も首をかしげる。ヒキガエルは谷にだけ住むわけでもないし、いつも水の中にいるわけでもない。納得のいかない名である。もしかすると、さらに深い名の由来があるのではないか、と考えた。

日野先生は科学者でもあるから、このことをクールに、納得がいくまで探究しつづけた。「古事記」ではタニグクを「多《た》爾《に》具《ぐ》久《く》」と書き、神様の名のひとつとしている。なぜグクなどという変な名が神様の名前になっているのか？　これがすっきりと理解できなければ、納得はいかない。そこで『動物妖怪譚』でタニグクを大きく取り上げて、その解明に筆を及ぼすことになった。日野はタニグクを論じる冒頭の文章に、こう書いている――

「古事記や万葉集を繙《ひもと》かれた諸君は、多爾具久なる文字に見当った事と信ずる。また、その解釈が古来区々《まちまち》で、肯かし得るもののないのに不満を感ぜられたことでせう。自分もタニグクを蟾蜍としては、どうも合点がゆかないので、種々思考中、喜田博士のくぐつ名義考を読んで、それにヒントを得て、拙論を書いたこともあつたが、未だ考えの至らぬ点もあり、其後気のついた事もあるので、此処に考を新にしたい」と。

ここに登場する喜《き》田《た》博士とは、民俗学者の喜田貞《さだ》吉《きち》を指す。喜田は『民族と歴史』という雑誌に「くぐつ名義考」（第八巻第四～五号、１９２２（大正十一年）十～十一月号）なる論文を書いた。クグツというのは中世に活動していた「人形を操ったり曲芸・芸能を見せたりする集団」のことだとされるが、喜田はもっと古代（縄文？）に由来する特別な職能をもった集団ではないかという説を出した。クグツという名称は、人形や道具類を担ぐ際の入れ物が久具《くぐ》という植物で編んだ籠、ないしは袋に由来するというのである。

日野はここで民俗学と古典文学の知恵に助けを求めた。「くぐつ名義考」を執筆した喜田貞吉は国史と古代史にくわしく、とくに縄文の技術が鎌倉時代まで生き延びていたのではないかという説を唱えた人として知られる。喜田はタニグクなる名称に、古代縄文のにおいを嗅ぎつけていた。彼は論文の緒言に、「自分は昨年一月の本誌神祇祭祀号（『民族と歴史』）において少彦名命《すくなひこなのみこと》の研究を発表した中に、説たまたま谷蟆《たにぐく》の事から、引いてクグツ（傀儡）の名義にまで一寸及んだ事であった。それには、古事記に少彦名命の事を知っておるものが久延毘古《くえびこ》であり、その事を大国主神に申し上げたものが多爾具久であったという、その谷蟆《たにぐく》とは傀儡子《くぐつ》の事ではなかろうかというのであった。すなわちクグツは蟆人《くぐひと》の義ではなかろうかというのである」と、書いた。

ちょっと面倒な話になって気が引けるけれど、日野はいわゆるクグツについて「谷潜、谷蟆（ヒキガエルの意）」とも表記するので、「蟆人《くぐびと》」のことを指しているのではないか、と喜田博士が書いた部分に反応したのだった。ついでに、「クエビコ」のこともすこし説明したほうがいいかもしれない。クエビコとは、オオクニヌシ（大国主）とともに医薬・本草の技術をこの国に伝えたとされる神（スクナヒコナ）が初めて海上から渡来したとき、その神の名をだれも知らなかったので、オオクニヌシに対して、「あれはこの世をおつくりになったカミムスビの神のお子さんで、スクナヒコナ（少彦名）にございます」と教えた、物識《し》りの神のことだ。ところが、スクナヒコナの情報を知るのがクエビコだという情報をオオクニヌシに伝えた神が別にいて（ええい、面倒クサイ！）、それがタニグクだというのである。また、喜田は「おまけ」代わりに、クエビコとは「山田のそほどですよ」と付け加えている。「そほど」とは「かかし」を意味するから、つまり「山田のかかし」だというわけである。そこから、クエビコは「山田のかかし」と同一視され、田を守る神の形代《かたしろ》と考えられるようになった。

えっ、歌に出てくる「歩けないのか、山田のかかし」は、そんな大昔の話にでてくるのか！　と、驚くばかりだが、いや、どうもそうらしいのだ。

この論文で喜田は、クグツの起源を二つの有力説に分け、「クグツの名がその持物たるクグ製の袋から導かれたろう」とする柳田國男の説と、「傀儡または広大の朝鮮音から移ったのであろう」とする安《あん》藤正次《どうまさつぐ》説を紹介している。ただ、どちらが正答とも決定しづらいと告白してもいる。

ここで登場した「クグ」製の袋というのは、莎草《くぐ》という植物でこしらえた袋のことといわれる。どこにでも茂りはびこる雑草の名で、この茎を編んで箱や袋にするのが、古代人の技術だったらしい。しかも、このクグの袋は古代漂泊民が携帯する物入れの袋だったというのだ。クグツ、クエビコ、タニグクなどに含まれるクグとは、植物のクグ、すなわち、この莎草に由来するのではなかろうか、と。

植物学を専門にする日野巌も、この説明に食いついたと思う。タニグクの語源がヒキガエルではなく、なんで急に植物に変わってしまうんかい、と。これじゃ、話がだいぶんちがってくるではないか。

またクエビコについても、日野は「古事記」に「足は行かねどもことごとく天が下の事を知る」とする記述に目を留め、地方を放浪しながら見分を広めた漂泊の暮らしをする者という意味が真意にちがいない、と論じている。これはつまり、タニグク、クエビコともに「遍満行き渡らざる所なき」漂泊民、すなわちクグツの同類である、との意味である。

これで、従来のタニグク＝ヒキガエルの化け物という解釈は覆される。

いかにも日野巌らしいのは、クエビコを「山田のかかし」ととらえた、その理由である。クグという雑草の形は頭が丸くて両方に手を伸ばしたような形をしている。だからして、タニグクもクエビコも、雑草のクグのごとく国中の至るところに出没する存在だから、誰も知らないスクナヒコナの名も知っていて不思議はないのだ、という。こうして、もっと重大な疑問、つまり「タニグクがなぜ蟆人（人身のヒキガエル＝ヒキガエルの妖怪）と解釈されたの

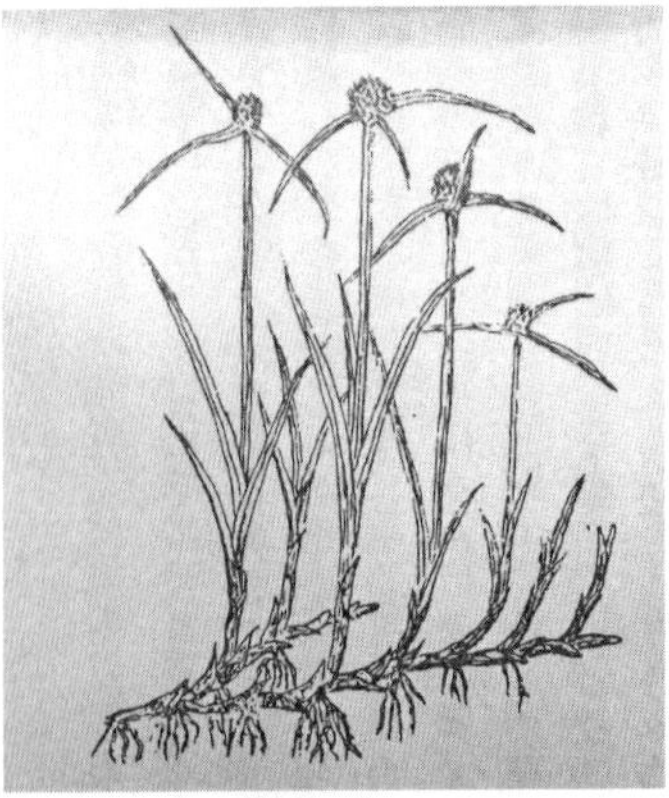

ヒメクグの図。この姿が山田の案山子（かかす）に似ていると、日野は指摘する。『動物妖怪譚』より

か」という謎の解明に取り掛かるのだ。

　まず、ヒキガエルはバケモノだという『本草綱目』の前提がある。日本人一般の信仰にも、その発想は引き継がれた。「今も久留米地方ではヒキガエルを殺すと憑かれたり祟られ」たりするし、「ヒキガエルに憑かれると、耳をくすぐられ、あるいは耳の中で甘酒を醸され」るともいう。ことに荒神《こうじん》さんのヒキガエルの白いものである場合は、目や耳をつぶし、頭の毛をむしりとるらしく、ヒキガエルに憑かれた者はヒキガエルの形になって死ぬともいわれている（要約）と、日野は書いている。

　祟られると耳の中に入り込んで悩ます虫と聞けば、西洋ではハサミムシの伝承を思いださせる。あの虫も耳の中に潜り込んで不快音を発するのだ。ヒキガエルの場合も白い「ガマの油」を発射するので、「甘酒を耳のなかで醸される」という表現にはリアリティがある。

　ただ、いかにヒキガエルが霊物であろうとも、中国文明流入以前の古代においてまでりっぱな霊物だったかどうかは定かでない。これだけでタニグクを蟾蜍のバケモノと決めつけていいとも思えない。したがって、タニグクの正体をもっと別のものと考えるべきである。

「――然らば、タニグクとは何であるか。自分の考えでは、莎草と見るのがよいやうに思ふ。この莎草は田畑は勿論、野にも山にも海浜にも、地上至るところに生育してゐて、其の種類も夥しい数にのぼる」と、日野が結論を明らかにする。「クグの仲間のヒメクグを調べると、その形が「かかし」によく似ていることは、すでに述べたとおりである。この草は本来「クク」といったが、上に谷がつくと「ク」が濁音になって「タニグク」、下に「つ」がつけば同様に「ググツ」と濁音化する。「クエビコ」の名もおそらくは「ククの彦（男）」の意味だったはずで、（中略）久延毘古も亦之と同じ境遇にあつた社会の落後者の群であることは疑いを入れぬ」と締めくくっている。

以上が日野巖によるヒキガエルの化け物とされた「タニグク」の真相解明だが、江戸の本草学者が薬として妖怪の探究をおこなったときの捜索方法の再現である。それならば、このクグなる植物にも、ヒキガエルに匹敵する薬能がなければ、タニグクの正体にならぬ。

それで、日野先生の探究法をわたしが受け継ぐとしたら、問題のカギになっている植物「莎草」が何らかの薬効か毒性をもつかどうかを調べるであろう。薬であれ毒薬であれ、その化学作用から「霊的な力」が確かめられるかどうかが勝負になる。いま、この仲間が属するカヤツリグサ科ヒメクグ属（あるいはカヤツリグサ属）の植物をあたってみると、一般的な特徴は、恐るべき繁殖力のある「雑草」ということに尽きる。ほんとうにどこにでもはびこるので、除草剤のお世話が欠かせぬ厄介な植物である。ただし、この属に含まれるハマスゲという種は、生薬として「香附子《こうぶし》」の名で知られている。名の一部に毒薬《トリカブト》を意味する「附子《ぶす》」なる語が付いているから、ヒキガエルの毒とも通いあう（実際には無毒であるらしいが）。この植物は古代からアジアで広く薬用として使用され、抗菌や婦人病の薬であった。抗菌というところが、刀傷に効いたといわれる「ガマの油」を連想させる（もっとも、現実に売られていたガマの油の原料は馬油だったらしいが）。とすれば、古代にはこの雑草に「霊力」が認められた可能性も浮上する。

わたしの妖怪は海にいた！

そういうわけで、わたしにとって日野巖の著作に早く出会えたことは、偶然としても幸運だったといえる。博物学の方向へ関心がおよぶ下地となったからだ。博物学は昆虫採集や磯採集に役立つだけの学問ではない。動植物に関心を向けるところには、いつも、妖怪感覚というか、霊物への直観力をもたらす関心が芽生えるのだ。

そんなわたしもここ五年ほどは、妖怪と出会える稀な機会を、趣味のダイビングから得ている。それまで、妖怪はたいへんに興味ぶかいけれど、実際にこの目で見ることができず、見えても「無理に見る」必要があるという代物だった。水木大先生も、「妖怪は見えないんです。だから、ムリして見るんですよ」とおっしゃった通りなのだが、ここ五年はまったく様変わりした。ほんとうに、生きていて、食うこともできる妖怪が、そこにいるのである。

地球という星、そして現実界という「この世」は、とにかく底の浅いところではない。よく探せば、化け物なぞいくらでもみつかる。南方熊楠がその好例で、彼は那智の山中にこもるうちに「山の神」のご利益を享《う》けられるようになったし、何よりも「粘菌」という「この世とあの世をまたぐ生物」を見出した。そのような僥倖《ぎょうこう》が自分にも舞い降りた気分がするのだ。わたしが古希を間近にして凝りだした「浮遊系ダイビング」こそが、それである。

それはほんとうに妖怪が見える異世界だった。このダイビングは、ふつうの潜りではない。やりかたは二通りあって、まずは深夜に潜る方法がある。暗ければ暗いほどよく、新月の真夜中が最もいい。ついでに雨が降って天気が悪ければ最高なので、このダイビングをするときは、「天気よ悪くなれ、月よ出るな、闇よ集《つど》え」、とみんなで祈る。すでにこれだけで妖怪探しに似ているのだ。昼は寝て、夜中に起きだし、真っ暗闇だと手をたたいて喜び、地獄のように深い海に飛び込む。最初はとても恐ろしかった。この人たちはみんな狂っている、と思った。ところが、潜ると、あたりの雰囲気が一変してしまう。たとえていうなら、映画『アバター』で、主人公が送り込まれる異星の風景に似ている。イソギンチャクやケヤリムシによく似た植物が茂り、中にはプランクトンか妖精みたいな半透明の生き物がふわふわと漂っている、あの幻想的な風景である。なお、これについては、後の章でふたたび話題にするつもりである。

忘れないうちに第二の方法にも触れておこう。こちらはもっと最近に体験したスタイルである。昼間に流れの強い沖まで出て、大きな浮き玉を腰につけて水面下五メートルあたりを漂流するものだ。これも陸地から離れた沖へ出るので、下を見ると海底がまったく見えない。しかも、水中に浮かんでじっと漂流するためには、「中性浮力」なるものを維持する技術が要る(暗闇の場合は浅場に潜るので海底に足をつけることができる)。わたしはそういう技術をもたない老人ダイバーなので、最初とても恐ろしい目にあった。十メートルほど潜って妖怪世界をさがしていると、なぜか仲間がどんどん浮き上がっていく。あれ、十メートルの水深で幽界探訪をするんじゃなかったのか、と思ったけれど、みんな水面のほうへ浮き上がってしまう。下を見たら、真っ暗な奈落が口をあけていた。どっちへ行くのも恐ろしく、ただ途方にくれた。すると、グループのリーダーが必死に戻ってきて、わたしの腕をつかむと上昇を促した。わたしは引っ張られるまま、みんなが集まっている水面下まで戻された。ボートに上がって聞かされたのは、「おまえだけどんどん沈んでいくので、助けにいったのだ。あのまま沈んだらたいへんだったぞ」という小言だった。

水中では、上も下も、右も左もわからなくなる。自分では水中十メートルにとどまっていると思い込んだのだが、じつは勝手に沈んでいたのだった。その代わり、自分の目には仲間が上へ浮きあがっていくように見える。錯覚だ、恐ろしい。水中は宇宙空間に近い異世界といえる。わたしは以後、腰に浮き玉を装着し、ロープで体を吊り下げてもらうことにした。ちょうど浮きをつけた釣り糸とおもりの関係である。浮きから下の道糸は五メートル。こうしておくと、重い体でも五メートルより深くは沈まない。この工夫は、中性浮力が取れないにもかかわらず、どうしてもリュウグウノツカイの幼生を見たいといって聞かないわたしのために、水中写真家の阿《あ》部《べ》秀樹《ひでき》さんが考え出してくれた潜り方だった。

で、こんな異世界で何を見たいかといえば、無色透明、変幻自在の「プランクトン」と呼ばれる浮遊系生物を見たいのである。魚も、クラゲも、エビもカニも、ウニもタコもサンゴもイソギンチャクも、海中にすむ動物の大多数には「幼生」期という時期があって、水中に浮遊している。昼間は海底と水面、岩場と砂浜のように生活環境を違えて棲み分けている動物が、幼生期だけはごちゃまぜになって海中を浮遊している。浮遊だから、浮いているだけだ。したがって、普通は住む環境がちがうクラゲとイセエビでも、幼生期には平気で出会い、イセエビの幼生がクラゲの傘に乗って水中を旅したりする。しかも、イセエビは乗り物にしたクラゲを食べるのだから、まさに食事付き水中ツアーといえる。

こんな生命の混浴温泉のごとき「幼生期」には、それぞれの生き物の姿形が成体とはまるで違っている。黒くてニョロニョロのウナギは、幼生期には骨まで透けて見えて葉っぱのような平たい形をしている。イセエビ類の多くも、透明で平たく、まるで透けた団扇のようだ。なかには、親になった姿をまるで想像できないほど異様なかたちをとる生き物もいる。ことごとく透明で、優雅に衣を翻して浮遊する「異生物」に化けている。なかには内臓を外に出して、それを引きずりながら浮遊する、まるで妖怪「飛頭蛮《ひとうばん》」あるいは「姑獲鳥《うぶめ》」そっくりのやつがいるかと思えば、「風の又三郎」に登場するガラスのマントをまとった「転校生」を思い出させるやつもいる。なお、上段右は加山さんというダイビング仲間が撮影したとんでもない写真の一つである。

浮遊系生物は、透明で、ふわふわ宙に浮いていて、成長すると普通の生物に変身するが、幼児の一時期

内臓を引きずって飛び回る妖怪「飛頭蛮」の一種（『稲生物怪録』より）。

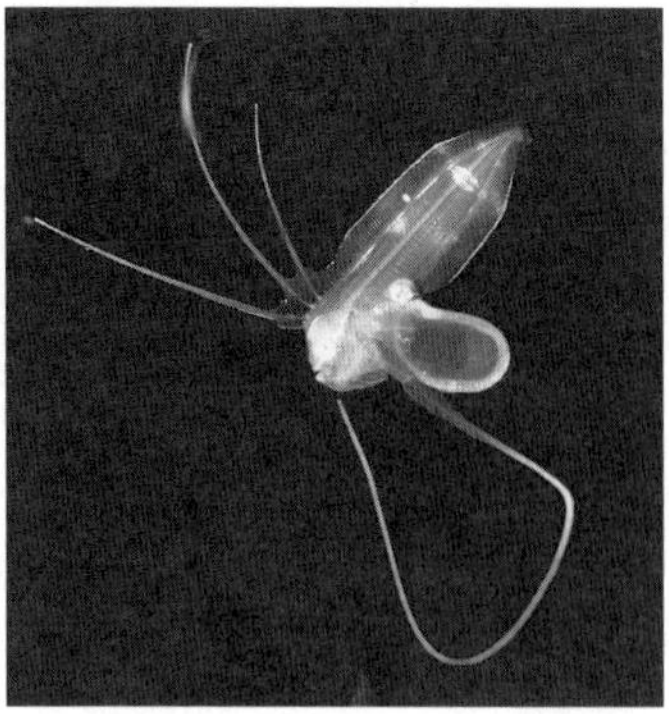

ウシノシタ類幼生。まさに生きている飛頭蛮といえる生物で、内臓が外に出ている。加山藍子撮影。

だけはみんなお化けみたいな体形をして広い海洋を漂う。ある人は、この時期を「天使期」と表現したが、いい得て妙だ。そして時期が来ると変身してごく普通の魚やエビやカニに分かれていく……。

これって、「この世」と「あの世」、現世と霊界、動植物と精霊・妖怪の関係にあたるのではないだろうか。浮遊する幼生は、陸上でいえば「霊体」だ。つまり、浮遊世界は「あの世」なのである。

プランクトン世界は、いわば昼を生きる成体たちの「前世」にほかならず、お化けの国といってよい。その証拠に、彼らは闇の中で舞うようにただよい、ひらひらする透明な経帷子《きょうかたびら》をまとっている。これと同じ振る舞いができるのは、幽霊や精霊しかいない！

彼らは進化論がやってくる前の地球生物だ。天使物質や精霊物質でできた生き物だ。そんな霊界生物の幼生が、突然変態して、進化論が支配するこの世の成体に変わる。南方熊楠が生と死の両世界を生きながらえる「粘菌」という生き物を発見して、生と死をつなぐ生命世界を構想できたのならば、アラマタはそれに勝るとも劣らない不可思議な生物相を突き止めたのかもしれない。

このアイデアを思いついたとき、わたしは幼いころから「海の生き物」に興味を持ちつづけた真の理由を理解できた。周りも親も、顔をしかめる趣味だったが、じつは「天の贈り物」だったのだ。

「家には水族館がある」と友は言った

以上のような感覚は、海の中の探検がもたらした。海の生物を採集し飼育することに熱中した高校の三年間は、いま振り返ってみても、じつは現世と異世界を往復する暮らしに熱中できた稀な時代だったといえる。当時は、海の生物を自宅で飼育することなぞ、技術的にも経済的にも不可能だった。にもかかわらず、わたしはまたしても幸運に恵まれて、異世界に遊べたのだが、その代わり時間とお金がおもしろいほどみごとに手元から消えた。まずは毎朝、飼い始めた海の生物の世話で目が回るほど忙しい。海の水を手に入れる方法がない。海水が汚濁すれば、一升瓶を何本も持って電車に乗り、船橋《ふなばし》ヘルスセンターあたりまで海水汲みに行かねばならなかった。それができない試験中は、理科室に行ってマグネシウムやらナトリウムを分けてもらい、食塩と混合させて、「人工海水」を作るほかなかった。魚が産卵すれば、徹夜して孵化する瞬間を観察した。真冬にも逗子《ずし》海岸へ出かけて裸で海に浮かんだ。冬でも採れるタツノオトシゴを探しているときには警官が駆けつけてきた。近所の人に「磯でドザエモンが浮いてるぞ」と通報されたのだ。真冬に逗子で海水浴をするのは、このわたしか、あるいは近隣のアメリカ兵家族くらいしかいなかったらしい。

で、そもそも海の生物を自宅に飼って生態を観察しようという運命に落ちたきっかけは、高校一年の一学期に「田川英一」という生徒と席が隣り同士になったことにあった。彼は八王子から通ってくる歯医者さんの息子で、髪はポマードで固めた七三分け、学生服よりもアロハあたりが似合いそうな、とても裕福な「坊ちゃま」らしかった。こっちも「ビンボっちゃま」の意地があるから、ある日、「おいらの趣味は江の島や上野動物園の水族館に通うことなんだぞ」と言ってやったら、涼しい顔してこう返してきた。「おれん家《ち》なんか、家に水族館があるんだぞ。海の魚を飼ってるんだぜ。見せてやろうか」と。湘《しょう》南《なん》ことばが妙に似合うのが、悔しかった。実際、石《いし》原《はら》裕次郎が主演した映画『狂った果実』にも、湘南ボーイのお気に入りの場所として江ノ島水族館が登場するし、彼らの遊び相手は当時珍しい熱帯魚だったのである。

日本に水族館が建設されたのは、ロンドン動物園内に世界最初の水族館「フィッシュハウス」がオープンしてから三十年が経つか経たない頃であった。第一号は上野動物園にできた「観魚室《うおのぞき》」だったが、海の魚はいなかった。だが、明治三十年代に浅草公園に開業した水族館が明治の世に新しきアトラクションを提供した。これは本格的に近海魚を展示して評判になった。水槽を見て回る通路は暗く、さながら竜宮城《りゅうぐうじょう》に迷い込んだ気分を味わわせてくれたので、正岡子規《まさおかしき》が「ぜひ見に行きたい」と書き、宮沢賢治は実際に見物にいったらしい。水族館が新し物好きのあこがれとなったのも、無理はなかった。『幼年世界』という児童雑誌（第一巻二号）を読むと、浅草公園の水族館では「巨大な蟹《タカアシガニ》や、背中を押すと電気が走るシビレエイが（しびれの実体験をふくめ）見物でき、瓶に入れたタツノオトシゴもまじかに見ることができた」とある。まさに文明がもたらした世紀の見世物だったにちがいない。

ところが、その水族館にいる海水魚を、家で飼っていると公言する級友が、目の前にいる。わたしは度肝を抜かれてしまった。ウソだ、家庭で海の生物は飼えないんだ、ばかやろ、と反撃したが、「なら、八ミリ持ってきてやるよ。この前、三浦半島へ魚とりに行ったときの映画があるから」と、返り討ちにあった。海の魚どころか、八ミリまで持ってる高校生などという存在を、わたしはあの当時、見たことがなかった。

　それで数日後、彼が証拠の八ミリ・フィルムを持って登校してきた。学校の映写機を借りてきて、放課後に黒幕が降ろせる視聴覚教室へ侵入し、この八ミリを投射した。画面に登場したのは、彼のお父さんだった。眼鏡をかけたインテリの歯医者さんが、セダン型の自動車から出てきて、肩に投網《とあみ》を担ぎ、岸壁からさっと投げる。引き上げると、真っ白い体に黒縞のある、背びれが旗竿のように長い魚がかかっていた。今だから言えるが、魚はハタタテダイという熱帯性海水魚だった。美魚中の美魚である。だのに、神奈川県佐島という逗子海岸から遠くな

浅草公園水族館は、昭和初年にはエノケン一座の「カジノフォーリー」を上演する劇場としても有名になった。『風俗画報』より。

い近場でとれたのだ。水族館では宝物のように展示される熱帯の海の「希種」だったからたまらない。わたしはその場にへたり込んだ。

そう、現在の水族館マニアなら知っている。ハタタテダイは南洋の魚で、東京みたいな寒い海にいてはならないのだ。わたしは彼に泣きついて、八王子の家まで連れて行ってもらった。彼の家は大きな歯科医院で、待合室に巨大な水槽が置かれ、そこに、

湘南の海にも見られたハタタテダイの幼魚。この図は江戸末期に日本へ来航したペリー艦隊の航海報告に載せられた現地採集個体。

水族館でも滅多にお目にかかれないハタタテダイやミノカサゴ、タツノオトシゴなどの珍魚が泳いでいた。立てつづけに質問を発する変な同級生の気迫に打たれたのか、田川医師は休みの日に海へ連れて行ってやると約束してくれた。

田川医師は世にも珍しい、自宅で「海の生物」を飼育するアマチュア博物学者だった。昭和三十七年の話であるから、日本近海では熱帯魚の卵や稚魚が黒潮の流れに乗って東京湾にまで運ばれてくるという事実も知られていなかった。また、人工海水と手作り濾過装置を用意すれば、家庭でも海の生物が飼えることも、なおさら知られていなかった。

そんなわけで、わたしは田川医師の内弟子となって海水魚の採集と飼育の方法を伝授してもらった。その採集旅行がまた、刺激的なのだった。我が家には自動車なる文明の利器が備わっていなかったから、高級自家用車なるものには乗ったことがなかった。男四人が乗った車は京浜を走り、その夏大ヒットしていた園《その》まりの「燃える太陽」や、エディット・

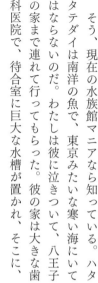

ピアフの原曲を美空ひばりがカヴァーした「愛の讃歌」に聞き痴《し》れながら、湘南へ向かった。二曲とも、今の夏ソングと異なり、胸に染みるような曲調だった。もしも夏の終わりだったら、涙がでてきたと思う。来るべき昭和メロディーの実感を、涼しい車内でひしひしと味わえた。蛇足だが、園まりもひばりも横浜っ子だったと思う。うーん、これでますます現実から離れそうな予感がした。このとき、田川医師の車で神奈川県佐島に運ばれた級友は三人。田川君が撮ってくれた記念写真が、ただ一枚存在する。

神奈川県佐島にて　田川医師と磯採集に行った唯一の証拠。
高校一年のアラマタは左端。

自分を語る文体の発見

しかし、そんな極楽とんぼの自分でも、高校生になると、道楽や趣味に遊ぶだけでなく、ちゃんとリアリティの世界で生き抜く術もつちかう必要を感じだした。英語をやっておけば食うに困らないだろう、と考えた。でも、なにより健康と体力である。自転車通学は健康も体力も増進させた。アルバイトもいろいろやった。チョコレート工場から紙コップをつくる紙器工場まで、そして原稿書きの仕事もするようになった。自分の趣味というか気質が継続されるために、日々の食い扶持を得る安定した仕事につく努力を忘れなかった。つまり、自立の道を探すようになった。

その前提として、親の脛《すね》をかじるわけにはいかない、ということがあった。伊達《だて》に夜逃げ三回を経験したのではない。趣味に生きるのであれば、作家か画家になるのがよい。それで、昭和三十三から三十五年にかけては、ずいぶん漫画も投稿してみたが採用されなかった。だれでもそうだろうが、この蹉跌《さてつ》こそが青春期といえる。ここで悩みや苦しみや絶望が一遍に襲ってきた。平凡で単調な生活に耐えられるだけの、「つまらない大人」になる修業こそが、必要だと気がついた。

当時、職業としていちばん真剣に考えていたのが「作家業」だった。英語の翻訳も仕事になりそうだった。それには、文筆業の前提となる「文体」を自分のものにしなければならない。見様見真似で小説など書き始めると、絵よりも文章を書くほうがおもしろくなり、エッセイやら駄文やらを書きなぐるようになった。同時に、毎日読むSF小説や怪奇小説のあらすじを書き留める読書日記も始めて、大学卒業まで継続させた。この記録が、後に『SFマガジン』で翻訳をさせてもらうときの作品選択に役立った。英語で幻想小説も読み始め、読んだ話のあらすじをメモする習慣は、後でもっとも役に立った。

漫画の手本は最初から、時代劇は平田弘史、ファンタジーなら石森章太郎と決めていたが、文章にもお手本が必要なことに、ようやく思い至ったのが、高校生の終わり頃だったろう。当初は平井先生の日本語をすっかり真似していたが、翻訳には向いても、身辺雑記風なエッセイにはあまり向かないことが分って、いよいよ困ったのを覚えている。やはり、現代語で分かりやすく書きたいのである。

だが、この問題も自然に解決した。いろいろな雑誌にエッセイを書くようになると、結局、いちばん昭和らしい「C調文体」あるいは「昭和軽薄体」と呼ばれたモダンな書き方に落ち着いていった。自然な口語なので、スピード感が出るのである。この手本は何といっても、当時創刊されたハードボイルド雑誌『マンハント』だった。軽薄を装いながらもエスプリを利かせた文体が、読みよいのである。のちに朋友となった鏡明も、高校のころから『マンハント』ファンだったことを知ったが、一言で言えば不良インテリの文体だった。

ついでにいうと、生涯の師匠と決めた紀田順一郎先生の文章に初めて出会ったのも、『マンハント』だった。しかも現代ビジネスを取材して皮肉った手際は、私の理想的な手本となった。そして不思議なことに、紀田先生も実は欧米の幻想小説に注目し、ゴシックロマンスの発掘に邁進されていることを、平井先生から知らされた。こんど怪奇小説の同人誌を出すことになった紀田君に手紙を書くといい、と教えてくださったのは、ほかでもない、平井先生ご自身であった。

ところで、あいかわらず昼飯代と交通費をすべて趣味に注ぎ込んでいたわたしは、ますます図書室の番人のようになった。昼休みをマルマル図書室で過ごし、誰よりも早く新聞と雑誌を読み終えることを得意技にしていたのだが、なかでも「図書新聞」と「読書人」という書評紙を最初に読めるのがうれしかった。この両紙から知った作家や評論家は数知れない。イタリアの新進作家トンマーゾ・ランドルフィやアメリカ作家デイモン・ラニアン、そしてトルーマン・カポーティらは一例に過ぎない。澁澤龍彥を知ったのも、植草甚一を知ったのも、そうである。なかでも「植甚」のライフスタイルが、自分に合った。権威に媚びず、自分を飾らず、平然とゲスな下町言葉を使うところが、かえって颯爽としていた。彼の文章でなにより好きだったのが、「ぼく」という一人称を粋に使うセンスだった。ちょっと大人の言い方に「オレ」というのもあったが、「ぼく」のほうがはるかに使いにくい言葉だった。下手に使うと気障になり、乱発すると子供っぽくなる。植甚は日本橋小網町《こあみちょう》の出身だそうだから、武士の権威に反発しながら生きた日本橋町人の「意地っ張り」な気質が染みついていたのだろう。この点は、浜町で育った平井呈一とも共通する。わたしは平井先生の粋な江戸っ子ことばを聞くのがとても好きで、たまに電話をかけては平井節を楽しんだ。我が家は浅草っ子の系統だったから、平井先生の話しっぷりに親しみがあったのである。あの口調に瓜二つだったのが、有楽町《ゆうらくちょう》駅で昼休みによく街頭演説をしていた大日本愛国党《だいにほんあいこくとう》総裁の赤尾敏《あかおびん》だった。サラリーマン時代に有楽町で、平井先生が過激な演説をしているのかと錯覚したことすらあった。

植甚の文体に話題を戻そう。前述したなつかしのハードボイルド・マガジン『マンハント』に連載していた「夜はおシャレ者」からの引用が、いいかもしれない。この雑誌は暴力とエロの外国記事を満載した低俗雑誌と誤解されていたが、じつは文化の尖端を伝えるニューメディアでもあった。これから引用するのは、ジャン・コクトーの近況を紹介するのにアメリカ映画の話題作をからめるという達人技を見せた植甚のエッセイだが、コクトー自身に一人称でしゃべらせるというシャレたスタイルが憎らしい。口調がまた落語の枕のようにここちよいのだ――

「……ピカソは、ぼくのポートレートを描いてくれましたが、モディリアーニも描いてくれた。あれは随分むかしのことになるなあ。（中略）あのころ、ぼくたちは運命には無関心だった。絵画の歴史を飾るために生きていたのではなく、生活そのものを楽しんでいたんですよ。ほんとうにモディリアーニの線くらい優雅な線はないでしょう。線の幽霊といっていいくらい見えない形となって浮び上がってくるのでした。汚ない水のなかには決して突っこまない一角獣の角のような線だといってもよいでしょう。ところが戦後の画家の描くものは、凍った詩のように空虚なものとなってしまいましたねえ」

どうです？　こんなジャン・コクトー、見たくなるでしょう？

わたしはこういった軽くて蘊蓄《うんちく》のある文章に魅せられた。知的で、ちょっと悪っぽい。しかも、江戸っ子らしい粋さもある。日本橋の旦那衆のドンであった「榮太樓《えいたろう》」の細田安兵衛《ほそだやすべえ》さんに聞いたら、日本橋では人を判断する基準は「粋《いき》」か「野暮」かの二つしかない、「粋」というのは自分を偉そうに見せないことだ、自己宣伝するやつは最低の野暮天だ、と教えられた。当然ながら文体も偉そうな書き方をしたくないわけで、すこし下卑たほうがいい。これはわたしばかりでなく、たくさんの若い作家や若くない作家も、同じ気持ちだったようだ。いわば、『マンハント』は、そういう文人たちのたまり場所だった。他の面々の見本文体をすこし並べれば、この昭和っぽいダンディズムが伝わるだろう。

「……ボクといっしょに囲われている前田武彦だ。ボクは正義のヤイバをこの男の頭に振り降そうと思う。今年中に、この男をこの世から抹殺してしまうつもりだ。何がゆえにボクがコレほど怒り狂っているかというと、彼はボクのことで聞くだに汚らわしいスキャンダルをまき散らしている。『永六輔は女だ』と！」（永六輔「くたばれ TAKEHIKO」昭和三十三年九月号）

「……やおらフトコロから取りいだしましたるは、『花咲ける恋』と銘うった雑誌にござります。（中略）どうです、オモシロそうでしょう。このオバちゃん達、ずいぶん欲求不満に悩まされたらしくて、お書きになったものも、これまたドエライものばかりです。西の国のバアさんがウサばらしに書いたエロ小説を、こんどは東の国の野郎どもが読んで楽しむ。持ちつ・持たれつとはこのことで、げにこの世はなんとも巧妙なシカケにできているではないですか。まあいいでしょう、能書きはこれくらいにして、では詩をひとつ忠実に訳してみますから、拝読をお願いします。題は〈ともに過ごしき〉

もういけないいんじゃないかと思ったくらい／ずいぶん長くステキだったわ／さすが元気なあなただけれど／髪のつやさえ気にかかる

熱い流れがほとばしり／こたえて叫ぶの、私は死ぬと／私の頰はくれないに／あなたのあなたはクロムラサキに／染まる夜こそ楽しけれ……」（テディ片岡「もだん・めりけん珍本市」昭和三十七年九月号）

って感じ、おしゃれですね、ほんとに。わたしもこういう文章を書きたかった。

今風にいえば、サブカルチャーの書きざまといえるかもしれない。自分の素《す》に一番近い文筆スタイルだったが、皮肉なことに、怪奇幻想文学やらオカルティズムやらの、いわば「反近代」的な分野での語り口にはどうしても似合わなかった。こっちはこっちで、古めかしい言い回しをする必要があって、江戸の言い回しをさかんに覚えた。なにしろ、「サブ」と「反」がごちゃごちゃになったのだから、わたしの文体は収拾がつかないものになった。

こういうときに、酸いも甘いもかみわけた平井呈一先生の江戸下町文体が参考になった。大学四年の春休みに早川書房からロバート・E・ハワードの『征服王コナン』を翻訳出版したとき、この古い言い回しを活用したのだった。剣を歌舞伎風に「だんびら」と訳し、怪しい術を使う悪漢を道教風に「魔道士」と訳したが、英雄譚なので軍記物が似合う講談調の節回しがぴったりだった。ただ、やや大時代的な文章であることに変わりはなかった。文章が古臭いせいで、わたしはしばらくのあいだ、還暦を超えた老人であると読者に思われてしまった。でも、そういう誤解がうれしくもあった。本当に、早く定年になれと、自分では願っていたからだ。老人になれば、たいていの悩みはあきらめや達観に変わるはずだから。

上野うさぎやで谷口喜作を知る

ついでに、最近の平井呈一探索の成果をお話ししておく。昨年から本気になって平井呈一先生の経歴を調査しだしている。わたしもそろそろ作家業を店じまいの年齢になったから、せめて師匠の伝記だけは書き残そうと思いたったのだ。最近の調査で非常に興味を抱いたテーマがある。

それは、平井先生のご兄弟にかんすることだ。平井先生には双子のお兄さんがいて、お兄さんは実家である上野の和菓子舗「うさぎや」を継ぎ、弟の平井先生は日本橋浜町にあった平井という炭屋さんの養子になった……と、ここまでの経歴は、すでにあちこちで書かれている。けれども、ここから先の情報には、具体的な裏付けが欠けており、多くは関係者からの伝聞に拠っていた。したがって、これから書くことは、はじめて世に出る話かもしれない。

　わたしは中学三年生の、たぶん春頃に平井先生と文通を始めた。その後、押しかけ弟子になって十五年ほど教えを受けた人間だが、どういうわけか、先生は身の上にかかわる話を直接くちになさらなかった。それが今でも残念で、子供時分の話やご結婚時の話などをもっと尋ねておけばよかったと、口惜しく思っている。

　けれども平井先生の経歴を書く決心が固まったあたりで、先生のお孫さんたちにお目にかかれる機会ができた。そのなかで興味を抱いたのが、平井呈一と谷口喜《たにぐちき》作《さく》さんの「生まれ順」である。双子の場合は、先に生まれたほうが「弟」、後からうまれたほうが「兄」となるのが法律上の解釈である。だとすると、先に生まれたのが平井先生なので、平井先生は「弟」として育てられたことに理屈が通る。ところが、平井先生のお孫さんに伺うと、戸籍を入れる前、一般家庭のしきたりでは先に生まれた方を兄とすることになっていたので、平井先生が「兄」とされた時期がある、というのだ。「その証拠に、名前の「程一」（本名）に、長男を示す「一」の字がありますでしょ」、と教えていただいた。

　どうやら、当時の谷口家では先に生まれた方を「兄」とする古いルールがまだ生きていたらしい。それで名前を程一として役所に出生届を出したが、役所でさきに生まれたほうが弟だと言われ、その場で弟として入籍されたのが真相ではないかとも思う。それでは、お兄さんとなり「うさぎや」を継いだ谷口喜作とは、どんな人だったのだろう。喜作にかんしては、永井荷風が「断腸亭日常」にこの人を登場させた文章だけが知られていたが、その性格や経歴はよくわからなかった。そこでお兄さんの履歴を、分かった範囲内で書いてみたい。

　わたしの印象から先に書けば、平井先生は養子に出されたことがある意味で幸福だったのではないかと感じる。というのも、本家に残り、家業を継いだ兄彌之助《やのすけ》のほうは、学校にもロクに行けないほど店の手伝いをさせられたからである。家内工業ではそれが当たり前だったとはいえ、そうとうに重労働だったことがしのばれる。平井先生のように大学まで行かせてもらい店の手伝いもそれほどしなくてよかった生活は、むしろ幸運だったのではないだろうか。

彌之助が二代喜作を襲名したのち昭和二十二年に記した「市井雑記」（『新俳句』十月号）に、当時の辛い生活ぶりが語られている。彌之助が十七歳となったこの正月、父から初めて羽織と数珠と論語を贈られた。「羽織の裏には、時難得易失（時ハ得難ク失ヒ易シ）と二行に書いてあつた。私は黙って頭を下げて、その三つの品ものを貰つた。家では私はその頃小僧さんと同じ扱いを受け、小僧さんと同じ服装のもとに小僧さんと同じ生活をしてゐた。盆と正月の十六日、年に二度しか休みもなかった。年に二度の藪入りはあっても、しかし私には宿りにゆくところはなかった。その年の一月十六日には、私はお仕着せとして作つてくれた盲目縞の着物の上に、初めてその茶の立縞の羽織を着て浅草に活動写真を見に行った。父に、尾崎紅葉さんにほめられたと言つて、それをほこりとしてゐた持句が一句あった。

冬の夜や夫婦かせぎの細ともし

父にすれば、その夫婦かせぎの細々とした暮らしではあつても、水いらずの、いつはりのない、二人で寄り添い生きていくやうな暮らしが暮らしとしての理想境であるらしい。通りを親仁が車をひき、その細君らしい人が車を押してゆくさまなぞ、父は『いいなァ』と感嘆して眺めてゐたことも、私は子供ごころに覚えている」

彌之助は終生、父のほこりであった「細ともし」という句を愛し、自身の私小説の題名にも「細ともし」を用いた。

そこでまず、彌之助と程一の父親の話から語り始めるしかないだろう。

初代谷口喜作は富山の生まれであった。九歳のときに「精神一到何事か成らざらん」の決意をもって、富山から大阪へ出、婚姻関係にある某両替店に入り修業、「感じるところがあって郷里の名士安田善次郎を頼り東京へ移って銀行業および船具商に従事した。船具は、鈴木船具店横浜支店主任として営業した。ほかに、銀行業でも名を成した」(『開港五十年紀年横浜成功名誉鑑』から要約)という。

上京の年代は明確でないが、明治二十年代の初めごろ横浜で「うさぎ印オランダ蠟燭」と家伝の「皮膚妙膏」を売出した。店は、喜作の干支にちなんで「うさぎや」となづけられた。その後は商売も軌道に乗り、横浜商人の中でも「成功者」に数え上げられる人物となった。場所が横浜であり、斬新な経営法や広告術を工夫した成果であろう。喜作の商売理念の構築に寄与した名士が、二人存在する。まずは福澤《ふくざわ》諭吉《ゆきち》である。喜作は慶應義塾の福澤翁を深く敬慕し、つねに独立自尊主義を奉じ、「正直は最後の大勝利」のことわざを座右の銘にして、正直値の勉強を標榜し、需要者本位をもって営業した。もう一人は上野池之端《いけのはた》の売薬王といわれた「守田寶丹《ほうたん》」の守田治兵衛《もりたじへえ》で、西洋仕込みの宣伝を展開した人物だった。「守田寶丹」(明治政府公認の売薬第一号、オランダ人医師ボードウィン製造のコレラ予防薬)は宣伝と広告の手法が非常に独創的だったといわれる。

守田治兵衛は商品の評判を広める技術を知った近代的な商業人でもあり、作家や俳人、また歌舞伎役者との交流といった人脈形成を得意とした。当時は広告活動に利する面があったことも、注目すべきだろう。父親のこうした文化嗜好が、のちに息子の程一にも受け継がれたといえる。

そういうわけで喜作は、商売にも熱心だったが、同時に俳句や演劇にも時間を費やすようになった。その具体例が、壮士芝居の川上音二郎《かわかみおとじろう》との出会いである。川上音二郎が明治二十四年に東京の中村座で壮士芝居を旗揚げする前から、喜作は「オッペケペー節」に関心を示した。そして喜作自身も、経営者と俳優の両面で一座を支えるようになる。

喜作は東京では銀行業、横浜では船具店・ろうそく製造販売・出版・薬品販売などの職業を掛け持ちしていた様子なので、少なくとも東京と横浜を忙しく往来する生活だったらしい。

しかし横浜で「うさぎや」が喜作の生活の主軸になるのは、新聞資料によれば川上音二郎一座と縁を切ったあとの明治三十八年以降である。明治三十五年に双子、程一と彌之助を授かったのは、まさに喜作の転機を象徴する出来事であった。ただ、弟の程一は東京・浜町の炭屋へ養子に出されるのであるが、その理由はおそらく、商家にも見られた「双子の一人は養子に出す」という奇妙な双生児嫌悪の習慣によったためと考えられる。

初代喜作の商運はその後も順調に推移したが、明治四十五／大正元年に、大きな波乱が起きる。知り合いの工場主の借金に裏ハンコを押したことから、喜作はあらぬ大借財を負ってしまうからである。横浜のうさぎやと何軒かあった家作を売却しなければならなくなり、一時は離婚したうえで出家することを決意したほどの危機であった（二代喜作「市井雑記」（『新俳句』昭和二十二年十月号）による）。しかし、妻子が必死に説得したことで出家を断念、これまで手掛けたことのない商売として和菓子屋を選び、東京で再出発することにした。それが、現在も繁栄する上野西黒門町、和菓子舗「うさぎや」なのである。

なお、谷口喜作は大正七年七月十六日、神奈川県鎌倉郡腰越村腰越五八六番地にて胃腸病のため死去した。

兄・彌之助、後の二代谷口喜作は、父の死後十六歳で店を継ぎ、母と二人で膨大な借財を返済する義務を負わされ、旧制中学高等部さえ満足に行けない過酷な日々を送るようになった。

いっぽうの呈一は養子に出されたが、養家の炭屋は養父自身が養子上がりの寡黙で人のよい職人だったらしく、早稲田大学にまでやってもらえた。兄の喜作が書いた私小説『雲の往来』によれば、「これまで金を稼いだこともない」文学青年でいられたのである。しかし、どのみち双子の兄弟は、長じるにつれて父から受け継いだ文学好みという性格を軸に、兄弟らしい緊密な関係を結ぶようになる。しかも、兄の喜作は店の運営という過酷な仕事をこなしながらも、一家の周辺で起きる出来事を静かに記述する身辺雑記のようなエッセイを書き続けてくれた。呈一はといえば、文士の矜持もあってか身の上についてはほぼ何も書き残さなかったから、兄の存在はとても貴重だった。永井荷風が「文学的に不遇にもかかわらず、それを一向に気にすることもなく、淡々と暮らす」と評したボヘミアンの生活ぶりも、本人は語ることがなかった（唯一の例外は、昭和四十四年頃脱稿した自伝『明治の末っ子』であるが、未発表のまま原稿が行方不明になっている）。

喜作は菓子屋の店主であるばかりでなく、非常な筆まめであり、俳句雑誌や文芸雑誌に膨大な投稿を行っていた。単行本を一冊もださなかったために、これまで忘れ去られていたが、わたしは二代喜作の作品を読むうちに、この兄にも限りない興味を抱いた。公表した俳句の数も呈一を大きく上回っており、毎月定期的に発句を行い、散文エッセイも書き、多くの私小説を書いた。さらに文人たちの面倒を見る役割も一身に背負いこんで、芥川龍之介については葬儀委員長まで引き受けた苦労人なのだった。また、友人の山岳作家、深田《ふかだ》久弥《きゅうや》とも交流し、自らも山岳の湯治場などを旅してまわった。

この兄弟が最も緊密に力を合わせて切磋琢磨した分野は、俳句だった。喜作が発句の道に入ったのは、呈一より数か月早い。十四歳のとき、当時自由律の実験を推し進めていた破天荒な河東《かわひがし》碧梧桐に引き合わされた。正岡子規も俳句を変えた革新者だが、その弟子の碧梧桐はそれをクーデターのように解体した。喜作が父に料亭へ呼ばれて、会食中の碧梧桐先生に挨拶をさせられた。その場には偶然にも、うさぎやに近い本郷に下宿していた若者、瀧井《たきい》孝作《こうさく》がいた。二代喜作はすぐに瀧井と仲良くなり、これに弟の平井呈一が加わり、まだ中学生のひよっこにもかかわらず、俳句から散文にまで広がる日本文学全体の停滞ぶりを批判しあった。結局、碧梧桐門下の最年少門人三人は、俳句を乗り越えて散文や小説の分野にまで、興味を拡張したのだった。

なお、平井先生の文章中に、喜作さんは頼りになる「兄」として登場する一文がある。わたしが大好きな文章で、もう何十回読んだかしれないが、昭和三年ごろのふたりの関係が浮かびあがってくる。平井先生がアーサー・マッケンの傑作「パンの大神」を初めて読んだ晩の思い出をつづった文章の一節だが、これは本章の冒頭に引用してある。

上野うさぎやの二代目におさまった二代喜作も、文人との交流も一気にひろがり、碧梧桐はむろんのこと、瀧井孝作、芥川龍之介、永井荷風らとも昵懇の間柄となった。店そのものが文化サロンとなっていたから、喜作は多くの文人の世話焼きという役回りにもなった。俳人の安住敦《あずみあつし》はこう書いている――

「荷風や万太郎のところにはうつかり行けないが谷口さんのところなら、相手はお菓子屋さんの主人だといふ気安さがある。早い話が、最中を買ひにいつたつていゝ。それでさうした東京の作家たちの醸し出す一つの雰囲気にちよびつとひたることができるのだ。谷口さんはいつも気軽に会つていろいろ話相手になつて呉れた」

そして、このサロンに出入りした文人の一人が、深田久弥だった。深田は一時もてはやされた売れっ子作家だったが、発表した作品の多くは妻が書いた草稿を基にしていたことが発覚して人気を失い、戦後になって山岳文学の雄としてふたたび脚光を浴びたという、数奇な経歴をもつ。わたしには畑違いの文人だったが、テレビで見た記憶がある。昔、東大の雪男探検隊がヒマラヤに調査に行ったとき、その検証番組に登場して、登山家の立場から意見を言っていた。

喜作は俳句も読めばエッセイや小説も書き、深田や龍之介ら付き合いが深い作家の著書の装幀まで手掛ける才人だった。しかも面倒見がよく、甘党の作家たちへは店のお菓子を携えて訪問するという、まことにまめな気質であった。わたしの勝手な感想を言わせてもらえば、ディレッタント気風を持った平井先生とは異なり、気配りのいい苦労人だったと思われる。先ほど文章を引用した安住敦さんも、谷口の人柄を評して、「谷口さんの周囲には極めて豊かな文学的雰囲気に満ちていた。自然、俳句許《ばか》りでなく随筆や小説にも筆を染めた。氏の作品にはいつも泌々とした愛情が籠つてゐた。その愛情がまづ僕を打つ」と書いている。

碧梧桐がせんべい屋になる？

平井先生はつねづね、芥川龍之介は高尚だが、泉《いずみ》鏡花《きょうか》を低俗とおっしゃり、バサリと切って捨てていた。芥川への敬愛はふつうではなかったが、それでも兄さんが芥川と交わした付き合いにくらべれば、質と量の両方で、平井先生の及ぶところではなかった。自殺した龍之介の葬儀にあっては、葬儀委員長を務め、奥さんを支えて雑事一切を取り仕切っているからだ。さすがに平井先生にはそういう世事に長けた気働きはできなかった。むしろ、「弟」になることで、二人兄弟の働き場所に最適の棲み分けができたのだと思う。

なお、芥川龍之介との交流にかんし、芥川も喜作を頼りにして、遺言に「後事を谷口君に託す」むねの書き込みを残したほどである。喜作はそういう自分への負託をよく心得ており、芥川が亡くなったのちも二十年にわたり未亡人を見舞いつづけた。雑誌『新俳句』昭和二十三年一月号には、喜作が「芥川の奥さんを訪ふ記」というインタビュー原稿を寄せている。その長い速記録を読むと、芥川の奥さんがうちうちのことまであけひろげに喜作に語っており、芥川が自殺をほのめかすようになってから薬局へ行って、昆虫採集に使うからと劇物を手にいれた逸話なども、打ち明けている。昭和二十二年九月の訪問であるから、喜作さんが店で客にお菓子を詰め合わせている最中に狭心症で急死した、ちょうど前年にあたる。

ついでに余計な話を一つ書いておこう。河東碧梧桐という人もまた非常にユニークな才人であり、同郷の先輩にあたる正岡子規から野球や俳句を学んでいるが、俳句については好みが分れ得ることが多かったらしい。子規が褒める俳句は碧梧桐がこれをけなし、碧梧桐が絶賛する俳句は子規にはどこがいいのかわからない、といった水と油の関係だった。

そういう、貧乏とも縁の切れなかった碧梧桐が頼りにした一人は、やはり、谷口喜作だった。なにせ収入不安定、どうやって暮らしているのかよくわからないが不思議に人を魅了する、型破りの奇才だった。その碧梧桐家に同居していた姪の岡本百合子《おかもとゆりこ》さんに「碧梧桐の思い出」という回想記があって、喜作さんにかかわりある興味ぶかい話が第五話に出てくる——

「河東家へ谷口喜作さんがよく出入されていた。叔父（碧梧桐のこと）初め皆が喜作さんのことを、うさぎやさんと呼んでいた。俳句のお弟子さんである事位しか私は知らなかった。うさぎやさんは、自家製のお菓子をよく持ってきて下さった。ある時は私に銘仙の反物をプレゼントして下さった。早速羽織に縫って着せて頂いた。

「いつかこんな話が持ち上がった。叔母（碧梧桐の奥さん）が『百合ちゃんおせんべい屋をしようと思うの』と云はれた。私は驚いた。叔父、叔母に、せんべい屋が出来るかと考えたり、今更商人に私がなれるだろうかと、色々と心配した。冗談位に思っていたが、或日うさぎやへ叔父、叔母、私三人で出かけた。喜作さんが、せんべいの焼き方を教えて下さった。備長の炭が起きている上に、大きい籠を吊して、生のせんべいを入れておくのである。吊してある籠の中のせんべいを網の上に並べて置き、長い箸でひっきりなしに、表裏にかえして焼上げる。焼きたてのせんべいに刷毛で醤油をつけるのである。醤油は良い香をしてすぐに乾く。三人は真剣な顔でせんべいを焼いた。私は夢中で焼き、何にも考える余地もなかった。帰り道これは大へんな事になる。いつ商売をはじめるのかと、気になった。私は日がたつにつれて、いつしかせんべい屋の事を忘れていた。叔父、叔母も一言もおせんべい屋の事を触れない。とうとう立ち消えになってほっとした。

「後で聞いた話では、喜作さんが反対されたそうである。曰く『先生は旅行がちで留守が多いし、奥さんは外出が多いし、百合ちゃん一人で店をやるようになるので、可哀想だ』と云って下さった。本当に嬉しかった、有難かった。喜作さんは河東家へ出入りして居られたので、家庭の事情をよく知っておられたのである。私の事を思って反対して下さった事を、心より感謝している。

「私が一碧楼さんの口ききで結婚話が初じまった。喜作さんが目黒の御嶽さんに一度占って貰いなさいと、私を連れて行って下さった。

「はっきり場所を、おぼえていないが、護摩を焚いて祈って下さった。この縁談は『結婚したら半年で別れます』と云われた。碧叔父はもう亡くなっておられた。私は心配のあまり父に相談した。父は一喝して云った。『百合子お前はそんな事信用するのか、自分の心がけが大切なのだ』と叱かられた。当るも当らぬも八卦と云う、父の言葉を信じて私は結婚した。碧叔父が生きて居られたら、喜作さんにどう云はれたかと苦笑している。結婚してもう三十二年がたちました。私は碧叔父、一碧楼さん、喜作さんに感謝の心で一杯である」（『海虹』昭和四十四年十二月号）

このせんべい屋騒動は、碧梧桐が高浜虚子《たかはまきよし》との関係が悪くなり俳壇から身を引いた後、生活のためにせんべい屋を開業しようとした出来事をいう。おまけに、この一件には平井先生もかかわっている。阿部喜三男著『河東碧梧桐』（昭和三十九年）によれば、「俳句界から身を引いたのち自立のみちを模索した碧梧桐による「商店経営計画」であった。昭和八年十一月末のことである。そもそも、うさぎやは創業当時にせんべいをあつかったことがあり、その関係かと推測されるが、平井先生も結婚後にせんべいやを開いていたことがある。しかし、何か事情で店を閉めねばならなくなったが、たまたま碧梧桐の知るところとなり、このせんべいやをおれが引き継ぐという話になったらしいのだ」（碧梧桐『海紅堂昭和日記』

昭和八年十一月二十三日づけ)。

そういうわけで、早くも同月二十七日には碧梧桐夫妻と喜作、呈一が千住の先の「煎餅生地屋」へ見学に行っている。あるいはこのときに岡本百合子も同行したのではあるまいか。平井先生がせんべい屋を営んでいたということ自体、碧梧桐以上に信じがたい話だが、先生のご長女が子供のときにせんべい屋の仕事を手伝わされたとお孫さんに語ってらっしゃるので、事実だったたと思う。

そこで喜作さんは、弟のせんべい屋を引き受けようとする碧梧桐に、この無謀な計画を思いとどまらせるための手を打った。せんべい屋は碧梧桐の性格に向いた仕事ではない。震災以後の結婚生活が大変になった弟が、なかなか文筆で身を立てられないのを心配して、せんべいの商いを弟にやらせたけれども、うまくいかなかった現場を見ている。弟以上に商才がなさそうな碧梧桐の手におえない、と判断したにちがいない。

だが、この話はまだまだ終わらない。太平洋戦争が始まるころ、平井先生にものっぴきならない「事情」が発生したからである。このときも、喜作さんは事態収拾に奔走しなければならなかったのだが、今回はもう紙数が尽きた。

第七章

「大学」行って、働いて

出典不詳「三味線をひくドクロ」多色刷り木版。

「とにかくに当時緒方の書生は十中の七、八目的なしに苦学した者であるが、その目的のなかったのがかえってしあわせで、江戸の書生よりもよく勉強ができたのであろう。それから考えてみると今日の書生にしてもあまり学問を勉強すると同時に終始わが身の行き先ばかり考えているようでは、修業はできなかろうと思う。さればといってただ迂闊に本ばかり見ているのは最もよろしくない。（中略）どうしたらば立身ができるだろうか、どうしたらば金が手に入るだろうか（中略）というようなことにばかり心を惹かれて、あくせく勉強することではけっして真の勉強はできないだろうと思う」

福澤諭吉『福翁自伝』

必要なときに必要な人が……

このところ、わが文学上の「おっしょさん」にあたる平井呈一の、細かな年表作りに明け暮れている。古い雑誌などをひっくり返す面倒くさい作業だが、思ってもみなかった発見があり、人生最後になって非常に楽しい「隠居仕事」に恵まれた感じがする。

たとえば先日、大量に保管してあった新聞雑誌類をＫＡＤＯＫＡＷＡの博物館に収めるため整理を開始したところ、まったく忘れていた資料が次々に出てきて、おもわず読みふけった。これでは当分、先に進めない。たとえば昭和四十七年九月十五日付「ほるぷ新聞」の文化欄に、英文学者由良《ゆら》君美《きみよし》さんが書いた平井呈一へのオマージュ記事を見つけた。たぶ

ほるぷ新聞　昭和47年9月15日（金曜日）　（4）

江戸文人と洋学者の面影

平井呈一氏の人と文学を語る　由良君美

翻訳芸術の奥の院、擬古文調「おとらんと城綺譚」

昭和47年9月15日付「ほるぷ新聞」。平井呈一の人柄と仕事について、ここまで評価した評論は、平井生前にこの一篇と思われる。

ん、平井先生の生前に公表された唯一の本格評論ではないだろうか。

「必要な時期に必要な人に出会うということ――それがどんなに稀有なことであり、また宿命的なことであるか。生存の道の半ばを、とっくに過ぎる歳になって、いまさらのように思うのは、この感慨である」と、由良さんは書き起こしている。

　戦争が終わって数年後の話である。由良さんは、まだ旧制成蹊高校文科に籍を置く十八、九歳の青年だった。山本《やまもと》文庫という小さな文庫本に入った平井訳のアーネスト・ダウスンの短編集が読みたくて、方々を探し歩いたそうだが、まだ焼け跡が残る時期だったので、容易に発見できない。山本文庫というのは、戦前の昭和十年代前半に刊行された文庫本で、じつはわたしもその中のバイロン作佐藤春夫《さとうはるお》訳の『吸血鬼』（昭和十一年刊、山本文庫〈56〉）という一冊を探したことがある。翻訳は佐藤春夫名義だが、実際は平井先生がほとんどを手掛けたらしい。さいわいこの翻訳の初出は『犯罪公論』という雑誌で、そっちは古本屋で掘り出せたが、山本文庫版はなかなか発掘できなかったので、由良さんの苦労が他人事とは思えなかった。そのとき由良さんは、いっそ平井先生に直接会って、本を借りようと決意したという。

由良さんは早稲田の大観堂という古書店でようやく住所を聞き出し、その後に念願の平井先生との対面を果たした。そして、永井荷風の偽筆問題で文壇に回状がまわっていたにもかかわらず、江戸文化の素養が深く、英文学者としても趣味豊かな訳文を駆使する平井先生を知って、学校では決して得られなかった真の「文学の師」に出会ったことを確信したのだった。

この新聞記事は、由良さんがまだ東大の英文学助教授のころ、平井先生が亡くなる四年ほど前に書かれた。昭和四十七年段階でも、平井先生は幻想怪奇と俳句の世界を除いて、まだ無名に近かった。こんな日本語の達人を、なぜ戦後の文壇は無視するのか、由良さんはそれを世に知らせたかった。現代文と擬古文の両方でつづられたゴシック・ロマンスの金字塔『オトラント城綺譚』の訳文を長々と引用して比較を試みるあたりで、なんとも切なくなった。わたしが同じように幻想文学に一生を懸けようとして平井先生の許に押しかけたのも、由良さんと同じ年齢だったからだ。たしかに「必要な時期に平井呈一に出会えた」ことは、わたしたちの共通した幸運だったにちがいない。

ところで、平井先生の人生絵巻にも、そういった「必要なときの必要な」人物が複数名登場する。永井荷風や佐藤春夫は当然だが、若いころから幻想と怪奇の世界に親しんだ芥川龍之介もその一人だった。平井先生のお兄さん谷口喜作が親しかった芥川に、あこがれを抱いていたという。あるいは小泉八雲の息子さんの小泉一雄へも、同じあこがれを抱いていたと思われる。もちろん、俳人河東碧梧桐は平井先生にとって最初の「おっしょさん」だったはずであるから、碧門を去ってからも親密な付き合いが途絶えなかったのも当然で、運命の師弟だったといえるかもしれない。けれども、わたしが考えるに、平井先生が一時期いちばん親密な関係をもったのは、むしろ無名の文化人、猪場毅ではなかったろうか。

猪場毅（右、左は平井呈一）。猪場は多くの点で平井によく似た「埋もれる才能」だった。偽筆作成は別として多芸・多才の質は平井にも共通する。猪場毅の再評価もいずれ試みられよう。

悪縁の友も悪くない

　この無名文化人は、平井先生の実兄谷口喜作と双璧をなす先生身辺の「偉人」だったと思う。谷口喜作については、この原稿でもすでに書き込んでいるし、これからも新発見のエピソードを書くつもりだが、問題は猪場毅のほうだ。むろんわたしはこの人に直接対面したことがない。ただ、調べてみると、猪場さんは、メジャーになり損ねた教養文化人の典型であり、多くの点で平井先生の生涯とも重なり合う経歴の持ち主だった。いま記憶に残された猪場の話といえば、平井先生と二人で永井荷風の門人となり、師匠の偽筆を作成・売却してお出入り禁止になったという醜聞が中心だが、ある意味で博覧強記を売り物にして大活躍した木村毅に匹敵する才人だった。どちらも名前が「毅」であることが奇遇といえる。

　わたしのおっしょさんがどういう経緯で猪場と知り合いになったかはよくわからない。が、まず二人は東京の浜町で幼年期を送っている。猪場にいたっては、生まれも浜町だ。石川《いしかわ》桂郎《けいろう》の著作『俳人風狂列伝』（角川選書、昭和四十九年刊）に、種田《たねだ》山頭火《さんとうか》なんていう風狂の人と一緒に論じられている伊庭心猿は、猪場の俳号である。たしかに俳人には奇人が多い。さっきちょっとふれたように、芥川龍之介も俳句に傾いていた。彼の名作『河童』を、数ある河童文学中の最大力作とする視点で見るなら、その作品中で芥川が「松尾芭蕉の、古池や蛙飛び込む水の音を、河童飛び込む水の音、に変更すれば、滋味がもっと豊かになるのに」とつぶやいたのは、思い付きの冗談ではなく、本音だったように思えてくる。正岡子規も夏目漱石も、俳人という観点で見ると奇人だ。子規は、数学的計算によって、十七字の俳句はいずれ全組み合わせが終了して新句が成立不能になる、と「俳句の熱死」を物理学者のごとく明言していたし、漱石に至っては幻想怪奇に通じる独特の句風「神仙体」というのを提唱した時期があった。漱石は高浜虚子と村上霽月《むらかみせいげつ》を誘い、仙人の心境になって空想、幻想、理想などを詠むという、この世の感覚から飛び出した「神仙体」の俳句を生み出そうとした。わたしも俳人になっておけばよかったかなぁ。ともあれ、平井先生と猪場には俳人という共通点があったのだ。

共通点はまだある。二人の父親がまた才能ある文化人だった点だ。おっしょさんの父親は谷口喜作（初代）といい、俳句と演劇の道では名の知れた存在であり、一時期を川上音二郎の「番頭」としても活動した。猪場の父親も、負けず劣らずの通人で、人も知る一流の篆刻《てんこく》家だった。春陽堂版『荷風全集』表紙の題字は、猪場の父の作品だという。石川の本に「江戸っ子の十二代目を自認していた心猿は向島に育ち、富田木歩に俳句を学んだ」とあるのを見て、わたしは二度おどろいた。この富田木歩という俳人も数奇な人生を歩んだからだ。歩行困難のうえに肺結核、そして貧困と無学歴という困難な運命を背負いながらも俳句に専念したが、関東大震災に遭って亡くなった。猪場はまだ子どもの時分に木歩の門人になったのである。

平井と猪場は佐藤春夫の門人だった。平井先生は昭和六年に佐藤が編集する雑誌『古東多卍《ことたま》』の創刊記念会に出席しており、その写真が存在する。他方、猪場は昭和八年前後に、佐藤の故郷紀州に移住までして、佐藤から頼まれた調べものを行っている。猪場は東京っ子だが、紀州とは関係が深く、同地に中央の文学の風が当たらない不幸を見て、昭和六年九月に『南紀芸術』という雑誌を立ち上げた。今、この雑誌は古書店でも高価な芸術誌になっている。数冊購入してみると、佐藤春夫が出していた同人誌『古東多卍』とそっくりの瀟洒《しょうしゃ》なつくりで、東京の一流どころが寄稿するような高級誌だった。和歌山の片田舎で作られた素朴な雑誌ではない。まさに「中央の香り」がする。和歌山では「地方文化の興隆には益がなかった」贅沢雑誌と叩かれたらしいが、むしろ、田舎に中央の文芸の香りを吹き込んだところに意義がある。猪場はこの雑誌を荷風に送り、たちまち有力な門人と目されたようである。

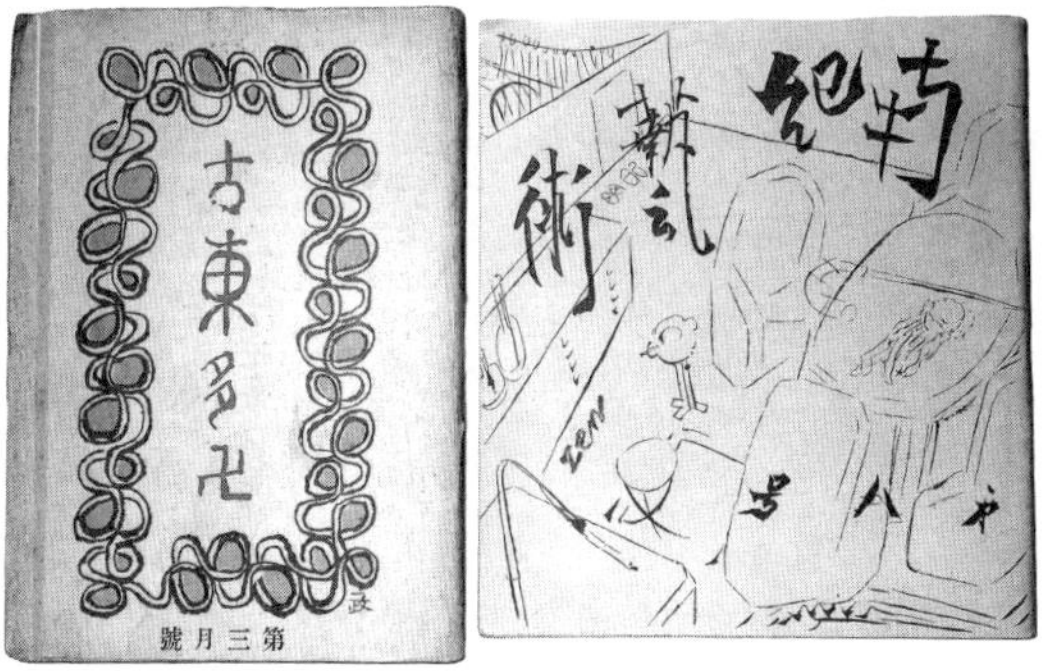

『南紀芸術』（右）。猪場が佐藤春夫の故郷に出向いて編集・刊行した雑誌。装丁含め、きわめて上質の文芸誌といえる。「都会の文芸の香を地方に運んだ」功績は認めたい。『古東多卍』（左）と比較され得る。

荷風が猪場の才覚に一目置いたのは当然だった。なにしろ、「伊庭心猿」という俳号からして、分かる人が聞けば、唸るであろう。これは「意馬心猿」なる中国の成句を一ひねりしたネーミングだからだ。悟りの境地を知らず荒《あら》くれる馬（意馬）、騒ぎ立てる猿（心猿）は、煩悩から解脱できない浅ましさをたとえる古い定式だったからである。

翻《ひるがえ》って、平井先生もこれとよく似た体験をしている。太平洋戦争の末期、昭和十九年に召集令状が来たという秘話を、わたしは子孫の方から教えられた。

戦争大嫌いの先生は伝手《つて》を頼って、ようやく新潟県小千谷の旧制中学に英語教師の職を見つけた。一家そろって移住したが、最初にあてがわれた住まいは、河岸段丘の上の空き庵室。「天竺《てんじく》」という地名は、信濃川《しなのがわ》を望む見晴らしのよさには当てはまるが、窓ガラスが割れたそのボロ屋には皮肉としか聞こえなかったろう。わたしはその跡地を見に行ったが、歩いて中学校へ通うには遠かった。しかも、年末の初雪時期というタイミングが悪い。数十年に一度のドカ雪にぶつかり、雪の恐ろしさなどまるで知らない東京っ子を手荒く歓迎した。いきなりの大雪が屋根まで積り、トンネルを掘って脱出するにも、出るに出られぬ状態になったというのだ。

しかし、江戸っ子先生は教壇に立つと人間が変わった。東京の先端文化の風をまとって小千谷中学に乗り込み、それまで硬い一方だった学風を一変させた。生徒たちはいっぺんに「東京から来た先生」に惚れ込み、校内に俳句会、演劇部、そして江戸文学などの読書会を立ち上げてしまう。東京の文学先生は、興に乗ると落語を語り、ちょっと良寛《りょうかん》張りの風流な書をものした。教え子たちはこのときの文化ショックを生涯忘れず、以後も先生との交遊を長く継続した。いま、京都大原三千院《おおはらさんぜんいん》のナンバー・二といわれる堀澤祖門《ほりさわそもん》師も、平井先生に指導を受け、文化祭で倉田百三《くらたひゃくぞう》の『俊寛』を演じて小千谷じゅうの話題をさらった教え子である。

江戸風の粋な文士気質を草深い田舎に吹き込んだこの二人は、昭和八年ごろにそろって荷風門下に迎えられたのである。そして戦争がはじまった昭和十三年、ふと魔がさしたのか、おっしょさんは荷風の原稿や色紙の偽筆に手を染めてしまい、また猪場は父親ゆずりの篆刻技術をもって荷風の落款をコピーし、偽筆本にそれを捺したのだった。猪場がこしらえた偽筆の中には、あの『四畳半襖の下張』もあったということである。

当然、荷風は怒ったと思うが、のちに秋庭太郎《あきばたろう》が『永井荷風伝』で、この出来事を荷風が江戸時代の太田南畝《おおたなんぽ》の故事に重ねて、むしろ師弟の戯れごととして密かに楽しんだという見解を語っていたので、すこし安堵した覚えがある。南畝は偽作もできる器用な弟子を逆手につかい、代筆やらなにやらを積極的にやらせたというからしゃれている。ただし、戦争中は、文壇内にもハレンチな風俗小説の書き手を特高へ密告する輩《やから》がおり、ご法度の情痴文学がしばしば摘発されていたから、平井先生が持ち出したといわれる『四畳半襖の下張』を猪場が書き写して世に出してしまったという噂に、荷風はひたすら恐怖したと思われる。

しかし、世間の言うような、二人が荷風の原稿類を偽作して売り払ったことでお出入り禁止になった、という話ではなかったのだ。そのことは、かねてから紀田順一郎氏が指摘しているのだが、結局二人は「同じ咎」を背負わされて戦後を生きる「旅の道連れ」となった。二人ともに力はあるのにヒノキ舞台に上がれなかった。苦難の運命にあらがう同志として、おたがい、必要な時期の必要な人、であったように思える。ただし、悪縁ではあるけれども。

自分にもいた「旅の仲間」

さて、長い前置きを書いたのは、ここからの話に枕を置きたかったからだ。晴れて大学生となったわたしにも、これから始まる長く苦しい人生の「道連れ」ができたのである。必要なときの必要な友が。高校のときにエドガー・アラン・ポオ愛読の仲間として親しくなった竹上昭《たけがみあきら》（現在は翻訳家の野村芳夫《のむらよしお》）と、いよいよ本格的な幻想怪奇への「行脚」が始まった。

大学に入るのと同時に、二人で怪奇小説の同人誌『リトル・ウイアード』を刊行するという無謀な挑戦に飛び込んだ。この活動が、結果として、今のわたしの原点を築きあげ、竹上もまた大学を卒業すると同時に早川書房に入社、『SFマガジン』編集部に勤めたのち、SF作家半村良《はんむらりょう》の秘書役となり、現在は翻訳家として活動する人生を歩むきっかけと

『リトル・ウイアード』。著者と高校の級友竹上昭が大学四年間に15冊刊行した同人誌。初期号は20部しか刷れず、製作者の許にもなかったが、いま全巻のPDF化が実現した。

なった。

　竹上昭とは、日大二高で二年生まで同級だったが、三年生のときクラスが別になった。したがって落ち合う場所はたいてい図書室となり、かえって読書趣味を高めあう濃密な関係になった。しかも、一緒に神田の古書街をハシゴして、米軍キャンプから払い下げられたアメリカのSF雑誌やコミックスを買い集める仲ともなった。その流れで、大学入学を果たしたら、幻想怪奇の同人誌を発刊しようと約束を交わしたのである。

　しかし、二人ともお金がない。なので、必死に働いた。竹上は新聞配達が主力。わたしはというと、夏は工場でアイスクリームの蓋を作り、冬はヤマト運輸でデパートの歳暮品を配達した。蓋作りの工場では、左右両手が利く二刀流だったせいか蓋作りが性に合い、すぐに熟練工並みになった。工場長から、「きみ、大学出たらぜひうちの工場に来てくれないか」と誘われたのが、生涯の誇りである。このアルバイトがあって、同人誌の刊行が実現できた。結局大学四年間で一五号までの刊行を果たせた。ほぼ季刊ペースを守れたのは、異常なほどの情熱に駆られたからだろう。実際、当時は幻想や怪奇の文学は軽蔑の対象なのだった。

　二人で怪奇幻想の同人誌を刊行しつづけることができた背景には、日本のSFファンダムの大きな援護も与《あず》かっていた。SF同人誌の総元締めをされていた柴野《しばの》拓美《たくみ》さんが、本場アメリカのSF大会を体験し、ファン活動がSFという新文学ジャンルを支えている現場を見たことの成果といえる。

その見聞から栄養を得て創刊した柴野さんのファンジン『宇宙塵』が礎をつくり、たくさんのSF同人誌がわっと誕生した。それを核として日本にSFファンダムが成立し、現在につながる毎年恒例の「SF大会」が開催されるようになる。この大会がまた、ファン同士の交流と自作雑誌を販売する場を提供してくれた。わが『リトル・ウイアード』も、そこで会員を集めた。

わたしたちの同人誌は、このSFファンダムの支援を頼りにした。創刊号は、二人が大学入学を果たした昭和四十年の八月に出ている。創刊号を刊行した時点で、正規の会員はもちろんゼロ。そこで雑誌をSFファンダムの重鎮に発送することになった。柴野拓美さんをはじめ、SF翻訳者の伊藤典夫《いとうのりお》さん、『キャプテン・フューチャー』などスペース・オペラ翻訳の第一人者だった野田宏一郎《のだこういちろう》さん、星新一《ほししんいち》さん、大伴昌司《おおともしょうじ》さん、そしてもちろん平井呈一、紀田順一郎両先生にも送付した（その代わり、手持ち在庫をすべて出してしまったので、長いこと創刊号を一冊も所有しなかった）。すると、思いがけなく激励の手紙が多数届いた。これで勇気が出た。どの人もガリ版印刷が汚く、読みにくいと書いてきたが、この叱責すら励みになった。

当時のわたしたちは、金なし、名なし、人脈なし、ついでに愛想なしの、ただただ心も体も貧しき大学一年生である。ガリ版の原紙を切るのも自力なら、ローラーを回すのも自力、ホチキスで製本するのも自力。そこで創刊号を刷り出す機器類の借用は、まだ卒業して間もない母校、日大二高に泣きついた。高三のときの担任先生に頼んで、謄写版と紙を使わせてもらった。竹上によれば創刊号から日大で印刷したのだそうだが、わたしは二高で印刷したように記憶している。創刊号は二十数部印刷し、そのうち二十部弱を製本した。

けれど、十月に第二号を印刷するときは、さすがに母校に頭を下げることができなかった。高校では、わたしたちはすでに過去の人だったからだ。それで、神田にあった日大の文化団体連合会という建物に、ガリ版印刷機を使わせてもらいに行った。竹上が文学研究会に所属していたのが幸いしたのだ。

昭和四十年十月に、日大での印刷が決行された。わたしたちは前夜、手分けしてガリを切り、徹夜のまま朝九時に日大文化団体連合会の前で待ち合わせた。たぶん日曜日だったと思う。遠慮なく一日まるまる印刷機を使えるのは、休みの日しかないからだった。ところが、季節が秋だったため、前日か前々日だかに台風が東京を襲った。私たちが人気《ひとけ》のない連合会の印刷室に行ってみると、肝心の謄写版印刷機がないのだ！　なんでも前夜の台風で機材が濡れたのだそうな。窓を開け放しておいたための事故だった。

聞けば、印刷機はどこか別の場所に移動されたとのこと。わたしたちは一階ずつ調べ回り、やっと屋上で印刷機に遭遇した。濡れそぼった、悲惨極まる状態で。どうやら、濡れた機材を日干ししているようだったが、晴れているとはいえ、台風の吹き返しのような風が吹きまくっている。印刷インクも水が混じってべちゃべちゃだ。が、これを使うしかない。とにかく、持参したぶどうパンと牛乳を心の支えにして、水っぽくなったインクをかき混ぜ、手を真っ黒にしながら印刷を始めた。刷り上がった紙を干すのもたいへんだった。風で飛ばないように石を置き、黙々とローラーを回した。吹きさらしの風が冷たい。しまいに鼻汁が出てきて、顔に付着する。ときどき活をいれるためにぶどうパンをかじるのだが、なるべく保《も》ちをよくするために、竹上考案の「パンをぺしゃんこに押しつぶして表面積を大きくする」というパン増量（？）作戦を採用、平たくしたパンをもぐもぐやりながら、風と世間の冷たさに耐えた。

SFのコレクターを巡礼すること

大学生になって、急に世界が開けたと実感できたのは、いろいろな有名人に親しく話ができるようになったことだった。ただし、わたしは中学生の頃から有名作家に手紙を出して文通する癖があったので、手馴れた話ではある。渋谷のアベック喫茶「カスミ」というお店で、毎月一の日にSFファンが集まる「一の日会」なる会があった。ここで、有名ファンや有名作家に会えた。ビッグファンの鏡明や横田《よこた》順弥《じゅんや》に出会ったのもここだった。プロ作家では柴野拓美さん、豊田《とよた》有恒《ありつね》さん、SF翻訳の伊藤典夫さん、最後には小松《こまつ》左京《さきょう》さんや星新一さんとも話ができるようになった。しかし、まず会いたいと熱望したお方は、パルプ・マガジンの大コレクター野田宏一郎さんである。

野田さんは、フジテレビのディレクターで、『ひらけ！ ポンキッキ』という大当たり番組の演出を担当する有名人だったが、スペース・オペラの鬼であり、そうした作品が載ったパルプ・マガジンを大量に所蔵されていた。わたしたちの同人誌を送ったところ、「うちにもウイアード・テールズがあるから見にきてもいいよ」と、ありがたい返信が来た。さっそく電話したら、「ぼくはテレビの仕事だから、家に帰るのは深夜になる。タクシー代出してあげるから、夜中においで」とのご返事。さすがに深夜お訪ねするのは不謹慎と思ったが、野田さんがそれでもかまわないというので、お言葉に甘えた。

けれど、肝心のコレクション拝見はなかなか実現しなかった。野田さんがいつ自宅に帰れるのか、その日がはっきり決められなかったからだ。しばしば電話するのだが、「今夜はダメ、明日もダメ」となり、四、五回電話してもお宅訪問は叶わなかった。そのうち、わたしたちもパルプ・マガジンを入手できる有力なアメリカの通販業者を見つけたので、野田さん詣では中断した。その野田さんもいまは鬼籍に入られ、そのコレクションが早川書房に保管されている。

コレクションといえば、もうおひとり、SF翻訳家矢野《やの》徹《てつ》さんにも感謝しなければならない。矢野さんはアメリカでSFファンダムに接した最初の日本人だといわれる。わたしたちも『リトル・ウイアード』の創刊号を送付した。そしてお決まりのごとく、お宅へ押しかけた。それほどにアメリカのファン活動についで聞きたかったからだ。お宅でカツどんをご馳走になりながら、翻訳の心得やSF作家のうわさ話を伺うついでに、ふと「アメージング・ストーリーズは？」とか、「ブラック・マスクは？」とか、知っている限りのタイトルを口に出すと、矢野さんはそのたびに奥の間にはいって、数冊の実物を携えて戻る。ゴクリとつばを飲み込む瞬間だった。もちろん、「ウイアード・テールズは？」と尋ねても、「あ、ちょっと待ちなさい」といって奥の間に消えられ、数冊の実物とともに戻ってこられた。察しのいい大人の矢野さんから、「それ、あげるよ。もって帰りなさい」とのありがたいお言葉に、頭を下げた。今もそのとき頂いた『ウイアード・テールズ』が残っている。あとで聞いたのだが、矢野さんのところには毎月、アメリカで知り合ったファンや作家から、たくさんのSF雑誌が送られていたのだそうな。じつに羨望すべき人脈をおもちだったのだ。

忘れないうちに書いておくが、洋書の宝庫という意味では、慶應大学の三田図書館はまさしく最大級の埋蔵量をほこる宝蔵であった。わたしは入学手続きを終え、学生証を交付されたその足で、憧れの三田図書館を訪れた。各席に緑色の蛍光灯が輝く、薄暗い読書室、高いゴシックの天井とステンドグラスの美しさに、体じゅうを電気が走った。さっそく洋書の目録を検索し、最初に請求したのは、忘れもしない、ロード・ダンセイニの『時と神々』と、野尻《のじり》抱影《ほうえい》のエッセイで読んだモーリス・ルヴェルの怪奇コント集だった。閉館時間まで、ひたすら読みふけった。

『時と神々』はすばらしい造本で、さすが二十世紀初頭の洋書は美しいなあと感激した。これをコピーして自分で装丁した私家版をつくりたくなったが、なにせコピー代が高い。結局、大学四年ごろに、一の日会を通じて親しくなった「ジャック・ザ・リッパー」研究家の大塚勘治《おおつかかんじ》さんに頼んで、氏の会社でコピーしてもらった。いかにもOLといいたくなるような知的なおねえさんが二百ページ以上ある本を複写してくれた。学生の身だが、感謝の気持ちを表

（左）　ダンセイニ著『時と神々』私家版の装丁。慶応大学三田図書館にはじめて入館した際、この原本を発見。なんとか自作のコピーを作ろうとして制作した無二の書籍。
（右）　ダンセイニ著『時と神々』私家版の口絵ページ。原本にあったＳ・Ｈ・シームの挿絵を模写し、自ら色付けした記念品。著者の手元に奇蹟的に現存する。

したくなった。大塚さんに聞いたら、お礼にお菓子でも送ったら、といわれたので、デパートでお菓子を一箱購入し、そのＯＬさんに手渡した。そのあと一週間かけて、手づくりの『時と神々』を制作した。五十年も前に制作した私家版だが、今もわが書棚に残っている。

三田図書館の蔵書調べの日々が、こうして卒業までつづいた。三田の蔵書カードばかりでなく、大英図書館とアメリカの議会図書館の目録まで目を通した。これら世界的な図書館は、何十巻あるかしれない分厚い目録を出していた。これを窓口で受け取り、席に運ぶだけで、地球上にある本の重さがギシギシ肩にかかってきた。食事は一日一食、学食でタンメン一杯をすするだけだ。食べ物になぞお金をかけられない。一度、タンメンに、茹であがっておいしそうなミミズがはいっていたことがある。一日一食がふいにされて怒りがこみ上げたが、あの頃の学食のおばさんは豪傑だった。「なに、赤ンボみたいなこと言ってるのよ。気持ち悪いなら、箸でつまんで捨てりゃいいでしょ」と、一喝された。まるで、「このミミズ野郎！」と、自分の人生自体が箸につままれて捨てられる気がした。とはいえ、元から心は死んでいたので、人生ってそんなもんだよね、と笑ってごまかす余力はあった。

ロバート・ケネディが暗殺されたという速報も、コピー受付窓口で聞いた記憶がある。しかし、世界に闇が来ても、書誌をノートに書き写す作業はやめない決意でいた。わたしはこうして、中身を知らなくてもおもしろそうな本に鼻が利く、ある種の特異体質を養った。卒業間近のころは、開架棚の背表紙を見ていくだけで、おもしろい本の背表紙が棚から外に飛び出してくるようになった。ほとんど超能力に近くなった。

大学生になって知り合った人々は、後年すべて有名になった。校内でドイツ語を講義しておられた美学者兼シュタイナー研究家の高橋巖先生には、後々までもお世話になった。大学一年から始まったドイツ語の第一回授業で、「仏《ほとけ》の高橋」先生はシラーの哲学随想『ユリウスの神智学』をテキストに持ち出された。そして冒頭から、『歓喜に寄せて』の詩を読まされたのだった。そう、冒頭からベートーヴェンの『第九』の歌詞が講義に登場し、わたしを驚かせたのだった。当時、慶應のドイツ語教師にもう一人高橋先生がおられ、こちらの先生は非常に厳格な、夏目漱石みたいに文法や構文のルールをみっちり教えるので、「鬼の高橋」。いっぽうの巖先生は東大の英語講義にたとえれば漱石の前任者だったラフカディオ・ハーンのようにドイツ文学を原文で味わうことを主軸にされたので、「仏の高橋」とあだ名されたのである。

慶應にはSF評論と創作で名をあげる川又千秋《かわまたちあき》がいて、どこにいるのやら校内を探して知り合いになろうとしたが、学内で発見できず、後に渋谷「一の日会」でやっと対面できた。しかし、友人の数では、むしろ早稲田の人々が多かった。まずワセダミステリクラブの大先輩であった翻訳家の仁賀克雄《じんかかつお》さんと知り合い、その伝手で在校生だったSFの鏡明、ミステリーの瀬戸《せと》川猛資《がわたけし》らと親しくなった。このふたりは、いわば同期の友であり、よきライバルだった。なにかにつけ、知恵も貸してもらった。それからもう一人、早稲田の学生ではなかったが不思議に早稲田っぽい親しみのある日本SF古典研究の横田順弥とも懇《ねん》ろ《ご》になった。鏡とヨコジュンとわたしとで、ロスのSF大会に出席したこともある。よき刺激を与えてくれた朋友であった。三人で雑誌原稿を書く会社を作り、「バルーンファクトリー」と命名していろいろな雑誌社に配って歩いたことも懐かしい。でも、そんなにめざましい反響はなかった。ヨコジュンのみ、ユーモアSFで名をあげていたので、仕事が来たように記憶している。

彼らはすべて名をなした。今考えると、団塊世代が大学に入ったころから、雑誌の創刊が相次ぎ、そこへ雑文やら邦訳やらを供給する人材が必要になっていた。そこで、まだ大学生の内からプロの仕事にと登用される人々が増えていた。気がついてみると、大学の知り合いだった仲間が、あっちでもこっちでも作品を発表するようになっていた。別にコンクールやなんとか賞に応募したわけでもなく、ただSFやミステリーへの熱意が通じて採用を勝ち取れたらしいのだ。そういう経験を持つ本人が言うのだから、間違いはない。

たこ壺の読書生活に光明がさす

だが、このような読書は、ビル街の中での穴居生活に近い。このライフスタイルを、せめて、縄文時代のような明るさというか、文化の表通りと交差させないと、後進への貢献にならないだろう。縄文土器のような「交易性のある文化」を作りださないといけない、という妙なことまで考え始めた。つまり、また新しい方面の「必要な人」とめぐりあわねばならなくなったのだが、ちょうどこの「必要な時期」に会えた「必要な人」が、紀田順一郎先生である。この偉大な先達には、現代人の問題意識（メディア理論）と「方法論としてのテクノロジー」が備わっており、昭和三十年代ではそれが太陽のごとくまぶしく目に映った。ひらたくいえば、情報処理という新センスの普及者だった。

紀田先生を知って、もっとも刺激を受けたのは、その幅広い関心分野だった。紀田先生の口癖は、「読書するなら古典と同時に尖端・前衛をあわせて読みなさい。どっちが欠けてもダメですね」であった。それでハッとした。自分が最初に愛読した紀田順一郎の作品は「現代《モダン》ビジネス案内」という『マンハント』掲載の読みものだったのだ。そこには、コンピュータ室に欠かせないキーパンチャーの仕事が紹介され、また監察医務院の死体洗い（わたしはこの文章を読んで、監察医務院にアルバイトを申し込んだことがある。学校の公衆電話から連絡を入れ、高校生ですけど死体運びのアルバイトがしたいと言って、即座に断られた）、そして美容整形などの先端技術を取材されていた。かと思うと、『読書新聞』に明治百年の歴史エピソードを執筆、さらに本格的な現代読書技術を紹介され、読書カードをパンチカードで作成しこれを機械的にソート（検索抜き出し）する技術を紹介されている。わたしもこれを読んで、いきなり丸善の文房具売り場に駆けつけ、パンチカードを購入したものである。

そのときは真似をするのが精一杯で、その理由も目的もよくわからなかったが、何でも先生の真似をして知識を吸収したいという「目的のない動機」だけがあった。

なので、後に紀田先生がワープロを研究され、漢字変換ソフト「一太郎《いちたろう》」の監修をおこなうことになったのも当然だった。ところが、尖端の早取りだけではないのである。紀田先生は一方で和書をたくさん購入され、それを著作に生かすばかりでなく、復刻までも手掛けておられた。明治文化を総ざらいできる浩瀚《こうかん》な『風俗画報』の復刻にかかわられたことも特筆すべきだし、名著復刻にも多大な貢献をされた。

そう、わたしが最も衝撃を受けたのは、この和書だった。自分では中学生から英語の小説をかじりだしていたので、英語に関心があったが、日本の古典はどうも古臭いうえに教条的な印象があって、手を出すことはなかった。ところがそれを察した紀田先生が、まっさきにわたしにアドヴァイスしてくださったのは、和書を読め、ということだった。その手始めとして、先生が復刻に尽力された『利根川図志《とねがわずし》』や『北越雪譜《ほくえつせっぷ》』をくださった。最初は文字を読むこともできなかったが、慣れてくるとかなり読める。そして何より、その内容の豊かなことに感動した。思うに、これは紀田先生が教育を受けた慶應義塾大学の創始者、福澤諭吉のすすめた読書法とみごとに一致していた。「目的のない読書」、試験合格や立身出世とは無縁の勉強。そうした目的を持たない真の読書こそが教養の本質だという発想と重なった。諭吉の戒めを、この章の冒頭に引用した所以《ゆえん》である。

この紀田先生を紹介してくださったのが、位置としては正反対にいた「明治の末っ子」平井先生だったのも、奇縁といえる。明治生まれの文士が最先端の「知的生産者」を紹介してくれたという、その奇妙なねじれ具合に味がある。おまけに平井先生は本名の佐藤俊《さとうたかし》という名前でわたしに紹介してくれたので、初めはこの佐藤さんがハードボイルド雑誌『マンハント』で愛読する紀田順一郎その人とは思いもよらなかった。ところがその佐藤さんからお手紙をいただいたとき、封筒に捺された住所印が「佐藤俊（紀田順一郎）」となっていたのには、びっくりした。

これ以後、紀田先生からは和書のおもしろさを伝授された。わたしは中学生の頃から神田古書街を歩いていたけれど、和書はどうも苦手だった。いちど、和書の王者ともいえる「大屋《おおや》書房」には行ったことがあったが、背表紙がない和書のしつらえがよくわからず、ゴミ屋の故紙が積み重なっていると勘違いする始末であった。

けれども、この大屋書房にしたところで、ただの和書店ではない。昭和四十年代の大屋には、端っこに「洋書部」があり、ここに日本国内から出た洋書の古いものがならんでいた。まさに和と洋の珍本の宝庫だったのである。

暇なときは洋書部の方の親父さんが、「神戸《こうべ》あたりには洋書で小説を読む外交官邸などがかなりあってなぁ、いい本をずいぶんお持ちだったんだ」などという昔語りを聞かせてくれた。ここでダンセイニやマッケンの初版本を何冊も掘り出したので、自分好みの店だったが、肝心の和書部のほうがどうもなじめない。

紀田先生はそういうわたしの気質を一変させてくださった。先生はそのころすでに江戸から明治の和書を収集され、仕事の幅を広げておられた。たしか昭和四十五、六年頃だと思うが、紀田先生がたまたま出版されたばかりらしい和書の復刻本を見せてくださった。それをぱらぱらめくって、顔をしかめたわたしに、すかさず、「いやね、アラマタ君、和書もね、すぐに読めるようになるから心配いらないんだよ。洋書を読むよりはずっと簡単だ。だって、日本語だからね」といって、笑われた。ウソかホントか、試してみろ、と言われて、わたしにくださったのが、前述した先生監修になる復刻本二冊と、それに平田篤胤の怪著『古今妖魅考《ここんようみこう》』だった。生まれて最初の和書である。今振り返ると、このとき紀田先生からいただいた和書が、新たな知の探検場所となったのだった。

紀田先生にいただいた復刻和書は、前述の通り、名著刊行会という版元から出版されたもので、赤松《あかまつ》宗旦《そうたん》著『利根川図志』と鈴木《すずき》牧之《ぼくし》著『北越雪譜』である。これに平田篤胤が加わっていたのだから、その意味は明確だろう。江戸時代の希書をひもといて、怪奇・幻想の世界の枠組みを広げてみよ、とのお誘いだったのだ。

それらはすべて、日本の妖怪を語るには欠かせぬ本だった。平田篤胤の幽冥界研究は、のちにわたしの主要題材となり、篤胤の子孫で平田神社の諸資料を所有する米田《まいた》勝安《かつやす》さんと知り合いになる端緒を開いてくれた。ところが、『利根川図志』と『北越雪譜』の二冊は、それとは違って、美しい挿絵が満載された、いわゆる地方文化誌である。江戸時代の本草学者たちが好んで手掛けた妖怪や怪異の目撃事例収集の代表作という側面もある。それまでの文学的な妖怪書や怪談とは違って、あくまで物証をもとめ、生きものとしての特徴を昨今の生物分類学や薬物学のように精査し、目撃者についてては身体や精神の状況を医学的にチェックする。それでいて、妖怪という存在に敬意と興味をうしなわない。江戸時代とは、そうした「賑やかな学問」がひろく展開した時代だった。

参考までに書くけれども、「賑やかな学問」とは西洋由来の表現であって、ライプニッツらが集った諸学連環、学際の意見を大いに歓迎する知の新しいセッション法といえる。とはいえ、わたしには江戸後期にあちこちで立ち上がった私塾あるいは寺子屋の教育法を象徴する用語にも聞こえた。江戸時代の識字率が高かった理由のひとつに、大量の浪人が「戦士」から「初等教育者」すなわち私塾の先生に転身した事情があった。どこの寺子屋も、幼児から青年までを相手に、先生一人で奮闘した。勉強しない子も、遊ぶ子もいる。女の子は裁縫などを先生のおかみさんに教えてもらっていた。つまり、立身出世のための学習塾ではない。実践的であり、勉強に実利的な目的がなかった。これは中国の青少年が科挙に合格する目的で試験勉強した厳しい予備校的な塾とは異なる。中国の塾はエリートしか相手にしない、ストレスの高い場所だったのである。京都の町を歩くと、屋根に魔除けの鍾馗《しょうき》さまの像が載っているけれど、魔を祓《はら》うこわもての鍾馗さまの正体は、じつをいうと科挙に合格できず自殺した受験生だったのである。

いっぽう、日本の塾には、職を失った浪人先生しかいない。試験対策ではなく、おもしろいからする勉強が可能だった。なんでもできた。その典型が大坂の適塾《てきじゆく》だった。看板は蘭方医学だったが、語学だけはみっちり鍛えられたかわりに、あとは兵学でも、博物学でも、経済学でも、好きに勉強できた。この塾の塾頭を務めた福澤諭吉が「目的のない読書ができるのがよかった」と回顧している通りである。江戸に博物学が流行したのも、「目的のない学問」すなわち道楽のような「賑やかな学問」ができたからである。江戸では、平田篤胤の塾「気吹舎《いぶきのや》」がそうだった。篤胤塾の門弟帖を見て、わずか二歳の門弟が何人もいることに驚愕した記憶がある。

　そういうわけで、江戸後期には自由な学問である博物学が流行した。妖怪研究だって、博物学は拒否しなかった。『利根川図志』や『北越雪譜』は、そのシンボルと言ってよい。したがって、これらを読めば、すぐにわたしの本業にも関係してくる。わたしは昭和四十五年に大学を卒業して、日魯《にちろ》漁業《ぎょぎょう》という水産会社に就職した。コンピュータ室に本配属となり、機械語の習得が始まったため、趣味の本に三年ほど書棚の塵《ちり》を吸わせてしまったが、それでも和書は読み進めた。たまたま紀田先生が撰んで持参してくださった『北越雪譜』を楽しんでいたら、「鮭」という漢字を論じた部分にぶつかり、思わずゾゾゾッとなった。じつは、鮭の字は中国では、サケのことではない。これはフグをあらわすのだ。だから、唐人町《とうじんまち》がある長崎で、かれらに「鮭の荒巻」を不用意に贈ってはいけない。「これ、鮭ですけど」などと一筆余計なことを書いたら、アウトだ。「おい、おれにフグを食わせて殺す気か」と怒鳴りこまれる。もっとも、中国ではフグという魚が毒魚だという認識すら希薄だったから、一家でおいしくいただいたりしたと思うが。

　わたしは「あけぼの鮭」で売る漁業会社の社員だったので、これは笑いごとですませられぬ。その本を会社に持参して熟読し、その知的なおもしろさに仰天した。村上《むらかみ》を中心とする東北のサケ漁のことも分かった。サケの語源が、川で生まれた幼魚に腹が裂けるほど大きな卵黄がはみ出している状況を表現した「裂け」に由来することも知った。江戸時代には熊楠みたいな博識おじさんがうじゃうじゃいたことに、しびれるばかりだった。

『北越雪譜』で和書のすごさを知る

いずれにしても、こうした経緯で不思議関係の新しい調査は、江戸の博物学者やお医者の著作精読へとつながった。鈴木牧之の『北越雪譜』は、その代表も代表、江戸で七百部も売れた大ベストセラーである。当時、雪国新潟の情報は、信頼できるものが一つもなかったらしい。そこで、新潟名物のチヂミ（といっても韓国料理でなく、高級衣料の縮だ）などをあつかっていた商人、鈴木牧之が江戸の人気作家、山東京伝《さんとうきょうでん》に雪国の自然誌を刊行できないか、と相談を持ち掛けた。京伝はＯＫとは言ったものの、何年経ってもぜんぜん腰を上げない。その間、うるさがたの曲亭馬琴《きょくていばきん》に中身の考証を依頼して往復文通をかわした。馬琴がいろいろアドバイスをくれて、馬琴好みの奇談だとか「鮭」の字のような考証パートを充実させてくれたらしく、江戸人のよろこぶ読み物に育っていった。大ベストセラー誕生の予感である。馬琴も、できれば自分が口をきいて板行しようかという気分になっていたらしい。ところが、最初に出版を依頼した相手京伝の弟である京山《きょうざん》が、ちっとも動かない兄に代わって自分が出版の労をとる、と申し出た。中身の監修をしてくれた馬琴にこわごわ承諾を得ることに成功した鈴木さんは、ついに『北越雪譜』を世に出すことができた。

『北越雪譜』が成功した基本には、素材となった地域があまりにも興味深かったことがある。じつは鈴木牧之よりも前に橘崑崙《たちばなこんろん》という同じ越後《えちご》の博物好きが『北越奇談』という奇書を出している。わたしはこの本を新潟の古書店で見つけ、興味深く読んだ。中身は、雪国というより海国越後に偏っており、日本海名物の竜巻の真ん中に巻き込まれたときの詳細な体験談がすごかった。まるでポオの短編小説「メールシュトルムの大渦」ばりの迫力だった。しかも、崑崙は「越後七不思議」という斬新なキャッチフレーズを考案して、燃える水「石油」、永遠に消えない火（天然ガス）などのナチュラルワンダーを紹介した。それ以後あちこちで七不思議が語られるようになったのは『北越奇談』の影響だという意見もある。それだけではない、あの良寛さんのことを初めて記述したのもこの本だった。新潟に河童伝説の取材に出かけたとき、ある村で良寛さんが河童に教えられた妙薬のいわれを書いたという伝説まで聞いた。もちろん、ここには妖怪の奇談も取り上げられており、正体がよくわからない山人と一緒に暮らした人の話などが書かれていた。多数の挿絵は葛飾北斎の筆である。

その後を受けた『北越雪譜』だけに、こんどは海の越後でなく、豪雪地帯の生活と自然に重点を置いた理由も見える。『北越奇談』を超える大冊だ。今でも新潟には美人が多いといわれるが、この事実を観察し報告したのも、鈴木さんだった。新潟美人の伝承は、ここに始まるという。だが、この美人説にしても、決して軽い話ではない。伏字にせねばならなかった記述さえあるからだ。アメリカ作家のナサニエル・ホーソンが「魔女裁判」で有名なセイラムの暗い歴史に取材した長編『緋文字《ひもんじ》』のように、古くドロドロした「語れない秘史」が潜んでいることを了解できた。

だが、妖怪好きのわたしにとって、もっともそそられるテーマといえば、化け物の情報だろう。美人ばなしは措《お》いて、ここでは最も有名な「異獣」の詳細を見たい。

以下の話は、それまでなら山中の妖怪出現ばなしとなるべき性質のものだ。語り部の話として伝わるようなストーリーなのである。が、『北越雪譜』の扱い方は、「異獣」を語るときも、民話ではなく、レポート記事のように読ませる。恐ろしい姿の化け物が山の中からあらわれるのだが、あくまで「生き物」として記述されている。しかも、この異獣が腹の虫のごとく人語を解するのであるから、興味深い。しかし童話のような擬人法ではまったくないのだ。むしろ関係者インタビューといいたくなるほど詳しいところが、博物学書に似つかわしかった。

ある年、夏の初め。越後の問屋が遠方の問屋へ急ぎの荷を届ける必要が出て、竹助という者に大荷物を担わせて遣いにやった。七里もある山中の道中だ。大荷物を背負った竹助が疲れて荷を下ろし、弁当をつかおうとしたところ、谷間の根笹を押し分けて奇妙な獣が出現した。サルかと思ったがサルではなく、頭の毛が背中に垂れるほど長く、背丈は人間よりも大きかった。異獣である。その獣が弁当を欲しがるそぶりを見せる。竹助はそれに気づくと、用心しながら弁当をわけてやった。獣は嬉しそうに食べだした。

竹助はこれを見て心を許し、帰りも弁当をわけてやるよと伝えて、大荷物を持ち上げようとした。ところが異獣は、みずから荷物に手を伸ばして背負い、竹助の前を歩きだした。お陰で竹助は支障なく山道を踏破することができた。

異獣は目的地が見えたあたりで荷物を降ろすと、ふたたび山中へ駆け去った。その速さは、疾風のようであった。以来、この獣は山を通る者が目にすることとなり、また人家に訪ねてきて、食べ物を乞うこともあったそうな。

鈴木牧之はこの異獣についてさらなる情報も加えている。池谷村の人が、十四、五歳のころに聞いた不思議な話の聞き書きは、下のような内容である。この記述は、読めばわかるように、「学術的」である。娘の月経という医学的な背景もちゃんとあきらかにしている――

池谷村に一人の娘がいた。機《はた》織りの名人と評判が高かった。特別な誂《あつら》えとなる縮《ちぢみ》の注文が入ると、問屋から直々に依頼が来るほどの腕前だった。娘が、雪の消え残る窓のそばで機を織っていたときのこと、何ものか窓の外から覗《うかが》う気配に気がついた。猿のようだが顔は赤くない。頭髪を長く垂らし、人よりは一回り大きい体格である。家族はみな山仕事で出払っていて、娘が一人だけだ。恐ろしくなって逃げようとしたが、機織りの途中ゆえに糸が絡みつき、自由が利かない。とまどううち、そやつは窓辺を去ってかまどの傍に回った。しきりに飯びつを指して、欲しそうなそぶりをする。

娘は飯を欲しがる異獣のことを聞き知っていたか

ら、飯を握って二つ三つ与えてみた。すると、獣は嬉しそうに持ち去った。それからというもの、家に娘が一人のときにやって来て飯を望んだ。娘も馴れて親しみをいだくようになり、飯を与えつづけた。

あるとき、貴い方からの誂え物をこしらえろと、問屋からのっぴきならぬ注文が来た。娘は縮を織りかけたが、あいにくなことに月のさわりが始まってしまった。しかし生理中は機屋に入ることを忌む習慣がある。娘も両親も、途方にくれた。なすすべなく三日目の夕暮れが来てしまった。ところが、家族が留守になったのを知ったらしい異獣が、久しぶりにすがたをあらわした。娘が人に話すのと変わらぬ切実な調子で、異獣に悩みを打ち明けながら、粟飯を握って与えた。ところが、いつもはすぐいなくなる異獣は、しばらく物思うようにその場で娘を見つめ、そのあと立ち去った。

すると不思議や、娘の月のさわりがその夜から止まった。娘は身を清めて機屋に入り、期限までに織り終えることができた。しかし、それを父親が問屋に届けたそのとき、不思議や、月経がまた始まった。娘は、あの異獣が助けてくれたのだと思ったという。この話を語った娘も、聞いた村人も、世には不思議なことがあるものよ、と感じ入ったそうだ。

以上が、異獣に関する追加書き込みだが、文章はいよいよ、異獣がコミュニケーション可能な「人《ヒューマン》」の部類である事実を匂わせている。村人も、山中に異人が住むことを承知しており、交流が結ばれることもあった。この異人は、山人の類なのか、あるいは大陸から流れ着いた異国人なのかはわからない。可能性としては、クマの毛皮を着けた山の民だったことも考え得る。都で行われた追儺《ついな》の儀式に登場する「鬼であり祓いの神でもある四ツ目の方相氏《ほうそうし》」も、クマの毛皮を付けた異人だったからだ。

いずれにしても、ここでの記述姿勢は、近代的な意味での「情報」になっている点が尊い。たとえば、この豪雪地方では、都でも高価な値がつく縮づくりが基幹産業となっており、とくに冬場は機織りのシーズンで、しばしば交易目当ての商人や機織りの荷運びが山道を行き来したことが述べられている。

とすれば、小千谷あたりでさえ、山に分け入るには山人の道案内が必要だったのである。その道案内自体が情報になって、その隙間から妖怪も顔を出す。あとは図と、何らかの物的証拠が用意されたら、みごとな博物調査となるだろう。ちなみに、添付された図には「異獣」の様子がかなり細かく描かれている。小千谷に疎開した平井先生の取材で当地を訪れたとき、チヂミ商売の買い手が集まる時期は途方もない情報戦が繰り広げられたという話を聞かされた。その拠点は料亭や遊郭なのである。芸者やお女郎はほとんどが小千谷の問屋の息がかかっており、この女性たちが買い付け商人たちを酔わせて、いくらぐらいの値で交渉してくるか、手の内を探ったという。山道でも、案内や荷運びの人々は、いってみれば買い手の腹を探る諜報部員だったらしい。

妖怪は「モノ」から「ムシ」に変わった！

ここで少し話が飛ぶけれども、上のような博物学的アプローチが、最終的に妖怪のイメージをどこまで突き詰めることができたか、という結末に焦点を合わせよう。

じつは博物学趣味が鈴木牧之のように妖怪に直接結びついたのは、わたしの場合、サラリーマンをやめて、平凡社に住み着き、約八年を要した『世界大博物図鑑』の執筆を開始してからのことだ。『北越雪譜』と同じように、わたしの本でも挿絵を重視し、動物の「民話的な知識」をなるべく情報文書のように淡々と記した。非常に無謀な企画だったが、『熊楠全集』を出版した平凡社は、わたしが古い博物学を亡霊のごとく蘇らせようとしている愚行をおもしろがってくれ、当時の下中邦彦《しもなかくにひこ》社長が編集室に机を用意してくれた。下中社長は出版界に勢いがあった時代を代表する国際人だ。夏は着流しで出社するという粋な俳人でもあった。この社長が自然誌を大変に好まれた。四万十川《しまんと》の川遊びにお孫さんを連れて行くついでに、わたしも一緒に高知へ出かけたこともあった。会社に寝泊まりしていいという許可をくださったのも、下中社長である。そんな平凡社で博物図鑑の仕事ができたのは、天がくれた幸運だったかもしれない。

が、この幸運にはもう一つ「おまけ」がついていた。当時平凡社の書庫には内外の図書が二フロアー分もあったからだ。わたしはここで、南方熊楠の偉業に接することができた。けれども、博物学をやるためには、こんな贅沢な平凡社の図書館でも、十分ではなかった。なにせ博物学の歴史を学ぶためには数世紀前の洋書と和書が要るのだ。多くは国会図書館にもない稀覯《きこう》本ばかりだった。自腹で買えば一冊数百万円もする本がザラだ。

しかし! このとき日本にはまだ、博物図鑑を安く手に入れられる「隙」が存在した。すでに博物学が学問を大革新する切り口として関心を集めつつあった欧米では、古い図鑑や博物学書の値がうなぎのぼりだったが、日本ではまったくその気配がなかった。したがって、百年前の学者たちが欧米留学の際に買い付けた、そんな古い博物学書や図鑑が、うそのように安い値段で東大周辺や神田神保町《じんぼうちょう》の古書店の棚に、むなしく眠っていたのだ。

わたしは東大前の古本屋で、昆虫学のリーダーだった江崎悌三《えさきていぞう》博士や、小田原《おだわら》にあった日本水産水産研究所長だった熊田頭四郎《くまだとしお》(寺田寅彦《てらだとらひこ》の仲間だった)の旧蔵本を発掘した。とりわけ思い出ふかいのは、日本水産水産研究所の旧蔵本である。同研究所の熊田頭四郎が昭和二十年代まで実際に南洋で操業する漁労船に乗り、南洋各海域で新鮮な標本を採集するついでに写生させたまことに息を呑むほど美しい魚図を収集していた。しかし所長熊田頭四郎の死により、小田原の研究所が廃止され、貴重な蔵書が東大前の科学系古書店に流れていたのだった。わたしはこれを回収し、後にフランスの古書店から完全揃いも入手したが、おそらく熊田は欧米のすばらしい図譜を見たことで、日本にもこのような美術価値の高い魚図を製作する夢を抱いたのだろう。

海外での博物画の相場を知っているわたしは、熊田の旧蔵であった古いフランスの博物図鑑を発見して、気絶しそうになった。棚の上から下ろした大きくて重い革装本を抱いて、ドキドキしながらレジへ行った。お店の主人がウソみたいに安い値でそれを売ってくれたとき、天使が頭上で羽ばたくのを本気で感じたものだ。一八三〇年代に出版された博物図鑑の代表、キュヴィエ没後の大著『動物界』を六冊ほどまとめて購入できたのだから、当然だろう。図はすべて手彩色銅版画、その美しさに何度、脳にデンキが走ったことか。

ちょうど会社を辞めてフリーになったときなので、一歩先も見えない年収六十万円の翻訳家には、一億円の宝くじが当たったような幸運だった。ありがたいことに、わたしは貧乏神と同棲生活を送りつつも、本の購入に関しては、何度も「一億円の宝くじ」を引き当てるがごとき珍事に巡り会えた。そういう「宝くじ」と貧乏神との同棲生活とは、角川書店で刊行した『帝都物語』がベストセラーになったときに、めでたく縁切りになった。このあたりについては、また別の話になるので、章を改めて語ることにする。

だが、『帝都物語』については、ここで一つだけ、書かねばならないことがある。それは、わたしが妖怪学の見透しをつけるために必要な、「蟲《むし》」と「神経」という二つの重大なキイワードをつかみ取る「きっかけ」となったからである。この二つのキイワードは、わたしがつかんだ「妖怪への博物学的な追究の極限」だったといえる。これ以上進むと、妖怪がもはや妖怪でなくなるギリギリの探索になった。

まずは、「蟲」の問題から始めよう。

『帝都』では、加藤保憲《かとうやすのり》と名乗る怪人が「蟲」を用いて人をコントロールする。古代日本で他人を呪い殺す術として知られた、蟲を使った妖術である。では、この「蟲」の正体とは何か。小説の中で示した答えが、「腹中虫《ふくちゅうむし》」なるムシである。腹の中で声を出し、その人の運命を予言するという「腹の虫」の一種である。わたしは当初、サソリだのガマだの、ムカデだのといった禍々《まがまが》しい毒虫の「毒素」を活用する発想でいた。けれども、これだとハンミョウという昆虫の毒を浴びて少年の顔がにわかにかゆくなっていくさまを怪しく描いた泉鏡花《いずみきようか》の「龍潭譚《りゆうたんだん》」になってしまう。もっと他にないものか、と探したときに「宝」にぶつかった。それが「腹の虫」なのである。日常会話に出てくる、「今日はムシの居どころが悪い」とか「ムシの報せだ」という、あの虫である。そう、妖怪が江戸時代に「未確認動物UMA」として扱われるようになる前提をなしたのが、「腹の虫」研究だった。昔は原因不明の病気や錯乱が起こると、「腹の虫」のせいではないか、と疑われた。その代表が「恋の病」であり、やがてはかなく死んでしまうのがその証だった。徐々に衰弱するのも「蟲」のせいだったからだ。こうした衰弱死は中世までは「憑きもの」のせいだと思われたが、室町時代ごろからは医者に退治される「体の中のムシ」に変化した。『帝都』では「腹中虫」として登場し、そのあと『世界大博物図鑑』の第一巻を「蟲」と題して、冒頭に「腹の虫」を置いた理由も、まさしくここにあった。もちろん、当時まだ思いつきの域を脱していなかったけれど、この「ムシ」こそが江戸時代末にまで残された「憑き物」の最終形である、との直感を抱いた。

　ところが最近、巷《ちまた》では「腹の虫」が若い人のあいだで人気になっているという。たとえば九州国立博物館が所有する鍼灸書『針聞書《はりききがき》』（室町期の腹の虫図鑑）に描かれた、キモかわいい「ムシ」たちが

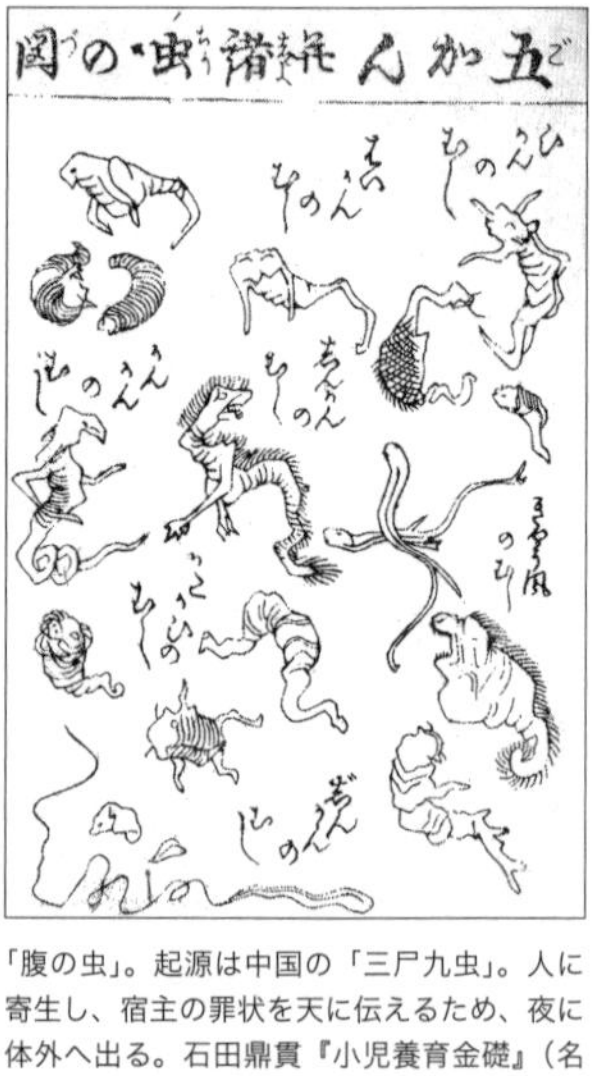

「腹の虫」。起源は中国の「三尸九虫」。人に寄生し、宿主の罪状を天に伝えるため、夜に体外へ出る。石田鼎貫『小児養育金礎』（名古屋大学出版会『「腹の虫」の研究』より）。

グッズやフィギュアにもなるほどの人気なのだそうな。わたしたちの世代までは、腹の虫は回虫などの寄生虫としてイメージされ、かなりリアルな脅威ではあったが、そんなものが今、なぜに、と不審に思われる向きもあろうが、なんと、この「蟲」が、かわいい妖怪として復活しているのだ。

室町時代から鍼灸のお医者さんなどを中心に、「虫を下す」という治療法がひろまった。「虫」という概念は、そもそも中国古代に道教の知識として発展した「三尸九虫《さんしきゅうちゅう》」を指した。早い話が、わたしたちの体内に住みついて健康を害する寄生生物のイメージである。小さいながら不気味な姿をしており、人語も解するから、妖怪の一種といえそうだ。この虫が旧暦にいう庚申《こうしん》の日の夜中、体内から出て天帝のもとに向かう。そして、宿主が犯した罪状をいちいちくわしく報告する。なにしろ人語が分かるから隠しようがない。すると天帝は、その罪に応じて宿主の寿命を縮めるのだ。これはたまらんというので、人間のほうも対策を打つ。庚申の夜は朝まで寝ない。火を焚いて語り合ったり遊んだり食べたり、必死に徹夜して虫を体の外に出さないようにした。これが、多くの夜祭の起源である。

しかし、この憎むべき「告げぐち虫」は、中国由来の迷信生物と笑い飛ばせるものでもなかった。なぜなら、時折わたしたちの肛門から、「変なムシ」がうねうねと這い出してくるからである。白蛇を小さくしたような気味悪いやつや、長いのは数尺もあるひも状の奇虫が出てくる。これを、道教由来の医師である鍼灸師が鍼《はり》で退治した。

しかも、こいつらが人語を解する化け物である証拠に、腹の中からたまにぐうぐうと声を出す。それがどうもヒトの言葉に聞こえたりするのだから、おそろしい。

「ムシ」はしゃべる。天帝に自分の罪状を告げ口する。これが、あたらしい「憑きもの」への恐怖を生んだ。これ以後、物の怪《もののけ》は「蟲」へと変化する。この「物の怪」は、しゃべるだけで、姿が見えない。これが「モノ」という妖怪の本質なのである。

かつて自然界には目に見えぬものが存在すると信じられた。見えないが、人にも自然物にも人工物にもとり憑ける。とり憑くと人語を話し、禍《わざわい》をもたらす。病気や災難のおおもとは、どうもコイツにとり憑かれるのが原因らしい、と古代の賢者は結論した。そして、眼に見えない恐ろしいそやつを、「モノ」と呼んだ。正体不明だから、「モノ thing」というしかない。スティーブン・キングなら、「イット it」、J・K・ローリングなら「名を言ってはならないあのお方」とでも呼んだことだろう。でも、こいつらは人語を解し、人の秘密を暴露する！

この「物の怪」による怪異現象が実際に存在する島がある。かつて日本移民が暮らし、大本《おおもと》教が布教活動したポナペ島だ。そこには「オニ」と呼ばれる憑き物がいて、宿主が恨みを抱いた相手はオニにとり憑かれ、人前でとつぜん、自分の罪状を告白してしまうという。不倫したとか、金をだまし取ったといった罪状を近隣の人が知り、とり憑かれた本人を村八分にする。自分の悪事が虫の告発によって露見することは、村社会にとっては一番恐ろしいことだった。わたしは実際にポナペで呪術師からその話を聞いた。そして、これこそ「ムシ」の祟りの根源的原理だという事実を知った。

ちなみに、「モノ」には「霊」の意味もあるので、坊さんや陰陽師のような「霊もの専門家」のお役所で取り扱われた。ただし、安倍晴明レベルの高級官僚陰陽師は、役人の常として、自分の担当になる仕事以外の余計なことには、手を出さないのが習いだった。つまり、モノを退散させるまじないや祈禱は、世俗に任せておけ、という姿勢を取った。さすがは官僚である。病気や災害が起きても、どんな「モノ」の祟りか原因を絞り込むところまでが仕事なのだ。泰山府君《たいざんふくん》祭のような長寿祈願祭を仕切るようになるのは、中世以降のお話なのだった。

そこで、街の陰陽師の登場となる。何でもこなす民間ニセ陰陽師は、じつに頼りになった。そのうち、「モノ」が見えないのでは不便だから、化け物のイメージがすこしだけ付与された。器物に手足、眼鼻をつけて、「モノノ怪《け》」になった。あるいは蜘蛛だの鵺《ぬえ》だのという合成獣である。でも、こういう「モノノ怪」は獰猛《どうもう》なので、どうしても腕力勝負になる。そこで登場するのが、新興の武士階級だった。

武士は「モノノ怪」を恐れないし、坊主や神主の権威も尊重しなかった。平安の末期ごろから登場して、「モノノ怪」どもを切り殺す役割を引き受けた。平安末期には化け物退治のスペシャリストとして、源融《みなもとのとおる》の血をひく源頼光《よりみつ》と四天王などの「武士」が登場する。つまり、「モノノ」はゴジラのような怪獣として血肉を受け、猛獣狩りの対象となった。こういう野獣は都育ちの官僚陰陽師や貴族では太刀打ちできない。猟師か、あるいは武士の出番である。おそらくは、中世になって平地の人間が山に分け入る機会が増えたせいであるのかもしれない。蝦夷《えみし》、あるいは山人のような山中に住む狩猟文化民との接触が頻繁になった。そうでなければ、平地民が山中を侵略するようになったためかもしれない。

すくなくとも、山伏《やまぶし》の活動が山と平地のあいだに交通路を拓いた影響は見落とせない。都住まいの上皇あたりが熊野詣でをするなんてことは、熊野の深山にちゃんとした道と道案内がなければ不可能だからだ。「道案内」!? そう、こういう役割の人々がふえたことは、目に見えなかった「モノノ」が、恐ろしい怪獣の姿を与えられる契機だったと思える。

けれども。武士が退治できる妖怪は、土蜘蛛《つちぐも》やら酒呑童子《しゆてんどうじ》やら鬼女紅葉《きじよもみじ》といった山住まいの人や動物や巨木に限られる。あいかわらず正体不明の病気は発生するし、怨霊や祟りも頻発する。憑きものにとり憑かれる人もいるし、身体と精神に襲いかかる「モノノ」の猛威は消えない。そこで室町時代あたりから頭角を現すのが、医者である。もっとざっくりした括りでいえば、本草家すなわち薬を探し治療を行う博物学者でもよい。かれらが、「モノノ怪」に「ムシ」という新たなイメージをあたえたのである。

この背景には、医学の進歩があった。徳川家康《いえやす》は健康オタクで、薬への関心が高かった。秀吉《ひでよし》も虎の肉が老いを防ぐ妙薬と信じていた。徳川将軍家斉《いえなり》にいたっては、精力増強剤のオットピン、いやオットセイの肝を愛用した。西洋からは、ミイラだの一角獣の角だの安産樹だのオクリカンクリ、あるいは人魚の干物などという魔術的な新薬だのが舶載される。とても医者だけで対処できないので、もっと間口の広い本草家も活躍する場を得た。

かくて、あやしい憑きものや病気の元、すなわち「モノ」は、体内の「ムシ」どもであったか、という結末となった。

泉鏡花の「高野聖」は山中の妖女を描いた傑作だが、ここにはおどろおどろしい妖怪は出現しない。そのかわり、冒頭で深い森の中に住んで旅人に取りつく「山蛭《やまびる》」の気味悪さが描かれた。きっと、作者の泉鏡花が「蟲」のことを、大入道や鬼よりもずっと気味悪い妖怪の発展形だと信じたからに違いない。

「桜姫」と「神経」の交錯

ついつい「蟲」の話が長くなってしまった。紙幅が尽きぬ前に、もう一つのキイワード「神経」についても書かなくては。

話はいよいよ博物学的妖怪の極限にかかわってくる。これ以上行くと、自分でも砂漠に迷い込むかのような身の危険を感じる。そこでまず、わたしが執筆活動を開始した昭和四十年代の空気について、読者にお伝えしたい。この時代の風潮は、異端発掘という方向に動いたということにあった。その頃の言い方によれば、「狂気」への関心である。もっと簡単にいうと、幕末までに成立した「怪異は本草家や医者の領域」という文明開化の基本ラインに対し、開化以降の流れが「怪異は精神医学と変態心理学の領域」にまで突き進んだ、といえるかもしれない。

その核心は、怪談噺の演出に新風を吹き込んだ三遊亭圓朝《さんゆうていえんちょう》が、すでに明治初期に衝いていた。そもそもお化けを見るということは、「迷信という一語で片がつく話ではありません。あれは、近頃流行の精神医学の領域なんです。神経がやられることで発生する病的な異変です。つまり、神経の変調なんでございます」と主張した圓朝は、怪談の裏構造に「神経」という新しい「ダイナモ（発動機）」を取りつけた。その見本が、語呂合わせに仮装させた『真景《しんけい》累ヶ淵《かさねがふち》』という作品だ。真景すなわち「神経」という仕掛けである。

圓朝は、腹違いの兄が臨済宗《りんざい》の坊さんだった。また彼が集めた幽霊画のコレクションを譲った谷中《やなか》の全生庵《ぜんしょうあん》は、仏教に造詣が深い山岡鉄舟《やまおかてっしゅう》が開いたお寺で、圓朝と鉄舟との固い絆は、安藤鶴夫《あんどうつるお》が書いた芝居「雪の日の圓朝」を読めばわかる。だから、もともと幽霊が見えるという現象の心理的原因を、圓朝はよくわかっていた。その原因は、つまり「恨み」である。恨みは加害者と被害者の両方を巻き込んで、心に傷をつけ、「なんでも怪しいものは幽霊に見える」という変態心理を生み出す。これを文明開化の時代に置き換えるなら、神経の異変であり、いや、現代に置き換えれば「ストレス」ということになる。

で、この「神経」なる過敏なセンサーが厄介な存在になったのは、明治維新のせいだともいえる。それまでなら腹の虫の居どころが悪い、というだけで済ませたことが、文明開化の下で、看過できない生理の異変に進化した。ちょっと鼻水が出たとか、いやな感じがしたとか、アレルギーが出たとかいう生理的反応が、神のお告げとか、仏の教えとか、将門《まさかど》の祟りとかいう神がかった話よりも、ずっと気に障りだしたのである。いままでは、ただ体がちょっと変、で済ませたものが、「花粉症」という形に捉えられると、医者へ行っても治せない「病気」になってしまう。それと同じような過剰な過敏症が、見えないものを見えるようにしてしまうのだ。

芥川龍之介はそういう厄介な過敏症になった現代人の先駆けだと思う。芥川の作品『侏儒《しゅじゅ》の言葉』に、「わたしは神を信じてゐない。しかし神経を信じてゐる」という有名な一節がある。まさに芥川にとっては、あらゆる世間のストレスが「神経」によって生理的崩壊へ向かった結果といえる。彼の神経は、妖怪を創出できるほど強大になった生理センサーの奴隷になった、ともいえよう。妖怪なんぞは神経でいくらでも増産できてしまうのである。神も妖怪も信じないけれど、神経がいくらでも体の中から妖異を生みだしてくる。これは脳にも生理不順を強《し》い、たぶん想像以上の苦しみを患者に与えたに違いない。もしお疑いなら、芥川の「歯車」を一読されたい。頭の中の不調を体験できるはずだ。

では、このような恨みやストレスの影響が、従来の怪異現象理解にどのような変更を強いたのであろうか。

書くまでもないが、神経の異変は目や耳や匂いの感覚に異常をもたらし、理性や知性の機能にも異常を及ぼす。見えてはいけなかった妖怪も、このような異常心理状態では「霊能者」の知覚世界に映る霊的な風景や眺めが発生する。明治以降、そういう人々と接する役割は、憑き物落としの行者《ぎょうじゃ》や祈禱師に代わって、精神医学者に移された。その中で途方もない存在だったのが、松沢《まつざわ》病院長を務めた呉秀三《くれしゅうぞう》である。彼は世に語られてきたさまざまな怪異現象を「精神医学」で引き受けようとした。でも、これが半ば文明開化的なおさまりに一致する「トンデモ学説」と一笑にふされればよかったのだが、呉は一般の人にとって「病」の治癒を実現する「理性の人」というべき立場にいた。精神を病んだ患者たちの療養システムを、「閉じ込める」ことから「解放する」ことに転換しようとした分だけ、理性は固い権威の衣をまとうことになった。

もっとわかりやすく言えば、呉秀三は、理性で狂気を押し込めるための医学的な格闘に踏みだした人だった。

本朝狂気誌と『ドグラ・マグラ』

わたしが三十五年ほど昔、会社を辞め、プログラマーに転職もせず、作家になろうとした時期に、どうしても書きたかった本があった。もともとＳＦ雑誌だった『奇想天外』という雑誌に無理をお願いし、『本朝幻想文学縁起』という突拍子もないタイトルで連載をさせてもらったのが、その本だった。雪崩のように翻訳され出した近代的な西洋怪奇・幻想・異端の文学に対し、夏の冷房代わりに読まれていただけの古臭い日本怪談を、元から読み直そうという試みが、そのきっかけだった。

このとき、ほんとに古臭い日本の古典を取り上げた。空海とか平田篤胤とか安藤昌益《あんどうしょうえき》とか、あるいは『往生要集《おうじょうようしゅう》』、安倍晴明、小野篁《おののたかむら》などを。日本の狂気誌については、その後社会精神医学と犯罪心理学で日本社会の狂気史を取り扱った小田晋著『日本の狂気誌』（昭和五十五年刊）が出た。しかも、その本が活用したインスピレーション源は、呉秀三が残した書き物にあった。たとえば、小田は彼の著書の中で『古今妖魅考』、「腹の虫」の眷属《けんぞく》である「応声虫《おうせいちゅう》」、そしてなんと「呉秀三と三遊亭圓朝」などの問題を論じているのが、証拠である。これらは呉秀三が精神医学の立場から興味をもった「妖怪」という名の日本的狂気、ともいえた。わたしも、『本朝』を連載している時期、小田晋と同じように呉秀三しか目にはいらなかった。

じつは、この興味深い人物をわたしに教えてくれたのは、異端文学発掘ブーム中でもっとも大きな爆発を引き起こした夢野久作《ゆめのきゅうさく》だった。異端復興の気運は、夢野久作の再評価が先陣を切っていた。その作業は、最初、推理小説界で進みかけたのだが、江戸川乱歩が変格探偵小説の極北として挙げたこの異能の作家を、ミステリの文脈だけではどうしてもきっちりと評価できない。早稲田大学のミステリークラブで名を馳せた大塚勘治さんも、会うたびに「夢野久作の『ドグラ・マグラ』ほどものすごい異端作品はないから、読め、読め」とけしかけてくるくせに、「それ、どこがそんなにものすごいんですか？」と訊くと、「それがよくわからないから弱ってるんだよ。すごすぎて分からない。だから、きみみたいな変態に読んでほしいんだ」と、埒《らち》のあかない返事ばかりだった。

それで、問題の本をさがしたのだが、当時はバカ高い古書価が付いていた。そこへ数年後、三一書房が『夢野久作全集』を刊行してくれて、昭和四十四年に『ドグラ・マグラ』が刊行された。これを汐《しお》に、狩々博士《かりがりひろし》さんの評論『ドグラ・マグラの夢―覚醒する夢野久作―』が、昭和四十六年に同じ三一書房から出た。やっと、チャカポコ・チャカポコ、願人坊《がんにん》主の鉦《かね》や太鼓、頭の中できぃぎぃと鳴る不快な音響とで騒々しく展開する「キチガイ地獄外道祭文」こと『ドグラ・マグラ』を、読むことができた。一読、完全に虜となった。文体も内容も、文字通りの「メタ」である。

このようなメタ文学は、なるべく理性で格闘しないように気をつけなければいけない。禁を犯せば、呉秀三が行ったことの二の舞になりかねないからだ。言い換えれば、精神の錯乱を直そうとしてはいけない。妖怪を見たのであれば、根掘り葉掘り詮索してはいけない。なぜなら、「メタ（外側にあるもの）」だから。では、どうするかといえば、相手が見えているものをそのままに、話に便乗することで融和するほかにない。ただし、こうすると「壁」にもぶつかる。それは心理異常下で見えるもの、書くもの、すべてが「まったくおもしろくなくなる」という逆作用である。わたしは『脳内異界美術誌』というアウトサイダー・アートに関するレポートを出版した。その取材の半ばで、これらのアートを素朴に眺めるうちに「おもしろくもなく、異常でもない、平板な表現だ」と感じるようになった。それを異常だと認識するのは、理性が過剰に意味を盛りつけるせいではないかと思った。

理性が意味を盛りつければ、理解不能だったものごとも理路整然と「不気味なもの」になる。理性と技術に長じた芸術家や作家が狂気を描くことで、狂気はやっと狂気らしく見える。つまり、人に異常性を理解させるには、強固な理性による「盛りつけ」が必要となるのだ。

というのは、すくなくとも精神障害の人たちが絵を描くのは、人に見せるためではない。自分の精神の安定のためにそうするのだ、という現実を知ったためであった。じっさい、自作が人目にふれることを嫌う人もいた。或る種の心的安定を図るためには、絵を描き終わってもいけないし、理性で読み解けるストーリーになってもいけない。描くことが自己治癒だとすると、その薬効を維持するにはいつまでも終わらない必要がある。つまり、心のエキササイズ、ダイエットに近いのが、彼らにとっての怪異なのである。

わたしは『ドグラ・マグラ』を三度ほど読んだ。その結果、この長大な脳の地獄変は、こんなに長い小説にもかかわらず、彼が巻頭歌として掲げたわずか五行の文章の際限ない繰り返し作業だったのではないか、と推測した。話を終わらせたくないのだ。したがって、作意は最初の歌でほぼ尽きている。それは——

胎児よ
胎児よ
なぜ踊る
母親の心がわかって
おそろしいのか

という文章だ。『ドグラ・マグラ』が心的ストレスを考察／治療する小説であるとみなすことで、この「胎児」の心に生じているストレスの正体がわかるというカラクリが見えるからである。でも、それはなぜわかるのか。

『ドグラ・マグラ』の会話部分だけを追って読んでいくと、しばしば現れる言葉がみつかる。その一つが「離魂病《りこんびょう》」である。夢野はなぜか、離魂病に言及しつづける。ここに鍵があるのだ。

『ドグラ・マグラ』に精神病患者の解放治療場が登場することからわかるように、夢野久作はこの発想を呉秀三の精神医学にいくばくか負っている。彼によれば、離魂病とは「多重人格」のことなのである。

多重人格は、ある意味で自分を他人に変化させる作業である。そう解釈するなら、胎児が母親でもある関係が生じる。だからして、母親の心が分かるカラクリになる。すべては、多重人格者の夢の中での万華鏡として観察が可能となる。ただし、人格変化を起こした元の（あるいは本来の）自分は、その時点で自分ではなくなるから、理解できた母親の心を記憶することができない。そこで次の第三者である精神医が記憶を定着させるしかないのである。

ついでだから、呉秀三が離魂病を精神医学でどのようにまとまりをつけたか、その要点をお話ししておく。呉はこの病気の性格を文学の事例によって説明しようとした。呉は、「磯辺偶渉」という連載エッセイを『神経学雑誌』に寄稿し、この中で、わたしが『帝都物語』に「腹中虫」という名で登場させた魔虫について、「幻声の自己体内より聞ゆる病症」と説明している。要するに腹の中にへんな虫がいて、これが時折人語で語りかけてくるというのだ。それも、死の予言だとか、不気味な話を。じつはこれが江戸時代に「腹の虫」と呼んだ化け物の正体である、と。だから鍼灸の医者から蘭方医まで、腹の虫に注目したのは当然の進歩であった。

たとえば埼玉の妖怪に「ネブッチョウ」というものがいる。ネブッチョウに憑かれた人は、心に恨みを抱いた相手に害を与えるという。相手がひた隠しにする罪状、たとえば不倫などを、大声でバラすからだ。ちいさな白い蛇が正体らしく、これが口や陰部から体内に入り込み、悪さをする。腹の中から声をだし、他人の秘密や恨みの本心をしゃべりだす。これを「腹の虫が鳴く」と呼び、庚申様の起源である「三尸九虫」の恐怖に直結させている。正体が「白い蛇のようなもの」というあたりも、まさしく「腹の虫」を意識している。

つまり、二重人格という疾病を突き止めるのに、「腹中虫」という症状を目当てにした。レントゲンや各種検査の機能を「人語をしゃべる腹の虫」に托《たく》したのだった。このネブッチョウから、わたしは人間の体内に寄生する回虫を即座に連想してしまう。それはわたしたち団塊世代に体験があるからだ。昔、内臓に異変が起き、よくお尻から回虫が出ることがあった。洗面器にぬるま湯を入れてお尻を浸すと、回虫が顔を出すので、母が割りばしを使ってくるくると「腹の虫」を巻き取って、体外に出してくれた。まさに小さい白蛇の群れである。ほんとうに尻から出てくる分だけ、ふつうの化け物よりも不気味だった。

呉はその連載で、「離魂病」にもふれ、その典型的な事例として、山東京伝が書いた『桜姫全伝曙草紙』をとりあげた。呉は書いている、「現今の病理より考えうれば離魂病と云わば二重意識即ち精神的二重生活のこととするが最も妥当」である、と。京伝本の挿絵をみると、桜姫が二体に分離している。この話の前にも、怨霊に襲われた桜姫が、無数の小さいヘビに襲われるシーンがある。このヘビどもが体内に寄生し、秘密にしていたことをべらべらしゃべられたら、おそらくは二重人格症の証拠となる。また白い小さな蛇という姿は、「腹の虫」につながるはずだ。

そういうわけで、化け物はいよいよ変態心理あるいは精神医学までも巻き込むこととなって、現代にたどり着いた。振り返ってみると、わたしは『帝都

『桜姫全伝曙草紙』。山東京伝の名作の一つ。桜姫は恋ゆえに惑い、体が二つに分かれるという怪現象を起こす。呉秀三はこの現象を「二重人格」と診断した（アラマタ所有の写本より転載）。

物語』を書いた時期、失業もしていたし、食にも窮していた。なんだか冥府魔道を悲しみもなく歩きだしているようなストレスも自覚があった。

実際、呉秀三も、腹の虫と離魂病の物語を精神医学用語によって書き換えようとして、古典に描かれた怪異の症状を観察する作業をつづけた。『古今妖魅考』なども参考病例集として活用しながら。だが、「二重人格」以上にピタリと当てはまる精神病名は思いつけなかった。結局「二重人格」のほかにつけられる名が見当たらないことに、気づいたからだろうか、呉がこころみた怪現象の研究には、その後、これ以上におもしろい展開が生まれなかった。病気という理解を行った場合、話はそこで中止され、急速に興味の対象ではなくなるかのようだった。

では、夢野久作の『ドグラ・マグラ』はどうか。繰り返しの連続ではあるが、話はきわめておもしろく、しかも複雑に成長していく。ということは、夢野はこの物語を「病気」の表出とは考えていなかったという結論になる。狂気とは銘うつけれども、それは理性で理解できる「話」だということである。あくまで理性によって「他人に読ませるため」の物語を書けたからにちがいない。たぶん、山東京伝も「桜姫」を作家の理性で描き切っている。ということは、描かれる「狂気」がさらに異常に進展していけるという現象は、本来的には理性が生み出した一種のフィクションである可能性が高い。生の狂気の観察ではない可能性が強まるのである。

呉秀三も夢野久作も、妖怪現象の根源に狂気を導入しようとした努力がすばらしかった。だが、その努力がどこかで理性の援助を受けていて、いつのまにか理性に頼ることになった。結果、生の観察はバーチャルなフィクションに変性してしまう。ほんとうに狂気のナマ描写であるなら、話は限りなく退屈なものにおわったろう。なぜなら、その場合は狂気に理性が含まれていないからである。逆に言えば、狂気はウソがつけないのだ。その逆に、理性が狂気の振りをする、という能力を認めざるを得ない。だから、二重人格は究極ではあるが、すべてを白けさせる逆作用、いや副作用を持つと考えられる。この副作用は素朴な古代には起こりえなかった。理性の時代に発現した「新しい現象」。言い換えれば、腹の虫を狂気の現象とみなす発想は、博物学者がもともと狂気の物質化として考え出した「ムシ」というリアルな物質性、あるいは妖怪という実体性を捨てさせたのである。

書いていて、気味がわるくなってきた。このあたりでお祓いでもして、この章を締めることにしたい。

第八章

もとめよ、さらば見出さん「人の生涯」

人魚の雄と雌の図。舶載書ヨンストン編『禽獸蟲魚譜』による。

いさかひて雨夜へだつる葭戸《よしど》かな

平井呈一作（『海紅』十四巻七号掲載、昭和三年十月一日発行）

就職から社会へ

人生は社会へ出てからが本番であると、わたしは思う。大学を卒業するまでは、昔流行った用語を使うなら、「モラトリアム」でしかない。平たく言えば、子ども料金で暮らせる猶予時間だった。しかし、社会に出れば、さまざまな俗事や雑事に追い込まれる。けれども、それを雑事として斬り捨てたらおしまいだ。雑事の中からこそ、奇発想や新学説や名文は生まれ出るからである。

わたしの体験で言うなら、世の中は雑事にかかわればかかわるほど、自分に磨きがかかるようにできている。実際、わたしがほんとうに一生をかけるような仕事や関心事に巡りあえたのは、俗なる社会に飛び出して以後のことだった。

昭和四十五年四月に慶應大学法学部政治学科を卒業した。もともと紀田順一郎先生にあこがれていたので、大学は慶應にするつもりだった。慶應はその時期、他大学に比べて授業料が安かったのも、親の負担を考えるとありがたかった。大学に合格すると、高校に飛んで行って、学内選考で日大農獣医学部水産学科に特待生合格していたのを断りに行った。しかし、校長先生から、付属高校の生徒が特待生を辞退したことはいままでにないことなので、入学できない理由を思いつけないと言われた。それで、担任の先生が、「しかたがないから、外国へ留学することになったから農獣医学部に行けなくなった、ということで許してもらったらどうでしょう」と名案を考えてくれて、無事に慶應へ行けることになった。しかし、一年生が行くことになっている日大文理学部には見覚えある学生が山のようにいたので、よく遊びに行った。しばらくはおもしろそうな講義も聴きに行き、日大のアニメ研究会にも顔をだすようになった。同級だった竹上が仲良くなった島村義正《しまむらよしまさ》君は、漫画家志望でわたしと趣味が合い、やがてアニメを制作する仲間にも加えてくれた。そのとき一本のカラーアニメを制作したが、ただ一回試写の時に観たまま、いちどもその映像を見直す機会がなかった。それが令和元年になって京都国際マンガミュージアムで「アラマタ大大マンガラクタ館」という展示会がきまり、数十年ぶりに島村君に連絡して、あの時のアニメは残っていないかと尋ねたところ、なんと、物を大事にする島村君がフィルムを大切に保管してくれていたのだった。そのアニメは無事に上映されたが、わたしにとっては大切な思い出がよみがえったような奇跡であった。

しかしそのあと、大学生活はアルバイトの連続となり、それ以上めぼしい友人には日大の学内で知り合うことがなかった。

昭和四十五年春、社会人になるときが来た。ここからいよいよ本気で自分の存在証明を残す努力の年月に入った。会社は日魯漁業で、配属されたのは資材部だった。

谷口喜作の後ろ姿を追って

それでも資材部はおおらかな部署で、そこにいた先輩たちもユニークな人が多かった。漁船の必要資材を調達するという仕事の性格上、北洋や南方のトロール部で仕事をしてきた海の男が多かった。船乗りの先輩がこんなに穏やかだとは思ってもみなかった。そのなかには、後年政治家になる園田博之《そのだひろゆき》さんもいた。自民党の大物だった園田直《すなお》さんの息子さんであった。聞いてみると、戦後は河野一郎《こうのいちろう》も一時期に日魯の社長をつとめたことがあるとのこと。これで社会人になったのだという楽しみがやっと出てきた。

なお、同期の新入社員で資材部へ来たのは、二人の女性だった。一人は菅原《すがわら》さんというグラマラスな人で、よく見ると、社内の医務室で入社前の健康検査のとき同室になった女性だった。やっぱり社会人の女性はきれいだなと暢気《のんき》なことを思った相手が、同じ部署にきたのでドギマギした。もう一人は星野《ほしの》さんというしっかり者で、習字もうまく、お茶の心得もある人だった。わたしが退職した後も、定年まで勤めた頑張り屋である。四十数年ぶりに再会したが、いまもお母さんと暮らしていると聞いて、やはり頑張ったのだなと感心した。

それから、新年度が始まって夏ごろに、もう一人の途中入社の女性が加わった。大沢さんという女性で、紙幣の数え方がみごとだった。さすがは農林中金の元窓口担当だ。同じ仲間同士、ずいぶん仲良くしてもらったが、間もなく社内結婚することになった。

入社の翌年、日魯でもＩＢＭの汎用マシンを導入して電算化することになった。なんだかよくわからない適性テストの結果、新入社員が六人、この新設部署へ送り込まれた。有楽町の本社から、魚臭の漂う築地《つきじ》、北海道拓殖銀行の電算センターへの島流しであった。ここから九年程、わたしはコンピュータを扱う社内エンジニアの仕事に携わった。

この日魯電算室は、汎用コンピュータの使用が時間配分されていたので、わたしたち外部社員がコンピュータを使えるのは夜の八時過ぎからであった。それまで待っていなければならないので、時間つぶしに銀座《ぎんざ》並木座《なみきざ》という二番館に年中古い映画を観に入り浸った。しかしそのおかげで斜陽産業化した映画各社が鈴木清順《すずきせいじゅん》、藤田敏八《ふじたとしや》、田中登《たなかのぼる》、渡辺護《わたなべまもる》といったピンク映画枠で使った個性ある監督たちの作品に親しむことができた。洋画では、断然サム・ペキンパーである。あの『ワイルド・バンチ』を何度観たことやら。

この時期から、副業というか趣味の文筆業の方でいよいよ実力ある編集者たちと親交を結び、たくさんの仕事をさせてもらえるようになった。まずは築地のコンピュータ室に移ってきたわたしを迎えてくれたのが、雑誌『クロワッサン』の編集者だった滝《たき》本誠《もとまこと》さん。現在は独特の美学をベースにした映画論の書き手として、知らぬ人がいない。彼とは、最初にジョン・ディーというエリザベス期のオカルティストの活動が共通の関心事だったことで、仲良くなった。

そして、同じ築地の住人ともいえる銀座三丁目の雑誌社『月刊ペン』社の阿見政志《あみまさし》さん。この人はフランス文学を専攻しマンディアルグを研究した人で、幻想文学に関心をもつ編集者だった。彼とともに企画したのが、『妖精文庫』だった。いわゆるファンタジーを集大成したこの叢書《そうしょ》で、わたしは評論デビュー作の『別世界通信』を出してもらった。

さて次が、雑誌『遊《ゆう》』を編集していた工作舎の松岡正剛さんである。稲垣足穂についての文章を依頼しに来てくださったのが、最初だった。正剛さんは、現在は財界と政界にも賛美者が多い編集工学のリーダーだが、当時は長髪のマイナー雑誌編集者だった。正剛さんが築地のコンピュータ室に来てくれて、わたしが勤務していた部屋にはいって来たとき、まったく場違いの正剛さんの雰囲気に、室内の人々が沈黙したことを覚えている。わたしはわたしで、日劇《にちげき》の前に立って、勤労者ストのビラ撒きをやっていた。正剛さんも、ビラを撒くわたしをみつけて、「似合わねーなー」と絶句したと、話してくれた。お互いさまですよね。

それからやってきたのが、平凡社の良心ともいわれ「イメージの博物誌」などを企画した編集者、二宮洋隆《にのみやひろたか》さんだった。同社の『月刊百科』に場ちがいな記事を書かせてくれて、会社を辞めた際は、ちょうど運よく平凡社が企画を進行させていた最後の百科事典の編集助手に推薦してくれた。これが、平凡社に二十五年居候をすることになったきっかけである。二宮さんはまた、わたしが敬愛する「学魔」こと高山宏君《たかやまひろし》に『観念史事典』のプロデュースを依頼した人でもある。高山君には、わたしが先に死んだ場合、葬儀委員長を引き受けてもらう約束をしている。百科事典を編集する仕事ほど、わたしをおもしろがらせたものはない。なによりも、今や伝説となった平凡社社長、下中邦彦さんと親しくなり、あのとてつもない『世界大博物図鑑』全七巻をやらせてもらった。足掛け十年を要した企画であった。

しかも、多くの助手の方、編集部の方を担当につけてくださった。中でも忘れられないのは、自然・動物ものならこの人と言いたくなる、元『アニマ』編集部の三原道弘《みはらみちひろ》さん。令和二年に惜しくも亡くなられたが、この人ほどふかく博物学に踏み込んでくれた編集者はいない。仕事はきわめて丁寧で、しかも完璧だった。だから、三原さんから声がかかれば、わたしは喜んで彼とチームを組む。それができなくなったことは、痛恨の極みだ。もう一人、もう二十年以上もわたしの本の編輯《へんしゅう》を引き受けてくれた大石《おおいし》典子《のりこ》さんにも感謝しなければいけない。この人は、国立大学の大学院を二度修了した傑物である。仕事は完璧で、すばらしい忍耐力の持ち主でもあった。彼女は誰もやりたがらない大型の企画を、いくつもこなした。ほぼ毎日、わたしと一緒に夜中の二時まで編集を手掛けてくれた。こういう人材こそ晩年は幸福になってほしいと、心から祈る。

それから筑摩書房の大編集者で、赤瀬川原平《あかせがわげんぺい》さんのベストセラーをたくさん手掛けた松田哲夫《まつだてつお》さんもよく日魯を訪ねてくれた。彼はなんといっても、「路上観察学会」を立ち上げたことが最大の偉業である。赤瀬川さんばかりでなく、建築史家兼建築家の藤森照信《ふじもりてるのぶ》さんや、最初の結婚相手である杉浦日向《すぎうらひな》子《こ》さんと知り合いになるきっかけをつくってくれた。『帝都物語』は藤森さんとの出会いから現実のものになった。

また、テレビ界では、わたしに最初のTV番組企画をもたらしてくれた元テレビマンユニオンのプロデューサー、碓井広義《うすいひろよし》さんもありがたい友人だった。碓井さんは、離婚後のわたしが平凡社で寝起きしている暮らしぶりを見て、現在の妻を紹介してくれた。この諸氏には、現在なお交流をつづけてもらえていることに感謝する。この人達のおかげで、アラマタは作られたと言っていい。

最後に挙げねばならないのが、旧角川書店の角川《かどかわ》春樹《はるき》さんとKADOKAWA現会長の角川歴彦《かどかわつぐひこ》さんである。春樹さんは『帝都物語』を世に出してくれた。実在人名が多々登場する小説だったので、いくつかのトラブルがあったが、すべてを丸く収めてくれた春樹さんの神通力には、今も感謝を禁じ得ない。現会長の歴彦さんとは、たしか本社そばの喫茶店でお目にかかり、将棋と俳句の話をお伺いして以来のお付き合いである。平凡社が左前になったあと、行き場のなくなったわたしにさまざまなチャンスを与えてくださった。こうした偉人の方々が、それまで日本では関心の低かった分野を掘り返そうとするわたしの力になってくださったので、仕事がやれたのである。

物事の起源を知るために古いものごとを捜索することは、本質的に「神がかり」の技である、とわたしは確信している。何かを再発見するという行為は、なにかの偶然が作用するものでなくてはならない。すぐにたどり着ける発見などは、最初から発見ではあり得ない。

わたしがこれまでにさまざまな雑知識を発掘することができたのは、本をたくさん読んだからではない。偶然の力（セレンディピティ）と、天から救いにきてくれた神の力（天祐）のおかげだと、本気で思っている。先日、そうした「天祐」に属する二人の新しい神が、自分の最後の著作と位置づけた平井呈一年表の上にも降りてくれて、新事実の発掘に力を貸してくれた。どういう天祐が生じたかといえば、わたしが数年前から、現役で一番古い『毎日新聞』を創刊号から読み直してみるという突飛な仕事をやりたいと思ったことと関係がある。こんな回りくどい、時間ばかりかかりそうな読み直しをする余命も残っていない老人だというのに、なぜかそういうことがしたくなった。今は福澤諭吉《ふくざわゆきち》の『時事新報』もチェックし始めているが、「徒労」に近い作業なのに、おもしろい。案外、こうした暇な井戸掘りみたいなことをしているうちに、はっと気がつくことがあるのである。

そんな中で、情報探しに神がかり的な才能を持つ友人二人が、新潮社の創業者、佐藤義亮《さとうぎりょう》が新聞に寄稿した珍しい文章を見つけて、送ってくれた。この二人は伊吹博《いぶきひろし》と伏屋究《ふせやきわむ》といい、第二の「天祐」となってくれた。ちょうど芥川龍之介が自殺したときの話だ。新潮社は『芥川龍之介全集』なる企画を実現する約束を、ご本人の芥川と交わしていたのだが、芥川が亡くなって、その刊行元が急に岩波書店に移動するというできごとが起きた。

当時は各出版社が売れっ子作家をえげつなく奪いあう、仁義なき時代だった。そんな空気の中だったから、すわ新潮社と岩波との間でひと悶着あったにちがいないと、業界雀どもが囀《さえず》りだした。ひどいのになると、この一件を両出版社の「泥仕合」と揶揄《やゆ》するやからもいた。

大正初期（5～7年か？）句会「龍眠会」会合？　最上列左から2番目がまだ10代の谷口喜作（西垣卍禅子編『現代新俳句の焦点』1963年より）。

たぶん、佐藤社長もおもしろくなかったのだろう。というのも、全集とは別に、既刊の芥川作品を自社で「選集」に仕立て直して一挙に販売しようとした佐藤の計画が、岩波の全集を邪魔する策謀とみなされたからだった。そこで佐藤社長は『読売新聞』昭和二年十月三日号に、自らの言い分を発表した。

　新潮社を創業した佐藤義亮は、若いころに苦学した立志伝中の人である。文学にあこがれて上京し、原稿を投稿するという形で文学修業したのだが、文壇が赤門派《あかもんは》と硯友社《けんゆうしゃ》一門とに二分支配された現状に絶望し、止《や》むに止まれず新出版社の設立に打って出た人である。

　その記事によれば、芥川没後の初七日を過ぎた翌日、芥川家を代表して谷口喜作という人物が新潮社を訪ねてきたという。そう、谷口喜作とは、すでに本書でもおなじみ、今やどら焼きで有名な上野の菓子舗「うさぎや」の二代目当主だった人である。

　芥川は、この若い谷口喜作を心から信頼していた。だから、死後の面倒は君に頼みたいと、遺言まで残した。その遺書に、「できることなら、新潮社で出すことになっていた全集の出版を、岩波書店へゆずってもらえまいか」と認《したた》められていた。交渉を任された喜作は、新潮社側がすでに「全集出版の約束」を得ていることを承知しており、これをひっくり返すには条件的にかなりの譲歩が要るだろうと、覚悟を決めたらしい。ところが会ってみると、佐藤社長は、言下に全集の権利を岩波に譲ることを承諾した。喜作も拍子抜けしたと思う。

　じつは佐藤社長も喜作も、芥川はその時期に吹き荒れていた円本ブームにひどく反感を持ち、その渦の外にある者に自分の全集を託《たく》そうと思っていたらしいことを、菊池寛《きくちかん》の談話などから察知していた。芥川が自殺した原因の一つに、当時の出版界の泥仕合を見るに忍びなかった事情があるなら、それをここで繰り返しては、芥川に申し開きができない。

　そこで、佐藤も喜作も損な取引を敢《あ》えて成立させる気持ちになったらしい。佐藤としては、心底から、一家の柱を失った芥川家のことを心配して、潔く権利の放棄に応じたのに、それを世間が「泥仕合だ」と騒ぐので、腹に据えかねて抗議の新聞投稿をおこなったのである。ただし、自社で出版した芥川の選集は全集とは関係なく売らせてもらう。これは一冊の選集であり、堂々たる大全集刊行の邪魔をするようなものとは思えないからだ、という見解だった。「……私は唯、この薄幸の文豪に対する心からの敬意として遺書の旨に副《そ》う可《べ》きことを決心したのである。（中略）谷口氏も、私が容易に承諾しないものと思つて三種の条件を持つてこられたそうである」と。

わたしはこれを読んで、この二人を「損することができる」大人だ、と納得した。相手に花を持たせるといえば、商売人めいてしまうけれど、自分から身を引くダンディズムがまだそう捨てたもんじゃなかった時代の「賢さ」、そんな陰徳に価値を見出《みいだ》せた人たちだったのだ。

しかし、もっと興味ぶかかったことがある。これがいわば「偶然の発見」というやつである。それは、文豪である芥川がそこまで菓子屋の親父、谷口喜作を頼りにしたのか、という驚きだった。いくらでも有力な交渉者を選べたろうに、芥川家はこの人に頼り、葬儀の世話役まで引き受けてもらった。そこまで人望があったのは、文士気質の人々には欠けていた人徳のようなものがあったからだろう。双子の兄弟だった喜作と呈一は、たがいに光と影のような間柄であり、文士肌の呈一の人生に比較して、喜作は気苦労を一人でしょってきた苦労人だった。だが、それは表面上の比較に過ぎず、平井呈一になくて、谷口喜作にはあった「何か」のせいではなかったのか。とはいっても、芥川家の代理として立った喜作は、そのときまだ二十代の青年だった！　そこが信じがたいのだ。

それで、わたしはあらためて、喜作が残した文章を詳しく読み始めた。喜作はわずか十六歳で上野黒《くろ》門前《もんまえ》の和菓子舗を継ぎ、一家のために店を守り発展させた。上の学校へは一年生の一学期まで行けたきり、中学を卒業してから店のために働き通しであった。一方の呈一は、一歳のときに炭屋の平井家へ養子にはいったが、青年期までは「遊民」の暮らしを送ることができた。

では、どうして兄弟の歩みがこうなったのか、そこが謎だった。調べていくと、その根っこに二人の父「初代喜作」がからんでいる事実が分かってきた。父の初代喜作については、これまで紀田順一郎先生や、呈一の姪《めい》を奥さんにした作家、岡松和夫《おかまつかずお》さんが、すこしずつ探索をされたが、決定的な資料に乏しかった。しかし、紀田先生から「横浜貿易商人」をキーワードにして探してみれば、という助言を受け、その視点で調査を進めた結果、思いがけないところで初代喜作の情報を掘り出すことができた。横浜商人の歴史を調べるうち、「ウサギ印蠟燭《ろうそく》発売元　谷口喜作君　うさぎや（尾上町《おのえちょう》三丁目）」という記事を見つけ、初代の顔写真と横浜の店の写真にたどり着けた。肖像写真を見ると、初代と二代目はよく似ている。同じ息子でも、呈一は似ていない。二代目喜作と呈一は双子だが、兄がぽっちゃり型なのに対して、若い時分の呈一は佐藤春夫に似たほっそり型なのだ。

初代谷口喜作と横浜時代のうさぎや店舗（『開港五十年記念　横浜成功名誉鑑』より）。

　初代喜作は越中《えっちゅう》富山の産であったが、若くして大阪、次いで東京に出て、商売の修業をした。銀行業、船具商に従事、数年後には鈴木船具店横浜支店主任になった。明治三十五、六年にろうそくの販売も始めたという。喜作が開発したろうそくは、いかにも横浜商人らしく、売れていた西洋ろうそくの欠点をさらに補って、「明かりが清く、長持ちし、蠟も流れない」という、和ろうそくの長所を組み込んだ新工夫であったらしい。この初代を発奮させたのが、福澤諭吉の説いた「独立自尊主義」の教えだったということで、わたしもすこし奇縁を感じたのだが、ある記事にいわく、「正直は最後の大勝利のことわざを服膺《ふくよう》し、品の正直値の勉強を標ぼうし、需要者本位を以《もつ》て営業しつゝあり、その製品は寒暑を問わず、同一の度にて精するが故に、極暑の候といえども異変なきを誇りとす、人を待つに親切を第一とし、最も友誼《ゆうぎ》に厚く、又頗《すこぶ》る雅友に富み……」とある。つまり、ただの商人ではない。福澤の信徒であり、またもう一つ重要なのが、不動尊の熱心な信者でもあったという事実だ。

不動尊といえば、成田《なりた》不動尊である。市川團十郎《いちかわだんじゅうろう》との縁や平《たいらの》将門調伏の話は知られているが、他にどういうご利益があるのだろう。不動明王は、真言密教の最高仏と位置づけられる大日《だいにち》如来の化身であって、われわれ衆生の煩悩を取り除く。心願をかなえるご本尊であるということなので、喜作は商売をするにも、煩悩や欲望をふかめるのでなく、そこから離れて自身を清浄にする修行と位置づけていたのであろう。二宮尊徳《にのみやそんとく》も不動を信仰し、窮民を救うために断食修行をおこなったといい、不動への信心が深かった倉田百三も病身という苦悩を抱えていたが、二十一日間の断食行を決行し、病身を克服して創作活動に邁進したという。この精神は父の喜作にとどまらず、息子の喜作に伝わり、養子に出された呈一にも伝わったように思える。その証拠に、呈一は戦時中小千谷に疎開した際、小千谷に新たな文芸の息吹を吹き込むべく、奉職していた旧制小千谷中で、在校生に倉田百三の『俊寛』を選んで演じさせ、小千谷の街をあげて絶賛されたことがあった。初代喜作も同じ気持ちで商売を開き、何か重大な行動を起こす日は、不動の縁日である二十八日と決めていた。現在の上野うさぎやも、その創業日を二十八日としている通りである。なお、二十八日は、嵯峨《さが》天皇が国家平安を祈るため弘法大師に護摩行を依頼した日にも当たる。

初代喜作が横浜に開いたうさぎやをなぜ上野に移し、しかも売れていたろうそくを止めて、まったく関係のない和菓子屋になったかといえば、そこに最大の煩悩を断ち切る必要があったからにほかならない。

たとえば『読売新聞』明治三十一年九月の広告欄に、谷口喜作が生死をさまようような大病をして「浅草《あさくさ》元瓢亭内地」に病を養っていることを知らせる見舞い御礼の広告がみつかる。だが、この日付には大きな意味が隠されている。というのはこのとき、喜作が心底惚れて支援していた「日本の演劇を革新した人物」こと川上音二郎が、衆議院選挙に落選し、自分の悪口を書きまくった『萬朝報』の黒岩涙香《くろいわるいこう》を殺そうとしたがそれもかなわず、一座を手放して下田《しもだ》まで短艇《たんてい》で漂流を試みた時期と一致するからである。川上は妻の貞奴《さだやっこ》を短艇に乗せて、ふたりでその船を操って、さらに神戸へ逃げ延びた。この後は急転直下、アメリカから声がかかって海外巡業に出ることになる。

そんな大変な時期に、これまで借金の心配から舞台でのわき役出演まで、あらゆる援助を捧げてきた喜作は、自分に何の断りもなくアメリカへ逃げていった川上音二郎に、絶望する。生死の境をさまよう喜作の見舞いにも現れなかった。その挙句がアメリカ逃亡である。

喜作は、病が癒えて横浜に戻った翌明治三十二年から、川上音二郎と縁を切り、うさぎやの商売に集中する。このとき初代は三十代前半。それから約三年後に二代目喜作・呈一の双子を得る。けれども心機一転した喜作からは悪運が去らなかった。明治四十五年ごろ、保証人になっていた人物の裏切りにより多大の借金をせおってしまう。喜作は妻子を離縁し、自身は出家の道を選ぼうとしたが、妻に説得され、もういちど家族で再起する決心をかためた。大正二年ごろ(転籍記録では二月十三日)東京に移って和菓子のうさぎやを創業する準備に入り、餡作りの職人に弟子入りしたのち和菓子の店を開いた。再起を期した開業日を、不動尊の縁日としたのも、その覚悟をあらわしたものだろう。

「野生の大女」と山のロマン

喜作はこのような父のもとで生まれ、育った。幸い、上野うさぎやは思ってもみなかった成功をおさめ、名声を得た。父が残した大借金も、二代喜作はなにより早く返済した。そして、父と同じように、金銭的に恵まれぬ芸術家たちを無私の心で援助しつづけた。双子の弟で、一歳のとき養子に出された弟、平井呈一のボヘミアンな気質とは、大きく違っている。わたしがくだくだ書くよりも、喜作が残した実際の文章を示した方が分かりやすいので、これからいくつか引用するが、一言でいえば、頼まれたらいやといえない、面倒見のよい下町っ子だった面と、その反面、生活のしがらみを忘れるために「俗を脱する旅の人」という側面とがあった。冒頭で「世話焼きの側面」を語ったから、ここでは「無常の旅人」の側面へ話を移そう。

喜作が師匠碧梧桐の主宰する雑誌『海紅』の二十巻五号に寄稿した「気まゝな旅の話」という小品がある。そこに、伊香保《いかほ》に近い梨木《なしぎ》温泉という山深い温泉地で得た体験がつづられている。江戸っ子なのに、騒がしい町場は好まず、人跡に汚されていない土地を一人旅する意味が、よく伝わってくる。一人の「芭蕉《ばしょう》」がここにもいたのである。

このエッセイでは、黒檜山《くろびさん》というところへ登り、日がな一日ひとり山中で読書しつづけ、暮れれば宿に帰って眠る暮らしが語られる。しかし、内省的な心象スケッチというわけではなく、どこかに俳人の自然観照癖が垣間《かいま》見られる。それが場合によると、師匠の碧梧桐を通り過ぎて、柳田國男のロマンティックな民俗観察につながっているところが興味ぶかい。そういえば、喜作は柳田も愛読していた。

喜作は山の温泉宿で、「山の民」の人生を直にみつめるのである。いや、正しくは、「山の女」の人生というべきだろうか。このエッセイで、喜作は泊まりに来る客たちの荷物を、駅から宿まで運ぶ仕事をしている女性と知り合う。この荷運びのおばさんを十五年ほども観察しつづけた。喜作によると、こういう荷運びのおばさんは、昔はどこの山にも、たくさんいたという。途方もない大きさの荷物を黙って運ぶ。十貫目を超える大荷物も運べたというから、換算すれば四十キログラムにもなる。こんな重い荷物を女一人で担いで歩けるのかとも思うが、山の女は平気で運んでしまう。ひどい客になると、山奥にまで、蓄音機やレコード盤をどっさり持ち込むのもいる。だいいち喜作自身がここへ来るときに、重たい書物を数十冊も運ばせるのだが、おばさんはいつも気にもとめず、文明の利器や教養の書を、石ころも同然に無関心に担いでいく。「わしゃもう今年で二十二年になるからねえ」と。

このおばさんには、娘がいた。喜作が昼間、一人で読書をしていると、おどろいたことにまだ幼い娘がそばに来た。まるで妖精かと錯覚するように、山の中からたった一人で現れた。おばさんが荷物運びをする昼間は、この山で娘がひとり留守番しているのだ。どう見ても、六つぐらいの幼児がである。喜作が毎日静かな山間に来て、ただ黙って本を読んでいるので、そのうち気安くなって遊びに来るようになったのだ。喜作は、山の女という生き方に途方もない寂寥《せきりょう》を感じた。しかし、同時にこの世のものでない妖気も感じたらしい。

あるとき喜作が、近頃見えなくなった娘さんはどうしているか、とおばさんに尋ねた。

「ああ、あれは遠くの方へ、あれが七つか八つのときかね、くれてしまいました。今どうしているかねえ」と、おばさんは淡々と答えた。

「じゃあ、あの中気《ちゅうき》だった御亭主は？」

「あの親仁《おやじ》さあが死んで、少しの間娘と暮らしてましたけが、小さい子一人を留守番に置いとけないでね、そんなわけで何処かへくれてしまったのさね」

聞いていると、じつに淡々と語る。娘だの御亭主だのという間柄かどうかもはっきりしなくなる。喜作は、山の暮らしと女性の運命について、非常にナイーブな関心を抱いたらしい。これは、彼がしばしば信州から筑波《つくば》あたりの山宿に旅したことの理由だろう。とくに昭和初年は、毎日新聞社が改元記念にそれまでの「歌枕」や「詩歌」にあらわれた名所にかわって、日本の自然美を色濃く残した、やっと鉄道が引かれて接近が可能になった「秘境」を、新日本百景に選ぶキャンペーンを張った時期でもある。大雪山《たいせつざん》、白神《しらかみ》山地、上高地《かみこうち》、華厳《けごん》の滝などが注目され、大町桂月《おおまちけいげつ》などの文人たちが深山に旅することを薦《すす》めて流行となった。これには、日本各地を遍歴した碧梧桐の影響もあったろう。もっと突きつめれば、すでに忘れ去られようとしていた「山の生活」が、改めて関心を引く機会にもなったのだ。

わたしは、四十キロもの荷物を運んで山を歩く女性の話を、たいへんに印象深く読んだ。忘れることができなかった。それから一年後、用事があって和歌山県田辺《たなべ》市にある「南方熊楠顕彰館」に寄ったついでに、熊楠がもしかして山に住む怪力女や大女のことに関心を持っていなかったか、と尋ねてみた。すると顕彰館の田辺先生が、非常に興味深い熊楠の戯画を見せてくれた。手紙の端に描かれた絵らしかったが、そこに、見るからにたくましい女性が裸で温泉にはいる場面が描かれていた。なんでも、熊楠が高野山《こうやさん》に登った際、山中の湯で見た光景らしい。わたしは、そのみごとにたくましくてつややかな裸の女性を見ながら、喜作が書いた荷運びの女性のことを思い出さずにおれなかった。

これは、平井先生が好まなかった泉鏡花の『高野聖《ひじり》』の世界とも、通底していた。女は聖なる山にはいれないという制約、あれは律令ができて以来の新しい文化であって、それまでは山には女がたくさん住んでいた。妖《あや》しい美女もいれば、鬼女紅葉《もみじ》の伝説にでてくる「怪力無双で健脚、最後まで平惟茂《たいらのこれもち》軍とたたかった大女・おまん」のような怪力女もいた。暴走する牛を片足で止めたという「近江《おうみ》のお兼《かね》」も、そうした山女の残影にちがいない。

こういう大女は、信州から大和《やまと》、熊野《くまの》、大峰《おおみね》山系の山にいくらでも住んでいた。女は力仕事もやった。一人暮らしもした。狩猟生活だったから、男たちが狩るシシ（聖獣だった鹿や猪を意味するらしい）の供養をする巫女《みこ》でもあった。そこへ、熊野の修験とかかわった時宗の聖たちが山の民への布教を開始し、穢《けが》れ祓《はら》い、死体祓いの文化を交換した。熊野信仰や時宗の方向が、「浄不浄を問わず、女も病人も問わず、信不信すら問わない」ところにあったのは、しごく当たり前なのだ。なぜなら、この人たちは神という概念ができるよりも古くからあった山の暮らしを踏襲していたのだから。

谷口喜作は、そこまで奥深い「日本の山々」を味わっていたわけではないかもしれない。だが、現代人だから宿した「逃避」願望が、山奥への旅にいざなったのは事実だろう。よくいえば、山奥にロマンを求めたといえる。

よく、ロマンとは過去への郷愁だと、文学者は言う。わたしも山奥ではなく絶海の小島での孤独な野生生活にあこがれたし、中学生から夏休みは海辺の民宿に泊まりこんで夜まで磯の生物観察をした。そういう海の旅にわたしをいざなったのは、魚類学者の内田《うちだ》恵太郎《けいたろう》という人だった。この人は東京生まれだったが、小学生のとき絶海の孤島に転地し、そこで魚類の観察にハマった。都会のひ弱な子供が毎日海に潜る野性児に変わったある日、病気の養生で城ヶ島《じょうがしま》に来ていた東京の「令嬢」がボートに乗って海あそびに出た。真っ黒に日焼けした素っ裸に近い野性少年と、都会から療養に来た愛らしい令嬢とが、海のただなかで鉢合わせした。二人は一言もかわさなかったが、やがて海で顔を合わせるうちに仲よくなり、いつしか結ばれた。『ポールとヴィルジニ』のような熱帯孤島ロマンを思いださせる逸話だ。わたしはこの話を読んで以来、内田恵太郎のように生きることをただ一つの希望にした。夏になると海に出て、素潜りしたあと海面に躍り上がり、大きく息を吸いながら、ボート上の可憐な令嬢をさがしたものだった。でも、わたしには令嬢は見つけられなかったが。

喜作の場合も、なにかそういうロマン志向があった可能性はある。彼は損も得もなく自然に身を任せ、山の中の荷担ぎ女の野性的な生き方に共感していた。

これに近い心情が、平井先生にもあった。平井先生の場合はロマンティックな熱い郷愁というよりも、仙人暮らしできる仕事場への欲求だった。隠者文学の作者のように、あるいは日がな一日子供と鞠《まり》突きなどして遊んだ良寛のように暮らすことが、ひそかな夢だった気がする。しかし自分の作品が認められることを願ってはいた。千葉の田舎で静かに発句する時間を、無上の幸福と感じるといった、それは、平井先生にとってロマンでなくて、むしろダンディズムだったような気がする。なぜなら、平井先生には吉田ふみさんという「文学上の女神」がいて、日常の世話を焼いてくれていたからである。

これに対し、兄の喜作は、出世したり顕彰されたりすることを一切望まなかった。家族を愛し、自分を磨くことの方を望んでいた。弟よりも多くの作品を残したが、それがすべて忘れられていることが、その証拠である。なにしろ一冊の本も出さなかった。喜作はやはり、自分のために文や歌を書いていたのかもしれない。おそらくその気持ちがあったために、他の人々から信頼に足る人という判定を得たのだろう。

なるほど、そういうエチカが、平井先生にもあったかもしれない。ただし、兄の喜作にくらべると、平井先生は世話を焼くよりも世話を焼かせる側に近かった。これは文学者の特権でもある。平井先生が孤高の人だとすれば、喜作は「世話を焼く側」に立っただけに、いつも「孤独の人」だったともいえる。他人の世話を焼ける人は、孤独を知っている人だ。秘境への一人旅は、その心根のあらわれだったと思われる。

平井先生の「縁談」について

さて、日常の暮らしに心をくだいた谷口喜作に対し、平井先生はご自分のことをほとんど語らぬ人だったという話は、前にも書いた。それならば、平井先生若き日の暮らしを語れる者は誰かといえば、筆まめな兄の喜作しかいない。わたしはそう判断し、

『三昧』45号。谷口喜作の私小説「雲の往来」が掲載された。

谷口喜作の書いた文章を集めることに方向を変えた。喜作の書いた文章こそが、平井呈一年表の最重要資料になるはずだ、と。

そんなある日。ついに喜作の文章の中に、驚くべき話を発見した。古資料探索の達人である伊吹さんが、関西圏の図書館や文学館を訪れ、コピーしまくったうちに、俳句の同人誌がたくさん含まれていた。その一つ、俳誌『三昧』に寄稿した喜作の私小説「雲の往来」があったのだ。もちろん人名はまったく変えてあったが、わたしにはどうしても実弟のこととしか読めない一挿話があった。私小説であるということをおもんぱかって、話の内容や人名を原文のままに書き連ねてみる。

話は、作者の母の話から始まる。母はいつも階下の十畳間に陣取り、同じ階にある店の工場をガラス戸越しに見て暮らしている。職人の働きぶりを見るのに便がよかったからだ。そんな「女将《おかみ》さん」的存在である母親がしばらく温泉に行くと言って、店をあけた。作者は母が留守になったあと、いままで心に秘めておいた「ある計画」を実行する覚悟を固めた。さいわい、いまは繁盛している菓子屋稼業だが、その当主を引き継いだ作者には、双子の弟がいた。しかし、弟は不運にも一歳になるかならずで他家へ養子としてもらわれていった。ただ幸いなことに、養家は弟をかわいがってくれ、大学にまで進ませてくれたのである。生母はそのことをありがたく思い、養家である炭屋の濱中《はまなか》家には敬意を払うことを忘れなかった。弟はいま濱中貞一《ていいち》と名乗り、実家とも親しく往来し、「貞ちゃん、貞ちゃん」と呼ばれている。作者は俳句や文学という共通の趣味で弟とつながり、おたがいを支えあってきた。

しかし五年前、あるできごとが、二人の間を引き裂いた。養母のほうから、貞一の婚礼を許してくれないかというお伺いが、いきなり持ち込まれたからだった。作者によれば、弟の貞一は生まれてすぐ、「ある不幸な関係から」養家にもらわれていったという。それを一番つらく思ったのは実母だったらしく、店の屋台骨としていつもは気を張っているけれども、内心では誰よりも貞一のことを案じていた。そこへ、養家の奥さんがやってきて、貞一が好きになった娘と一緒にしてやりたいと切りだし、婚礼もこちらで出すからよろしく、と言ってきたのである。しかし、生みの母はこう答えた。

「私は実の母として、息子が祝言《しゅうげん》をあげるのは、うれしいことです。けれど、生みの親として、育ての親に、私はいまそのうれしい心を、そのままうれしいとは言われません。貞一はあなた方に育てていただき、大学まで行かせてくださいました。ですが、まだ一銭も稼いだことのない貞一が、いくらあなたがたが快く許されたと申されましても、ここで好きな人をもらうということは、一銭でも稼げるようになるまで遠慮しなければなりません。貞一が結婚すれば、妻と子もあなたがたのお世話にならざるをえません。それでは、私どもがどの面さげて、あなたがたにまみえることができましょう」と。

生みの母でなければ言えない、育ての母への義理立てだが、相手の養母も、無口で黙々と仕事に取り組む炭商人の夫にかわって店の切り盛りを引き受ける鉄火肌の江戸女だった。あちらとしても善意で養子の縁談を許したのだから、おそらく引っ込みがつかなくなったのだろう。作者にも、賛成してもらえないかと承諾をもとめたが、「母と同意見です」と答えたので、養母は興奮したようだった。

「しかたありません。それでは婚礼の日はそちらにお通知いたしません。お宅にお納めしている炭はどうなりますか」と言い捨てた。すると、作者もこう応じた。
「ならばこれからは炭の取引もできませんから、ほかの店から買っていただくよりしかたありません」

参考までに書くと、実際の平井呈一の養家は、震災後に商売が立ちいかなくなったといわれている。しかしこの私小説によると、震災後も炭屋の営業はしていたようだ。震災から五年後も、炭の商いを養父が継続していたことが、この小説によってあきらかになる。また、平井先生の新婚家庭は、養家の二階で営まれていたことも。

こうして、善意ゆえの行き違いで悲劇に終わった両家の関係は、昭和三年まで修復されなかった。もちろん、婚礼の案内は、実母の家には来なかった。ほんとうに行き来が途絶えた。作者は弟の状況を、知店に来る文士たちから間接的に聞くよりほかに、知るすべがなくなった。

しかし、二人の「母」をいつまでも絶交状態にしておくことを忍び難いと思いつめた作者は、決意を固める。昭和三年十月四日午後四時、歓談に来た友人を店に待たせて、作者は一人で弟の養家まで円タクを飛ばした。

まさしく突然の訪問である。養母は驚いて、病に臥《ふ》せっていた亭主を起こし、二階に暮らしている貞一を呼んだ。弟が二階から下りてきて、兄の顔を見ると、「しばらく」とだけ言った。

作者も「しばらく」と応じた。それだけだったが、五年間の断絶は一瞬のうちに消えた。

作者はここで初めて、弟に女の子ができていたことを知る。義理の妹となった幼馴染《おさななじみ》の新妻とも挨拶を交わした。女の子はもう四つになっており、養母もかわいがっているらしく、「どうもおしゃまさんで、おしゃまさんで。昼寝をしないので、夜は疲れてぐっすり寝てしまいます。今夜ももう寝ました」と、孫のことをいとおしそうに話す。ここで作者は本題にはいった。

「おじさん、私は此処《ここ》でお話ししなければいけないことがあって、お邪魔しました。いつまでもこういう絶交状態を続けていくのは悲しいですし、私にはどうも、うちの母が申した言葉の真意がこちらにも、貞一にも伝わっていないように思えてなりません」

無口で病気がちな夫にかわって養母がその言葉を受けた。「そうですよね。いつまでも仲が悪いと、人様にもみっともよくありませんものね。それに、嫁の方には兄弟がたくさんありますが、貞一がお宅様とこういうことになっていたら、身寄りが一人もいないわけですから、さみしいだろうと思ってね」

ひざを突き合わせての話し合いは、目的を達した。養母は嫁に「おそばでも」と命じたので、嫁は近所のそば屋へ飛んでいき、しばらくすると、天ぷらそばを囲んで二人の兄弟がたがいを見つめあった。

そのあと、二人は連れ立って、外へ出た。停車場へ送るわずかの道で、二人は言葉を交わした。

「あの晩ね、かあさんが帰ってきて、おれもぴしゃりといわれてしまったんだ。それで何もいえなくなった。おれは生みの親のそうした深い気持ちなんぞも聞かされてなかったよ」

作者も笑みを返した。

「そんなことだろうとおもっていたよ。しかし、これで安心した。そうそう、君んとこの女の子、なんて名なんだい」と、作者が尋ねた。

「サアオ」

「え？　女の子だったよね」

「うん、ヘンな名だ。おれがつけちまったんだ。狭青って書く」

「ばかだなあ！」おもわず二人は笑った。

という筋である。これがどのくらい真実であるか。私が思う証拠をいくつか挙げる。平井先生のご長女は、名を狭青という。私も初めて聞いたときは当惑した。でも、碧梧桐の機関誌『海紅』を読んでいたら、同僚の俳人に「狭青」という号を用いている人を見つけた。

想像だが、平井先生はこの号が気に入っていたのではないだろうか。

平井先生が子供好きだったことはよく知られている。ご自分の子にはひとしお愛情を注がれていた。だから名に凝る。三女の方はもっと手の込んだお名前で、「淼子」とおっしゃる。これ、「ひろこ」と読むのだが、誰にも読めない。

さらにもう一つ、私小説の中で喜作は、弟に会いに行きたくなったのは、弟の俳句を雑誌で読んだからだ、と書いている。昭和三年十月前後に発表された平井呈一の俳句を探したら、『海紅』十四巻七号(昭和三年十月一日発行)に、こんな句が見つかった。

「いさかひて雨夜へだつる葭戸《よしど》かな」

うーん、これはかなりダイレクトな句であるから、喜作も目にとめたと思われる。

わたしは、真っ先にこのことを紀田先生にお知らせした。紀田先生も初耳だったようで、わたし以上に驚かれた。喜作の気働きによって、平井先生が「一歳違いの幼馴染で、子ども時代から恋人だった」という娘さんと所帯を持つことになった事情が、ほぼ正確に後世に伝えられた、と思いたい。

「人魚」を探して地球を一周したこと

上に書いた話は、まだほんの一例でしかない。まだまだ新発見があったけれど、単行本にするまで多くは書けない。平井先生の年表がどうやら完成に近づいた今、残り少なくなったわたしの命を最後に燃やすべき対象はといえば、二〇二〇年末にオープンのところざわサクラタウンに設置される博物館(「ワンダー秘宝館」)である。世を挙げての新技術、情報時代だが、わたしはあえてアナログ仕掛けに徹した驚きの館にしたい。そういう趣向を、博物学ではヴンダーカマーと呼び、怪奇の世界では「妖異博物館」と呼んだ。後者は澁澤龍彥さんがしばしば使用した用語だが、英語圏で好んで用いられる「ストレンジ」とか「ファンタスティック」に対しフランス人が好んだことば「アンソリット」(不気味な、の意)に寄った語感が捨てがたい。

わたしがヴンダーカマーに関心を持ったのは、その澁澤さんからの影響だ。それ以前に、有田《ありだ》ドラッグまがいの「性病症例」ポスターも、まだ薬局で見ることができた時代の小学生だったことも大きいだろう。こういうグロテスクな傷病写真は、医学資料として二十世紀の初めごろまで製作されていたようで、あちこちによく見ることができた。その一つが「衛生博覧会」だった。わたしは、三十年ほど前に神田の古本屋で、そういう「見てはいけない催し」の中で展示されるような、主に疾病に起因する形状の異変を撮影した生写真を、二百枚ほど手に入れたこともある。たぶん明治期の医学資料写真ではなかったか。桐箱に入っていたのが、心惹かれた原因

人魚の古写真。妙智寺の所蔵品ではないが、それに類似したムンク『叫び』型人魚と呼ぶ標本の一例。

だった。これはいま、角川武蔵野ミュージアムに寄贈したが、父母に見つかれば焼却を命じられたにちがいない代物だ。

　そのほか、中学の頃から気にかかりだしたのが、妖怪のミイラだった。直接のきっかけは、たしか『週刊少年マガジン』にわが先輩、大伴昌司さんがレポートした『人魚のミイラ』にあった。それはマガジンが八回ほど連載したミイラ探訪記事の一つで、五十年以上も昔の読み物である。そのとき見たのは、新潟県の妙智寺《みょうちじ》に伝わる人魚だった。いわゆるムンク『叫び』型の作り物である。しかし、作り物とはいえ、動物の骨や鱗《うろこ》や毛などを用いた生々しい造形だった。ゆがんだ凝視の表情、苦し気な手のポーズ、強く曲げた尾など、ムンクの有名な造形を思わせたが、どうみてもメデューサの顔を直接見て石みたいに固まってしまった真実の表情に思えた。

　この人魚は、これまでに誕生したさまざまな人魚模型の中でも、この手の怪物の干物を系統立てるための手がかりを豊富に宿していた。この「魚の口か

バーナム一座の見世物「フィジー人魚」。1842年にアメリカで見世物になった。

ら猿が飛び出してきたような造形」自体、妙智寺に保管されるものだけではなく、学文路《かむろ》刈萱堂《かるかやどう》に残る人魚など国内のあちこちで発見されていたからだ。

　妙智寺人魚については、わたしも一九九六年に現地に出かけて検査する機会を得た。現地での情報によると、明治三十年代に寺が寄贈を受けたものという。いっぽう、このムンク型人魚は海外で有名になった「一八二二年の人魚」、あるいは「フィジー人魚」と呼ばれる人魚とそっくりなのだ。ロンドンで見世《みせ》物《もの》になったのを、あの見世物王バーナムが買い込んでアメリカに持ち込み、ニューヨークで展示して大評判になった。その図が残っていて、まさしくムンク型である。しかも、この人魚は出どころがしっかりしており、一八二二年にジャワでキャプテン・エーズなる人物が日本製の人魚として買い込んだ。しかも、バーナムはこの人魚を見世物にするにあたって、あのシーボルトが書いたという触れ込みで雑誌発表された『古代日本の生活規範と習俗』を、偶然に読んだ。そして、この情報をシーボルト発の現地ネタとして見世物に活用したのだった。

　シーボルトの本は日本での人魚の由来がじつに委《くわ》しく書かれているのだが、どういうわけか、オリジナルな雑誌連載記事にも、単行本にも、シーボルトが使用したと思われるドイツ語かオランダ語の原文が出ていなかった。シーボルトの大著『日本』を刊行した雄松堂書店にも問い合わせたが、そういう本はシーボルトの著作リストにない、と教えられた。結果、どうやらその本は英語版しか存在せず、しかもシーボルトの名をかたった某人物の著作だったことを知った。それでも、人魚探究のためには必要なので、問題の英語訳シーボルト論文を探し回った。

THE JAPANESE MERMAID.—[FROM A SKETCH BY DR. PHILLIPS, U.S.N.

（上）文政期に人魚の絵が流行し、当時コレラ除けに戸口に貼ったという。この図は幕末に横浜で売買された人魚（『ハーパーズ・ウィークリー』1860年2月）。

（左）魔除けとしての鍾馗像。京都では現在も屋根に飾られている。

この謎めいた本は、さいわいタトル商会が復刻してくれており、読むことが可能になった。その由来は次のように書かれていた――あるとき人魚が網にかかり、殺そうとしたところ、人魚は命乞いして「ここ数年豊漁が続いた後、海が荒れて魚が獲《と》れなくなる、洪水も発生する。これを避けるには人魚の絵を描いて門前に貼っておけばよい」、という予言を教えてくれた。実際、人魚が話した通りの出来事が起きたので、以後は人魚の絵を家の前に貼る漁民が増えた、というのである。裏どりのため江戸期の風俗史を調べてみると、たしかに文政《ぶんせい》年間（一八一八〜三〇）には人魚の絵を戸口に貼ったりしてコレラ除《よ》けとすることが流行したとある。この絵に描かれた人魚は、尾の先に三本と胸に一本の剣を持ち、髪を振り乱した恐ろしい妖女のすがたをしていたという。

なるほど、この本に従えば、人魚は蘇民将来《そみんしょうらい》と牛《ご》頭《ず》天王の物語の使いまわしである。同時に、このタイプの魔除けは、伝統的に中国で行われてもいた。古い例では鍾馗《しょうき》の像を飾る習慣だ。これは唐の時代、多くは玄宗《げんそう》皇帝にちなんだ話になっている。いま子供の守り神になっている鍾馗さまは、科挙《かきょ》の試験に合格できず自殺した人だ。つまり、受験失敗生である。唐の高祖がその死を悼《いた》んで、遺体を葬ってやったという。しかし、玄宗の時代に悪疫が流行《はや》り、玄宗自身も疫病にかかって死の淵まで追い込まれた。すると夢の中に、たくさんの悪鬼があらわれて玄宗を死なそうとする中、突如、髯《ひげ》もじゃの武官があらわれ、鬼をかたっぱしから平定した。玄宗は感謝し、名を聞いたところ、自分は鍾馗というもので、科挙に合格できぬ身をはかなんで自殺したが、唐の高祖に葬られて永眠できた。その皇帝の子孫たる玄宗陛下が病にとりつかれたのを見て、鬼をたいらげたのである、と告げた。以来、皇帝は宮中に鍾馗の像を飾り、季節の変わり目（すなわち節句）には鍾馗像に供物をささげる習慣がうまれた。日本で端午《たんご》の節句に鍾馗さまの絵や人形を飾るのも、京都の町屋

角大師。疫病除けに効果があるといわれるが、元三大師こと良源が病に苦しむ表情を模写したものといわれる。京都の町屋に貼られている例も多い。

で屋根に鍾馗像を置くのも、このような伝承に準じている。このコロナ禍で有名になった熊本県の妖怪「アマビエ」も、同じ類の災い除けと思われる。

　この系列には、さらに元三大師《がんざんたいし》こと良源《りょうげん》の創案した護符、通称「角大師《つのだいし》」と呼ばれる奇妙な「悪鬼魔除け絵」がある。骨と皮だけの痩せこけた夜叉《やしゃ》を表現しており、長い二本の角が伸びた墨一色刷りの護符で、京都三千院《さんぜんいん》などで買える。『元三大師縁起』によると、良源が夜叉の姿に化して疫病神を追い払ったときの姿を描いたものといわれ、黒一色で刷られているところも、鍾馗の像に似ている。角大師の札は魔除けの護符として毎年正月に売り出され、町屋に貼られたという。

　書くまでもないが、このような魔除け像の起源は、祇園《ぎおん》社にまつられる牛頭天王の逸話に行きつく。災厄をもたらす天王として自分を冷遇した巨旦《こたん》大王の一族を殺そうとしたが、自分に親切にしてくれた蘇民将来だけは災害を免れるよう、門前に「蘇民将来の子孫なり」と書いた札を貼れと教えた。人魚では

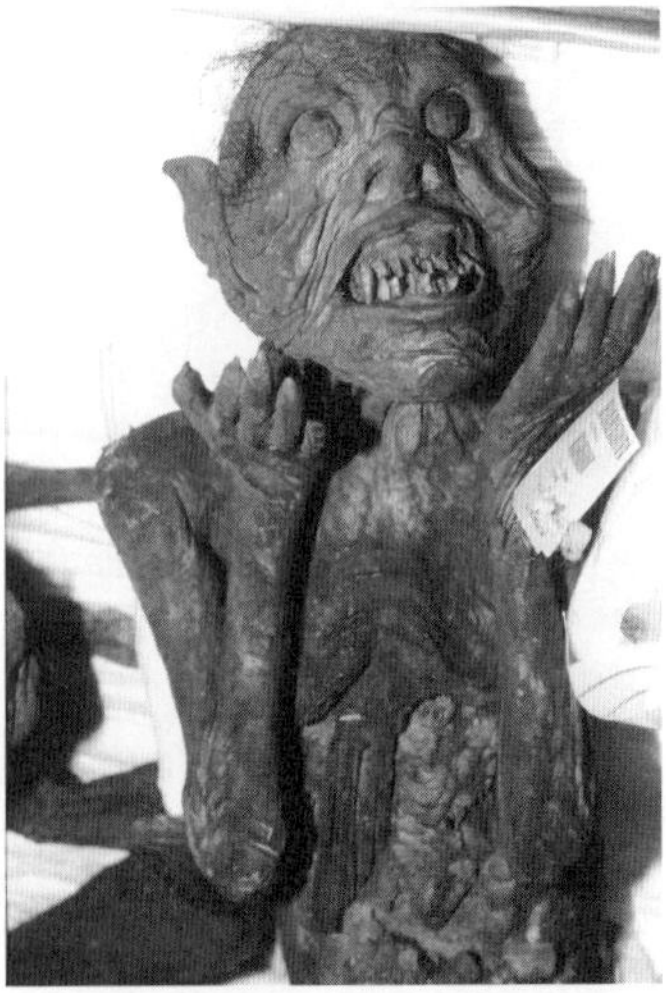

ライデン国立民族学博物館シーボルトコレクションにあるムンク型の人魚。和歌山県刈萱堂の人魚も、これによく似ている。

それが人魚の絵となり、やがて人魚の立体像が作成されて見世物になったのが、経緯だと考える。

　そこで、妙智寺と一八二二年の人魚が似ていることは、それが日本で作られたことを意味すると考えられる。すると、証拠はまだまだあがってきた。まず有名どころで、和歌山県の高野山にほど近い学文路刈萱堂に、よく似た人魚のミイラが伝えられていた。ここには石童丸《いしどうまる》伝説に付随する人魚の話が語り伝えられているのだが、かなり興味ぶかかった。ここは高野参詣道の入口にあたり、女人禁制の掟《おきて》がある高野山に登れない女性が、待機するか、あるいは遥拝《ようはい》するために宿を借りた場所であったのだ。

　説経節《せっきょうぶし》に「刈萱」の伝説があり、この石童丸の物語になっている。およそ次のようなものだ。法然《ほうねん》上人が踊り念仏を広めた頃、筑紫《つくし》の国に加《か》藤左《とうさ》衛門尉《えもんのじょう》繁氏《しげうじ》という侍がいた。彼には、正妻と子がいたが、妾《めかけ》を囲う人物でもあった。しかし正妻と妾がみにくい嫉妬心からあらそう姿を見て、加藤は世の無常を感じ、法然に導かれて高野山に登ってしまう。しかし、妾の千里《ちさと》と息子の石童丸は、あきらめきれず、加藤に再会するため旅に出た。やがて、加藤が高野山にいることを知った二人は、高野道の入口まで達するのだが、千里は女人禁制の山にはいることができず、麓の宿にとどまるほかなかった。ひとり、石童丸だけが入山し、父の行方を捜したが、等阿法師という僧に出会い、父がもはやこの世にいないと教えられる。しかし、この僧こそが父なのだが、出家した身であったゆえ、父と名乗ることをしなかった。

石童丸が下山して麓の宿に戻ると、母親はすでに亡くなっていた。悲しんだ石童丸は高野山に戻り、等阿法師の弟子となって、仏道に帰依《きえ》したという。親子であることを知らぬままに。

以上の物語は、高野山刈萱堂の聖たちにより語りひろめられた。人魚がからんでくるのは、妾の千里が人魚の絵をお守りに所持していたことによる。おそらく蘇民将来の札のような人魚絵だったのだろう。それがいつ、実物に変わったのかはさだかでない。それに、人魚の札があったとすれば、それはおそらく幕末に近い時期に人魚がブームになったときのはず。すると刈萱の話は時代がぐっと後になってくる。じつは、人魚の像だけはその成立が古い可能性もあるのだ。それは、『日本書紀』に記された「事件」に起源がある。千四百年ほど前のこと、近江の蒲生《がもう》川で捕まえられたと書き残される人魚がここへ伝わったとされ、説経会が行われる際に御開帳として人魚像が信徒に供覧された事実があるからだ。学文路刈萱堂保存会による解説では、「千里の前の生家に、いまから千四百年前発見された人魚がミイラとして保存されている、それを譲り受けた千里の前が、白拍子《しらびょうし》として、筑紫の国（福岡県）の館にたどり着いた。後に道心を訪ねるも、高野山は、女人禁制のため、登れず、玉屋《たまや》の宿で死去した。人魚は、千里の前の形見として、刈萱堂に収められた。（中略）人魚は、物語の生き証人であり、秘話の語り部」とある。

刈萱堂の人魚は妙智寺のそれと同時代に作られたので、造形が同じだということは分かるが、どっちがオリジナルかというと、刈萱の人魚のほうが幾分大きいため、古いものに見える。おそらくは、こちらが先行して世に出たのだろう。とすれば、妙智寺の人魚も、かつては同じように布教の客寄せとして日本中に回覧された経緯があるはずだ。しかし、あちらでは持ち主が変わり、信仰の対象だったころの記憶が失われたようなのだ。

蛇足だが、この造形について東京の剝製店で聞き取りしたことがある。その剝製店がいうには、上半身は猿、下半身はサケが使われていて、剝製というよりも一種の干物であり、内部に粘土を入れて冬の間地中に埋めておくと、乾燥して干物に区分できる作りだということだった。尾部がいちじるしく曲がっているのは、土に埋めやすくしたためではないか、と示唆を受けた。あのムンク型も、土に埋まって自然にできあがった複雑でリアルな乾燥皺《じわ》だったらしい。

妖怪は「信仰の対象」だった

わたしが日本製の人魚に関心を向けたのは、最初のうち博物学的な好奇心からだった。このまがいものをどうやって作り、どんな動物を材料にしたか、という解明をしたかった。妖怪の正体を無粋に解明すると、たいていどこかから、おまえは妖怪にロマンを感じない唐変木だ、と非難が来る。しかし、博物学には別のロマンがある。寺田寅彦も語ったように、一つ解明すれば、一つさらに神秘が深まる。わたしも海でプランクトンの観察を始めて以来、熊楠における粘菌の神秘にも匹敵する神秘界にたどり着けた。

でも、若いころにはスクーバダイビングもなければ水中デジタルカメラもなかった。そんなことを研究するための手引きなんぞ、どこにもなかった。こういうドロリとしたジャンルだから、「手を出せば身の破滅、誰も評価してくれないから」といわれた幻想怪奇の文学すら尻尾を巻いて逃げ出すほど、世に疎《うと》まれていた。幻想文学をやるときに感じた孤独は、いわば江戸川乱歩のいう「群衆の中のロビンソン・クルーソー」という言葉に尽きる。つまり文学や小説好きはうじゃうじゃいるのに、怪奇だけは読者がいない、という孤独だった。ところが博物学はちがった。まさしく無人島に流されて味わう孤独なのだった。まわりを見渡しても海が広がるばかり。人っ子一人いない絶望的な寂寥感であった。

けれども、わたしはプランクトンを発見する前に、「人魚」を発見していた。これには何か、恐ろしい

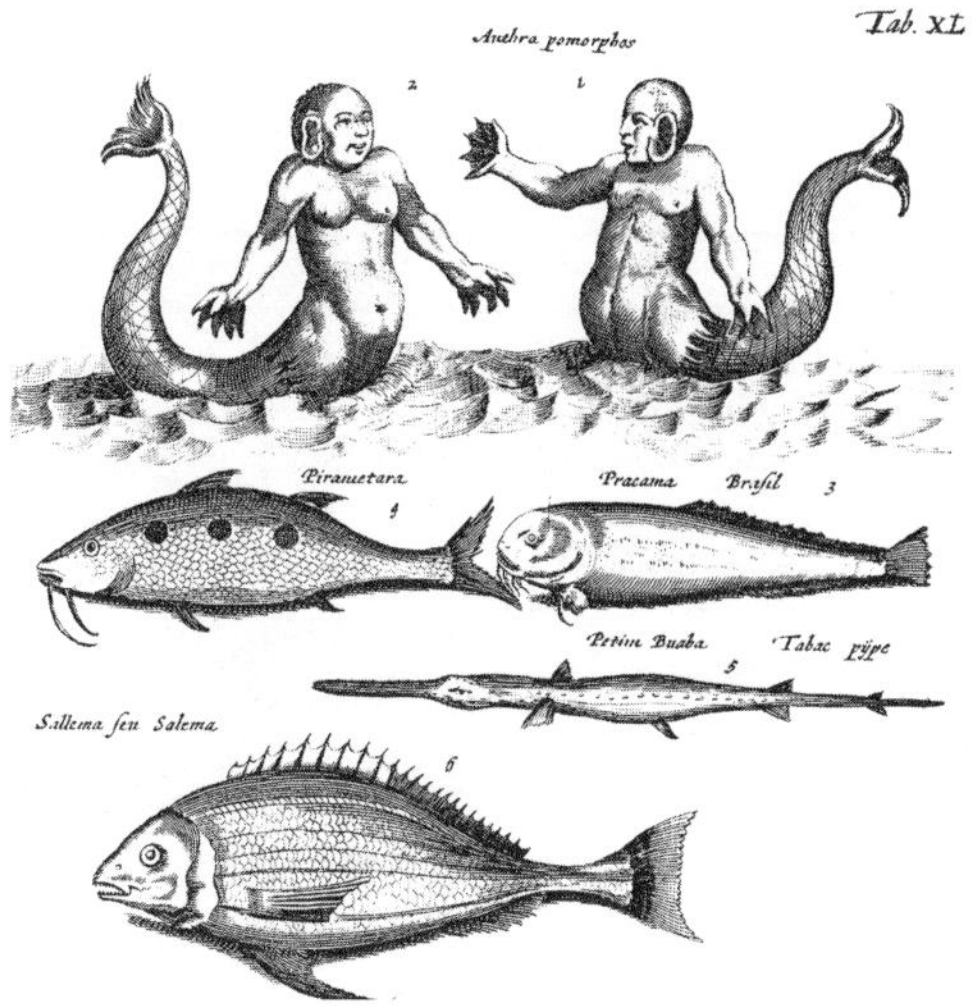

ヨンストン『禽獣蟲魚譜』に描かれた人魚図の一例。

人智の極限がありそうな予兆があった。その根拠は、十九世紀までの博物学が洋の東西を問わず人魚の発見に血道をあげていたからである。日本では大槻玄《おおつきげん》沢《たく》も平賀源内も、木村蒹葭堂《きむらけんかどう》も平田篤胤も、人魚に深い関心を抱いていた。それで、博物学が人魚を大切に扱ったことで、このバケモノの研究がどれだけおもしろくなったかを、実例でしめすことにする。

　ムンク型人魚標本の代表的な図が、毛利《もうり》梅園《ばいえん》という本草学者の著書『梅園魚譜』に収められている。梅園はみごとにリアルなムンク型人魚の彩色図を掲げ、非常に詳細な解説を付けている。ここで要約するが、全文を御所望の向きは、国会図書館デジタルコレクションにアクセスして原本をご覧いただける。解説は、大槻玄沢が残した奇書『六物新誌』ほかの資料によりながら、こう論じている。

「……舶来の物品にヘイシムレルなるものがあって、人魚の骨のことだという。海外の書を調べると、ヨンストンという人があらわした『禽獣蟲魚譜』に出る図では、オスメスともに童子のようで、頭には長毛がなく、これはスペインでベセブエルと呼ばれるものにほかならず、ベセとは魚、ブエルとは婦人の意味で、即《すなわ》ち人魚のことである。またアンブルシスパアレ（実在の医師アンブロシウス・パレのこと）という人の書に載った図には、オスメスとも両足があり、手には五本の指がある。メスは髪が長く乳房があり、耳は長くて角のように見えるが、オスも同じ。オスは顔が老人のように皴くちゃである。メスの顔は十六歳ほどの娘のように見える。またヨンストンの本では、オスメスとも童子のように見え、頭は長髪、手は五本指、足は亀に似ている。ともにへそから下は魚である。ファレンティンの『東海諸島産物誌』では、メスの図だけで、姿は観音像に似て

ファレンティンの『東海諸島産物誌』に描かれた「観音像」に似ている人魚図。

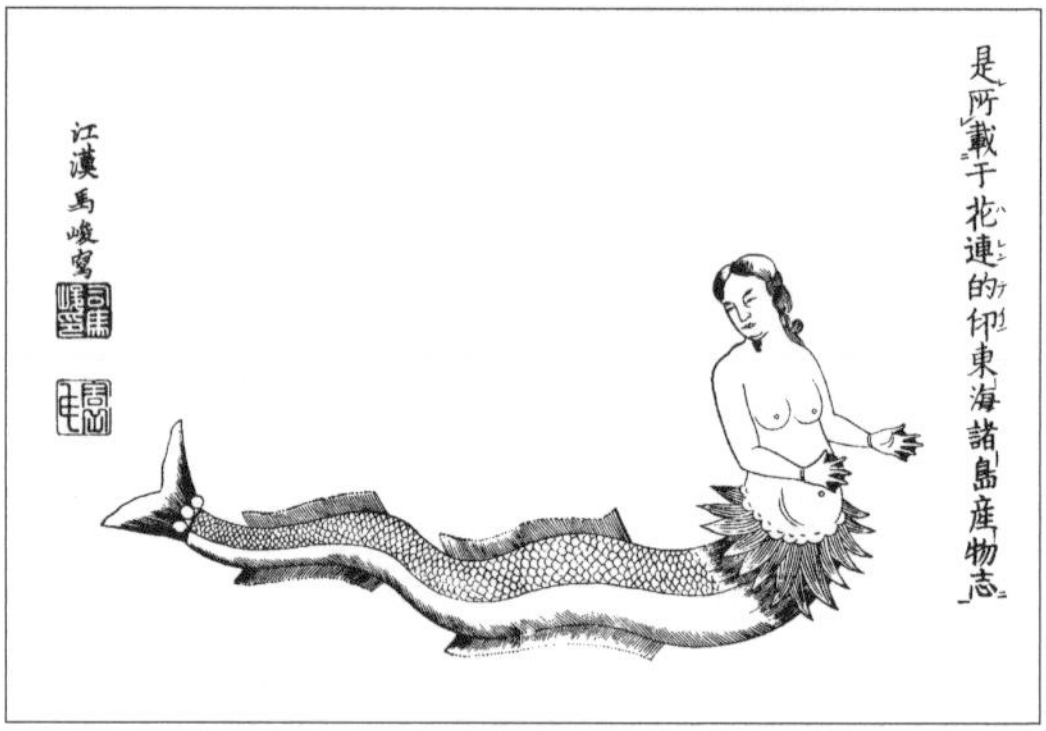
是所載于花連的印東海諸島産物志
江漢馬峻寫

ファレンティン図の人魚を司馬江漢がコピーしたもの。

おり、髪はまとめて結ばれており、手は五本指、それぞれ水搔《みずか》きをもつ。以下、丈が長く、左右にひれあり。尾ひれの先に丸い球が三つ生じている。（中略）而《しか》して、そのすがたは奇怪で、その成り立ちはよくわからないが、その原理は、石や草や禽獣《きんじゅう》にも人間のかたちにそっくりなものがあるのと同じことか。すなわち造化の妙というべきで、しかるべき理由があってここに存在すると考えられる」

　短縮した文章からでも、説明の細かさは伝わるだろう。これで人魚が自然に生まれた存在だということが分かったが、そのあとにちゃんと、「自然の摂理はさらに神秘的で極めきれない」と兜《かぶと》を脱いでいる。さらに人魚をいけすで飼ったら、人語は話せず、餌を与えても受け付けず、四日ほど生きていたがむなしく死んでしまった、と、飼育記録も引用している。

　西洋の資料はこの例のようにすぐれて博物学的な記述になっているが、日本からの情報もちゃんと記されているところに感動せざるをえない。こちらは、蒲生川で捕まった古代の人魚の話を載せ、秋田藩の小田野直武《おだのなおたけ》が、地元で見た人魚を図にして平賀源内に贈ったこと、秋田で宝暦《ほうれき》年間に釣り人が海でメスの人魚を目撃した話をも、書き付けている。そして最後に、人魚の死骸というかミイラの寸法を実測している。頭の大きさは九寸、親指の太さ六分、総身の丈が二尺一寸、約六十三センチだから、刈萱や妙智寺のそれと大きな差はない。

　解説は他にも、プリニウスの解説を載せ、さらにナイル川で捕まった人魚の話にも及んでおり、この博捜ぶりには度肝を抜かれる。その上で、造化の妙という自然界の多様性を踏まえて人魚の実在性を解き明かそうとしている情熱は、やはりロマンの名に値するだろう。わたしがやりたかった人魚の探究も、まさに謎と神秘を深めることだった、と納得がいった。アマノジャクの成れの果てだからだ、という解釈も成り立つだろうが、世の中をおもしろくすることに自分の役割を見つけようと決めた。

　よって、わたしが人魚に関心をもった瞬間から、自分の歩む道は、いずれ「博物学」と交差する運命になっていたのである。そういうわけもあったので、ここからしばらく博物学復興時代の話をさせてほしい。それが終わってから、もう一度、おどろおどろしいバケモノ研究の話題に還ることを約束しておく。

博物学復興時代に生まれあわせた因果

わたしが会社員を辞めて作家稼業に首を突っ込んだのは、一九七八年だった。今から考えると、因縁深い年に独立したものだと思う。というのも、ちょうどそのあたりから、欧州ではヴンダーカマーの再評価が始まり、それまでフェイクなガラクタだとさげすまれてきたバケモノ剝製にも、理知の目が向けられたからだった。そういうきっかけを作った学者がイギリスの科学史家ピーター・ダンスである。彼が博物学とくに博物画への関心を再燃させる革新的な著作を発表したのが、奇《く》しくも一九七八年だった。わたしは今でもよく覚えている。会社を辞めて、家では失業者扱いになった数年間、家族に顔を見せたくなくて平凡社に住み込む道を選んだ。そして毎週のように通った洋書販売のメッカ、北沢《きたざわ》書店の書棚で、ピーター・ダンスの信じがたい新刊を発見したのだった。題して『博物学のアート』！

著者のダンスは、もともと貝類のコレクターで、十六世紀からの貝類書も読み漁る本好きだった。一九七〇年代当時、ほぼ忘れかけていた古い博物学図鑑のコレクターには、貧乏人でもなることができた。十八、十九世紀の手彩色図版がはいった大図鑑を簡単に、しかも二束三文で買うことができたからだ。それほどまでに、博物学書に関心が向かない時代だった。わたしも東大前にたくさんあった博物学書を扱う古本屋で、今なら数十万円もする図鑑を、何冊も購入できた。その多くは東大の教授らが放出した蔵書で、見返しの隅に江崎悌三だの、熊田頭四郎だのの名が記されていた。たぶん何十年も棚にねむっていたのだろう。もっとも、東大自体が、「学術廃棄物」などと洒落《しゃれ》て、博士の肖像やら遺品やらを屋上にほったらかしていた時代だった。わたしはいちど、そういう廃棄物を見物したことがある。廊下に放り出されていた椅子だか机だかに目がいったので、「あの机は?」と尋ねると、案内してくれた西野《にしの》嘉章《よしあき》教授が、「あれはたしか寺田寅彦が使ってたものらしい。捨ててあるみたいだから、もらえるんじゃないかな」と答えた。わたしは本気で持ち帰りたかった。

ただ、博物学書は完全に死物だったが、フランスのパリあたりに店を出す古本屋だけは、博物書をよく買い集めた。それをどうするかといえば、たいてい何葉か収められている美しい図版を切り取って、ホテルのベッドの上に飾る絵額に入れる手頃な銅版画として販売したのである。

ダンスは、そういう博物画を学術的に収集する趣味をもったのである。当時、文筆家でそうした古い博物画を買い集め、それで本を書いた人はいない。わずかに、ちょうどその頃圧倒的な人気を博していたフランスの批評家兼哲学者、ロジェ・カイヨワしか見当たらなかった。彼は、もはや一切の学術の対象から消えてなくなった博物学書の挿絵に関心をもち、描かれた画像から時代の理念や幻想のありかを復元しようとして、一九六五年に『幻想のさなかに――幻想絵画試論』という画期的な本を書いた。この本は一九七五年に邦訳され、つねづね澁澤龍彦が引き合いに出していたイエズス会の驚異博士アタナシウス・キルヒャーやロバート・フラッドの怪しげな疑似科学挿絵を、たくさん掲載してくれた。このカイヨワにほれ込んだのが、まだ二十代だったわたしのところへやってきて、『遊』という雑誌に載せる原稿を依頼してくれた松岡正剛さんだった。そのとき、わたしは正直、稲垣足穂が好きで、ロジェ・カイヨワが好きで、しかもキルヒャーやフラッドのようなルネサンス後期のヘンテコリンな「全智学」探究者に心を寄せる日本人が存在したことに、腰を抜かした。しかも松岡さんは、そのあとカイヨワに会いに行ったのである。

今であれば、そういう連中の話ができる相手は、奇人じゃなくて「學魔」のほうの宏こと、高山宏がいるし、同時代の編集者たち――たとえば平凡社で『イメージの博物誌』シリーズを編集した二宮洋隆氏や、『.is』という気の利いた文化誌を編集していた吉村明彦《よしむらあきひこ》氏、あるいは今東京駅丸《まる》の内《うち》口そばに東京大学の博物展示室をディレクションする西野嘉章さん、といった「同年代同趣味」の友人もいて、さみしくはないのだが、二十代後半だった一九七〇年代には、（ちょっと澁澤龍彥は除外するが）そういう話題を口にする人なぞ存在しなかった。

その松岡さんに加わって、杉浦康平《すぎうらこうへい》グラフィズムの極致ともいえたマボロシの本『全宇宙誌』の原稿を書いたころから、松岡さんとはすでに、キルヒャーやフェヒナー、またデューラーとかコンラート・ゲスナーなんかも何とかしようね、と話し出していた。この時期に杉浦さんと松岡さんが使いだしたのが、十七世紀あたりの博物画系銅版画だった。

そんな博物学絶滅の時代だった一九七八年に、イギリスでピーター・ダンスが知のタングステンを発火させてくれた。『博物学のアート』と題した巨大な博物図版集を一読、あのキルヒャーやフラッドの時代に出された博物学書のおもしろさに陶酔《とうすい》した。なによりも興味ぶかかったのは、そこがバケモノや怪物にかんする原資料の宝庫だったことだ。

なかでもキングと評されたゲスナーの『動物誌』は、デューラーをはじめとする同時代の画家が描いた（いや、正しくは写生した）古代の化け物の宝庫だった。博物画だから、「真」を描いてある。そしてゲスナーはどんなにおどろおどろしい化け物画を転載しても、それを大切に扱った。なぜなら、彼はすべての視覚資料には、誤解があってもウソはないと信じたからだった。たとえばそこにはバケモノのような鯨の絵が収められていたけれど、牙が生えて、背中から水を噴き上げながら船を襲う怪物であるわけがないことを知っていた。しかし、はるか昔、それを目撃した人には、そうしたバケモノに見えたのである。だから、ゲスナーは鯨を化け物の通りに模写した。

こうして、古い博物学書の図は、化け物に関する理想的なソースブックになり得たのだ。

ついでに、ムンク型人魚という同類項に属する人魚ミイラとしては、刈萱堂のものとそっくりの一体が、滋賀県東近江《ひがしおうみ》市の玉尾《たまお》山願成寺《がんじょうじ》にも保存されている。こちらの人魚はさらに苦悶の表情をあらわにしており、全体に黒光りして古さを感じさせる。刈萱堂とのつながりは、こちらも約千四百年前に琵琶《びわ》湖《こ》にそそぐ蒲生川で「異形のもの」が捕らえられたと『日本書紀』にある人魚だと考えられている点だ。この記述は、西暦六一九年に相当する。また、同じ『日本書紀』に「摂津《せっつ》の国の漁師の網に、魚でも人でもない不思議なもの」が捕らえられたとする記述もあり、これが一般に人魚だとされている。また、琵琶湖に住む人魚は聖徳太子に絡めた伝説にもなっている。願成寺は聖徳太子が創建したとされる古刹《こさつ》であり、古伝として聖徳太子が琵琶湖に出現した人魚を「災害の予兆」と捉え、災害回避のため供養をおこなったという話がある。この願成寺がある場所は旧蒲生郡であり、蒲生という土地の名から『日本書紀』に出る人魚らしき異物と聖徳太子が関係づけられたらしい。

もうひとつ、ついでに、聖徳太子と人魚がかかわっている例では、滋賀県近江八幡市の観音正寺《かんのんしょうじ》の話がある。推古《すいこ》天皇十三年に聖徳太子が琵琶湖畔を歩かれたときのこと、湖面に人魚があらわれ、太子に懇願した。自分は琵琶湖の漁師だったが、殺生を生業《なりわい》にしていたため人魚に生まれ変わり苦しんでいる。ここに寺を建立して供養してもらえないか、と。そこで聖徳太子は千手観音を彫り、寺を建立したのが、観音正寺の起源だとする。この寺にも人魚のミイラが保存されていたが、火災に遭い、焼失してしまったという。

いずれにせよ、中世までは「人魚」といっても造形イメージが存在せず、また上半身が人となった人魚造形は西洋の「マーメイド」由来と考えられるため、江戸時代以後に作製された人魚と想像される。またこの地方独自の伝説としては、次の話も伝わっている。約千四百年前、願成寺観音堂に住んでいた美しい尼僧のために、近くの小姓《こしょう》が淵《ふち》に住む三人兄弟が身の回りの用事を引き受けていた。ところが、日照りが続いて水不足となったある日、小姓《こしょう》が淵《ふち》だけは水をたたえていたので、村人が様子を見に行くと、三兄弟が「魚とも人とも分からぬ異形」に変わって水を湧き出させていた。三兄弟は捕らえられ、見世物に引き出されて各地に転売され、とうとう一体が死んでしまった。この一体はミイラ化されて観音堂に戻った、と。古代に記録された人魚は、おもしろいことに琵琶湖産や河川の産物であり、淡水生物だったことだ。とすれば、『日本書紀』に記された「異形」は、はっきりと形が記されなかった以上、オオサンショウウオのような生物を正体とすることもできる。

おそらくは、その後にさまざま登場する博物学的な妖怪ミイラは、この発展形として江戸後期ごろから盛んに製作されるようになったのだろう。「魔除け」でもあったというところがミソだと思う。さて、この妖怪ミイラだが、じつは日本に異様に多い。諸外国の博物館の片隅にホコリを被《かぶ》っている妖怪ミイラも、日本で入手されたものが優位を占める。今世紀には、北米でこのような怪物剝製が製作され、博物誌模型として出回ったこともあり、今でもこれらを製作する工房が存在する。たまにはネットオークションにも登場するので、案外知られていない現役の工房もあるにちがいない。

博物学者の人魚

上のような伝説に語られた人魚に、「姿」を与えようとしたのは、「日本人の造形力」だった。この「造形力」には、まだ二つ、書いていなかった原材料がある。一つはルネサンス期に登場した西洋人魚の一種ジェニー・ハニヴァー、もう一つは中国の妖怪である。

先に書いたごとく、ピーター・ダンスの博物図研究が、わたしに「怪物標本」という新たな興味の方向を示してくれたのだが、ダンスは、『博物学のアート』を執筆する二年前、一九七六年にも、じつにとんでもない著書を出していた。『フェイク・アニマルと博物詐欺』と題する、刺激的すぎる本だった。博物図でなく、博物標本にも、まがいものがあるのだ。博物館をペテンにかけた「にせものの動物標本」を研究するとは、これは尋常ではない。

そして、十六、十七世紀のヴンダーカマーには、一頭のアイドル怪物が存在したことを、この著作でわたしは知った。それが、当時まだ日本に紹介されたことのなかった「ジェニー・ハニヴァー」なのである。ルネサンス時代に最先端を走ったニュールンベルクやアントワープなど北方の国々で量産され、多くのヴンダーカマーに配給された作り物である。

たとえば、錬金術師をたくさん抱え、あのアルチンボルドに自身の肖像画を描かせた皇帝ルドルフ二世は、十六、十七世紀に初期ヴンダーカマーを築いた人である。が、その時代にはまだ、人魚のミイラが展示されていたわけではない。実際、わたしは四十歳のときに念願かなって、ドイツへの怪奇幻想探索ツアーを実現した。このとき、あちこちのヴンダーカマーの残骸を訪ね歩いたが、日本から来た人魚のミイラは見つからなかった。それで、人造人魚を海外で探求するには、ルドルフ二世はちょっと時代が早すぎたと、後悔する羽目になった。

なにせ、この人はシェイクスピアと近い時代の人なのであるから。

でも、わたしは恐ろしいほど運がよかった。その

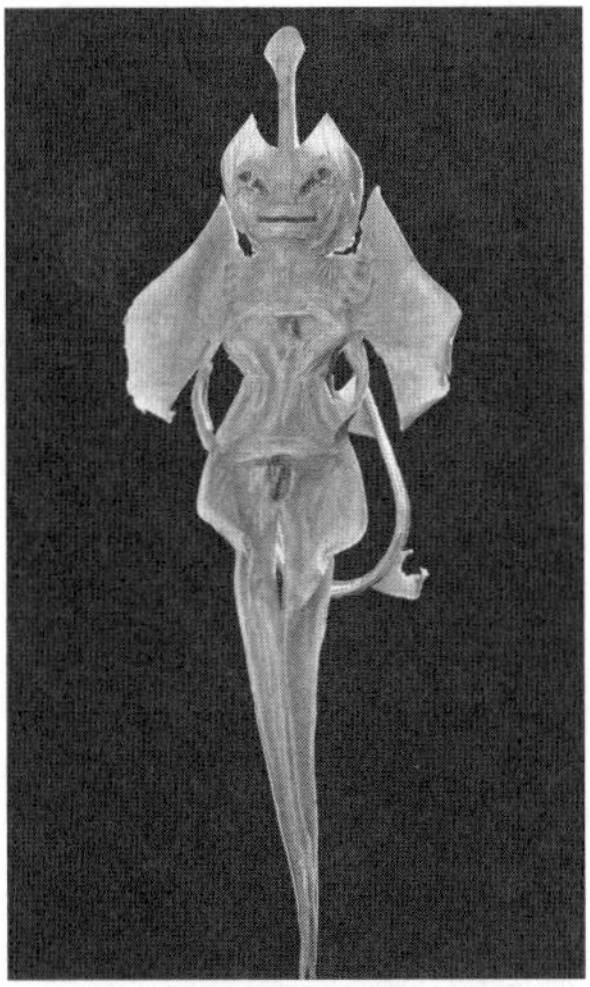

ピーター・ダンスの本に載せられた
ジェニー・ハニヴァーの写真。

かわりに、ドイツ・バロック期のヴンダーカマーには、人魚よりもはるかに博物学的なゲテモノ、いやちがった、バケモノがおり、ここで「ジェニー・ハニヴァー」のミイラと対面できたからだ。わたしは一時期、この怪生物に魅せられ、何とかして実物を入手したいと思い、ヨーロッパの古道具屋や骨董店などをまわったものだ。

わたしが最初に、バロック期ヴンダーカマーの棚に「ジェニー・ハニヴァー」を発見した場所は、チェコのプラハにあるストラホフ修道院の大図書室だった。この修道院はルドルフ二世時代の絵画を所蔵するところだから、プラハでも著名な観光地になっていた。その図書室には、当時教会が禁書にした「害ある本」たちが鎖につながれて監禁部屋に幽閉されている光景も、見られた。でっかい地球儀が置かれた廊下を進んでいくと、図書室の続き間に、目指すヴンダーカマーがあらわれた。

このヴンダーカマーで、見たこともない不気味な怪物標本に遭遇した。それは、まるで宇宙人のように見えた。頭が三角形で、足がひょろひょろと細かっ

プラハのストラホフ修道院図書室を縦断する大通路。

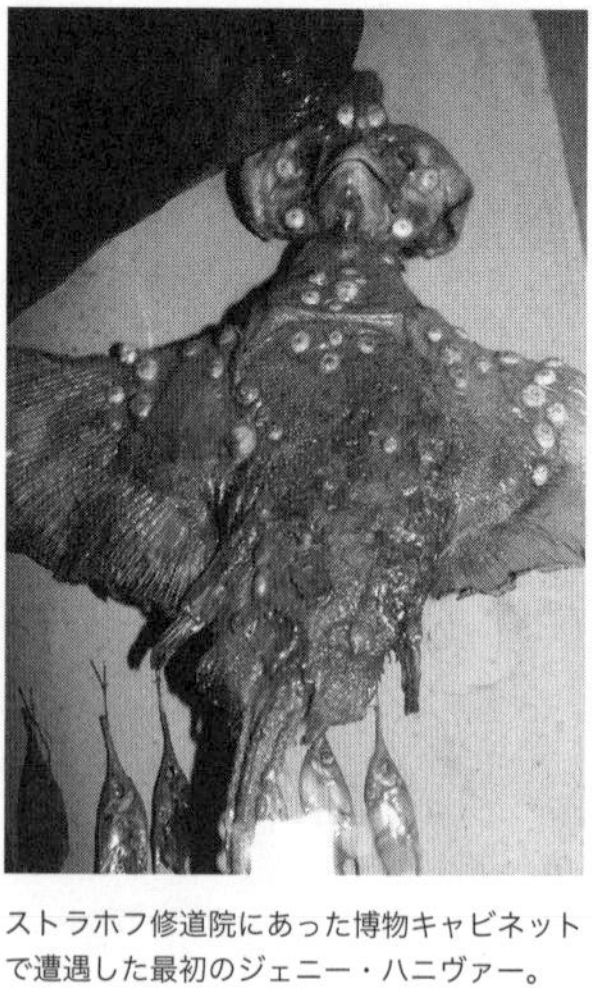
ストラホフ修道院にあった博物キャビネットで遭遇した最初のジェニー・ハニヴァー。

た。西洋のカッパかと錯覚したが、ジェニー・ハニヴァーというルネサンス期に最も流行ったバケモノだと知らされた。

この「驚異の部屋」は昔そのままに置かれており、いまでも見学できる。一七九八年にカレル・ヤン・エーベン男爵なる貴族が構築したコレクションを継承したもので、まさしくバロック博物学の遺物である。ストラホフ側の解説によれば、「神秘と好奇心の対象が、初めて科学によるシステマティックな研究対象になった濫觴《らんしょう》」である。その部屋に収められたさまざまな驚異の中に、人魚に先駆けた海の化け物、「ジェニー・ハニヴァー」があった。

かつてハンブルクの漁師がカスザメやエイの死体を乾燥させ、奇怪な造形をほどこしたのが、この怪物である。乾燥標本にした「作り物」であり、宇宙人のような姿かたちになることで怪物アイドルとなった。漁師たちが作って売ったものという話だった。

この怪物は、造形面から見ると、人魚より簡単に作製できそうだった。人間の姿という要素を必要としないからだった。たとえばプリニウスの『博物誌』には、ネレイスとよばれる海の生物についての言及がある。数百頭もの群れが海辺にいて悲しげな声で歌を歌うとある。また、全身に毛が生えており、奇妙な高音を出して啼《な》く。尾があるというから、あきらかにアザラシ類である。つまり、セイレンが出す魔法の歌声は、じつはアザラシの「うぇ、うぇ」と聞こえる興醒《きょうざ》めなダミ声だったのだ。セイレンは、上半身が女、下半身が鳥という姿をとって、妖しい歌声でオデュッセウスとその一行を魅惑し、海中へ引き込もうとしたが果たせず、怒って海に身を投じ魚に変じたといわれる。またトリトンは、人間の鼻と魚の鰓《えら》と広い口をもち、ネレイスたちを陵辱する好色な海の種族と見なされていた。どうやら、ギリシアの女怪セイレンのような人魚伝説から誕生したバケモノらしい。

それがルネサンス時代以降になると、博物学ブームが北方に起き、ネレイスやセイレンの標本が求められるようになった。これで、ヴンダーカマーの所有者は、ジェニー・ハニヴァーをこぞってそろえる状況が生じた。初期ヴンダーカマーが建設されたもう一つの国は、イタリアである。医学や本草学の学術都市として発展したボローニャにも、古いヴンダーカマーが残っていた。とくに有名だったのは、博物学のフィールドをアメリカ大陸にまで広げたウリッセ・アルドロバンディのヴンダーカマー収蔵品だった。現在は、動物標本やら解剖蠟人形など、奇怪なバロック期の博物コレクションを寄せ集め

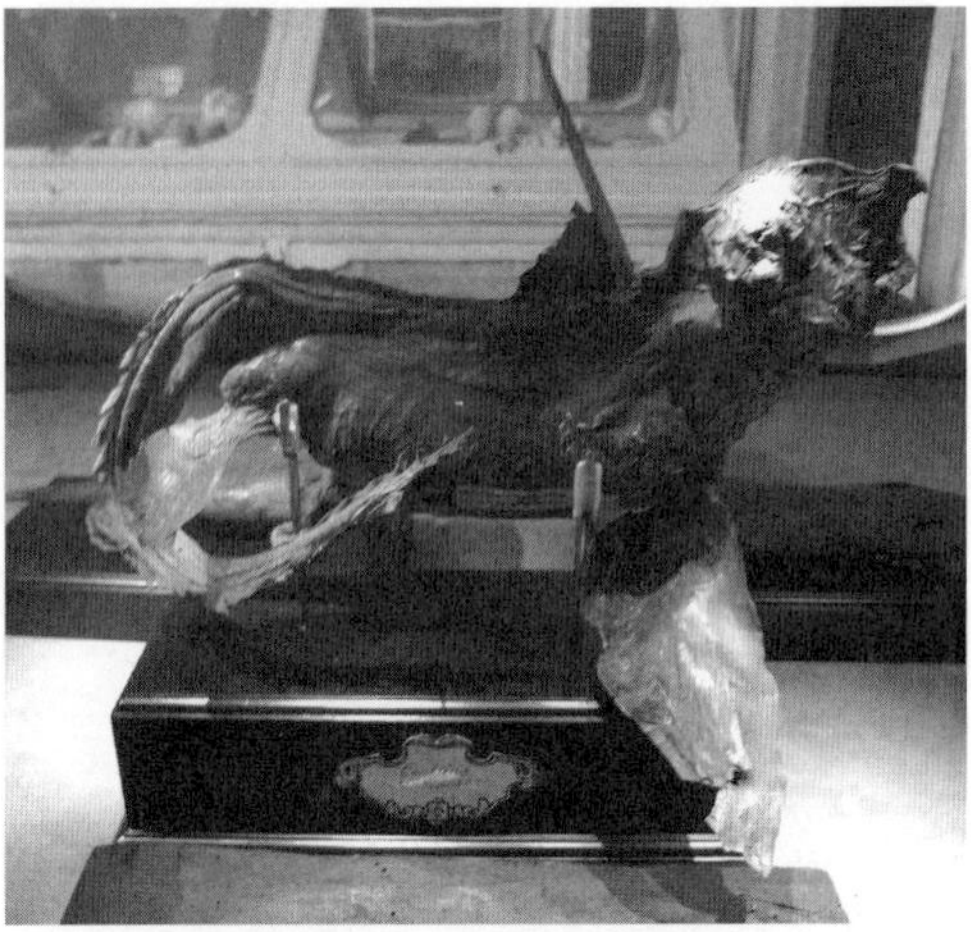

ボローニャのポッジ博物館で見たアルドロバンディ蒐集の化け物ミイラ。

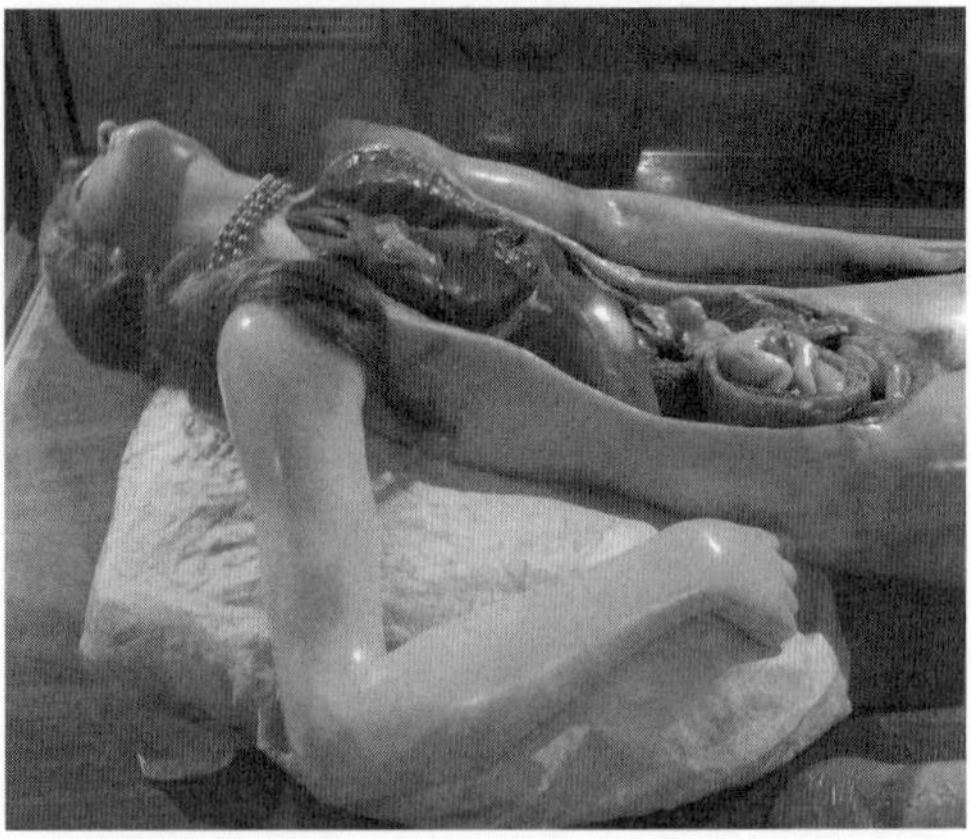

ポッジ博物館の解剖蠟人形。ここには多数の蠟人形も展示されていた。

ヴェネチアで自然史博物館を経営するリガブエ氏とともに。

た「パラッツォ・ポッジ博物館」に収蔵されている。ボローニャへ行くなら、この博物館を見ないのは一生の不覚となろう。

そのポッジ博物館にアルドロバンディの博物標本と博物図が展示されている。もちろん、乾燥標本化したバケモノも。あまりにもおもしろすぎるので、もっとこのバケモノについて知識を仕入れようと思い、ヴェネチアの「リガブエ博物館」を紹介してもらった。館長がアルドロバンディの研究家で、化け物標本もたくさんあるという。

わたしはテレビに企画を出して、「ヴェネチアの妖異博物館」を紹介する番組をもらい、リガブエさんに出演してもらった。まずリガブエさんの私邸に招かれたので、ゴンドラに乗って運河から私邸にお邪魔した。するとリガブエさんはアルドロバンディの著作集をそろえて迎えてくれ、たくさんの怪物標本を見せてくれた。氏によると、バロック時代ではまだ、神話の化け物が実在すると信じられていたが、ジェニー・ハニヴァーにはそういう神話がなく、おそらくは漁師たちの偶然の細工によってできた「博物学的なフェイク動物」が始まりではないか、という意見だった。あとで博物館に連れて行ってもらい、ジェニー・ハニヴァーを抱かせてもらった。リガブエさんは「俺と同じようなヘンな趣味のやつが来た」と察知して、今度は十九世紀以降に製作されたとおぼしい人魚標本も出してくれた。こっちはあきらかに下半身が魚で、上半身が猿だ。

「ここまでくると、もう神話の幻獣ではなく、あきらかに野生にすむ実在生物であり、おそらくはほんとの標本扱いになっただろうね。あんたのお国に行ったシーボルトは、その代表だ」

と話してくれた。きっと、標本のフェイクはジェニー・ハニヴァーから日本の人魚にまで広がる間に、神話から実在へと変化したのだろう。

十九世紀になっても、化け物の標本だと喜ばれたのは、かなり不思議なことだったが、わたしはむしろ、こう考えたかった。この時代に「古臭い信仰の対象が、真新しい未確認生物のアイドルに変貌した」のではないか、と。

今、わたしは最後の力を振り絞って、ピーター・ダンスが教えてくれた「架空怪物学」を取りまとめたいと思っている。これから内装や展示製作が始まるKADOKAWAの博物館を、その舞台にしたい。

第九章

「驚異の旅」としての世界旅行

ジャン・カプリの肖像。(ランゲスドルフ『航海記』1813より)。日本人がロシア船に乗り初の世界一周をした折、マルケサス諸島のヌクヒバで見たタトゥーの男。じつは文明世界から逃亡したフランス人ジャン・カプリであったが、日本人はここを「鬼ヶ島」と判断し、下船しなかった。

「君知るや、レモンの花咲くかの国を。
小暗き葉陰にオレンジは熟し、
そよ風は碧き空より流れきて、
ミルテはひそやかに、月桂樹は高く

君知るや、かの国、
いざかの国へ、恋人よ、
いざかの国へともにいかまし。
君知るや、かの家を。円き柱は屋根を支え、
広間は輝き、小さき部屋はほのかに光る。
また立ち並べる大理石像、われを見つめて問う、
「あわれ、いかなる事に出会いし」

君知るや、かの家、
いざかしこへ、わが守護者よ、
いざかの家へともに行かまし。

君知るや、かの山、雲の懸け橋
騾馬は霧中に径を求め、
竜子の古きやからの棲める洞窟、
壁にかかる滝は飛流し

君知るや、かの山、
いざやかしこへ、われらが道は、かしこに通ず。
わが父君よ、ともにいかまし。」

ゲーテ『ウィルヘルム・マイスターの修業時代』（新潮社刊）

あまんじゃくもサラリーマンになれた

大学を卒業して十年余は、日魯漁業株式会社に勤務し、約九年半をコンピュータ室で過ごした。

われわれ団塊世代の入社は、各企業にも大きなインパクトをもたらした。それまで企業は、おおむね縁故採用を旨としており、たいていは親類縁者のコネにより入社が決定していたのである。これは、社格にふさわしい優秀で従順な新入社員を確保するうえで優れた手法であった。だが、好景気が始まった昭和四十年代は求人難がひどくなり、身元の確かな新人を集めるだけでは人が足りなくなった。そこで、われわれの頃から、縁故が一切ない新人、あるいは「どこの馬の骨ともわからない人間」も大量に入社させねばならなくなった。

わたしももちろん、親の希望をかなえるためにも世間に知られた企業の入社試験を何社か受験した。しかし、「御社のすばらしい社風と果敢な経営方針に共感いたしまして」云々《うんぬん》といった外交辞令が言える大学生は少なく、それぞれ勝手なことを言い出す「正体不明の新人類」がどっと入社してきたのである。冒頭、いきなり人事部を驚かせたのは、卒業できないものが多数いたことだった。わたしもそのひとりで、慶應義塾の学生は六人入社したが、うち五人は卒業延期組であった。首になるものと覚悟したが、「ま、気にしなくてもいいです」と逆に慰められ、五月に再試験を受けてやっと卒業した。

どこの馬の骨とも知れない新入社員の特徴は、ずばり一言で言うなら、自由気ままということだった。しかも、ファッションは過激だった。五月ごろから衣替えになり、半袖シャツでもいいという新ルールが敷かれたのだが、ピンクのシャツを着てくる男子社員が出て、会社が騒然となった。それまでピンクのシャツを着用に及んだ新入社員はいなかった、と先輩から言われたが、その張本人はわたしであった。

会社では、そういう訳の分からん連中だけをうまく選抜して、新しく設立された「コンピュータ室」に送り込んだ。築地の北海道拓殖銀行電算室を間借りし、島流しのような感じで、ほぼ二十四時間マシンを使用する電算室で特訓を受けた。

おまけにわたしは、そのときもう原稿を書く作家業と翻訳業を開始していたので、毎日数本以上も出版社から電話がある。「おまえ、いったい何者なんだ?」と、上司に訝《いぶか》しがられた。この時期、コンピュータ室の仕事と原稿書きの仕事をこなすため、睡眠時間は三時間だった。たいてい深夜ラジオを聴きながら原稿を書いた。深夜ドライバー向けに放送されていた『走れ歌謡曲』という番組が始まるとやっと寝に就いた。当時はフォークソングやグループサウンズの時代で、音楽もたのしかった。わたしはどういうわけか、あがた森魚《もりお》が大好きになり、どのように知り合ったか思い出せないが、入社二、三年目から親しい友人になり、よくコンサートにも通った。しかし、高校で同級生だった菅原進《すがわらすすむ》がビリーバンバンとしてヒット曲を飛ばしたのには驚かされた。

このコンピュータ室時代から、わたしの最大の愉しみとなった海外旅行も始まった。たしか二十五歳のころだが、隣りの電通に勤め始めた鏡明と、最初のアメリカ旅行に出かけた。目的は古本を買うことだったが、夢に見たディズニーランドやサンフランシスコの街などをじっくり見学でき、アメリカ文化を体で感じた。以来、日魯を辞めて作家になったあとも、海外旅行は年に五、六回出かけるようになった。

まだマラリアの予防注射が必要で、レートは一ドル三百六十円、飛行機はパンナムのジェットだった。

海外旅行の愉しみ

海外旅行は、わたしにとって、ゲーテが夢見たレモンの花咲く南国のアルカディアこと、イタリアへの旅に似ている。

こんな書き方をすればゲーテに失礼だとは思うが、ほんとうに、「君知るや、レモンの花咲くかの国」なのである。驚異に満ちた文化、そして楽園のような風景、なにもかもエキゾティックな異国に、心いざなわれてきた。とくにアジアや南アメリカへ行った場合にはそんな印象が強かった。我もまたアルカディアあり、とつぶやきたくなる居心地の良さを満喫した。中国に初めて出かけたときは、上海を見て、「これは戦前の東京じゃないのか」と錯覚したことも、懐かしく思い出される。デジャビュとでもいえる体験だった。タイも、ヴェトナムも、ジャワも、みんな「五十年前、四十年前、三十年前の東京のどれか」だった。むやみに貧しかった東京の上野、そこで幼年時代を送ったわたしには、今でも現実とは思えない二つのまぼろしがあった。西欧の豊かな暮らしに接しておどろく場合と、貧しいアジアの暮らしを見る場合と、どちらにも共通するのは、かつてあった東京の幻影に出会えたという感激だったのである。なんだかよく分からないが謎めいた過去の化石のような帝都東京の西洋館街は、むしろ逆に、「ここはロンドンか、サンフランシスコなのか」と戸惑うことすらあった。

たとえば、はじめて丸の内から銀座の街を歩いたときに見た、国会議事堂、明治生命館、三越に服部時計店などの荘厳な西洋建物は、戦後闇市とはまったく別物の、「どこかにある／あったはず」なのに今は手が届かない世界を、断片的に体感させてくれた。いわば、夢に近い。それを小説に書いたのが『帝都物語』だった。

また、わたしが幼年期を過ごした上野が、どれほど混沌とした奇怪な場所だったか。海外の魔窟を見たことで、その思いが増幅された。わたしが通った「カトリック上野教会」の保育園など、まさしく失われた帝都の幻影だった。昭和二十年代半ば、そこは保育園というよりも、幼児を保護する隠れボロ屋のようなところだった。建物はすべて板張り、平屋だった。先生方はみんなシスター、黒衣に銀のクルスを下げ、黒い看護婦さんのようないでたちだった。校舎はすべて木造バラック、それでも足りないので、上野駅に残っていた木造客車を二両払い下げてもらい、校舎の足しにした。「汽車ポッポの校舎」と呼んでいた。そんな風景って、今から見ればファンタ

昭和20年代にカトリック上野教会にあった汽車ポッポの校舎。荒俣もここで学んだ（カトリック上野教会提供）。

ジー世界と同じ異界にしか見えないだろう。

これらのまぼろしが、真実そこにあったのか、あるいは単なる幼児の幻影だったのか、じつは定かでない。現在のように即時メディアがいつでも世界の隅々へ誘《いざな》ってくれる時代ではなかったから、まぼろしの実体を深掘りする方法がなかった。おまけに、わたしは子どもの頃から天邪鬼だったので、現実に対してはあまり関心を抱かず、手の届かない別世界のほうにリアリティを感じ、好奇心を向ける傾向があった。あとで知ったことだが、折口信夫《おりくちしのぶ》が「鬼の話」という短い作品に、「あまんじゃく」が何にでも反対する一種の鬼である意味を書いていた。それによれば、神が新しい土地を開拓し、そこに祭を根づかせようとするとき、土地の精霊がやってきて、問答を仕掛けて神の邪魔をする。神がいうことにことごとく反対するが、結局問答に敗れて土地を神に明け渡す。

この問答が日本の芸能の発生となったといい、神に反対することが「狂言（おどけ）」という名称の由来だという。なるほど、神が語る正論には「狂った言葉」を連発して対応するしかない。するとわたしは、知らないうちに「おどけ」の末裔《まつえい》を演じていたことになる。どうも、神様は嫌いだったらしいのだ。

また、もう一つ、神様に対抗する方法がある。これが「ものまね」である。神のいうことをなんでもまねる。神の姿をまね、声までまねて、神のまがい物になる。これが舞踏や演芸の起源といわれる。これに対して、狂言はおかしなことをしゃべりまくる。自分の意見を主張する。これを「もどく」ともいった。もどきは、反対のことをいうのが本義だったらしい。

けれども、わたしのそんなねじ曲がった性格は、折口がいうような鬼の起源とかかわる深い話ではない。終戦後の東京に生まれたせいで、やたらに戦車を連ねて道を走ってくる駐留米軍の百鬼夜行に出くわしたが、それが子ども心に現実や正論を嫌いにした原因だと思う。で、なんとなく居心地が悪いので、まぼろしに隠れ込み、また野生の自然に紛れ込んで生き物に驚異する安楽空間を見つけたにすぎないのだ。

「驚異」は「赤貧」でも洗えない

とはいえ、我が家の貧乏は、夜逃げによって調伏《ちょうぶく》できるほどか弱いものではなかった。上野から逃げてきた板橋も六年ほどで撤収となり、ふたたび練馬へ夜逃げとなった。しかし気丈な鉄火肌の母は、宮大工の娘という生まれの名にかけて、むざむざと一家を心中に追いやることを拒否したようだ。店を経営するかたわら、海上保険の外交やら柔道着の縫子やら、考えられる仕事をいくつも引き受けて、ほとんど休みなく働いた。しかも、さすがは大工の娘だけあり、働かなくてもお金が入ってくる方法をひねり出した。宮大工の兄さんに泣きついて、家の物置を小さなアパートに改築し、貸間業を開始した。思えば、この一手が我が家を心中から救ったといえる。

アパート業は時宜《じぎ》にかなったのか、成功をおさめ、その上がりでわたしは大学まで行けるようになった。

そしてとうとう、就職して月給とりになったおかげで、もう一つのまぼろしであった西洋世界の文明を、岩倉《いわくら》使節団のカバン持ちになったような気分で視察に行くチャンスに巡り合った。その最初は、すでに書いたように、友人の鏡明と一緒に出掛けたパンナム機利用のアメリカ・パック旅行だった。

もっとも、我が一族ではじめての洋行ではなかった。一歳違いの妹が高校を卒業して藤子スタジオに就職し、藤本弘《ふじもとひろし》先生のアシスタントになったのだが、社員旅行が豪勢にもアメリカ旅行だった。わたしはそれに一年遅れたが、こちとら自腹だ!

しかし、ほんとうに海外を見てまわれるようになったのは、サラリーマンとして九年勤めたあとフルタイムの物書きになり、さらに五年ほど貧乏生活をつづけて、小説『帝都物語』を出して貧乏から脱出できてからのことだ。そこからは、もはやSF仲間との学生気分が抜けない旅ではない。本格的に「驚異」を探す文化と文明探訪の旅に変貌していった。

問題は、母がいう「失業時代」、つまり貧乏生活をおくっていたときの海外旅行だった。三十二歳になって、分別もなく会社を辞めて物書きになったのだが、たしかに母が失業者と勘違いするほど稼ぎは少なかった。同人誌や雑誌に細々と翻訳や考証物を書いていた。日魯漁業を辞めてすぐの昭和五十五年頃は確定申告書に記した年収が、七十万円に届かなかった。まさしく「赤貧洗うが如《ごと》く、舌耕殆《ぜっこうほとん》ど衣食を給せず」との故事そのままだったから、サラリーマン時代はともかく、物書きになってからは海外旅行なぞ夢のまた夢へと逆戻りした。

ちなみに、「赤貧」というのはどのくらい貧乏だったか確かめると、出典は『先哲叢談《せんてつそうだん》』巻四に出てくる儒学者伊藤仁斎《いとうじんさい》の逸話で、年末に至るもわが子に食べさせるものがなく、その子が友達の家で年越しの料理を食べる風景を見て「おいらも食べたい」と泣いて欲しがるのを見るに忍びなくなった奥さんが、「あたしはどんな貧乏も平気ですが、貧乏ということが分からぬ幼子に泣かれるのだけは耐えがたいのです」と涙ながらに訴えたという。このとき仁斎は妻に背を向けて書を読みつづけながら、机から顔を上げずに黙って自分の着ていたものを脱いで、それを後ろ手に妻に渡した、というのだ。

妻に着物を渡したから、むろん仁斎は褌《ふんどし》一つの裸になったはず。それでわたしは、赤貧を「裸で暮らすこと」というイメージに置き換える癖《へき》がついた。「赤」が丸裸の意味とすれば、すっぽんぽんの裸んぼう状態が「赤貧」に当たる。作家の林芙美子《はやしふみこ》も貧乏をこじらせて、家では水着しか着るものがなかったそうだが、丸裸に近いから赤貧の部類といえる。恩師の平井呈一先生と水木しげる大先生も、一時はかなりの貧乏だった。ただし、両恩師は昔の人らしく贅沢をよしとしなかったから「清貧」の部類とするべきだろう。

それに比べると、わたしにはまだ多少の収入があり、金額としては牛丼の吉野家で一日八時間、ひと月二十五日アルバイトしたくらいにはなった。ただし、収入の大半を本に費やし、夏は部屋から一歩も出ずに裸で暮らし、それでも腹が減って夕方スーパーが生鮮品を投げ値で売り出すのを買い込み、一袋十円だかのもやしとインスタントラーメンであさましく食いつないでいたから、「赤貧」と称しても叱られはしないだろう。

それでも水木大先生に弟子入りした昭和の終わり頃から、どうやら餓死せずに済むようになり、あこがれていたヨーロッパの幻想怪奇旅行を実現できるようになった。これで、わたしの視野は一気に広がり、ヨーロッパ文明の底に「プリミティヴな世界観」がまだ生き残っている事実を確認することができた。

裸の師匠に「感電」して育った

そんなわけで、日魯を辞めた直後はどうだったかというと、なんと、イギリスとフランスを中心にした欧州旅行が中心になっていた。こちらのほうは、宿泊が安かった。B&Bのような安宿が、アメリカとは異なる愉しみを与えてくれた。こうしたヨーロッパへの憧れを吹き込んだ最初の風は、何といっても澁澤龍彥が発した「悪魔の中世史」と「奇想のルネサンス史」だった。高校一年の頃、『読書新聞』だったか『読書人』だったかで、『夢の宇宙誌』と題された非常に心惹かれる本の紹介を見つけ、無造作にタオルか何かを肩に掛けた若き澁澤が裸で写っている写真にくぎ付けになった。あれは「清貧」でも「赤貧」でもない、「豪貧」とでも呼ぶべきだったか。

どういうわけかわたしは、裸で過ごす偉人を師匠と決める癖がある。中学生のとき自然研究の師匠と勝手に呼んだのは、日本野鳥の会の中西悟堂さんだった。何度も手紙を書いた。この人は森で裸の生活を送り、野生の雲水の気配があった。それから次が、何と言っても稲垣足穂だ。この人は、タコ坊主を思わせる入道で、お酒が大好きな裸ん坊だった。タルホの写真も、やっぱり裸がいい。そして、裸ん坊の師匠にあっても真打といえる南方《みなかた》クマグス先生を持ち出せば、この「貧乏裸ん坊超脳倶楽部」は、いともたやすく完成してしまう。

そんな具合だったので、東大の秀才を思わせるその顔と、しなやかで細い澁澤の裸写真には、一目で惚れ込んだ。いや、異常な興奮を覚えた。

わたしが澁澤の新刊で知った言葉に、ヴンダーカマーすなわち近代的博物館が成立する前に流行した「驚異の部屋」がある。じつは旅先がヨーロッパ中心に変わった理由は、このヴンダーカマーを見物したかったからなのだ。実物からまがいものまで、世界の驚異を集めた部屋を建てるのが、マニエリスム期の王侯貴族の道楽であり、その代表としてプラハのルドルフ二世を知った。澁澤のいう「妖異博物館」を見るために、どうしても現地へ行かねばならない、と赤貧のわたしは決意したのだった。

しかし、そんな夢みたいな願いも、昭和の終わりから現実のものになったのだから、ふしぎなものだ。ヨーロッパ行きは、初め平井呈一先生とご一緒に夢を膨らませた。平井先生はどこよりも熱烈に十九世紀末のイギリスへ行くことを望んでおられた。ホレイス・ウォルポールの住居だったストロベリー・ヒルを見物し、『オトラント城奇譚』の原本を見て、ロンドンの古本屋街をくまなく巡り、忘れられた怪奇小説を発掘する。できれば、マッケンが住んだウェールズも。先生はさらに、イタリアにあるオトラントなる土地にも関心を持っておられた。それで、当時はまだサラリーマンだった身にもかかわらず、有給休暇をもらい、羽田《はねだ》空港からパック旅行でロンドンに偵察に出かけたのである。しかし、その頃はウィリアム・モリスとジョン・ラスキンのほうにも興味を抱いていた関係で、ロンドン世紀末の本拠巡りはそっちのけになり、ハマースミスやらチェルシーやらを徘徊のあげく、やっとケンブリッジとオクスフォードに足を延ばせただけに終わった。ストロベリー・ヒルには、行く方法すら分からなかった。ただ、ロンドン古本屋街はまだ健在だったので、どの本屋もおもしろく、その時期はオカルトブームでもあったためか、オカルト書専門店がいくつもあった。おかげで、キャサリン・クロウやらモンタギュー・サマーズなどの幽霊屋敷探究書やゴシックロマンスの古本を買えた。この幽霊屋敷巡りは平井先生のお好みであり、すでにロンドンでそうしたシティートリップが存在することをお伝えすると、「よし、今度はぜひロンドンへ行く」とおっしゃった。わたしもカバン持ちでご一緒するつもりだった

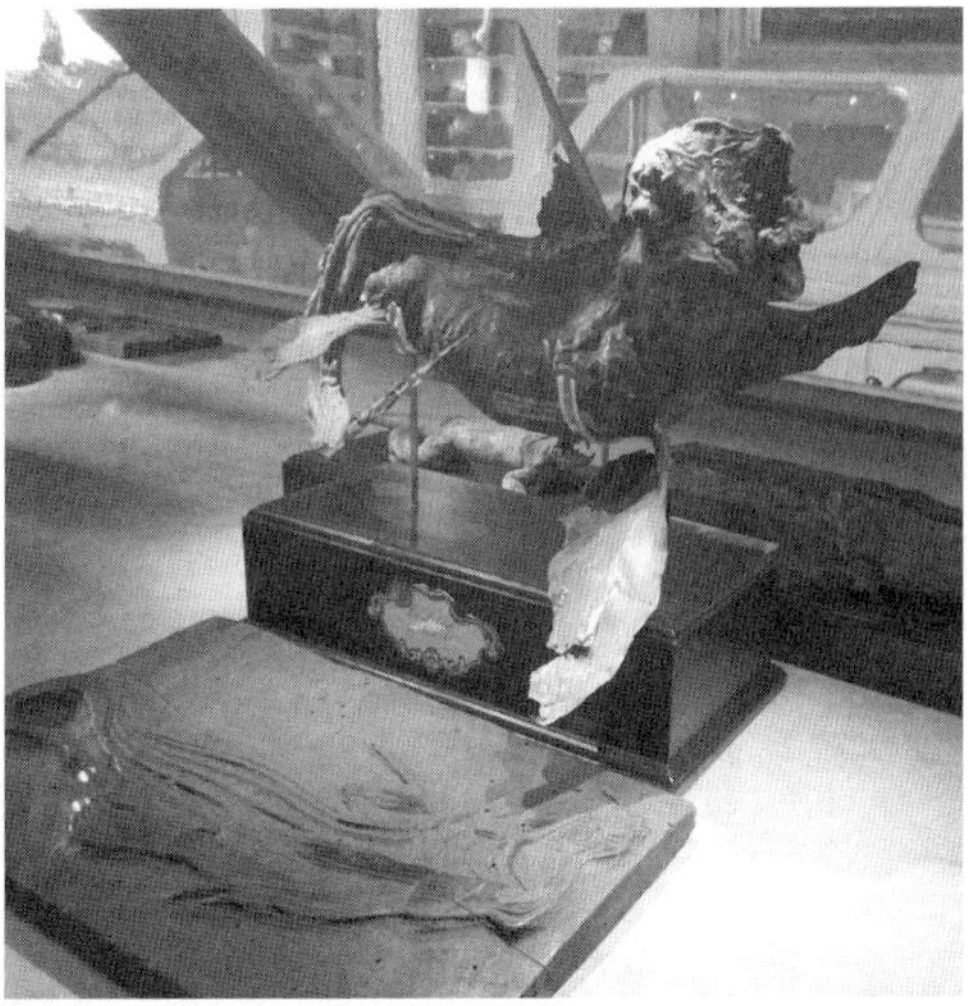

フィレンツェ：パラッツォ・ピッティ博物館のヴンダーカマー。怪物標本展示。

が、平井先生は昭和五十一年に急逝されてしまった。わたしがロンドン幽霊屋敷巡りに参加し、古本屋街や古本市をまわることになったのは、平井先生が亡くなって二年目の春である。当初は成田《なりた》新空港から初のフライトで出かける予定が、紛争のために開港が延期され、羽田最後のフライトに切り替わったものの、ヨーロッパ文化のおもしろさがようやく実感できた。

このイギリス旅行で思い出深かったのは、何といっても映画である。アメリカ旅行でも、非常に興味があったアメリカのポルノ映画を鏡明と観た。『ディープ・スロート』なるよく意味の分からない映画や、SFヒーローのフラッシュ・ゴードンをもじった『フレッシュ・ゴードン』も観た。しかし、単身で出かけたイギリスでは、日本で観ることのできなかった映画を二本観た。一本目は会員制の劇場で上映されていた大島渚《おおしまなぎさ》監督の『愛のコリーダ』だった。劇場入口でまず会員登録をして年会費を払い、それからようやくチケットを手に入れられた。

チケット販売口に並んでいると、私の前で入場券を買おうとした男性が、少しトラブりだした。やがて、窓口の女性が後に並んでいるわたしを手招きするので、顔を出すと、いきなり「Are you single?」と聞いてきた。わたしは一瞬ドギマギした。なんでシングルかどうかを答えさせられるのだろう？　ひょっとすると、シングルボーイには刺激が強すぎるので観せてくれないのだろうか、とも思ったが、正直にイエスと答えた。すると、女性はニッコリし、「じゃ、この人と二人で入場しなさい」と命令した。これはつまり、カップルとして入場させるというのなら、イギリスは進んでいるなー、と感心するところだ。そこで二人して入場したが、どうもしっくりしないので、その男性に訊いてみると、「ミーは会員に入ってないので鑑賞はできないといわれたんだが、正規の会員には一人だけ同伴者が認められる。受付の女性が気を利かせて、お前がシングル（単身）かどうか訊いてくれたんだ。それだけの話だよ」と答えた。

あの瞬間、たぶんわたしは唖然として顎を膝まで落としていたことだろう。どうやら、singleは独身の意味ではなく、単に「一人で入場」という意味に過ぎなかったのだ。わたしはすぐにその男性と別れて座り、映画を観た。なにかが割り切れなかった。とはいえ、大好きな江戸っ子俳優の殿山泰司《とのやまたいじ》が、冒頭から逸物《いちもつ》を掻《か》きだしてオシッコするシーンを見ることもでき、わだかまりも消え去った。

ちなみに、もう一本観たのは『スター・ウォーズ』第一回作品だ。伊藤典夫さんが激賞するので、すぐに観たいと思ったが、日本では公開が一年ほど遅れた。そこへイギリス旅行が入ったので、どうしても観ようと思った。『愛のコリーダ』から数日後、わたしは気を取り直して『スター・ウォーズ』を観た。一緒に上映されたレイ・ブラッドベリ原作の短編映画『七年に一度の夏』が、すばらしく詩的だった。

しかし、昭和五十三年のロンドン行きは、平井先生が亡くなられたあとだということに悔しさが残った。平井先生はついに海外の地を踏むことがなかった。その年末に、日魯漁業を辞し、わたしは自由の身になったから、なおさら無念だった。先生さえご健在なら、たぶん先生のロンドン行きを実現できたと思う。しかしわたしの現実はそこから厳しいものとなって、赤貧の物書き生活にはいるのだ。じつはコンピュータのプログラマーとシステムエンジニアを九年程経験したので、わたしは当初、非常に貴重な最先端技術を身につけたのだから食いっぱぐれはない、という自信があった。ところが、職業紹介所に出かけてみると、「うちにはそんな横文字企業からの募集はこないですよ」といわれた。たしかに、プログラマーやシステムエンジニアの就職口は、ここになかった。

それで、しばらく松岡正剛さん時代の工作舎に籍を置かせてもらい、修業かたがた出版世界の一員になった。たぶんその時期から、視野がまた広がった。紀田順一郎先生が日本語ワードプロセッサーのお仕事や古典映画のコレクションを開始されたからで、しばしばお宅へ伺い、まぼろしの名作をたくさん拝見できた（このときのフィルムは二〇二〇年に「紀田コレクション」として角川武蔵野ミュージアムに寄贈された)。怪奇映画の古典『オペラの怪人』(現在は原題のニュアンスを生かし、「オペラ座の怪人」というが、映画の邦題は古くは「オペラの怪人」だった)や『カリガリ博士』を観て、あらためてサイレント映画への関心を深めた。わたしが『オペラの怪人』を観てもっとも興味を惹かれたのは、巨大なオペラ座の天井裏と、それから地下洞窟に、怪人が住み着いていることだった。怪人二十面相が地下トンネルや下水道を好むのも、たぶんこれと関係があるだろう。自分も暗闇がきらいだったので、この地下洞窟という空間にたいへん心を惹かれたのだが、これがまさか、晩年の海外旅行のテーマになるとは、当時とても予想できなかった。その地下洞窟への旅は、本章の後半に詳しく述べよう。

「驚きを知によってアースさせないこと」

そうこうするうち、小説が売れて、ヨーロッパ旅行へ出かけることがいっそう容易にできるようになった。しかもこのとき、わたしは水木しげる先生を師と仰ぎ始めていた。この新師匠が大の海外旅行好きであった。わたしのほうも水木大師匠が世界各地の秘境を巡った体験談に関心があったのである。するとおりよく角川書店で創刊が決まった『怪』(現『怪と幽』)の最初の仕事として、水木先生ゆかりのラバウルへ妖怪に遭いに行くという企画が成立した。二人とも旅行好きだったから、即座にニューギニア行きが決定した。

この顚末《てんまつ》はすでに出版したものがあるので、ここでは省く。しかし、水木先生とお話しするうち、じつは先生も秘境だけでなく、ヨーロッパの怪奇世界にも関心があることがわかった。ならば秘境と文明地をかわるがわる訪れる旅にしましょう、ということになった。わたしもニューギニア旅行のお返しに、全力でヨーロッパ怪奇巡りのプランを立てる、と約束した。そして新雑誌『怪』が創刊してのち、こんどは水木プロダクションのみなさまと一緒に、自分隊長である。

と妻の泰子《やすこ》を含め総勢八名でヨーロッパに乗り込む企画が成立したのだった。むろん水木先生ご夫妻が隊長である。

平井先生に代わり、わたしが師事するようになった水木しげる先生は、平井先生とは異なり、底抜けに朗らかな人である。水木ご夫妻とは何度も海外旅行をしたが、水木先生との旅ほど刺激的な「世界巡り」はなかった。それはいわば、十八、十九世紀にイギリス青年貴族が、恋のアバンチュールを下心に宿しつつ大陸を旅したグランド・ツアーのようなものだった。わたしたちの下心は、現地でどれだけ西洋のお化け事情を探れるか、というところだった。いや、そんなに優雅な旅行じゃなかった（小型バス旅行であった）けれど、いろいろ珍妙なハプニングの連発だった。それでも歴史の堆積を実地に眺め、あやしい穴倉の底を覗き、ひたすらワンダーするという点では、立派なグランド・ツアーだったと思う。

とりわけイタリア旅行は、畏友・高山宏が語り尽くした「ピクチャレスク」すなわち真の意味での観光旅行という側面があって、「驚異」の探求という目的をかなり満足できたと思う。ゲーテのイタリア旅行は、まさにわれわれの手本であった。ゴシックロマンスの元祖ウォルポールが、現在の怪奇小説流

ピクチャレスク画の一例。遠い場所、自然の力、野生の人間、ワンダーをかもしだす絵であった。

行の礎となったゴシックロマンスの背景として「驚異」と「崇高」の美意識ということを論じた。これも、中世狂いのウォルポールがグランド・ツアーで観てきた南イタリアの不可思議な風土と歴史にはまった結果ではなかろうか。どちらも、目の前に途方もないもの、理解を超えたものを見せつけられ、眼と脳がコントロールを失うほど魅了される状態になるという、海外旅行の感電力にかかわっていた。

じつをいうと、いつも片手を広げてパッと素直に驚かれる水木先生に比べると、わたしのほうはあまのじゃくであるから、驚異と崇高というウォルポール流のワンダー理念に、長いこと戸惑いを感じていた本音を、ちょっと告白させてほしいのだ。この自伝ですでに書いたことだが、驚異であり崇高であるという両方の条件を満足させる観光対象というなら、それは文化と歴史の世界ではなくて、むしろフンボルトの思想にいう物理的世界としての「コスモス」、すなわち宇宙の他にはないだろう、と大学生までは考えていた。地上に栄えた文明や文化の驚異はそれに比べたらちっぽけだし、かなりしょぼい。エドガー・アラン・ポオが『ユリイカ』という本で宇宙のワンダーを考察したときも、やはり軸は地理的で物理的な地球だった。したがって、地上の眺めや楽園の環境を論じる名作『ランダーの別荘』には、ワンダーという大それた言葉は用いず、せいぜい「インタレスティング（興味津々）」くらいで済ませていたのではなかったのか。ポオを継いだ稲垣足穂も、その題名に『僕の〝ユリーカ〟』を選んだ哲学エッセイでこそ、宇宙をあつかってタルホ的空想のかぎりを尽くすことができたんじゃなかったのか。驚異は目というよりも数学という知によって、ドラマティックに理解される種類のものだったのだ。ところが、わたしと水木師匠とで実施した驚異旅行は、あくまでも目の驚きを優先したものになった。博物館で長い解説を聞くのでなく、直に「物」に触れた。だからわれわれの旅は、かぎりなく感覚的な方向に深まったのだ。

いつか松岡正剛さんが、現代宇宙論の発展史を俯《ふ》瞰《かん》したうえで、「僕は素粒子論にニュートリノという発想が出てきたときに、物質構造の話はこれでもういいかな、これ以上美しいものは考え得ないだろう、と思った」という趣旨の発言をされたことがあった。わたしはその一言に感電した。それが今でも心に残っていて、その印象を現代の宇宙構造論に当てはめると、数学的美しさを前面に置いた場合、ウォルポールがゴシック論として述べた「驚異」と「崇高」からはだいぶん離れてしまうような不安を抱いた。

じゃあ、君たちの好きな幻想怪奇は宇宙論とどこがどう違ってくるんだね？　と突っ込まれると、どうにも答えが出ないのだが、自分にとって非常に運のいいテキストがあったこと、そこにだけはちゃんと気づいていた。つまり、目の学問である「博物学」の方法だった。「この世の驚き」に対する関心の持ち方には、正面突破の横綱相撲もあるが、めくらましや跳び技などの奇襲もある。なんだかわけがわからないものに触れて感電し、凍りついたときに、それを知の力でアースするのでなく、感電したまま隣りの人やモノと手を結びあえば、次々にデンキが流れて「感電の輪」ができるのではないか。

それでわたしたちは、どこへ行くにも、「驚きを知によってアースさせないこと」を心がけた。知は驚きが生じた場所にかならず発生するが、それによって電流の衝撃がアースされてはならない、というのがわれわれの主義になった。どこへ行っても、ひたすら驚くこと。水木妖怪学がここまでひろまったのも、それが学問的に解体され分離化されたからじゃない。わからなくても感電させたからだ。そして幸いにも、ワンダーということのもっともパワフルで危険な要素が、この感電力であった。

「ワンダーの誕生」

宇宙は放電現象に満ちているが、それに対して避雷針付きの知性で取り組むかぎり、真の感電は体験できない。わたしはこのとき、中西悟堂にはじまり、松岡正剛、高山宏、そして澁澤、水木、熊楠にいたる高電圧の人々を思い浮かべた。裸になって水を被る知、イデアの磁気を発しながら、肉、それも生肉みたいな料理を出せる、エネルギー産業的な知の持ち主ばかりだ。

宇宙、と言った場合、プラトンもプトレマイオスも、ニュートンもアインシュタインも、コスモスすなわち「秩序」を有する世界という清らかなイメージを心のどこかに宿していた。

それを保証するのが、「真実」と呼ばれる評価最高ランクの言葉で、それはたいてい数学により説明されるものだった。では、化け物はどうなのか？数学で妖怪を説明できるのだろうか。そこには「主観」あるいは「実感」という自家発電装置が必要だったのでは？

たとえばプリニウスが著した『博物誌』は、森羅万象を扱いながら、どこかに怪しさや嘘くささがある。というよりも、「解なし」や「不正解」や「複数解」がある問題をも扱える間口と奥行きが必要だったのだ。宇宙にも不純で不細工な部分はある。プリニウスがそんな怪しげな著作を書くことに一生をささげた真意も、そこにあったと思うのだ。

彼の『博物誌』をよく読んでみると、じつに奇妙なことを繰り返し述べている。そもそもが『博物誌』を書くという仕事について、「古いものによって新たなものを知り、真新しいものに権威を与え、日常のものを目覚ましくさせ、地味なものに光を当て、疑わしいものに信をもたらし、あらゆるものに自然を意識させ、すべてのものを自然に帰属させる、きわめて困難な仕事」と定義した。自然を賛美し、自然に感謝をささげる代わりにおこなう仕事。だから、不純で不細工なものからはわたしたちの理解がまだ達していない「未解決の真理」が発生する。ただしこれらを聖なるものと理解するのは極めて困難なので、今までに達成できたのはローマ市民だけである、とも書いている。ローマ市民とは、すなわちプリニウスのことだ。

この発言は、真実なる「イデア」を仰いだ古代ギリシアの理想主義とはちがう。イデアではなく、誤《ご》謬《びゅう》に満ち、不完全で邪悪な、「イドラ（アイドルの語源でもある）」への鞍替えとすらいえる。真相ではなく虚相こそが知を鍛える。とくに、地味なもの、疑わしいものに意味を認めようとする姿勢が非常に重要だ。プリニウスの『博物誌』は、かならずしも混沌や誤謬を秩序と真実に変える技ではない。イデアではないすべてのものにも価値を見出そうという好奇心の産物だった。

ならば、真実を求めるというアポロニウス的で崇高なイデア機能に対立する、イドラ的機能とは何なのか。プリニウスは、それが「ワンダー」だと考えた。ワンダーという心の機能は、西洋でも古くから関心を持たれていた。それは信仰心とも少し近い関係なので、スコラ派の研究家すらも解明に取り組んでいた。

アリストテレスは、「ワンダーというのは人の目と心を引き付ける力だ」と述べている。これだけだと、何か磁石のような物理的な力に見えるので、ロジャー・ベーコンの説を引こう。ベーコンは、「ワンダーには歓びがある。それも、未知のものにぶつかるときでなく、未知のものの正体が理解できたときに初めて発生する」と。これで少し分かった。ワクワクと嬉しくなることが、ワンダーの要素なのだ。

つづいて、魔術にも造詣が深かったアルベルトゥス・マグヌスの言葉も引こう。「ワンダーなるものに対したとき、無知ゆえに恐れおののけば迷信的信条となり、知ることに夢中になれば好奇心となる」

なるほど、かなり分かりやすくなった。最初はドロドロと登場してきて恐怖を与えるが、これを知りたくて夢中になればおもしろくて止められなくなる研究心にかかわるもの。

たぶんだが、ウォルポールがゴシック的美術や文学にもとめたことも、まさにこのマグヌスの理論だったのだろう。怖いだけなら昔ながらの怪談だが、ここに好奇心という積極姿勢が加わることで、怖かったものがおもしろくてたまらなくなる。

そして決定打は、あのトマス・アクィナス曰《いわ》く、方だった。アクィナスの考え

「ワンダーに接したときは、キリストや神でさえも、びっくり驚く！」

数学にだって、このような意味での驚きや魅惑があるに違いない。だが残念なことに、数学は目で見えない。見えるという人もたまにはいて、ケンブリッジ大学のイドラ的でない数学環境につぶされた稀有《けう》なるインド人数学者シュリニヴァーサ・アイヤンガー・ラマヌジャンはその代表だろう。バートランド・ラッセルやG・ハーディ教授を驚かせた彼の数式は、寝ている間にナーマギリの女神が夢に現われ、血で赤く染まったスクリーンに数式を書き、それを証明しなさい、と命じたというのだ。

数式も見えたのなら、これはイドラだ。夢で我が身に啓示された数式を次々に証明していったラマヌジャンについて、その発見者であり、ケンブリッジ大学に迎えたハーディは、次のようにいっている。

「ラマヌジャンの仕事はほんとうに完璧な数式に備わっている単純さと必然性を宿していなかった。あの奇妙さがもっと少なかったら、もっと評価される業績になっていたろう。だが、ラマヌジャンには、誰も認めざるを得ない生まれつきの才能が宿っていた。彼の独創性は彼にしかない無敵なものだった。もっと早くイギリスに来て、その環境に馴らされたら、偉大な成功をおさめただろうけれども、いっぽうヨーロッパ風の教授になってしまい、ラマヌジャンの独創性は失われただろう」（要約）と。

『博物誌』が求めたのは、そのような奇異な存在物を掬《すく》い上げるセンスだった。

最初は怖くてウソくさいが、すぐにおもしろくなる。この機能を呼び戻そうとしたのが、文学ではゴシックロマンスであり、宇宙学では『博物誌』だったのである。

したがって、「最初は怖いが、すぐにおもしろいと分かるもの」とは、宇宙というよりもむしろ自然だった。この世とこの世の生きものだった。たとえばわたしがスロベニアのポストイナ洞窟で観た「生きている龍」は、ワンダーの見本だ。この洞窟は鍾乳洞として世界最大規模のひとつだが、真っ暗な構内をカートに乗って観られるなどの施設を入れたため、遊園地的だと批判され世界遺産に登録されなかった。しかし、おかげで老人でも地下の驚異を十分に堪能できた。しかも、ここには古代から「ドラゴンの赤ん坊」と信じられてきたホライイモリというピンク色の両生類がいる。サラマンダーの仲間であり、幼形進化したので、四肢が出ても変態せず、赤い鰓《えら》を残す。洞窟内を川が流れているため、大洪水が起きると龍が地上へ流され、町にすがたを現わした。アタナシウス・キルヒャーの怪著『地下世界』にも、地下で小型の龍に出会った騎士の話が出てくるが、おそらくこのサラマンダーの記録と思われる。

以上のような意味づけが、グランド・ツアーには明白に存在したのだった。仕事でもないし、学問でもない、文字通りの「観光」だ。わたしが水木先生と出かけたヨーロッパ旅行はそういうワンダーの観光旅行なのだった。幸い、わたしも水木先生も「この世ならぬもの」と「この世にあるもの」の双方に関心があった。とりわけ自然研究は、まさに二人の生まれつきの関心事だった。水木先生は昆虫図鑑を制作し、お化け図鑑までも作り上げた。わたしも七十三歳を越えてなお海に潜りつづけ、生物の驚異的な形や生態を発見してはワンダーに浸っている。そういえば、南方熊楠も粘菌にワンダーを見つけた

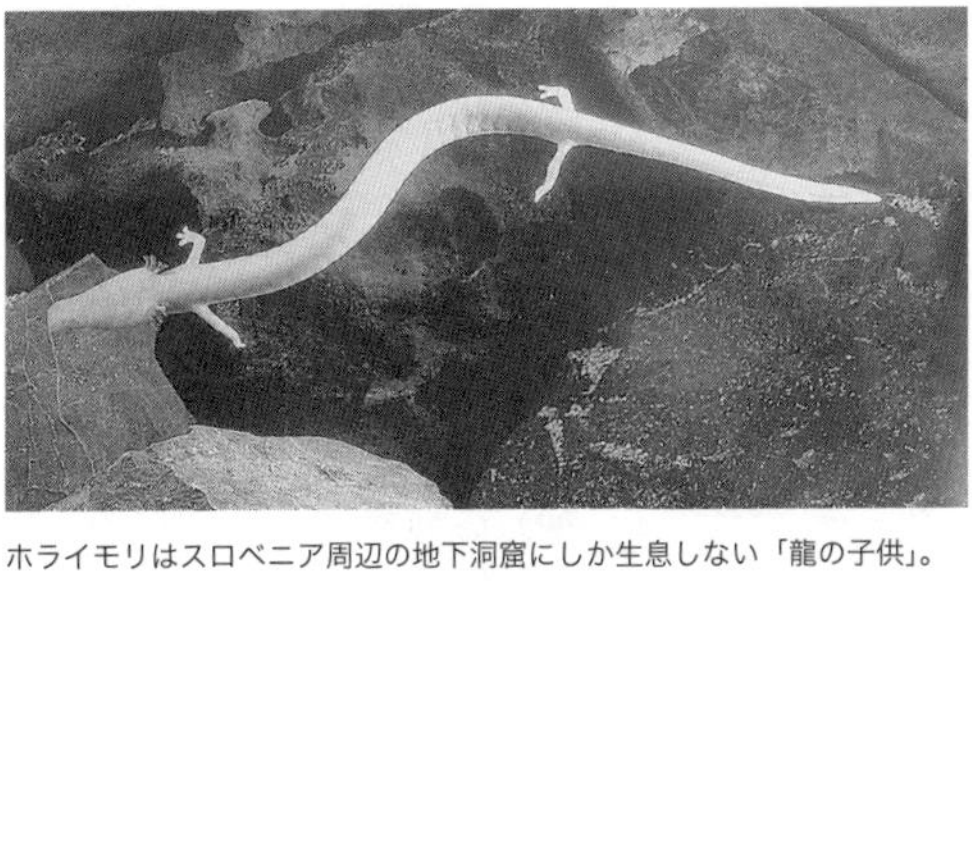

ホライモリはスロベニア周辺の地下洞窟にしか生息しない「龍の子供」。

博物学者だった。澁澤龍彥も、晩年にはプリニウスの本まで書いた鉱物好きの博物学者だった。宮沢賢治もそうだし、平井呈一は終生俳句という言葉のワンダー世界に遊んだ。自然のワンダーをことばに置き換えていたのだと思う。

昔の記憶を蘇生させる旅

ずいぶんと能書きが長くなったが、ここで水木先生と一緒のヨーロッパ旅行に話を進めよう。じつは、わたしは現在、その旅行時の水木先生と同じ年齢になっている。これを縁として、大昔に行ったところをもう一度訪れたら、忘れ去った貴重な記憶がよみがえるのではないだろうか。そう思いついたのである。

だが、八人で旅行した最初のヨーロッパ旅行は四か国ほどを巡る長旅だったので、この老体にはきつい。それで、平成の初め頃に水木夫妻だけを案内した、シチリアを中心とする南イタリアへ出かけることにした。季節もちょうど同じ初夏である。さらに偶然だが、平井呈一先生が行ってみたいと思っておられた「オトラント」という実在の街も南イタリアにある。この際、両方をまわってみる気になった。

まず、エールフランス機でパリへ行き、ローマ行きに乗り換えて、パレルモへ着く飛行ルートを選んだ。すると、機内で早くもマドレーヌの味に出会った。なんと、建築道楽で鳴らした水木先生がみずからの師であるとまで言い切った「シュヴァルの理想宮」を取り上げたフランス映画が、機内で上映されたのだ。

この新作映画は横浜の「フランス映画祭2019」でも上映されたが、まさかこの旅で観られるとは想定外だった。じつに淡々とした映画で、シュヴァルが感情をあらわにしたのは最愛の娘アリスが死んだとき、川にはいって泣き叫ぶところぐらいである。その茫洋とした田舎の生活にリアリティがあった。わたしたちがフランス南部のオートリーブで「理想宮」を探したときも、質素な十九世紀世界の痕跡が

フランスのオートリーブに残る素朴な奇想建築シュヴァルの理想宮。30年前に水木先生と訪問し、仰天した。

残っていた。水木先生はいきなり理想宮の角にあった螺旋階段を上り、ナイーブに造形された細部に隠れている動物や植物を眺めまわした。妖怪城は「自然」の神殿でもあると直感したようだった。

平生、大木や原生林や遺跡の前に立つと、その風景の中から心霊写真でも撮るように、不思議な造形を浮かび上がらせる先生である。したがって、どこを見ても自然の隠秘された造形に出会えるこの建築は、さぞやおもしろく感じられたのであろう。自分が遊園地を造れるなら、こういう建築がよろしい、とつぶやいておられた。

秩序化するのでなく、ワンダーを抱かせる混沌に導きいれるオブジェ。そういうものが好きであった。出会った直後は恐ろしさで石になってしまうが、落ち着いて細部を眺めていくと、あちこちにおもしろい自然を見つける。そもそもシュヴァルが四十三歳からこの奇想建築を造り始めたきっかけは、かねて熟知の配達ルートで、ある日地面から半ば現われた奇妙な形の石につまずいたことだった。見慣れた日常に突然現れた驚き。そのワッという違和感が、理想宮制作の原点になった。この「つまずき石」は、理想宮の屋上に飾られていた。水木先生もしげしげと眺めておられた。こういう反応が、水木流のワンダーセンス、すなわちご自身がいうところの「妖怪感度」なのである。

久しぶりにシュヴァルの理想宮を映画で観て、そうしたワンダーの意味を改めて実感したが、ふと思い出すこともあった。水木先生がしきりに、工事途中で放棄したらしい半地下の部屋を気にしておられたことだ。そこはシュヴァルが自分の「墓」にするはずだったところだ。しかし、街なかに埋葬はできないというお上《かみ》の意向で実現できなかった。そこに水木先生が「あの世の匂い」を嗅ぎつけられたのだが、映画でも同じ匂いが感じられた。シュヴァルはきっと、ワンダーが死に絶えた熱死状態のこの町に、墓穴という別世界への窓を開けようとしたかったにちがいない。

水木先生は南方が好きだ。毎日働かずに飯が食える気候だから、という話になっているが、死後の世界よりもさらに原初的でワンダーにあふれた「楽園」のイメージがあったからだと思う。そのことが、

イソラ・ベッラはシチリア有数の海岸リゾート地。山内にグロッタもある。

シチリア島に渡ったあとレンタカーを飛ばしてたどり着いたタオルミーナで確認できた。タオルミーナは古い町で、シティーの中心は崖上の山中にある。これに対して海岸沿いは絶壁が延々とつづき、イソ

ラ・ベッラと呼ばれる美しい小島の辺りがリゾート海岸になっている。

　およそ二十年前、水木先生とイタリア半島側から船でメッシーナ海峡を渡り、熱帯さながらの風景に彩られたタオルミーナの海岸道路を走ったのである。しかし、すぐに、さながら日本の江ノ島をごく小さく、しかも熱帯ジャングル風に装わせたような、砂《さ》洲《す》によって陸からつながるパラダイス島が見えてきた。そのとたん、水木先生がオオッと声を上げられた。わたしもその島を見て、江戸川乱歩が夢想した「パノラマ島」を連想した。島の周辺は驚くほど透明な海、そしてやや大粒の砂利底に大きくて平たい岩礁がある。わたしはナポリのカプリ島で潜ったことがあるが、海水の冷たさに萎えた経験がある。しかし、こちらは南島のシチリア、海水温は二十二度ほどで快適だった。

　地中海の水生生物を観察するのに、これほど適した磯はなかった。その証拠に、ヨーロッパで最初に海のプランクトン研究に挑んだエルンスト・ヘッケルは、イタリアでもっとも海の幸が豊かなメッシーナ海峡で海の浮遊生物を研究している。ここに水産試験所を建てたいとも思った。むろん、メッシーナ海峡はタオルミーナの傍にあるのだ。おそらく、ヘッケルはイソラ・ベッラにもプランクトン採集などに来ていたはずだ。たとえヘッケルが来なくても、あの素潜り世界記録を樹立したジャック・マイヨールは来ていた。彼の伝記映画『グラン・ブルー』（リュック・ベッソン監督）は、イソラ・ベッラも撮影地に組み込んでいる。

　では、イソラ・ベッラの海にはどんなワンダーが潜んでいるだろう。水木先生も直感でそのことを感じたらしく、車を止めて島を探検しようということになった。しかし残念なことに二十年前は日程が詰まっていてランチタイムを取るのが精いっぱいで、海に潜る余裕はなかった。だが、この「パノラマ島」を発見しただけで去るのは忍びない。わたしはみんなが食事をしている間に海の様子を調べに砂利の海岸まで下りていった。まったくみごとな透明のマリンブルー。砂洲でつながった島（イソラ・ベッラとは美しい島の意）にはたくさんの海水浴客がいる。海面から見ると、小魚もたくさん泳いでいる。まわりには団扇《うちわ》形サボテンやリュウゼツランなどアフリカや南米由来の熱帯植物が茂り、絶壁にはサボテンがぎっしりとしがみつくように繁茂する別世界。異質なサボテンですら、ここでは自生しているかのような調和があった。

こういう島は、たいていローマ帝国の皇帝領となり、皇帝が命の洗濯をする愉悦の場所となる。カプリ島もそうだったし、トルコのパムッカレもそうだった。イソラ・ベッラも、古くから「イオニア海の真珠」と呼ばれ、貴族たちの別荘地であったという。この島はもともとタオルミーナ市が所有していたが、一八九〇年頃にイギリスの貴族トレヴェルヤン家の末裔《まつえい》であるフロレンス・トレヴェルヤンによって購入される。彼女は自然保護運動家でもあったから、イソラ・ベッラを巨大な亜熱帯植物園に改造した。その意図がよく残る自然の楽園だった。島には貴重なトカゲや鳥類が半ば野生状態で暮らしていた。

道理でこの島が美しいわけだ。ここに博物学的ワンダーが宿っていたのは、イギリス人令嬢が所有していたおかげだった。彼女はヴィクトリア女王から罰を受けて亡命してきたという。彼女はこの島に植物を植え、見晴らしのよいあずまやを建築した。ついでに書くが、イギリスのキュー・ガーデンも、元をただせばイギリス王家の妃たちが植物好きで、代々庭園を管理し、拡張した成果が今の姿なのである。なお、現在あるグロッタ様式のあずまやは、彼女の死後、一九五四年にここを購入したボスルギ家のひとびとが、石灰石でグロッタ様式のヴィラに改造し、サボテンなどの熱帯植物を追加し完成している。

ちなみに、ローマに発祥したグロッタ様式は、フロレンスの時代にはすでにごく普通の作庭様式になっており、人工洞窟に鍾乳石やタイル、そして貝殻を張りめぐらしたイギリス型グロッタの新様式も

イソラ・ベッラ内にあるグロッタとテラス。命の水とも関係が深い（中尾正喜撮影）。

成立していた。このイギリス式「貝殻の家」は、幻想的な不思議さがあったので、「シェル・ハウス」と呼ばれ、イギリスには今も二百ほどの構造物が残されているという。これら奇想建築は二十世紀にはいると、「フォリ（Folly）」とも呼ばれるようになった。キリスト教とは切り離された異教あるいは古代の奔放な野生生活をめざすエキセントリックな教養層のお気に入りとなった。

女性のヌードダンスで評判を呼んだミュージック・ホールが、「フォリ・ベルジェール」「カジノ・フォリ」というように、「フォリ」の名を添付してあるのも、元来グロッタから派生したものだったからである。ただし、Folie はフランス語で「森の中の家」をも意味したが、英語では今、愚かなふるまいを意味する Folly という綴りに変わっている。

水木先生の「神隠し」

というわけで、第一回のイソラ・ベッラ行きはそういうことも分からないから、新発見の海を見るだけで満足した。昼休みが終わると、お名残り惜しいが、しばしのお別れとなった。次回来るときには、かならずこの海岸で生物観察をやるぞ、と緑の島に声をかけた。

だがそこで、思いがけない事件が発生した。水木先生が見あたらないのだ。布枝《ぬのえ》奥様が知らぬうちに、海岸沿いに並ぶショップへ土産物を買いに出られたらしい。わたしたち夫婦と布枝奥様とでショップを一軒ずつ捜したが、どうしても発見できない。こういう雲隠れは自由人たる水木先生の十八番《おはこ》であると、かねて承知の我々だったので、はじめのうちあまり心配しなかったが、三十分経過しても戻らない頃から心配になってきた。一瞬、「神隠し」という『遠野物語』じみた単語が、マジに思い浮かんだ。そこで奥様方と一緒にもういちど全ショップをまわり、日本の老人が来なかったかを尋ねた。しかし埒《らち》があかない。手がかりも出てこない。これは警察に捜してもらうしかない。

水木先生が数十分トイレに籠った土産物屋。20年を経て代替わりしたが、健在だった。

シチリアは「ゴッドファーザー」の出生地、イタリア・マフィアの本拠地である。誘拐されたらたいへんなことになる。血相変えて捜す我々に同情したのか、土産物屋のおばさんが、さっきまで店の奥のトイレに駆け込んで、三十分ほど出てこなかった老人がいたんだがねえ、と教えてくれた。魔女みたいな鼻をしたおばさんが奥の試着室らしいカーテンの方を指差したので、すぐにそこを改めたが、もうトイレには人の気配がない。

もはや万策尽きた。警察に相談するつもりで道路に出た。すると、なんと、向こうから水木先生がよろけるように歩いてこられるではないか。よかった！ 神隠しではなかった。

奥様方もすぐに水木先生を迎えた。ほっとした途端に、ちょっと怒りが湧いたのか、みんな険しい顔になる。布枝奥様が「あなた、どこへ行ってたんですか」と問い詰めた。魔女みたいな鼻を持つおばさんの店を目で指し示し、あははと照れ笑いされた。魔女鼻のおばさんが不審そうに水木先生の方を見ていた。しかし水木先生にはこんな場合の特技がある。話をうまいことそらす技術である。この場合は、首に下げたカメラを持ち上げ、表情を苦悶に歪めながら、「こんなに大きな、カメラみたいなのが出ました。固くて、く、苦しかったのです」と、まさに鼻息をフンフンしながらおっしゃったのだ。一瞬、わたしたちは沈黙し、そして爆笑した。

いや、このときは爆笑したが、水木先生と同年齢になった今では、もう笑えない。高齢になると、長い車移動が続いたときに本当に便秘になるからだ。わたしも七十歳を越えてから、便秘に苦しむようになった。異国の地で、奇跡的に便意があった場合、なんとかそれを排泄したくなる気持ちがわかる。といって、排泄しようとふんばっても、「カメラ」みたいに硬い便は、頑として出てこない。あの苦しさは本当に地獄だ。ちなみに、わたしはこの苦しみを回避するために、「毎日千億」というニンジンジュースを愛飲している。

そういうわけで、水木先生は便秘のためトイレに籠っておられたらしいのだが、土産物屋の奥にあるトイレをよくまあ見つけたものだと感心した。「勘でわかるのです」とおっしゃるが、戦時中にラバウルでジャングルの中を彷徨《ほうこう》された方だから、納得するしかないだろう。

このような大騒ぎは、水木先生と海外旅行をすると、かならずいくつか発生する。

その事件から二十年して、わたしはふたたびイソラ・ベッラの海に来ることができた。島は健在で、緑に覆われていた。昔通りの楽園である。そして驚いたことに、水木先生が用を足された土産物屋も、健在だった。代が替わって若い店主が経営しており、あのときの魔女みたいな鼻をした女主人はもういなかったが。一瞬のうちに時間が止まった。ここにもう水木先生がおいででないことが、信じられないくらいだった。

だが今回は、ここに一泊できる。翌日、イソラ・ベッラの海に潜った。予想通り温かい。はじめて見る地中海の魚やクラゲを堪能し、波に洗われる砂洲を歩いて、島の中を見物した。島には奇妙な石組みの人工洞窟があった。二十年前にもこれがあっただろうか？　水着姿のまま奥まで登ってみた。すると、熱帯植物に隠れて、不思議な岩組みの建造物がいくつも見えてきた。シュヴァルの理想宮に似ている。あっちは道端の石を三十三年かけて城に組みあげたものだが、こちらは周囲の岩場に岩窟を彫り刻んだような感じでできている。そう、アントニオ・ガウディが設計したバルセロナのグエル公園やサグラダ・ファミリアの岩窟みたいな建造物に似ている。道端や熱帯植物の間に洞窟があり、それがどこか人工物のような気配にあふれているので、中に入ってみると洞窟を模した大きな部屋になっている。一目見て、「これはグロッタだ！」と直感した。水着のイタリア美人の後について島の中腹まで行くと、そこに看板があった。「イソラ・ベッラ博物館」だという。ルネサンス期にイタリアに再登場した奇怪な人工洞窟、いわゆる「グロッタ建築」が、今はどこでも観光の目玉なのだ。

グロテスクはグロッタから生じた

わたしはその場で、急いであの世まで行って水木先生を引っ張ってきたくなった。なぜなら、水木先

人工洞窟グロッタは野生の息吹を感じさせる偽の洞窟だ（中尾正喜撮影）。

生はグロッタ建築にも特段の興味を寄せられていたからである。そもそも三十年前の最初のヨーロッパ旅行は、このグロッタ建築を水木先生にお見せすることが目的だった。二十年前の南イタリア行きも、一回目に漏れてしまったシチリアに地域を絞り込み、「世界で一番美しい死体」を保存するパレルモのカプチン教会や、グロテスクきわまりない彫刻に埋められたバゲーリアの「お化け屋敷」（あのゲーテも見物した奇想建築）、そのほか数軒のグロッタを回るためのワンダー・ツアーなのだった。だのに今頃になって、まだ知らなかった新たなグロッタに、イソラ・ベッラで遭遇してしまった。

この島のグロッタは、おそらく近年の建造にかかるらしく、自然を借景にして巧みに岩で隠したあずまやが、島の山頂部にまで続いていた。洞窟そっくりの回廊トンネルが山の中に延び、崖の斜面にぶつかったところでエキゾティックなあずまやとなってテラスを形成している。一番手の込んだ洞窟テラスは、大きな硝子窓を組み込んだ中国趣味の部屋だった。テラスから外の岩場につながる庭には、ガウディを思わせる歪んだ形の石のベンチが置かれている。その間を、たくさんの水着姿の女性が通っていく。これがルネサンス期に大流行した洞窟建築の究極、グロッタなのである。

　こうなったら、イタリアにおけるグロッタとは何か、という問題に迫るしかあるまい。イタリアは洞窟の国である。

　さっきも書いたが、イタリアは洞窟の国である。穴居人たちは洞窟をすまいとし、二万年近く前からは壁画をも描き始めた。ウィルソンと進化論学者のスティーヴン・J・グールドは、わたしが平凡社居候時代に自然史雑誌『アニマ』の編集部に寝起きし、博物学の復興をめざした時期に、最も親しんだ生物学者だった。とりわけグールドは名著『ワンダフル・ライフ』によって、そのタイトル通り、地球にあらゆるタイプの動物が一気に登場した「カンブリア紀大爆発」のワンダーぶりを伝えてくれたし、いっぽうウィルソンの『バイオフィリア(生物愛好)』は、命は命に惹《ひ》かれるという生物の奇妙なメカニズムを主張した本で、生物は生の気配に敏感に反応する、という仮説を学んだ。洞窟は、まさに生の気配を発する場所だった。いま、グールドのほうはちょっと措《お》いて、ウィルソンの『バイオフィリア』から忘れがたい話を引こう。あの本の中に、人類が「心から安らげる景色」と感じる要素のランキング

パレルモ近郊、バゲーリアのお化け屋敷。怪奇な彫刻群は、醜い貌の領主が自分を目立たなくするために置いたという。

が出ており、その最高峰の一つに洞窟が例示された。弱い哺乳類の中でも特別弱そうだった人類は、生き残るために穴に隠れ住んだ。また、小高い丘も大好きで、ここに立てば周囲がよく見え、敵の接近を察知できた。

穴と丘は見えない力で原始の人間の心を魅了した。

フィレンツェのグロッタ・ジガンテ。水木先生と見物した。鍾乳石など不定形な自然の形（グロテスク）を人工洞窟に装飾し、生の気配を与えた。

どちらの地形も周囲とは「異質」であり、均一や秩序を破る眺めでもある。これが、目新しさ、あるいは多様性ある自然に心を向ける本能的なメカニズムを生んだ。好奇心も愛も、その意味では同じ「惹き付け力」の仲間といえる。

いっぽう、古い博物学にも造詣が深い奇特な進化論学者グールドは、ウィルソンの論難に回った。ここが、あの時代のおもしろいところだ。両陣営に多くのエースがいて、それぞれに突拍子もない仮説をぶつけ合っていた。で、グールドは「愛だの何だのという言葉で生物の遺伝子的進化を語るな。お前の説は、科学的にはもちろんのこと、道徳的にも政治的にも間違っている」と、同じハーヴァード大学の同僚であるウィルソンを批判した。この論争を少しワンダーに引き付けて言い換えれば、生物遺伝子という青写真により「宇宙」を秩序として理解するグールドと、ワンダーという命の惹き付け力による生物のマンダラ世界とみなしたウィルソンの戦いである。『バイオフィリア』は「この世」のあらゆる「差異」

をワンダーでつなぎ合わせる。その落としどころが、安全のシンボル、洞窟や丘のような眺めだとする。

そのような科学論争とよく似た論争が、美術装飾の分野でもワンダーを巡って発生した。

古代ローマの建築学を仕切ったウィトルウィウスは、遠近法をはじめ、くっきり碁盤目になった幾何学の信奉者だったらしく、生き物めいてグニャグニャした曲線は、たとえ絵に描いた曲線文様であろうと、獣や植物のつなぎ模様であろうと、非常に迷惑がった。動物文様やウズマキや唐草や非対称の文様を指して、建築上まったく無意味で不合理だと批判した。奇怪で不調和で不愉快な装飾に思えたようだ。にもかかわらず、皇帝ネロが登場した頃は、ローマの大邸宅がそのような装飾画に飾られていた。ネロ帝の大邸宅の場合、すべての壁に文様や装飾があって、ウィトルウィウスが嫌いなクニャクニャした連続模様に埋められていた。また神獣や怪物の文様も出現していた。しかしネロが死に、ローマ帝国も滅び、時代がルネサンスに変わる頃には、そんな無秩序な装飾は忘れられていた。

ところが十五世紀末に、寝た子を起こすような事態がもちあがった。皇帝ネロの住んだ大宮殿が地中に埋もれた状態で発掘されるのだ。千五百年の間に、がれきに埋まって地下の大宮殿と錯覚するありさまだったが、掘ってみると全室装飾に覆われた部屋が次々に現われた。とくに大広間や回廊などのドーム構造の部分は、曲面になった天井が埋め残されたせいでずっと見渡せた。ここにびっしりと、不思議な文様が描きこまれていたのである。

それは、一言でいえば、ヘレニズム文化が西洋にもたらした東洋的な装飾文様であった。日本人が見ると、唐草模様かと錯覚するような曲線と連続模様が多い図柄だった。ルネサンス初期の人々には、まるで異教徒の伏魔殿《ふくまでん》みたいな装飾に思えたが、あまりにワンダー感があるので、裕福な人々はさっそく自邸の壁にもこれを用い始めた。ネロ帝の壁画だらけの宮殿がいかにきらびやかだったかを示す証拠がある。発掘されたネロ屋敷が「黄金宮殿（ドムス・

アウレア)」と呼ばれたことだ。この装飾の中には、女神や裸体の人間や、バケモノの画像も含まれていた。バチカンの目に触れなければ、自邸で鑑賞したいと思うような、ときめきの図像が仕込まれていたと推測できる。そう、ネロ邸の壁画は「ワンダー」だったのである。

さらに、ネロ邸が一見地中から現われたかのように見えた事実も重要だ。こういう異教的で、魔的で、しかもエロティシズムを隠さない装飾が地下から出てきたことは、キリスト教成立以前の世界、いわば「前世」の復活を意味していた。自由な性愛が賛美された時代、キリスト以前の古い神々が復活するのだ。

ネロ皇帝の黄金宮殿の発掘現場。がれきが層をなしてアーチ部に及び、僅かな隙間に装飾画が見えた。

まあ、わたしなどがイメージするのは、目黒雅叙園《めぐろがじょえん》みたいな大正趣味が突如として国会の壁を飾ることになった光景くらいだろうか。秩序重視の人たちは混乱するかもしれぬが、文化的に爛熟《らんじゅく》した貴族は喜んだにちがいない。それがすぐさま全ヨーロッパに広がり、しまいにはロシアにまで到達した。よって、一つの新たな美術様式として認められた。なづけて「グロテスク」。異教的ではあるけれども、ワンダーを内在させた美術あるいは建築様式の確立といえる。

ついでにいうなら、このぐにゃぐにゃ曲線が装飾に復帰するのは、十九世紀末だった。生命力と無意識の拡張が、この曲線に反映された。やがて、不定形で非対称的な生物フォルムへの美的な関心が高まった。その影響の源にグロッタ様式が存在する。

そのグロッタは、イソラ・ベッラのような楽園の熱帯野生感にも似つかわしかった。そういうところは、古代から皇帝や貴族が厳格なキリスト教会の目を盗んで「生」を回復した場所だ。水着の美女が出入りする海浜リゾートがグロッタ的である理由も、そこにあった。裸体や出産や生殖といった「肉体の喜び」を連想させるのだ。さらに好都合なことに、グロッタ様式は漆喰《しっくい》や岩壁、タイルなどの「水に強く衛生的」な施設を造るために有用な様式だった。たとえば夏の避暑地、池の周囲、噴水を設置した部屋、その証拠に、ギリシアやローマでは敷地中央の部屋は屋根の中心に穴が開いて、そこから雨水を受け入れ、床に拵《こしら》えた水溜に受ける仕組みになっていた。また、寝室や化粧室、さらに噴水や放水器を仕掛けた庭園の娯楽室にもモルタルやタイルがよく使われた。そこでフランスやイギリスの人々に、いっそのこと貝殻を建材に使ったら、さらに竜宮城のような部屋ができるのではないかと感じさせた。これが「シェル・ハウス」である。貝殻の部屋は十八世紀には汎ヨーロッパ的な人気を博する。

　昔、この性的な誘惑を宿す建築「グロッタ」に反応する人に、わたしは偶然に知り合った。『世界大博物図鑑』の一巻目を出版した頃だ。わたしが書く本を好意的に評しつづけてくれた小学館系雑誌の書評者、故・倉本四《くらもとし》郎《ろう》さんである。この人は天草《あまくさ》の生まれで、わたしより四、五歳上だったが、茶目っ気も好奇心もあるおもしろい人だった。性の文化史に

貝殻の部屋。ミュンヘンのレジデンツに現存。貝殻を利用した装飾はグロッタの究極形だ。

も造詣が深く、あるときわたしがグロッタの話を書いたとき、「じつはおれもグロッタが好きで、シュヴァルの理想宮を理想としている。こういう豊穣の神にささげた素朴な芸術を、アンドレ・ブルトンがそうしたように、もういちど愛《め》でる必要があるんじゃないか」、とヨーロッパ・グロッタ巡りの旅を企画してくれた。ありがたいことに講談社がスポンサーになってくれた。

このグロッタ巡りは、一九九六年に『ヨーロッパ・ホラー紀行ガイド』という題で単行本になった。水木先生もこの本を愛読してくださっていたので、水木プロ御一党でグロッタ巡りを行おうという話も成立したのである。そのときの様子は、角川書店刊『水木しげると行く　妖怪極楽探検隊』に書いた。

で、そこからまた回りまわって二〇一九年。今回の海外旅行では、グロッタ趣味とグロテスクの起源となったローマのネロ帝宮殿、ドムス・アウレアにぜひとも足を延ばす必要があった。これまでは、洪水や工事のために運悪く見学することができなかった。でも、それがかえって幸いし、今回はネットで見学予約ができた上に、ほぼ一時間におよぶ発掘修復現場と、最新のヴァーチャルリアリティにより、宮殿が建設された当時の光り輝く偉容も体験できる場所になっていた。

黄金宮殿の内部を見る

黄金宮殿への行き方は簡単だ。かつてドムス・アウレアには途方もなく大きな池があって、ネロの死後そこにコロッセオができあがり、水を引いて軍艦を浮かべ、海戦遊びが行われたからだ。したがってコロッセオの向かいにある。

ガイド・ツアーは十五分間隔で行われている。予約したツアーの時間になるまで、炎天下で待たされるが、遺構に入るとすぐにひんやりする。見学可能なのは工事や修復作業が休みになる土、日だけだ。しかし、宮殿の圧倒的なサイズ感を味わえるだけでも足を運ぶ価値がある。こんなに大きな建造物が地下にめり込んだというのだから、二千年の時間は途方もない仕事をするもんだ。

ただし宮殿内部に、黄金の面影はなかった。暗く異教的なグロッタと化したのだから当然だろう。しかし目が慣れてくると、大理石の化粧壁にうっすらと絵が見えてくる。それを承知しているのか、ガイドの女性学芸員が、「Imagine……」という言葉を盛んに使う。どうか想像してくれ、というのだ。しかし、「イマジン」という言葉がまったく不要になるチャンスが、ツアーの半ばに用意されていた。ヴァーチャルリアリティだ。この部屋は広く、天井にもかなりの壁画が残っていた。しかし大半はレンガと岩の塊が目立つ廃墟の中である。全員が座ってVRゴーグルを装着すると、周囲の眺めが一変する。粗削りの岩組みやレンガは一瞬のうちに化粧板に覆われ、そこに無数の装飾が現われる。天井にも、側壁にも。二千年前にタイムスリップできるのだ。

ラファエロはこの異教的な模様をバチカン宮殿回廊の装飾に使った。こういう「生の命」に嫌悪を抱くはずのバチカンが、こんなグロッタの文様を受け入れたというのも、不思議といえば不思議だが、おかげで「グロテスク」は天下御免の人気デザインになった。ラファエロが復興させたようなものなので、「ラファエロ風装飾文様」とも呼ばれる。

しかし、VRがグロッタの真の姿を教えてくれる。実際は目もくらむような健康でおおらかな装飾だったことを。

暗い洞窟の中で、イマジン！　と声をかけられ想像力を働かせたとき、そんな黄金宮殿の信じがたい内装が現われた。この魔法じみた落差、表裏を交換する暴力的なおもしろさが、ルネサンス期の人々を魅了したのだろう。VRはさらに、前方に現われた太陽に輝く庭へと、我々を運んでいく。そのアーチ天井ホールを出て、円柱の間を通り、花々に覆われた庭園へと案内する。そのまま庭園の上を滑って、向かい側のテラスを越え、はるか下にある池を見おろす。コロッセオとして再生された、あの池だ。ふと思いついて後ろを振り返ったら、花々に囲まれたすばらしい宮殿の全貌が見晴らせる工夫もしてあって、みごとな出来栄えだ。

VRの目はやがて宮殿に戻り、がれきがホールの内部を埋め、壁画が消えるまでを追っていく。イマジン、と叫んだ学芸員の気持ちがよく分かった。グロッタは、肉眼だけでなく、心眼の想像力も働かさねば、全貌を現わしてくれないのだ。ローマ時代の壮麗な壁画宮殿は、想像力とVRの力で、過去と破壊からよみがえり、地下に一瞬の幻影を浮かび上がらせる。見学の後半、VRを体験したおかげで、イマジン！　の声がかかっても、わたしはどぎまぎしなくなった。イマジンすれば、洞窟の中の壮観が自由に想起できるような気がした。そういえば、わたしはいま、人生最後の仕事としてグロッタの文化史を書きあげようとしているところなのだ。

オトラント城の現場へ近づく

さて、思い出の旅の最後に、もう一つのエピソードを書いておこう。我が中学時代からの師匠平井呈一と、水木しげる先生との間にも、不思議な絆が存在するというお話である。

かたや、英国近代幻想小説の紹介者。また一方は妖怪文化の再興者。つながりがありそうでいて、なさそうな間柄である。しかし先日、たしかな関係があったことが、昭和四十三年七月に出版された朝日ソノラマ刊『日本奇人伝　改訂版』（水木しげる著）を通じて証明できた。この本には「約束」と「魔石」の二短編マンガが収録されている。じつは両方とも平井先生が翻訳されたイギリスの怪奇小説を原作としているのだ。

「約束」はアルジャナン・ブラックウッドの怪奇小説を、題名ともに借りた作品で、原作の訳者「平井呈一」の名がクレジットされている。また「魔石」のほうはW・W・ジェイコブズ作の名作怪談「猿の手」とあり、こちらも平井先生の名が訳者として明記されている。

これは平井・水木両師匠が結んだ縁でなくて何で

あろう。聞けば、この本の原版にはこのようなクレジットがないというから、いよいよ珍奇である。

そしてもう一つの因縁が、今回の旅でも明らかになった。なぜなら南イタリアおよびシチリアは、平井先生が生涯の目標として翻訳に挑んでいらしたゴシックロマンスの濫觴《らんしょう》『オトラント城奇譚』の舞台だったからだ。平井先生もそれはご存じだったようで、たぶん、洋行が実現した暁には、ロンドン近郊に現存する「まがい物のゴシック建築」ストロベリー・ヒル・ハウスともども、イタリアまで見物の足を延ばしてみたいと思われていたようだった。

この作品以前にゴシック小説という形式はなかった。「a gothic story」という表記がなされ、著者ウォルポールが実名を公表したのは、『オトラント城奇譚』第二版からだった。初版では、こんな血なまぐさい十字軍《じゅうじぐん》時代の因縁物語をイギリス首相の息子が書いたとなると大騒ぎになりそうなので、実名を伏せた。ゴシックは、グロテスクとほぼ同意語だったといってよい。しかし小説は大評判になり、ホラー小説という新ジャンルを生むきっかけになったので、第二版からは実名を明らかにした。ここで標題にも「ゴシック小説」と銘打たれたのだった。

彼は当時復活しつつあったゴシック建築に代表される中世趣味のリーダーだった。またグランド・ツアーの伴侶となった詩人グレイとともに、古くて神秘的な遺物から香り立つ霊的な美意識を愛した。つまり、平井先生がほれ込み、水木先生もひょっとして愛読したようなお化け文化の発信者だったといえる。だとするなら、水木先生と行ったイタリアを再訪する旅のおまけに、わたしのもう一人の恩師が行きたかったオトラントへも、「代参」してみようと思ったのも、ご理解いただけるだろう。ただし、正直にいえば、オトラントは田舎すぎた。今や知る人も少ないであろう中世都市に、日本語カーナビを頼りにドライブして、たどり着けるものなのかどうか。地図で調べると、中世以来の港があるようなので、海岸沿いに行けば迷子になるまいと思った。それに、オトラント城を描いた扉絵のある小説原書を持っている。この絵を見て行けば「城」が見つかると信じることにした。

シチリアのタオルミーナで一泊した翌日、フェリーに乗って対岸のイタリア半島に渡り、洞窟住居「サッシ」が見られる古都マテーラへ向かう前に、寄り道をすることにした。さいわい天気は地中海の夏そのものといえるような静かさに満ちた炎天である。車は海岸沿いを走ったが、海の水はシチリアよりもさらに温かく感じられた。土地のおじいさんが洒落たパラソルを立てて海岸で魚釣りをしているが、暑すぎて釣りはどうでもよく、パラソルの蔭で昼寝している。植物がシチリアよりもずっと温帯種に傾き、糸杉や松が美しい。サボテンの数はずいぶん減ったが、キョウチクトウの花の多さはシチリアと変わりがなかった。

南イタリアは中世の名残がまだ消えていない場所だ。この辺は、『オトラント城奇譚』のまえがきにもあったように、十字軍の頃にはもう開かれており、イスラム勢力に奪われたイベリア半島や地中海の島々を回復する「レコンキスタ」の拠点でもあったらしい。中世では、スペインから来てレコンキスタ運動の主力となったアラゴン王国が支配し、のちナポリ王家の領地ともなった。一七四九年、中世史に委《くわ》しかったウォルポールは、実名を明かさずに『オトラント城奇譚』初版を出版したが、そのとき「オトラントのセント・ニコラス教会の司祭《カノン》オヌフリオ・ムラルトがあらわしたイタリア語の原文をウィリアム・マーシャルなるイギリス紳士が翻訳、この初版は原文の翻訳として一五二九年にナポリで出版された」とタイトルに補足を付けた。誰が書いたか分からないように細工したのはいいが、多くは事実に由来する内容であるとほのめかす必要もあって、実在するオトラント城に隣りあうセント・ニコラス教会を登場させて、そこの司祭だったイタリア人の原作ということにし、ウソ話でないことを強調した。しかも、オトラントがナポリ王国の飛び地になった時代にナポリで翻訳出版された、という回りくどい断り書きまでも添えて。

このナポリ王国というのは、中世末期からシチリアと南イタリアを支配した大きな王国で、ナポリを都としていた。のちにシチリアが分離しスペインの支配下となったが、南イタリア部分はアラゴン王国やフランスなどに支配権が移った。

また、『オトラント城奇譚』を元祖とするゴシック小説を研究したモンタギュー・サマーズによると、物語の悪役主人公マンフレッドというキャラクターは、実在した人物「シチリアのマンフレッド」の逸話を題材にしているようだ、と書いている。シチリアのマンフレッドは、物語設定の十字軍時代に生きたシチリア国王で、神聖ローマ帝国国王フレデリック二世の子だった。甥であったコンラディンを援《たす》ける摂政だったが、コンラディンから王位を簒奪《さんだつ》し、神聖ローマ帝国とバチカンに敵対し、最後には十字軍の討伐対象となり殺されたという。たしかに、オトラントという土地は十字軍がらみである上に、カトリック教会や神聖ローマ帝国を敵に回した「クーデターによる王権奪取者」が王に君臨し、謀殺した相手のコンラディンも実在なら、セント・ニコラス教会も実際にオトラントに存在する。これがみんな、小説にも出てくるのだ。

ならば、その地にあるオトラント城も、物語に描かれたような陰鬱《いんうつ》なゴシックの城であるに違いない。

ウォルポール作『オトラント城奇譚』1791年版挿絵にある城。ゴシックの尖塔が見える。

元祖ゴシックの城となった実在モデルは、発見できるに違いない。わたしは十八世紀に出たこの作品の挿絵入り本から、城を描いた挿絵をコピーして、目印に持参した。ところがオトラントの市内にはいると、地理関係がよくわからない。実在するというセント・ニコラス教会らしき建物のそばに、アラゴン王国時代の城跡があったが、円形の砦が二つ並んだ感じで、尖塔が建つゴシックのイメージとは程遠かった。

結局、しっかり調べずに立ち寄った報いで、ゴシックロマンスの濫觴となった名誉ある土地柄と、小説とのつながりは、つかむことができなかった。というよりも、旅の途中なので、図書館とかそういうしかるべき機関に連絡を取ることができなかったのだ。仕方がないので行きずりの店でお昼を食べ、南イタリアと中世の匂いを少し嗅いだだけで、早々に立ち去った。

でも、帰国後、やっぱり後悔が残った。実在と架空のオトラント城を比較した研究を、誰かやっていないか探したところ、やはり世界は広くて、奇特な人たちもかならずいるものだ。スコットランドの総合大学、スターリング大学にピーター・リンドフィールドという中世建築の先生がいて、二〇一七年に『オトラント城奇譚』に描かれた由来不明の城を想像する」という論文を発表されていた。城探しのヒントに何を使ったかというと、わたしがやったのと同じ物語の挿絵にでてくるオトラント城である。

リンドフィールド先生も、ウォルポールは城のレイアウトや外見をしっかり記述してくれなかったので、実在する城と比較ができなかった。物語通りに、階段とか地下への入口とか、隠し部屋なんかをつなげていくと、とんでもない四次元みたいなお城になってしまうのだそうな。それでも、この城が巨大な空間を占め、軍事用の砦と修道院の要素とをミックスした「ミステリーキャッスル」の雰囲気を読者に振りまいた。実際、小説のなかにでてくる城でありながら、ゴシック建築の愛好家には賞賛の声があったという。著者のウォルポール自身も、小説に描いた光景は事実に基づくとほのめかしているので、リンドフィールド先生も「少なくともウォルポールは執筆にあたり、城の景色を目の前に浮かべていたはず」と書いている。つまり、「オトラント城はどこかにあるけど、小説読んで当ててごらん」と、当時の読者に挑んでいる節が見られる、とも言っている。

それもそうだ。なにしろウォルポールはストロベリー・ヒルという「いんちきゴシック建築」を本当に建てているのだから。リンドフィールド先生によれば、ストロベリー・ヒルの建設は、小説の執筆を遡ること、およそ二十年前である。であるなら、もしかすると、オトラント城は、自分が建てた疑似ゴシックの城館それ自身なのではなかったか?

ウォルポールが残した書簡を調べていくと、ちょうど『オトラント城奇譚』を刊行した翌年に当たる一七六五年に、自分が見た夢の体験を知らせた手紙が見つかった。「このロマンスを書いたきっかけを告白させていただきましょうか? それはある朝の

ロンドン近郊12マイルの所に在る偽ゴシック建築として、現在公開されているストロベリー・ヒル。

こと、昨年一七六四年六月のはじめ、私は夢を見て眠りから覚めました。なんでも自分は、ある古い城の中にいて、(当時頭の中はあのようなゴシック物語でいっぱいでしたから、ごく自然な夢だったんでしょうね)、大階段の手すりの一番上に、甲冑をつけた大きな手が置かれているのを見たんです」と。

自分で告白したのだから疑う余地はない。リンドフィールド先生も、この「古い城」とは、ストロベリー・ヒルに他ならない、と推論づけている。あー、これを知っていたら、ストロベリー・ヒルのほうを先に見物にいくべきだったか！　と思ったが、後の祭り。これでいきなり、次回の旅行先も決まってしまった。でも、考えてみれば、わたしの仕事はワンダーを追いかけることだ。だから自動的に、「次にやるべき仕事」も決定する。この繰り返しだと、人生七十年、いや水木先生の場合は九十年であったが、こんな年数なんて、夢のように過ぎ去ってしまう。わたしが一日二十四時間三百六十五日の、ブラック企業も腰を抜かす超絶スケジュールで仕事をつづけるのも、要するに次のワンダーを体験しに行く資金稼ぎにすぎないのだ。でも、それが自分を啓発してきたメカニズムだった。

紙数が尽きたので、この夏体験したもう二つのワンダーを記して、終わりにする。

どれも南イタリアのワンダーである。最初はマテーラの洞窟住宅「サッシ」だ。石灰岩質の地域なので、急流が深い峡谷を作り、あちこちに洞窟がある。この洞窟に給水の設備を施し常住できるようにした洞窟住宅が無数にある。もちろん、今もって穴居生活をしている人もいる。町の中央には峡谷に挟まれた岩山がそびえ、これがまたサンタ・マリアに捧げられた洞窟教会になっている。つまり、この町の土台になっている石灰質部分が一玉、ことごとくに穴をあけて住居にした「蟻の巣」のごとき集合住宅なのだ。モダニズムのル・コルビュジエも「居住機械」の超集合住宅を夢想したが、二十世紀なんかじゃ遅すぎる。トレドの中世都市に洞窟(グロッタ)をプラスしたようなユニークな魅力があった。イタ

サッシは水インフラも備え、荷役用ロバも同居させた洞窟住宅。 今なおこれらの住宅は現役だ（中尾正喜撮影）。

リアがネロをはじめとしてグロッタ文化に深くかかわったのは、この地質・地形からみて、奇想でも何でもない、生活実感から生まれた「賢い美学」だったように思えた。

それに加えてもう一つ、ナポリに近すぎるかもしれないが、妖精の家そっくりの不思議な住居「トゥルリ」が林立するアルベロベッロがすばらしかった。谷となった幹線道路を挟んで両斜面に総計千五百もの住宅が並び合う。漆喰で塗り上げた真っ白い居住部分に、黒い石のとんがり屋根で統一された作りは北海道のサイロに似ているが、住宅なので多数がひしめき合う。

なんでこんな「とんがり屋根の丸い家」を発想するに至ったのか。これらの住宅は十六世紀に開拓民が手作業で建てた。円錐形の分厚い壁で湿気を吸わせ、騒音をブロックし、暑さ・寒さもコントロールする。一泊したが、非常に快適だった。記録によると、古代にあった穴居型の住宅を平地に活用したものらしい。この地の領主が開拓民に対し、屋根を壊

トゥルリ形式の円錐形とんがり屋根の住宅群。まるで魔法の家のようである。

せば放棄できるような掘っ立て型の家を建てるよう命じたという。ナポリ王国は家一軒に対し税を課したので、一軒屋型にすることで税の対象家屋をふやしたり、反抗して税の支払いを拒否する農民を追い出しやすいようにした結果だという。しかし実際は農民がこの家に立てこもって銃撃戦を行う砦の機能もあったという。多くの屋根に魔術的な印がつけられていることも気になる。土産物屋で訊いたら、これらは古代のシンボルから占星術のサイン、さらに魔術の封印などを合わせたものだそうだ。深掘りすれば、もっとワンダーが出るだろう。

このあたりもシュヴァルの理想宮と同様に礫《れき》が堆積する地質なので、田園部では石垣が畑と道路を縁取り、各家の敷地もこれを積み重ねた塀で囲まれ、ちょっとウェールズ辺のケルト的雰囲気を醸し出す。下まで歩いて大通りを越えると、そっちも上り斜面になっているので、向いのとんがり屋根群がまた、途方もない「異星のパノラマ」を作りだす。マテーラの洞窟都市といい、南イタリアというのは、いったい何なのだ、と思わずつぶやきたくなるほど奇妙だ。ここも水木先生にお見せしたかったなあ。丸いお目々を全開にされて、「な、なんですか、これは？でっかいマツタケですか」なんて、言われたことだろう。

　不思議なのは、原始古代からつづくように見える穴居や洞窟住まいが、現代人にはどうして魔術や鬼や地獄をイメージさせるのか、という点である。これがグロッタや洞窟に、なにかしらワンダーの種を仕込むような気がしている。おそろしい姿をして、何者ともわからぬ無言の化け物どもが、季節の切れ目にやってきて、大暴れし、これを宥《なだ》めて歓待すれば、すぐに土産を置いて、元の世界に帰っていく、という「異質な世界を行き来するマレビト」概念を創《つく》った折口信夫に、「『とこよ』と『まれびと』と」という短文がある。折口はその中で、常世《とこよ》というのは元来、暗い世界ではなく、光り輝く富と快楽の国だった、と書いている。生殖も含めた、めくるめくワンダーの国だったというのだ。おそらく、こんなにめくるめく別世界が暗闇の世というイメージ変換をおこなったのは、死んだ後に行くところ、とも考えられるようになったためではないか。

　いっぽう、西洋の龍宮城ともいえるグロッタも真っ暗な洞窟である。だが、この暗い空間こそが安全な場所であり、出産にかかわる水の流れる穴倉であったことは、サッシの例からも分かる。また、ケルトには海の彼方の世界や、穴倉に湧く泉を「永遠の若さの聖地」とみなす習慣があった。いずれにしてもワンダーの対象であったから、最初の遭遇は「恐怖」がともなったのである。恐ろしいモノともみなされたのである。折口は、こう書く。

「……だから此稀人《まれびと》に対する感情は単純な憧憬や懐しみではない。必其土台には深い畏怖がある。かうなると、常世の国が二つの性質を持つて、時には一つ、又ある時には二つにも分けられて来る。「常世」と「根」との対立がこれだ。信仰系統の整理がついてからは、村々の生活に根柢的の関係を持つ常世神《とこよのかみ》は、段々疎外せられ、性質も忘却と共に変つて来た。大体平安朝末から文献に見える「あらえびす」なる語は、此常世神の其時代に於いて達した、極度の変化を示すと共に、近代に向うて展開すべき信仰の萌《きざ》しをも見せてゐる。「夷三郎殿《えびすさぶろう》」などゝ言はれた「えびす」神は、実は常世神の異教視せられた名であつた。異教から稀にのみ来る恐るべき神という属性は、東人《あづまど》その他を表す語なる「えびす」に当てはまつてゐた。「あらえびす」の「荒」の要素が忘られて来て、常住笑みさかえる愛敬《あいきよう》の神となつたのは、今一度常世神の昔に返つた訣《わけ》なのである」と。

正月に常世からやってくる年神を「若えびす」と呼ぶのも、本来は恐ろしい「荒えびす」を迎えた儀礼だったと、折口はいっている。つまり、限りなく輝くものはその本元が「ワンダー」であり、それは最初には恐ろしい「荒えびす」だったといえる。わたしたちはこうした驚くべきワンダーに接するとき、まるで何か原始において機能していた霊的感覚に感電したかのように思い出すのではないだろうか。

そう考えると、折口信夫にアクィナスやゲスナーやマグヌスも接続してくる。エドワード・ウィルソンもだ。この感度を刺激してもらいたくて、人は無意識に「驚異」を求める……のかもしれない。

でも、こんな夢の冒険も、そろそろ幕が下りそうな気配である。道連れになってくれた懐かしい方々を次々に失い、わたしもピサの斜塔を上まで登れなくなった。この前はマラケシに行ってコブラ使いの妙技を見物してたら気を失ったし、つい最近も、京都で妖怪バスツアーのガイドを務める前夜に三十九度を超える熱を発し、深夜病院に担ぎ込まれた。この冬に企画している南オーストラリアでリーフィー・シードラゴンと一緒に泳ぐという夢の旅あたりが、最後になりそうな気がする。人生は短すぎる。

第十章

晩年に青年期と再会す

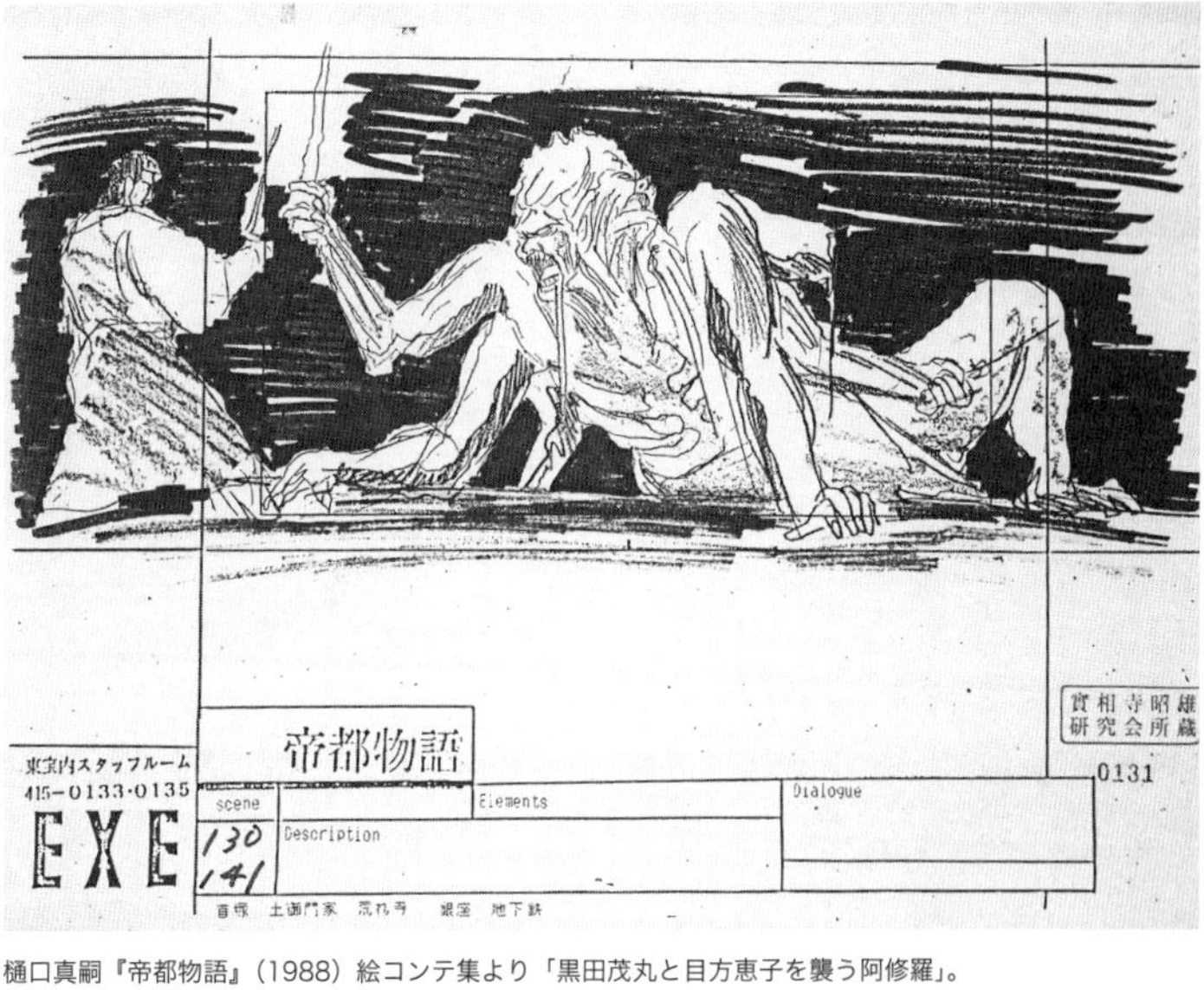

樋口真嗣『帝都物語』(1988) 絵コンテ集より「黒田茂丸と目方恵子を襲う阿修羅」。

「母は、「プチット・マドレーヌ」と呼ばれるずんぐりしたお菓子、まるで帆立貝の筋のはいった貝殻で型をとったように見えるお菓子を一つ、持ってこさせた。少したって、陰気に過ごしたその一日と、明日もまた物悲しい一日であろうという予想とに気を滅入らせながら、私は何気なく、お茶に浸してやわらかくなったひと切れのマドレーヌごと、ひと匙の紅茶をすくって口に持っていった。ところが、お菓子のかけらの混じったそのひと口のお茶が口の裏にふれたとたんに、私は自分の内部で異常なことが進行しつつあるのに気づいて、びくっとした。素晴らしい快感、孤立した、原因不明の快感が、私のうちにはいりこんでいたのだ。おかげでたちまち私には人生で起こるさまざまな苦難などどうでもよく、その災厄は無害なもので、人生の短さも錯覚だと思われるようになった」

マルセル・プルースト『失われた時を求めて』（鈴木道彦訳）

過去を取り戻すために

読め、読め、と人にすすめられるのだが、最後まで読めたためしのない小説がある。マルセル・プルーストの大長編『失われた時を求めて』である。鈴木《すずき》道彦《みちひこ》さんの分かりやすい訳で読んでも、全体の流れがいつもどこかで切れてしまう。精神科医ジャック・ラカンは「人間の心理なんぞ、『なぜ？』とか『どうして？』とかをいちいち確認していたら、ぜったいに分からない。なぜなら、解釈とはお金の貸し借りと同じで、タイミングを合わせて行うべきものだからだ」、という意味のことを言い、精神科の患者さんと話をするときの一番いい方法は「言葉を中断させること」だと告白した。

　まして、過去のことを長々と話されても、聞いている方がその理解のタイミングを逸すると、どんどん追いつけなくなり、理解不能となる。そういえば、だいたいプルーストがあのような小説を書いたのも、「物事をきちんと、あるがままに写実的に書ける人でないと、小説家には向かない」と断じたサント＝ブーヴの説に異を唱えるためだったのであり、ほとんど断片、すなわちラカンのいう「中断」を物語の主人公たちに行わせたような構造になっている。

　だが、そんな曖昧な物語であっても、まさに特効薬のような実弾もちゃんと使われている。敬愛する菅原文太《すがわらぶんた》さんがいつも口にしてらした「大丈夫じゃき。弾丸（たま）はまだ一発残っとるがーよ」の「仁義なき名セリフ」のような、本章の冒頭に引用した「プチット・マドレーヌを紅茶と一緒に口にする」場面だ。カップから立ち上る香りが、一瞬にして曖昧だった理性上の記憶を、まざまざとした過去の映像として再現させてくれたからだった。

　このような過去の再現は、最後の章でも少し詳しく語るつもりだが、ようするに思考や記憶は、脳を包み込んでいるネットワークとしての皮膚で記憶・伝達され、また水生生物の時代にあった鰓《えら》の残存物としての口内や喉によって言語化されるのである。つまり、どのみち、呼吸リズム（それは睡眠にも直結する）をつかさどる口の中と喉にかかわる「物を食べること」が、皮膚の不思議な温度変化の感知などを通じて、過去の場面が脳に再生されるというカラクリなのである。

　そうであるなら、そういうことは誰にでも起こりうる。たとえば自分の場合は、忘れかけるほど危うい記憶になった過去の出来事を蒸し返す自伝執筆という仕事をせねばならなくなったとき、まるでタイミングを待っていたかのように、プチット・マドレーヌだの紅茶だのがテーブルいっぱいに運ばれてきたといえる。これから、失われかけていた過去がどんどんと戻ってきた経緯を書く。どれも、この自伝を書きつづるあいだに生起した「回想」なのである。

「平井年表」の完成

　まず最初は個人的に大変うれしいできごとから始めたい。高校生の頃から教えを受けてきた紀田順一郎先生が、二〇一九年「ゲスナー賞」特別賞を受賞された。この賞は、博物学者でしかも書誌学者でもあったスイスのコンラート・ゲスナーにちなむ賞だ。ふだんその労苦に光のあたる機会があまりない書誌学文献に対して与えられるが、紀田先生ご自身が先年まで選考と運営に力を注がれたことに対する授賞である。その経緯を知るわたしには、二重の喜びであった。花束をお贈りし、紀田先生とも数年ぶりに面談することができた。

優れた書誌学文献に与えられる「ゲスナー賞」2019年特別賞を受ける紀田順一郎先生。

　その書誌学に近い仕事として、わたしが制作に取り組んできた「平井呈一年表」が、ようやく完成の段階に達した。中学生時代からの恩師であった平井呈一先生の書誌と伝記的な記録、ならびに聞き書きを中心に編集した。五年を要したが、この自伝を書き終えるのと同じタイミングで、書き終えた。最後の力が振り絞れてありがたかった。

　それにしても、一人の個性的な人物の知られざる人生を検証することが、これだけ困難で、しかもスリリングな仕事とは思わなかった。まるで、マゼランやコロンブスの世界探検航海のようだ。指針もないし、地図もない。ただやみくもに乗り出して、大海原を漂流するような、先の見えない探検航海だった。自力では達成不可能だったろう。

この仕事は、平井先生から直接指導を得た自分に託された、義務だったように思える。還暦を過ぎたときから、これだけはやらないと地獄でえらい目に遭うと覚悟した。さいわい、平井呈一全訳になる『小泉八雲作品集』を刊行された恒文社社長、池田恒雄氏のお子さんである作家・工藤美代子さんの導きで、平井先生が戦時中教鞭《きょうべん》をとられた旧制小千谷中学の教え子の方々と連絡が取れた。池田氏がこの中学の卒業生だったことから対面できた方々だ。さらに、先年亡くなられた千葉の俳人、稲村蓼花《いなむらりょうか》さんが、残された草稿書簡類を保存しておいてくださったことが、大きな援《たす》けとなった。小千谷中時代から亡くなる数年前までの書簡類もわたしに託してくださった。最後には、ようやく尋ね当てた平井先生のお孫さん四人が、平井先生の実生活について、得難い情報を提供してくださった。

それだけではない。いくら感謝しても足りない、この大探検に付き合ってくれた同志が、まだ二人いた。五年間にわたるボロ船の漂流に付き合ってくれたこのお二人は、『指輪物語』で言うなら、まさしく「旅の仲間」である。貴重な時間を惜しげもなく費やして、平井呈一資料を隅の隅まで探る作業を支えてくれた。伊吹博さんと伏屋究さんである。初めは読者と作家のお付き合いだったが、わたしと紀田順一郎先生の執筆年表を古くから制作してくれており、この世に二冊しかないわたしの雑文集を自費出版してくれた。平井先生が兄の二代喜作とともに入門した河東碧梧桐にかかわる俳句雑誌、とくに大正期に創刊された『海紅』を全号調査するという大作業に、お二人は手を差し伸べてくれたのである。この『海紅』は膨大な号数があるだけでなく、大正期の号を所蔵する図書館もみつからない。といって、俳句に委《くわ》しい知り合いもないのであるから、途方に暮れるしかなかった。わたしが京都国際マンガミュージアムの仕事をするようになったときに、お二人を京都に招いて感謝の会を開いたところ、とつぜん、調べのついた分の『海紅』コピーと、各界の人たちによる平井先生への言及をまとめた冊子とを、贈ってくれたのだった。こんなにありがたい支援は、後にも先にもなかった。

そういう調べものを終えた今だからいえる。平井呈一は突然現われた文人ではない、と。父の初代谷口喜作と、双子の兄の二代喜作があってこそ、この世に名を残す文人になれた。初代喜作は川上音二郎はじめ、尾崎紅葉《おざきこうよう》、河東碧梧桐らを心から支援した文化パトロンだった。また、双子の兄で菓子舗「うさぎや」を継いだ二代谷口喜作も、碧梧桐、芥川龍之介、瀧井孝作、深田久弥らと公私にわたる交流を結んだ。これらの影響によって、明治文化の一翼を担いながら中央文壇に評価されなかった一文化人の業績が、培《つちか》われたのだ。

初代谷口喜作の驚くべき半生

かねて紀田順一郎先生とともに少しずつ調べを進めてきた作業は、このようにして平井先生ゆかりの方々のお力を得て進展した。平井資料のうち、もっとも調査が難しいと思われたのは、平井先生の父親である初代谷口喜作の事蹟であった。ここでは初代喜作と川上音二郎の関係にまつわる発見の話に絞ることにしよう。

初代喜作の生涯探求が軌道に乗るきっかけになったのは、先生のお孫さんのお力により役所に保管されていた初代谷口喜作の戸籍原本が閲覧できたことである。生没年などの正確な事実が判明したのだが、あいにく戸籍には、初代がどんな活動をしたかまでは記載されていない。そこで、初代喜作が創業した「うさぎや」について、創業の地である横浜市の資料を捜索したところ、「うさぎやは西洋蠟燭《ろうそく》という商品を販売して成功した優良店」との記録を発見できた。同時に、福澤諭吉に私淑《ししゆく》し、「不動尊」の篤《あつ》い信者であったことも分かった。

　やがて、明治三十七年に陸軍省へ軍需品を献納した氏名の掲載されている官報も発見できた。横浜市尾上《おのえ》町在住者リストの中に、同町四ノ四二　平民・谷口喜作が、毛布二枚、価格（現金と思われる）二円を納めた、とある。また、喜作が福澤諭吉を経営の師と仰いだとの記録を頼りに、慶應義塾維持会加入者報告を精査したところ、明治三十五年の三月六日から四月五日の間に、預金一口加入者として、「神奈川県保土ヶ谷《ほどがや》　谷口喜作君」の名があった。これで初代喜作が福澤の心酔者だったとする裏付けを手にできた。なお、この預金の額は一口年間六円、これを十年継続して納入するのが規約である。また、『慶應義塾学報』の大正二年十二月刊行分には、「動静」欄に「谷口喜作氏　下谷《したや》区西黒門《にしくろもん》町四（電話下谷六五八五）に転居、従来通り喜作せんべいを発売す」という記載があった。ここから考えて喜作は十数年にわたり慶應義塾の維持会員だったと推定できる。もしかしたら、塾の学生であった時期があったかもしれないが、そこまでは調べきれなかった。おそらく正規の学生ではなく、会社組織としての慶應を維持する会員だったのだろう。「不動尊」信仰のほうは、不動明王で調べると横浜だけでも数個所の寺院があり、二十八日がご縁日となっていた。

　今も名店として知られる「うさぎや」についての資料も、思いがけず多数集まった。その代表格である鈴木宗康著『諸国名物菓子』（昭和二十五年）に、次のような文章があった。

慶應義塾維持會加入者報告
自明治卅五年三月六日
至仝年四月五日
醵金壹口　東京市日本橋區　南部助之丞君
仝壹口　仝　辻　徳次郎君
仝壹口　神奈川縣保土谷　谷口　喜作君
仝壹口　塾内　増田喜久男君
仝貳口　鹿兒島縣姶良郡　別府　景貞君
仝壹口　千葉縣長生郡　池澤　正一君
仝壹口　京都市木屋町　島津　源吉君
仝壹口　仝　島津　源藏君
仝壹口　京都東山　野々村金五郎君
仝壹口　京都市上京區　中村忠兵衛君
仝貳口　仝　阿部　正義君
仝壹口　京都市下京區　三谷宮太郎君
仝壹口　京都市綾小路通　澤村徳次郎君
仝壹口　京都市下京區　竹村藤兵衛君
仝壹口　京都市富小路　中村常次郎君
仝壹口　京都市新町通　木村勘兵衛君
仝壹口　京都市下京區　吉岡卯一郎君
仝壹口　仝　伊藤銓一郎君
仝壹口　京都市上京區　馬杉　周知君
仝壹口　大坂市西區　美馬　文藏君
仝壹口　千葉縣山武郡　佐久間喜十郎君
仝壹口　山梨縣甲府市　石原彦太郎君
仝壹口　名古屋市　板倉　順治君
仝壹口　千葉縣保田町　澁谷彦一郎君
仝壹口　千葉縣鴨川町　永井　久松君
仝壹口　千葉縣安房郡　飯塚　耕太君
仝壹口　千葉縣北條町　角田　佳一君
仝壹口　仝　安藤　浩君
仝壹口　仝　高木浦三郎君
仝壹口　千葉縣安房郡　鈴木勝太郎君
仝壹口　仝　黒川森太郎君
仝參口　千葉縣北條町　瀧口欧太郎君
仝壹口　仝　大多和直吉君
仝壹口　千葉縣安房郡　屋城　光治君
仝壹口　仝　池田　政司君
仝壹口　仝　岡本國太郎君
（前ノ一口ヘ更ニ一口ヲ増ス）
仝壹口　神奈川縣大磯町　岡田　正三君

谷口喜作による慶應義塾維持会加入記載（明治35年）。喜作の住所が神奈川県保土谷とある。

「喜作もなか　うさぎ屋の喜作もなかは近来名声をあげた。創業はいまだ三十年足らずの大正三年であるが、先代喜作は初め煎餅《せんべい》を創案して売出して御用命を蒙《こうむ》り、非常な光栄を得たのである。最中は従来何処《どこ》の国でも安物の部類に見られて居たのであるが、これを遺憾とし、製法と原料を改良し、焼皮、製餡にも非常に苦心を進め、遂に人々が認め得る様な品を売出したのである。初代は不動尊信者であつたため、家則として、新しき事をなす時は、何時も二十八日の御命日に行う事となし、以来其精神に従ふて居らるゝとの事である。二代の谷口氏は碧梧桐門下の俳人で、稼業に励み乍《なが》ら、欲気を離れ、客に満足させると云《い》ふ商い振りである。自然評判は次から次へと伝へられ、時間制度で良品を販売すると云ふ繁昌《はんじよう》さ。店舗も瀟洒《しようしや》で古風」

上の文章によって、初代喜作の菓子屋としての評判振りはたしかなものとなった。明治産業人としても重要な人物であることの証明ができた。だが、わたしたちがもっとも興味を抱いた川上音二郎とのかかわりは、すぐには資料が見いだせなかった。けれども、横浜といえば、オッペケペー節で名を上げた川上音二郎が壮士劇、あるいは書生劇の発展形として「新演劇」と呼ばれる新しい芝居を旗上げした「蔦《つた》座」は、横浜にある。明治二十三年八月二十四日、川上音二郎一座は蔦座で初日を迎え、即座に成功を収めた。新演劇は、大胆にも歌舞伎に対抗することをめざしていたので、新開地の横浜にふさわしい旗揚げだったようだ。そして川上音二郎一座が旗揚げの当初から、初代喜作は一座のもっとも重要な仕事を引き受けていたのである。ここから、川上と喜作の非常に興味深い武勇伝が漏れでてきた。

明治二十六年一月五日、東京の鳥越《とりごえ》座が各新聞に奇妙な広告を出した。「川上音二郎逃走広告」である。元旦から興行が行われるはずだった鳥越座から、川上が興行準備をすべて終えた直後にもかかわらず、にわかに、洋行すると称して神戸へ旅だってしまった。興行は残った人々でなんとか開始する予定と報《し》らせているが、怒り狂った新演劇一座からは、川上の除名広告が出された。一方の川上は元旦に神戸へおもむき、三日にフランス行きの船に乗った。現地到着後はパリの日本公使館に滞在し、欧州演劇の実況を取材し、二か月後に帰朝して花々しく梨園社会の改良をなす、と新聞に報じられた。

ところが、残された座員が懸命に勤めた鳥越座は好景気となり、ここを打ち上げた後、直ぐに横浜の蔦座でも興行が継続することになった。『萬朝報《よろず》』は一月十日に、「川上の欧州脱出については、離れぬ仲と噂に高い町芸者浜田屋奴《やっこ》（川上貞奴、本名小《こ》山貞《やまさだ》）の応援が大いに力があったといわれる。また奴も四月にはアメリカへ芸妓の情態を視察のため洋行する計画であり、密かに金策に走り回っている。川上とはニューヨークで落合い二人でふざけて気楽にやりたいという気で、目下英語の学習中である」と報じた。じつに無茶苦茶な話であるから、そうはうまく事が運ばず、川上も二か月ほどで帰国した。

だが、その後も興行は御難続きで、京都ではとうとう暴漢に袋叩きに遭う騒ぎとなる。ここで川上一座の大番頭である初代喜作にも御難が発生する。まず『都新聞《みやこしんぶん》』明治三十年九月二日号に載った記事を要約しよう。

「京都常盤《ときわ》座に興行中の川上音二郎は、八月二十九日夜、座長藤沢浅二郎に因縁をつけるため魚虎という料理屋で待ち構えていた弁護士植島幹と顔役小金こと久野金次郎とに、面談をもとめに出向いた。植島たちは、座長の藤沢を呼びつけようと子分たちを常盤座に行かせたのだったが、座長のかわりに話を付けにやって来たのが川上だった。植島たちは川上を十数人で取り囲み、乱打して傷を負わせ、料理屋の二階から投げ落とそうとした。しかし一座の幹事谷口喜作は不審なやくざたちの行動を怪しんで、いちはやく警察に通報したため、川上は投げ落とされる寸前に助けられた」というのである。このとき谷口も魚虎の二階に駆け上がって、川上を助けたという。

しかし明治三十一年四月十四日に『時事新報』が報じた記事では、喜作が殴られて負傷している。「一昨夜（四月十二日か）七時ごろ、壮士役者川上音二郎とその手代谷口喜作が市村座《いちむら》前で暴漢に襲われた事件の顚末。市村座は最近岩谷松平氏の所有に帰し川上音二郎、藤沢浅二郎一座に大阪から高田、小織を加えて興行中であったが、入りがいいので川上一座と五月興行もおこなおうと話し合いを始めていた。去る七日、川上は手付金として五百円を受け取った。その際、川上は他座への出演をしない約束を交わしたが、調べると他座との掛け持ち契約をすでに結んでいたことが発覚した。市村座側は激怒し、その夜川上が人力車で市村座前魚十という店の傍らに在る共同便所に差し掛かった際に、暴漢に襲わせて傷を負わせた。さらに川上が辻便所に押し込まれようとしたとき、騒ぎを聞きつけて番頭の谷口喜作（三十二歳、浅草千束町《せんぞく》二丁目）が市村座の表口から出てきたが、暴漢たちは、ヤレ、ヤレ、とけしかけるばかり。暴漢はついでに谷口を突き倒し殴打しだしたが、座方の者ほかが駆け付けたため救い出された。このため興行は中止され、損害が発生している」

このとき谷口の傷は大したことがなく済んだようだが、同じ年の九月二十一日、『讀賣新聞』の報じるところでは、川上は家族を引き連れ、またの短艇で南洋探検に出るとの口実を作り、歌舞伎座の借金から逃れようと試みたらしい。しかし折からの台風により横須賀《よこすか》に吹き寄せられ、軍港部の係に助けられる、という事件が発生した。『讀賣新聞』によれば、今度の失踪でもっとも激怒したのが当の谷口喜作だったという。以下に新聞記事を引用する。

「……それから又こゝに同人（川上音二郎）の番頭として谷口喜作といふものがある。此谷口は川上が東京に来た時から色々と世話をなし、元川崎銀行に勤て居て金銭上の駆引には多少の経験あるを幸い、後には川上一座の経済を担当して川上座の新築やら又去年大森に新築した宅も北海道地方を回ったとき意見して蓄財さした金から出来たのだ。それから又先年川上座で『八十日間世界一周』を興行したときなんぞ一銭の資本もないという大困難であったのを、歌舞伎座の井上竹次郎の好意で二千円を借り受け、それで開場したのだが、谷口は井上に不義理をしては済まぬからといって十八日目に奇麗に勘定を仕舞った上、利子というではなくとも井上の好意に対しては相当の謝礼をせよと川上に忠告もしたが、しかし井上はこんなことをかれこれ言うような仁で

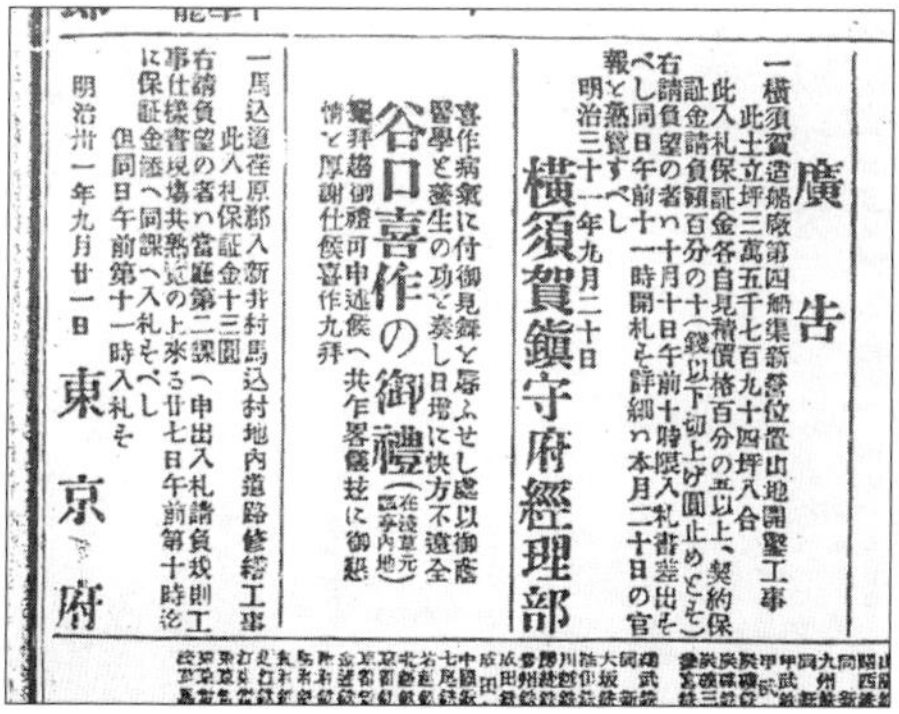
廣告
一横須賀造船廠第四船渠新營位置出地開鑿工事
此土立坪三萬五千七百九十四坪八合
此入札保證金各自見積價格百分の五以上、契約保證金請負額百分の十(錢以下切上げ圓止めとす)
右請負望の者ハ十月十日午前十時限入札書差出すべし同日午前十一時開札を詳細ハ本月二十日の官報と熟覽すべし
明治三十一年九月二十日
横須賀鎮守府經理部

谷口喜作の御禮
喜作病氣に付御見舞と辱ふせし處以御蔭醫學と養生の功と奏し日増に快方不遠全快拜趨御禮可申述候へ共乍略儀玆に御懇情と厚謝仕候
喜作九拜

一馬込道荏原郡入新井村馬込村地内道路修繕工事
此入札保證金十三圓
右請負望の者ハ當廳第二課へ申出入札請負規則工事仕樣書現場共熟覧の上來る廿七日午前第十時迄に保證金添へ同課へ入札そべし
但同日午前第十一時入札そ
明治卅一年九月廿一日
東京府

谷口喜作の御礼広告（『讀売新聞』明治31年9月24日付）初代喜作が重篤な病から癒えた告知。このとき川上は喜作に一片の通知もなく海外脱出を図った。

はないから、今春市村座一件の際に櫛徳とともに仲裁の労をとった。歌舞伎座で一旗挙げさせようという事になって、さていよいよ開場と決したら、川上は五百円の給金で出勤せよとの申し込みを聞き入れず、ぜひ千円呉《く》れと居直り、結局八百円という高額を貪り、その上顔寄には出席せず、初日には櫛徳の迎を受けようやく午後二時に楽屋入りをして幕開きを遅らすなど、おもしろからぬ事もあったうえ、谷口はこのほど病気にかかって一時は危篤であった位であるに、川上は見舞いどころか一片の通知もしないで短艇を乗り出したというので、谷口は川上を非常に恨んで居るそうだ。何分にもこういう風でだんだん自分と身を詰めて当惑のあまり、とうとう川上は精神病を発したものらしい。だいいち短艇を乗り出すというが、本気の沙汰ではない。今となって見ると、歌舞伎座の開場中ある人に向かって、僕はこないだ万朝（万朝報）の黒岩（涙香《るいこう》）に会ったとき、蓄妾の実例なんど今節書くのは子どもらしい。もう少し大人らしくしては如何だと忠告してやったと高

慢らしく話したなんどはおかしい。それから又今節の出発前川上は万朝の劇評家松居松葉《しょうよう》を大森の伊勢源とかに招待して置き去りにしたとかいう噂もあるが、実際のところは如何であったか。とにかく川上は少々発狂の君だというのは事実らしい」

……と、いうことである。わたしはこの記事を見て、呆れかえるのと同時に、谷口喜作の驚くべき人の良さを感じずにいられなかった。よくもまあ、ここまで懲りずに川上を支えたと思う。その川上がまた変なことを言い出し、貞奴や家族をボートに乗せて日本脱出しようとしたのだから、喜作の堪忍袋の緒が切れても不思議はない。これまでにまったく知られていなかった、平井先生誕生以前の父親の苦難を知り、わたしはあらためて初代喜作に大きな興味を感じた。二代目喜作である双子の兄も、初代同様に文士たちの面倒見がよかった。これは父の性格を受け継いだためだと合点がいった。

そこで、次なる発掘対象を、芸能関係の雑誌に定めてみた。まずは、自身が書生芝居にかかわった経験をもつ伊藤痴遊《いとうちゆう》の「書生芝居の回顧」という作品に、喜作が登場しているのを発見した。一読して、またちょっと驚かされた。

「……川上の番頭に、谷口喜作といふ男があつて、平生の事から、舞台の上にまで、よく働くばかりでなく、芝居もちよつとうまかつた。此人は川上が死んでから、全く芝居の関係を断って、その後の消息は知れなかつたが、大正二年ごろになつて、東京の下谷西黒門町へ、うさぎ家と云ふ、菓子舗を開ひて、実に甘味いものを売り出し、それが大評判になって、宮内省へも納めるやうになり、今では、贅沢な甘味は、うさぎ家へ行け、と云はれる位に成功したが、前年、胃腸の為めに死んで了《しま》つた。が店は、今でも倅《せがれ》が相続して、以前にましての勉強振、東京で、屈指の菓子屋になつた。川上が、強い書生や、悪漢になつて、縛られる時の巡査は、いつも谷口の役で、其の呼吸がよく合うて、何とも云へぬ妙味を見せたものだ。茶好の飄逸《ひょういつ》な滑稽、蝶吉の真面目な女形から、時々男になつて、見物を笑はせる、軽妙な芸、それから、川上と谷口の呼吸、さうした事も、人気を集める原因になつて、第一回の興行は、不時の儲けを得た」

いやいや、初代喜作は理財の人であるばかりか、一座の得難い脇役であり、川上音二郎を巧みに引きたたせる名人だったのである。甘いもの好きの痴遊があるとき東京へ出て、当時評判になっていたうさぎやで「喜作もなか」を買ったとき、その店の主が喜作と知って、偶然の再会を喜んだ。ちなみに書けば、痴遊が喜作の芸を褒めたその出し物とは、横浜伊勢佐木町《いせざき》の蔦座で行った旗揚げ公演第一回、『板垣君遭難実記』だったようだ。つまり川上の新演劇が成功した理由の一つは、喜作の芸であったと言わんばかりなのだ。

この話を裏付ける記事がいろいろとみつかった。『新聲《しんせい》』と題された雑誌、明治三十六年三月号の、花房柳外《はなぶさりゆうがい》という艶《つや》っぽい筆名の著者が寄稿した「川上音二郎」という記事に、「川上音二郎、渠《か》れは浪費者なり」と見出しがあり、次のような記述がある。

「渠れ東京に興行を始めたるより後ち暫くして谷口喜作といへる者あつて、渠れが為に会計の任に当つて居つた、谷口は銀行出身であつて理財の術に長じて居つたから、よく川上の為に財政を整理し、且《かつ》日清戦争以来一時に巨多の利益を占めたから、これを蓄財して悉《ことごと》くこれを川上座建設の資に投じた、凡《およ》そ現金二万余円であつた、然れども金は尚不足であつた、此の時川上は例のせつかちの気性を出して、高利貸より金を借らんとした、谷口及び建設掛たりし中野信近《のぶちか》等頻りに諌《いさ》むれども諾《き》かず、それも無理はなし、口不善《くちさが》なき京童は川上座は建ち腐れとなるのかなどと冷評する、奈落として掘りたる底には水腐れて鮒《ふな》を生ずるに至つた」、と。

つまり、東京の川上座は山崎武兵衛という高利貸しに借金して建設されたが、利息を払うことができず、高利貸しの所有に帰したというのである。この記事で見ると、初代喜作は自分で儲けた二万円余の金を川上に投資したようだが、たぶん無償提供したも同然だったのだろう。喜作は会計係というより、金策係だったと考えられる。花房に言わせれば、このあと川上は貞奴を連れて短艇旅行に出、北米横断の冒険に出たのは、この失意により発奮したる結果だとしているが、はっきり言えば日本にいられなくなってアメリカで勝負せざるを得なくなったのである。ただし花房は、川上の失敗に巻き込まれた貞奴も気丈で、似たもの夫婦だったと書いている。

この手の諍《いさか》いは、川上一座には日常のことだったらしく、明治三十一年の『早稲田文学』には長田秋濤《おさだしゅうとう》という作家が、川上一座に『三恐悦』という自作の上演を許可したところ、川上の手代で谷口という者と脚本料の件で争いになったことを告発した。谷口が「壮士演劇では小説家の小説を脚本とする場合、小説と脚本は別物になるとの理屈により脚本料を支払わぬ」と言ってきたが、フランスなどでは小説家にも許可の取得と支払いを行う慣習であるので、日本にもこれを導入し、小説に対しても借り賃五十円を支払うべく要求したという。谷口はこの要求に対し、福地桜痴《ふくちおうち》の『大江山』という作は二十五円の脚本料を支払った例があるから、半分にしてくれと答えてきた。ここから始まって両者は泥沼の関係になり、上演も中止という騒ぎになった。長田はこのような不名誉は作者のせいではないことを広告し、謝罪を求めたが、後日の情報では、谷口がにこりとして「そのような広告は出せません」とはねつけたので、長田は仕方なく『早稲田文学』に不平の文章を書き送り、己を慰めたというのである。

これらの資料を見るかぎり、谷口はほとんど川上一座の座長にも等しい立場にいたといえる。しかも、喜作の役割はそれだけに終わらなかったのだから、ただ見事というほかない。ちなみに役者としての喜作の事績を探ってみると、日本芸術文化振興会の「文化デジタルライブラリー」にある錦絵『政党余聞書生之犯罪』を確認することができた。そこには「自田由之助」という役を演じる喜作のすがたが描かれていた。

また『演芸画報』明治四十一年の号に、「名家真相録」という記事があり、壮士劇の役者だった静間《しずま》小次郎《こじろう》の談話中に、「(明治二十三年頃) 京橋の青年倶楽部に谷口喜作という会員がいて、掛け行灯《あんどん》に『静間の作』と書きヤッツケロ節をしたためて、変に妙な身振りをなし、大きな声をしてそれを謡《うた》いながら、そら豆に砂糖をかけた自由糖という菓子を中村座の前で売っていましたが、はからずも警視庁の耳にはいり、風紀をみだすということで差し止めを食らった」との話がある。談話取材の時期である明治四十一年からの注として「今は横浜で金物商をいとなんでおります」とのコメントがある。

わたしはこうした発掘のおかげで、平井先生が生まれる直前までの初代喜作の人生を詳しく知ることができた。思えば、わたしの師匠は、じつに興味深い父親を持ったものである。

「他人任せの挑戦」??

ここらで自分史の話に戻ろう。少年期から七十二歳になる現在まで、わたしには「優雅な暮らし」と言える時期がなかった。何時もあくせくと、何かに熱中していたので、眠る時間が勿体《もったい》ないと、いつも考えていた。

まず、板橋の幼稚園の頃から生きものが好きだった。上野では、四歳の頃から動物園が好きでしばしば(時に自分一人で) 見に行っていた。柵の壊れたところを心得ていて、そこから出入りして無料の見物をしたことだけ、非常によく覚えている。動物は何でも好きで、かならずその姿を描いていた。

したがって、絵を描くのも好きだったので、『キンダーブック』と『チャイルドブック』を毎月買ってもらい、その絵をぜんぶ描き写していた。あるとき幼稚園の先生がいうことには、「あなたは絵を描く順序がおかしい、小鳥を描くのに二本の脚から描き始めるのはなぜ?」と聞かれて、「鳥の脚はヒトとちがうからおもしろい」とか答えたらしい。以来、幼稚園では「将来は絵描き」ということに決まってしまった。他に、機関車もデパートも好きであった。

池袋の西武百貨店には、当時、廣海貫一というデパート業界の裏を知り尽くした業界紙社長がいて、この人が戦時中に命がけで熱帯魚を守り通したおかげで、各デパートに熱帯魚売り場ができ上がるという流行が起こった。わたしは西武百貨店の売り場が好きで、ほぼ毎週、その熱帯魚売り場を覗きに行った。これを見て、次は隣りの丸物《まるぶつ》百貨店へ移動し、奇術売り場で奇術のしかけを見るのがルーティンであった。

しかし、もっとも時間を費やしたことは、貸本屋から借りてきたマンガを読み、それを模写することと、和洋の区別なく映画を観ることだった。これだけは、わたしの小学校時代の大きな財産となった。小学生時代の日々を、映画館が五軒もある東武東上線大山駅の商店街に送ったことが引き金だった。この時代にもっとも輝いたのが『明治天皇と日露大戦争』という映画だった。昭和三十二年の公開だから九歳のときである。嵐寛寿郎が日本で初めて天皇を演じるというので、わたしは自分で観に行っただけでなく、学校と家族で三度も見物に行った。

おかげで、「よもの海　みなはらからと　思ふ世に　など波風の　たちさわぐらむ」という明治天皇御製《ぎょせい》を暗記してしまった。しかしこの映画には謎もあった。新東宝の映画なのに、いつもは女性中心の地味な映画が多かった松竹系の「板橋劇場」での上映だったことだ。この松竹系は子供向きでなかったので足を運ぶ頻度が低かったが、そこへあの天皇映画がやって来た。新東宝はエロ系の映画で記憶に残っているので、どうにも謎であった。しかし、新東宝に在籍したという菅原文太さんに尋ねたとき、少しわかった。東宝と新東宝の因縁は小説に書いてもいいくらいきわめて興味深かったからである。じつはとんでもない争議があって、戦車までが押し寄せたんだそうな。

それだけ映画好きであったわたしにも、忙しさのあまり、映画館へ出かける習慣をなくした時期がある。主に大学四年間、これはアルバイトに明け暮れ、せっせと同人誌を作っていたためで、映画館へ行くお金がなかったのだ。しかし就職して有楽町の日魯漁業株式会社に通勤しだし、当時まだ見ることすら稀であったＩＢＭ社の最新コンピュータ「３７０」を設置したコンピュータ室に配属されたときから、映画館通いが復活した。ちょうど、深夜上映が始まった時期で、鈴木清順監督や東映仁俠映画がモテなくて金もない若者の救いとなっていた。わたしは毎日プログラム製作のため深夜作業をする役だったから、夜八時ごろオンラインに使われていたコンピュータが空いてプログラム開発班に開放されるまでの待ち時間を、銀座の並木座という映画館で映画見物をすることに費やした。でも、自分が何か映画作りにかかわることになるとは、夢にも思えなかったのである。

　そんなあり得ないことが、一九八八年というから昭和でいえば六十三年に、ほんとうに起きてしまった。その年の一月、『帝都物語』が映画になったのである。小説家の立場で言えば、かぎりなく興味深い世界創造のチャンスが与えられたことになるわけだが、わたしには別の感慨があった。子どもの頃、舞台の上で寝転がりながら観た映画館が、壮年になって帰ってきたような気がしたのである。

　最初は文字で創造されたものが、今度は全知覚を刺激する映画として再創造される。映画は一つの巨大な「全感覚の開放空間」と言える。それも、恐ろしく費用が掛かる創造を、自分が引いた設計図を元に、自己負担することなく実現できる。作家なら一度は体験したい、他人任せの挑戦と言えた。「他人任せの挑戦」⁇　そう、映画というビッグプロジェクトは、創造が一人でなく集団によって実現される世界なのである。

　『帝都物語』について言えば、わたしは最初、角川映画が製作するものと早とちりした。しかし、プロデューサーの一瀬《いちせ》隆重《たかしげ》さんと製作の堤康二《つつみこうじ》さんに挨拶と顔合わせを済ませたとき、東宝の映画だという事実を知らされた。わたしはとっさに大山で観た新東宝映画、『明治天皇と日露大戦争』が目の前をよぎった。折からバブルの真っ最中だったのと、二十世紀末という千年王国的なざわつきの中で、ああいう話が一気に映画になってしまう勢いとが、わたしに味方してくれた。それは新東宝的なざわつきにも似ていた。それでも、ストーリーが複雑怪奇なうえに中里介山《なかざとかいざん》の『大菩薩峠』かメルヴィルの『白鯨』を気取って博物学的に書きこんだ原作だったから、非常にマニアックで特殊な小屋でしか上映しないような映画を想像した。それがまさか、劇場数の多さを誇る東宝が手をあげてくれるとは！

キャスティングのリストを見て、ふたたび驚かされた。エンターテインメント性溢れる豪華な大作。そう、かつて年に一度、主役俳優勢ぞろいで制作された東映時代劇『忠臣蔵』か『清水次郎長』のような映画になったのだ。これはまさしく、子供時代に味わった映画的ときめきとの再会であった。

そこへ別の偶然も加わった。準備が進むうちに、わたしが仮りそめの夢と自覚しつつも空想していた配役や製作陣が、現実のものになったのだ。その手始めは、じつは美術監督の人選だった。わたしはかつて深夜興行の常連として鈴木清順監督の映画を熱愛した世代だったので、その美術を専門に担当していた木村威夫《きむらたけお》に惚れ込んでいた。清順映画が好きな人なら、おそらく大多数は木村威夫のファンと言い切れるはずだが、とりわけ『東京流れ者』や『けんかえれじい』の美術が好きだったし、川端康成《かわばたやすなり》の『浅草紅団』が木村美術で映画化されたらすばらしいのに、とも思っていた（じつは木村さんは日活に入る以前にそれを実現していたことを、ご本人から教えられて、仰天した）。しかも、あの実相寺昭雄《じっそうじあきお》監督が「絵」にするというのであるから、単純な映画ファンとしても胸が高鳴った。やがて、配役だの音楽だのの人選が進むにつれて、これは新東宝どころじゃない、「世紀末のオモチャ箱」になりそうだという気配が濃くなり、いよいよ主演に嶋田久作《しまだきゅうさく》が決まった。

わたしには、やはり映画好きの同年代の友人に、あがた森魚《もりお》という人がいる。すでに二十代半ばに知り合っていたので、彼ともこの映画の話をした。脚本担当になった林《はやし》海象《かいぞう》も、あがたさんの紹介で知り合い、処女作『夢みるように眠りたい』（あがたも出演していた）のときから応援部隊の一人であった。その映画に主演した佐野《さの》史郎《しろう》とも『帝都物語』を通じて仲良くなった。彼は偶然にも、郷里松江《まつえ》の小泉八雲や怪奇作家ラヴクラフトの愛好者であり、無類の映画マニアでもあった。佐野さんの映画ライブラリーからは、珍しいアメリカ版の『獣人雪男』や、幕末京都の動乱を芸者置屋の内部だけから描いた石田《いしだ》民三《たみぞう》の『花ちりぬ』など、他に得難いまぼろしの映画を観せてもらった。そういえば嶋田久作も、小説の『帝都』を執筆中から「東京グランギニョル」の芝居を観て、あの独特のマスクに惚れ込んだ人だった。軍服姿で登場する加藤保憲のイメージが、実相寺監督と木村威夫の美術で現実になったときは、思わず全身が硬直したのを覚えている。

あがた森魚氏は著者とは同世代の友人。毎年函館港イルミナシオン映画祭で顔を合わせるのがお互いの楽しみだという。

　これにあと一枚、あがた森魚に大正ロマン風の主題歌を作ってほしかったが、実相寺さんからクラシックで行くと最初に聞かされ、断念した。それでもこの願望は、わたしたちの熱愛したバロン吉元《よしもと》さんの『昭和柔侠伝』に、あがた君の主題歌が結合したことで償われた。

　実相寺昭雄さんとは、友人でTVディレクターだった碓井広義という人の縁で、つながりができた。碓井さんが無類の実相寺ファンであったことから、実相寺さんも明治から昭和初期にかけての東京に深い愛を抱く人であることを知った。一瀬さんと実相寺さんがときどき秘密の会合を開く機会に、わたしも交ぜてもらい、いつか二・二六事件をやりたいね、とかいう妄想のような企画を話し合ったりした。

「まぼろし」の部分があった映画

しかし、そういう怪しげな気配が、真っ当な映画界の人達には不安要素に思えたに違いない。はじめ加藤保憲役にオファーされたのは、名優の山崎努《やまざきつとむ》さんであったらしい。事実であったかどうかわからないが、一言のもとに断られたと聞いている。そのあとも小林薫《こばやしかおる》さんほか数名の俳優さんにオファーを出したが決まらなかった。マンガっぽい怪人と誤解されたのかもしれない。それで結局、最後に行きついたのが嶋田久作だった。苦肉の策だったが、結果は大成功だった。

ついでに書けば、プロデューサーが若い一瀬さんや堤さんだったことで、いろいろ要望を言いやすかった。自分としては、長ったらしい小説を映画にしてくれること自体に感謝していたので、実相寺さんには「お好きなように、取捨や変更をなさってい

1988年、昭島に造られた銀座オープンセットに通う著者。同行は集英社の友人鈴木力氏と野村武士氏。

ただいてかまいません」と話した。ただ、その引換というわけでもないが、話に登場するロボット製作家西村《にしむら》博士の役を、ぜひとも実子の西村晃《こう》さんにお願いしてくれと懇願した。これは東宝が実現してくれた。

というわけで、撮影現場には話が合う人たちが集まり、わたしもそこに引きずられて、昭島《あきしま》にできあがった銀座の再現セットと成城《せいじょう》撮影所の両方に、何度となく足を運ぶようになった。昭島のセットで、あこがれていた美術の木村威夫さんにとくと話を聞けた。銀座に植えた柳の木がたしか一本五十万円、これを数十本植えたところがこだわりなのですよ、とこともなげに言う木村さんに、ちょっと身震いがした。神田明神での夜間撮影では、五代目坂東《ばんどう》玉三郎《たまさぶろう》さんから、待ち時間のあいだたっぷりと、明《みょう》神《じん》会館の控室で映画についての一家言を聞かせていただいた。玉三郎さんは当時本気で映画制作を希望されていて、『帝都』から三年後に『外科室』を初監督した。だから、話はエイゼンシュタインに始まって蜷川幸雄《にながわゆきお》にまで及んだ。なので、ほとんど映画学校の技術授業にモグリ聴講生で忍び込んだ気分だった。撮影所のほうでは西村晃さんが出待ちの時間を利用して、実父にあたる西村真琴《まこと》博士の遺品や写真アルバムを見せてくださった。撮影所の人達と一緒に、学天則《がくてんそく》の写真を飽かずに眺めた。

一つだけ、気の毒だと思ったこともある。寺山修司《てらやましゅうじ》さんのところで脚本を書き、わたしと紀田順一郎先生とで編集していた雑誌『幻想と怪奇』に小説を書いてくれた岸田理生《きしだりお》さんが、脚本の担当に選ばれたのだが、たぶん岸田さんのアンダーグラウンド感覚が東宝側のイメージとぶつかったらしく、没になったことだ。そのあとに抜擢された林海象の脚本もおどろおどろしい部分があったのだが、大正ロマン風の懐かしい感性で装ったおかげか、首尾よくOKが出た。

つい最近、チーフカメラマンを担当した中堀正夫《なかぼりまさお》さんが保存された台本を見る機会に恵まれた。書き込みがあまりにすごく、台詞《せりふ》の変更・削除・追加の部分が詳細に手書きされていた。各カット割りには出演する俳優の名、秒数などもメモされている。中堀さんといえば実相寺昭雄監督の劇場映画では一九七〇年の『無常』からずっとタッグを組んだお相手だ。その台本がほぼ全ページにわたって何らかの変更がある。追加はごく少ないけれど、実際の撮影ではカットされた分がずいぶん×で消されていた。西村真琴博士が日本初のロボット学天則の下半身を蒸気機関車で走れるように改造するシーンでは、研究室で博士が娘のあずさ（安永亜衣《やすながあい》）にコスモスのペンダントを贈る場面、また学天則を試験操縦する場面などが、惜しいことにすっかりカットになっていた。

わたしはさらに最近、樋口真嗣《ひぐちしんじ》さんが実相寺監督のために描いた『帝都物語』のコンテを見る機会も得た。そこで知ったのだが、樋口さんのコンテにもたくさんの「映画にならなかったシーン」が存在した。コンテに出てくる加藤保憲や陰陽師の平井は、おのおの演じ手である嶋田さんや平幹二朗《ひらみきじろう》さんによく似ているので、たぶん主要キャストが決まった後で描かれたかと思われる。この削減も、じつに惜しく感じられた。

こうした現場での記録をいちいち当たっていると、映画『帝都物語』のストーリー部分には、重要な切り捨てが多々存在することが分かってきた。今回調査することができた絵コンテ集においても、樋口さんの回想によると、コンテは東宝側から依頼されたそうで、実相寺監督自身にあまり活用の意図はなかったようだが、いまそれを見ると、まるで「まぼろしの名場面」を蘇生させる反魂香《はんごんこう》じみた魔力を感じる。コンテの中にしか存在しなかった、もう一つの『帝都物語』が、化石のように封印されている。一番残念に思ったのは、たとえば巨大な阿修羅との格闘シーン（公開された映画では阿修羅があまりに早く姿を消している）、紅巾の女が式神に犯されるところ、加藤対陰陽師集団の死闘シーンなどがなくなったことだ。本編でぜひ観たかったのは、平将門がその姿を現すシーンだが、これもコンテにあって、映画にはほとんどなかった。樋口さんつながりで言えば、『シン・ゴジラ』のラスト、ゴジラが変身を重ねて怨念に凝り固まった沖縄戦の死者たちの合体像になる場面を彷彿させた。

また、ギーガーがデザインしてくれた護法童子は、宣伝の目玉になったこともあり、放電シーンなどもう少し長く登場する予定だったようだ。しかし樋口コンテには、そうした場面は、探したが見つからなかった。きっと、ギーガーのデザイン作業が遅れたせいだろう。ギーガーから送られてきた3Dモデルは、とても小さくて予想外だったけれど、日本映画で最初にCGを使用する試みでもあったためか、あれで精一杯だったようだ。試写で観たときは、ギーガーのクリーチャーの出番が少なすぎると思ったが、大人の事情があったに違いあるまい。台本が分かりにくくて筋が追えないと、海外からも批判を耳にしたけれど、それは台本の良し悪しという前に、最初の構想が壮大すぎたせいなのだ。

文化財としての映画セット

ついでに余計な話を書く。映画『帝都物語』が公開されたあと、わたしは、映画で使用した学天則と二宮金次郎《にのみやきんじろう》像を記念に譲り受けたかった。個人的なわがままではなく、いずれ映画の大道具、小道具も文化遺産になると予想したからだった。それで撮影打ち上げの直前に木村威夫さんに相談したところ、ああしたセット類は素材が保存用でないからすぐにボロボロになる、おやめなさい、と忠告を受けた。とても残念だったが、忠告に従った。しかし、フィギュア製作で一世を風靡《ふうび》した海洋堂が、大映時代に製作された大魔神像を廃棄寸前に救いだし、新たに本社を建てるときに、創業者を聖徳太子とする日本最古の建築会社金剛組に社殿の建築を依頼している。ここに大魔神像が安置されてから見物に行ったけれど、映画の製作物が立派に「ご本尊」に収まった光景は、なかなか結構な眺めだった。

さらに数年前、映画『ロード・オブ・ザ・リング』

で当てたピーター・ジャクソンが故郷ニュージーランド（略してNZ）にCG映像制作会社「WETA」と、映画で使ったホビット村を再現したテーマパーク「ホビトン」を建てたと聞いたので、映画廃棄物の文化財化を学ぶ参考に、遠路はるばるNZへ出かけた。NZ北島にある同国最大の都市オークランドに数泊して、あの有名なワイトモ洞窟の中で無数の星のように蛍光を放つグローワームを見学し、一日ダイビングで海中生物の観察をしたあと、南島へ移ってウエリントン近郊にある、ピージャクのWETAを訪問した。そうしたら、ここはCG制作の工房をテーマパークとして開放している施設になっており、イギリスの河童こと「ゴラム」の像が出迎えてくれる大きなミュージアムショップもできていた。

ここで全施設を巡る最長のガイドツアーに参加した。広い斜面の土地に映画そのままのホビット村を再現した「ホビトン」に連れていかれた。これがまた、よくできている。半地下形式のホビット庄の家々を巡りながら写真が撮れるツアーになっている。最後

ニュージーランドにある『ロード・オブ・ザ・リング』のオープンセットを再現したテーマパーク「ホビトン」。ホビット村を巡るツアーが楽しめる。

はホビットの酒場でランチやドリンクを楽しみ、一時間超の第一部ツアーが終わった。しかし、中国や韓国から来たらしい女の子の集団が、われわれ高齢

夫婦チームの一つ前にいて、全員がいちいちセットの前でポーズを決め写真を撮りまくるので、ちっとも先に進めない。老人は気が短い。あまりの無神経さにさすがの人畜無害妖怪「アラマタさん」も、彼女たちを怒鳴りつけた。しかし、先方様はまったく平気だったから、あきらめた。第二部は、こんどはショップのとなりにある制作スタジオをまわるツアーとなる。たった一台のコンピュータからスタートしたデジタル工房が、今や世界的なテーマパーク付きの大産業に発展するまでの足跡が、いたるところで垣間見られた。

これを見て、映画セットの観光文化財的価値を確信したのだった。すると、前回製作した『妖怪大戦争』の妖怪関係アイテムが八十点ほど撮影所倉庫に残存していることを知らされた。これら文化資源を二〇二〇年末に公開のところざわサクラタウンに展示することにした。後はもう一つ、映画『帝都物語』の遺産がどこぞに残っていないか、それがどうしても知りたいし、調べてもみたい。

映画監督ピーター・ジャクソンが開いた特撮工房（WETA）では、『サンダーバード』の撮影現場などが見学できる。スタジオツアーは表のショップで申し込める。

映画との縁は切れない

この自伝でもすでに書いた通り、わたしは小学生時代に板橋区の大山という下町の繁華街で暮らしたおかげで、五軒もあった映画劇場の上映作品を無料で観ることができた。我が家の板塀に各映画館がポスターを貼っていた関係で、返礼としてプログラムが替わるごとに数枚の招待チケットがもらえたからだった。だから昭和二十年代末から三十年代半ばまでの邦画と洋画は、ほぼすべての公開作品を観たといってもよい。ラシュモア山に刻まれた歴代大統領の巨岩彫刻群の上で行われる追走劇『北北西に進路を取れ』、なんだか魔法じみた悪意がしみ込んだグリモーのアニメ『やぶにらみの暴君』、海の神秘にしびれたクストーの海中実写映画『沈黙の世界』、そして一日がかりで見物した超大作『明治天皇と日露大戦争』や『日本誕生』も思い出深い。

『日本誕生』は、もうすでにマセかかった六年生のときの作品だったので、ワルガキの友達と誘い合わせて、何度も観に行った。というのも、神代にはご先祖が裸で暮らしたというあたりを史実通りに描いたとかの御利益があって、子どもながらに堂々と奇麗なお姉さんの裸を眺めることができたからだ。

わたしの映画遍歴は、板橋での新作全部観《み》時代を除いて、おおむね過去の名作を追い求めるという方向にシフトしていた。そのきっかけは淀川長治《よどがわながはる》が編集した『映画の友』を愛読するようになったことだ。淀川は戦時中に東宝に籍を置いたことがあるそうだが、その前には何と言ってもジョン・フォードの『駅馬車』を宣伝した西部劇マニアとして知られた。戦後の昭和三十年代から、戦前に日本で上映された西部劇が次々に復活する時代になったのは、『映画の友』、とくに増刊号『西部劇読本』の影響だった。『続西部劇読本』のほうなら本棚のどこかにまだ残っているかもしれない。戦後、まったく小屋にかからなかった西洋映画の古典名作がすこしずつリバイバルされるようになったとき、その先陣を西部劇映画が切ったのである。もちろん、ジョン・ウエインなども戦後はまだ現役の西部劇スターだったが、封切り作品で記憶にあるのが『アラモ』であるから、ウエイン作品としてはすでに晩年に属するものだった。

しかし、皮肉だが、戦後世代が西部劇にはまったのは、テレビの力だった。テレビの普及により、アメリカ映画が新しいブームに入ったおかげといえるのだ。というのも、昭和三十年代前半まではテレビでまともに堪能できる海外ドラマというと、『ヒッチコック劇場』、あるいは『名犬リンチンチン』や『ローハイド』などアメリカのテレビ番組しかなかったせいだ。そんなとき、『映画の友』と、その編集に当たった淀川長治らが、戦後世代のわれわれにむかって、かつての劇場映画の傑作をテレビの映画解説にからめて熱っぽく語りだした。で、「それなら観せてよ！」というリバイバル上映の要求が映画館に殺到したのは当然だろう。わたしもそうだった。人世坐《じんせいざ》や文芸坐《ぶんげいざ》のような古い名作をかけてくれる映画館に人気が集まったものである。そうした要望に応えて、映画界が重い腰を上げ、テレビ以前の劇場映画の名作を再公開し始めた。

なかでも、テレビで放送されていたヒッチコック作品や西部劇は、昭和三十年代に起きるアメリカ映画リバイバルブームの先導役に指名された感がある。

何しろ、当時のテレビには連日かならずアメリカのテレビ映画が放送されていたのであるから。わたしたち子どもにとくべつ人気があった『名犬リンチンチン』は好個の事例だろう。主役の犬の名に深い由来があり、元来はフランス語で「ランタンタン」と発音した。第一次世界大戦時のフランスで米兵に拾われたドイツ・シェパードの生き残りが、映画犬として人気になった。その子犬たちも役者犬の魂を引き継ぎ、ちょうど団塊の世代が小学生になったころ、アメリカのテレビ西部劇に「名犬リンチンチン」というエキゾティックな名称で登場してきた。たぶん、現在にたとえれば『フランダースの犬』の忠犬パトラッシュに匹敵するだろうか。そうでなくとも、イギリスとアメリカでは忠実な家庭犬を道徳の手本にする習慣が前の世紀から定着していた。犬が人間の生き方の手本だったのであり、団塊世代も、リンチンチンを見てアメリカ的な道徳を学んだのだ。

その後、昭和三十年代は新人スターが出演するテレビ西部劇、たとえばスティーヴ・マックィーンの

『拳銃無宿』、フォード一家の番頭役ウォード・ボンドが主演した『幌馬車隊』、そして淀川長治の解説でブレークした『ララミー牧場』がつづいた。しかし、わたしは映画派だったから、映画館でも観られる大物俳優のボンドがごひいきで、「隊長アダムスの指揮の下……」という主題歌の方を好んで歌っていたりした。テレビの西部劇俳優はまだ映画で主役を張れるような大物ではなかった。だが、こうしたテレビ西部劇の新人スターが、元祖であるところの劇場映画の名優たちを越えて、劇場映画に進出していった。

我が家には、中学から高校にかけて観た再公開西部劇のプログラムが少し残っている。今考えると奇妙だが、当時は西部劇ブームといっても、ジョン・フォードの大名作すら劇場で観ることはできなかったのである。たぶん敗戦国日本にはフィルムがなかったせいだろう。それでも、『映画の友』が『西部劇読本』という臨時増刊号を何度も組んだ昭和三十年代半ばから、その存在だけは映画好きの口の端に上るようになった。『映画の友』の『続　西部劇読本』だったかに西部劇100選のような名作厳選リストが出たのだが、多くの作品がテレビでも劇場でも鑑賞できなかった。

じつは四十年も前、わたしはこの『西部劇読本』を淀川さんの下で編集していた乾直明《いぬいなおあき》という方と知り合ったことがある。乾さんはのちに、RKOが自社の映画を百本単位でNHKに売り込んできたとき、その選り分けを依頼された人でもあった。昭和三十六年頃、RKOは怪物ハワード・ヒューズの持ち物になっていたが、売れない実験映画の類《たぐい》をテレビに売り払っていた。なんでも六百本前後は売り払われたらしい。乾さんはどうせ俗悪映画ばかりだろうと思って百本選び始めたところ、一瞬全身が凍りついたという。なんと、オーソン・ウエルズの伝説的傑作、本邦未公開だった『市民ケーン』がまじっていたからだった！　NHKは「宝」を掘り当て、昭和三十六年一月十九日にこれを放送した。映画がテレビで観るものに代わった記念日なんだそうである。事実、これをきっかけに映画界が旧作を売るようになり、各局で「〇〇映画劇場」といった番組が誕生した。

乾さんによれば、初期のテレビは、西部劇映画を買い漁ったという。いちばん視聴率が稼げたからだった。だがもちろん、話は西部劇に限られなかった。同じ現象が生じたもう一つの映画ジャンルが「怪奇映画」である。怪奇映画の本家ユニバーサルが、やはり昭和三十年代半ばに、幻の怪奇ホラーをテレビにごっそり売ったのだ。ついにアメリカン・ホラー映画の古典であるカーロフやベラ・ルゴシが登場するユニバーサル・ホラーなどのモンスター映画が、これまた大量に放送されることとなった。

わたしの日記によれば、ドラキュラや狼男がテレビ放送されたのは昭和三十八～三十九年頃である。わたしはこの分野も好きで、いろいろな本を読んでは知識を蓄えたのだが、クリストファー・リーの『吸血鬼ドラキュラ』くらいしか現役映画として観ることができず、不満に思っていた。戦前のドラキュラ役者ベラ・ルゴシ、ボリス・カーロフの『フランケンシュタイン』とか、ロン・チェイニーの『オペラの怪人』とかは、アメリカの二番館にでも行かないかぎり鑑賞不能だった。

このような旧作不在の中、最初によみがえったのが西部劇映画である。それまでは恐ろしいことに、日本の時代劇を変えた黒澤明《くろさわあきら》の名作『七人の侍』あたりも、元祖は見ることができず、逆輸入のリメイク版『荒野の七人』で渇をいやすほかなかったというありさまだった。そこで、有楽町に近かった東宝系の洋画館、日比谷《ひびや》映画などが、ジョン・フォードの名作をリバイバル・ロードショーで上映しだした。手許に残る当時のプログラムを調べると、時期的にいちばん早くリバイバルした一本が、『映画の友』の『続　西部劇読本』でベスト・ワン映画に選ばれたフォードの『荒野の決斗（このときは、決斗の表記）』だった。新宿のどこかの映画館で買ったプログラムだが、日付はない。本文に「十五年の時の流れを越えて、なお多くの人々を魅了し、陶酔させる

戦後の西部劇映画リバイバルにおいていち早く公開されたジョン・フォード監督『荒野の決斗』のプログラム（1961）。

であろう」とあるので、最初の公開年昭和二十一年から十五年目で西暦一九六一年、つまり昭和三十六年ということになる。わたしは当時十四歳であるから中学二年か。つづいて、いよいよ日比谷映画まで観に行くようになって、『駅馬車』が同三十七年三月、『シェーン』が最後のほうで同三十七年四月の再公開である。その間に『黄色いリボン』が上映されたはずだが、プログラムが残っていない。

なぜに戦後日本で古典名作洋画が上映されなかったのか、理由がやっとわかったのは、自分が作家になってからのことだ。当時の洋画配給に「七年ルール」というのがあり、七年過ぎるとアメリカにフィルムを返却していたらしいのだ。いや、フィルムは返さなくても、映画を配給する権利が消滅する仕掛けだった。たとえば『駅馬車』や『風と共に去りぬ』など昭和十年代に製作された傑作は、ほぼ太平洋戦争後に配給権が消滅していた。「いとしのクレメンタイン」の歌声がいまも耳に残っている傑作西部劇『荒野の決斗』のリバイバル上映に際して製作されたプログラムによれば、「戦后アメリカ映画がセントラルの手で再公開されたのは終戦の翌年の二十一年からで、それから二十四年頃迄は西部劇は一年に二、三本しか封切られず、多い年でも五、六本位しか上映されない」状態だったそうだが、これも上に記した事情があってのことであった。

戦後の名作ではアラン・ラッドの抜き撃ちの速さで評判をとった『シェーン』の場合も、昭和三十年代にリバイバル・ブームが到来したときはまだ七年ルールに引っかかっていたものか、かなり後までリバイバル上映が実現しなかった。ちなみに、『シェーン』のプログラムを覗くと、まだブレークする前の淀川長治が長文の『シェーン』論を寄稿している。淀川は九年前にハリウッドのパラマウント・ステューディオで試写が行われたとき、日本のマスコミとして新聞記者たちと一緒にこの作品を観たという。映画の終了と同時に全員が立ち上がり、拍手の嵐になった。淀川も立ち上がって拍手を送ったと述懐している。

アメリカン・ホラー映画の復活

わたしは三十歳代まで海外の幻想怪奇小説を翻訳・紹介することを本業としていた。それと同時に、アメリカの怪奇映画の紹介にも力を入れたかったが、怪奇映画はサイレント時代に傑作があり、どうしてもそこから収集を開始する必要があった。しかし、戦前からのファンが熱っぽくボリス・カーロフのフランケンシュタインのすごさを語ろうが、ロン・チェイニー・ジュニアの狼男のおもしろさを説こうが、実物に触れ得ない悲しみを感じるばかりで、さっぱり実感が得られなかった。しかたがないので洋書店を漁って、フォレスト・J・アッカーマンが出版しはじめていた雑誌『フェイマス・モンスターズ・オブ・フィルムランド』などのヴィジュアル雑誌を眺めることで満足するしかなかった。なお、この雑誌は、WETA（前述）を立ち上げたピーター・ジャクソンを映画作家にいざなった最大の原動力であり、彼ピーターもアッカーマンを師と仰いだ若手の一人である。フォリー・アッカーマンは、わたしと鏡明および横田順弥と三人で一週間にわたるSFコンベンション出席旅行をした際、自邸に泊めてくれた恩人である。もっとも、われわれより先にロサンジェルス入りしていた翻訳家の伊藤典夫さんがアッカーマン邸に長逗留していた。わたしたちも伊藤さんのあとを継いでアッカーマンの書斎に一泊させてもらい、夜中じゅうその蔵書を手に取って喜んだものだった。

だが、さすがは元祖ホラー映画おたくのアッカーマンである。ホラー映画が西部劇より再公開が遅れたのには、不利な事情もあったということを教えてくれたのである。一九三四年に発効した「ヘイズ・コード」という規約だ。これは業界が決めた自主規定で、破ってもそれ自体は法律違反ではないが、社会に有害な映画表現は自主的に削除するという、日本の映倫みたいな組織による取り決めであった。その中に禁止規定があり、性や暴力の過剰な賛美、宗教的侮辱や人種差別を助長する表現等を映画で用いない、などという条件が並んでいた。ホラー映画はこの条件に引っかかったのである。そのため一九三〇年代後半はホラー映画がひどく落ち込んだ。一九三一年製作の『フランケンシュタイン』で大ヒットを飛ばした、当代屈指の人気役者ボリス・カーロフですら、この時期には怪奇映画を離れ、怪物を演じられぬ不遇の時期を過ごしたという。彼がふたたびフランケンシュタインの怪物を演じられるようになったのは、一九三九年以後であった。

それに加えて、浮き沈みの激しいホラー業界は終戦後にふたたび没落シーズンに入り、B級ホラー映画の王者だったハマー・プロダクションにさえ閑古鳥が鳴き、倒産のやむなきに至った。これで一時期怪奇ホラー映画の製作がほぼ完全に止まった。このホラー映画大不況をわずかに救ったのが、カーロフらの黄金期の雄姿を伝えつづけたフォーリー・アッカーマン発行になるモンスター雑誌だったのだ。

アメリカにホラー映画のジャンルが確立したのは、ユニヴァーサル映画社がサイレント時代に起用したロン・チェイニーという怪奇役者を起用して興行を成功させたことに始まる。一九二三年に『ノートルダムのせむし男』、そして一九二五年に『オペラの怪人』が大ヒットし、一九二八年に創業者の息子カール・レムリ・ジュニアが新社長になると、「モンスター映画」と呼ばれるマニアックなジャンルを開拓し始めた。ここでヒットを飛ばしたのが、わが師平井呈一が原作を訳出した『魔人ドラキュラ』だった。主演はベラ・ルゴシで　元祖怪奇俳優のロン・

チェイニーを継ぐ人気役者になった。ベラ・ルゴシとはまことにエキゾティックな名前だけれども、ハンガリーの出身であり、本国の記名法によるとルゴシ・ベーラとなる。やや丸い顔立ちに黒髪をオールバックにした、目つきの異様な、牙を光らせる口元も気味悪い、あのドラキュラ・イメージができあがった。彼の英語発音もハンガリー訛りがあり、エキゾティックだったという。第一次大戦後に母国からアメリカに亡命し、一九二八年からブロードウェイで演劇のドラキュラに主役出演し、人気を得た。この人気に目をつけたユニバーサルは、ドラキュラ劇を映画化しようと考え、もっと人気のあるロン・チェイニーに演じさせる準備に入った。しかしアメリカは当時大恐慌のさなかで制作費を切り詰めねばならなくなり、すでにはまり役だったルゴシに話が回ったという。

ユニヴァーサル映画初の『魔人ドラキュラ』は、トーキー映画として撮影されたが、監督したのは、これまたユニヴァーサル怪奇映画のシンボルともいえるトッド・ブラウニングだった。アッカーマンの怪奇映画雑誌などで、このブラウニングが製作した怪奇映画ジャンル最大のカルトムービー『怪物團』(後『フリークス』として再公開)を知り、どうしてもこれを観たいと思った。だが、もちろんこのトーキー映画は昭和三十年代には観ることが不可能だった。しかも、そのブラウニングが『怪物團』の前に撮ったのが、『魔人ドラキュラ』なのだった。サイレント時代からロン・チェイニーと組んで怪奇映画を何本も作ってきた監督だったから、ドラキュラのためにはかえって最強の製作チームが誕生したともいえる。余計なことを一言つけくわえよう。団塊世代の怪奇映画派がカルトムービーとはやし立てていた作品には、『怪物團』に加えてもう一つ、ジョン・ウォーターズが監督した下品極まる最低の映画『ピンク・フラミンゴ』(一九七二)があった。わたしが鏡明とアメリカにわたったとき、日本では観られないカルトムービーを観てみたいと思って、ハリウッドでB級劇場を探し回ったことがある。『フレッシュ・ゴードン』とかいうＳＦピンク系パロディ映画は観られたものの、上の二作は片鱗も見当たらずに空しく帰国した。

　以上のような出来事が起こってしばらくするうち、テレビはいよいよ最後の蓋をパンドラのように開けた。ほかでもない、黒澤明の名作群である。『七人の侍』や『生きる』など、観る機会がなかった往年の傑作がテレビに登場するのである。ＴＢＳが実現させた『黒澤明シリーズ』（昭和四十四年）が、それであった。

紀田順一郎アーカイヴズの恩恵

　しかし、日本にはアッカーマンと違う意味で海外ホラー・ムービー研究に先鞭をつけた人がいる。書くまでもないが、紀田順一郎先生である。わたしが大学生になり、紀田先生邸に出入りを許されたころから、紀田先生はドイツ製の映写機を自宅に設置され、サイレント映画のフィルムを大量に収集された。伺うたびに新入荷のフィルムが上映されるので、おそらくその本数は千の単位に達しているだろう（現在伺ったところでは約二百本が残っているそうだ）。したがって、門人のわたしが紀田邸へ伺う目的の半分は、サイレント時代の特撮映画や幻想・ミステリー系の古典映画を鑑賞させていただくことにあった。

　紀田先生が手ずから映写機を操作され、観せてくださった作品は、ロン・チェイニー主演の『オペラの怪人』だった。仮面を外され、おそろしい素顔をあらわにされたシーンを初めて観て、言葉も出なかった。また、紀田先生おすすめのとてつもなく奇妙な短編映画も観ることができた。

　それはまぼろしの元祖シュルレアリスム映画と呼ばれた『アンダルシアの犬』だった。監督をルイス・ブニュエルが務め、脚本および監督にサルバドール・ダリも参加した、二十一分ほどの作品である。敢《あ》えてこの作品の意味を探るなら、アナーキズムに熱中していたブニュエルが観客に感覚刺激を浴びせる実験をおこなった、というしかない。冒頭から、一人の女性が眼球をカミソリで二つに切られる場面が大写しにされる。正視できぬほど痛さを感じる画面だった。そこからさまざまなイメージ映像が脈絡なく連射され、謎めいた刺激の果てに映画が停止する。ブニュエル自身も観客からのブーイングを予期したそうで、投石で反撃する準備をしてきたが、予期に反して観客から圧倒的な拍手が送られたという。けれども、その「観客」なるものがアンドレ・ブルトンにパブロ・ピカソ、ル・コルビュジエ、ジャン・コクトーら御一統で固められていたのだから、素直に考えてはいけないだろう。ちなみに眼球切開シーンが生理的に痛かったのも当然で、牛の眼球をほんとうにカミソリで切ったのである。自分の目まで痛く感じたというのを嘘だとお思いなら、ユーチューブで実際に観ることが可能だから、実見されるといい。

わたしはこの映画がサイレント時代の作品と知り、恐ろしくなった。このような視覚の冒険が、すでにサイレント時代に終了していたのだから。

紀田先生のプライベートな試写会では、フリッツ・ラングの『メトロポリス』を観たときも衝撃を受けた。顔のないアンドロイドに、マリアの天使の顔が移され、またマリアの顔が火刑により元のアンドロイドに戻るまで、ここにまた表現派好みのシンボリックな映像が詰め込まれる。原作とシナリオはラングの妻テア・フォン・ハルボウの手になるが、この女性作家は、すでに『ニーベルンゲン』二作のシナリオを夫に捧げている。そのあと、ラングがニューヨークで体験した摩天楼の街の圧倒的な未来性について、大いに感じ入った妻がまず原作小説を執筆し、ついで夫が映画化した。オリジナルは規格外れの大長編だったようだが、アメリカで公開される際にほぼ四分の一がカットされたという。さらに、ユダヤ人のラングとヒトラーに傾倒し出した名家出身の妻テアとの間で、この作品の結末への姿勢が異なり、ついには離婚に至る。なぜなら、テアは資本家と労働者の対立が「心」の仲介で解消する未来を構想したのに対し、夫フリッツは共産主義と資本主義の戦いは永続すると考えたからだった。ここにナチズムが加わるのであるから、各人の都合にしたがい、作品はさまざまにカットされる運命を辿《たど》った。

『メトロポリス』は今世紀に入ってからも、ブエノスアイレスでようやくオリジナルに近いと思われるプリントが発見され、現在ユーチューブでも観ることが可能だが、アメリカで流布したバージョンでは味わえない「時代の牙」がある。わたしが紀田先生邸で観たのは、オリジナルが出る前であったが、それでも映像に圧倒された。その後、「奇想の20世紀」をテーマとする十九世紀末フランスの様々な未来ビジョン映像を紹介するNHK教育テレビの講座を撮影に行ったとき、この『メトロポリス』を引き合いに出し、自動車会社プジョーの若社長が所有する十九世紀車に試乗したりした。映画フィルムは自腹でそろえて研究するという、紀田先生が実践した方法を伝授されたおかげだった。したがって、わたしが旧日魯漁業に就職して得た最初の給料で、有楽町の会社まわりをしていたヨドバシカメラのセールスマンから、高価だった8㎜映写機を躊躇《ちゅうちょ》なく購入したのも、ごく自然な成り行きであった。

ちなみに、わたしはディズニーの音楽アニメ『ファンタジア』を観てから、どうしても自分でアニメーションフィルムを作りたくなり、ずいぶんアニメ制作法を勉強した。大学に入学したときも映画研究会に入りたかったが、その前に高校時代のクラスメートが大多数入学した日本大学のほうで、漫画をこつこつ描く工学系の友人、島村義正という人と知り合った。彼はわれわれの同人誌『リトル・ウイアード』にも無理やり引っ張り込んで挿絵係になってもらった人だが、現在もなおアニメ作品をネットに投稿している根性の持ち主である。この島村君と一緒に、日大の趣味人たちとアニメーションを創る計画が生まれた。島村君はすでに、清水建設のためのCMアニメ（モノクロ）を自主制作した経験があり、自宅の一室にアニメ撮影装置を持っていた。自作をカラーで撮影したいという希望を実現させるために、すでに制作準備が始まっていた。

わたしは他大学の人間だったけれど、この機会を逃してはアニメを創るチャンスがないと思い、日大の方々に頭を下げて、スタッフに加えてもらった。一九六六年頃のことであった。ただし、わたしはそれまでに８㎜カメラを使ったことがなかったし、セルに絵を描いた経験もない。結局、人手が足りなかった背景担当にまわされ、アニメのための背景を水彩で描くことになった。スタッフは日大勢で固められ、作画に島村義正、横山武夫《よこやまたけお》、トレースに出田《いでた》清彦《きよひこ》、彩色に伴俊雄《ばんとしお》、島村、背景に島村、荒俣が配置された。撮影を担当したのは、出田、伴、それに村田《むらた》正夫《まさお》である。セルを一枚置いてはワンカット写していくという、根気のいる作業だった。たぶん、できあがるのに半年以上かかったと思う。わたしだけ他大学だったので、みんながよく名前を憶えてくれなかったと見え、クレジットには「荒保　広」となっているのが、いま見るとおかしい。アニメのタイトルは「Under the Deep」だ。堂々七分五十五秒に達するフル・アニメーションである。結局、わたしが描いて、フィルムに収まった背景は数枚に過ぎなかったが、今では大学時代が夢でなかったことを証明する唯一の記念物となった。

荒俣が大学時代に日大の仲間と制作したカラーアニメ作品『Under the Deep』（1962年頃？）の一場面。海底の冒険がテーマだった。

　ついでにこのアニメのストーリーも少し書く。大きな目玉のついた海底探査船が世界最深潜水記録を出すために潜行する。まず、浅い海域でセクシーな人魚に遭遇、目玉がいきなり血走って、裸の人魚を追いかける。これぞ人魚の尻尾と思われるザラ肌の尻尾に抱き着いた途端、船体をいきなりかじられる。人魚ではなくサメの尻尾だったからだ。目玉潜航艇はサメに追われた挙句、かろうじて逃げ切る。しかし人魚を追うのはあきらめない（ホルモンの叫びを毎晩のように聞く年代だったから、この執念の描写はさすがといえよう）。人魚は最後にスクリューを尻尾につけ、恐ろしい速度で最深部へ潜行してしまう。だが、まだ追うのをあきらめない。最深記録を出したのもつかの間、いよいよ潜航艇が海底にたどり着いたと思いきや、底を突き抜けると海水がなくなり、元の海面に戻っていた……というストーリーである。海を貫き、地球の裏側の海面に浮かび上がったのだが、うーん、浅いところで裸体の人魚にかかわりすぎたきらいがある。もっと水中での冒険を発展させるべきだった、と今は思うが、まあ、若気の至りということでいいだろう。

しかし、わたしは後にも先にも、そのアニメを、完成試写で一回だけしか観たことない。その後はみんなそれぞれの専攻に分かれ、いつの間にか二作目の計画も消滅した。それから、なんと半世紀、わたしはアニメを創る一員だったことすら忘れていた。そのフィルムをひたすら保存してくれたのは、アニメを誰より大切に思った島村義正君だった。島村君から、問題のアニメがまだこの世に存在するという話を聞いたとき、わたしは驚きすぎて腰を痛めた。

「で、どこにしまったの、そのフィルム？」と訊くと、さすがの島村君も半世紀前の遺物を置いたところを直ぐには思い出せなかった。それでもあちこち探して、ついに現物を発見した島村君は、フィルムをＤＶＤに落す作業までやってくれた。おかげで、我らが大学生時代の貴重なアニメがよみがえった。自分で言うのもなんだが、よくこんな作品が作れたと思う。偶然だが、二〇二〇年夏に、京都の国際マンガミュージアムで「大大マンガラクタ館」を開催し、そのあと東京の日比谷図書文化館へも巡回開催することができた。この幻のアニメも音楽をつけて公開した。

杉本五郎と自宅の映画アーカイヴズ

最後にサイレント映画コレクターについて語る。あれはいつの頃だったか、新書館の雑誌『ペーパームーン』に頼まれて、サイレント時代の大監督だったフリッツ・ラングの取材をしたことがある。幻想怪奇の映画を論じる場合、サイレント時代に名を馳せたドイツ映画を論じないでは恰好がつかぬ。それですいぶん昔から気になっていたのだが、小説本と違い、フィルムとなれば手に入れるルートも異なるし、それ以前に映写装置を用意する必要がある。ゆえに、なかなか映画のアーカイヴズは日本に生まれなかった。だから、昔の映画評論家は気の毒だった。一度か二度観た記憶だけで、古い映画の話を書かなければならなかったからである。わたしも、まとまった映画原稿を書けるようになったのは、映像カセットで再鑑賞が可能になる時代に入って後《のち》である。

しかし、欧米の映画マニアは先を行っており、自宅に16㎜映写機、そして、そこに掛けるフィルムをちゃんと用意している収集家が多かった。我が荒俣の本家にも、景気が良かった時代に買った8㎜映写機があって、テレビが普及する前は、祖父の家に遊びに行くと、かならず映写大会が始まったものだった。フィルムは自宅で撮った画像に限られていたが、祖父が碁を打つシーンだとか、鯉のぼりをみんなで上げるだけの話でも、誰かが映るたびに、「わ、あれ、○○ちゃんだ」と歓声があがるような楽しさがあった。祖父に言わせると、昔は映写機屋に別売りのフィルムがたくさん売っていたというが、わたしはそういう現場をこの目で確かめていない。ただ、幻灯機だけは、おもちゃ屋のようなところで多数の投影機と種板が並んでいる景色を見ていた。フィルム好きだったわたしが覚えている最大のクリスマス・プレゼントは、おもちゃ屋で買ってもらった電球式の映写機と、ミッキーの下手な真似みたいな漫画フィルムだった。しかし、ラテン語で「ラテルナ・マギカ(魔法ランタン)」と呼ばれた幻灯機には、神秘的なオーラが備わっていた。

もちろん、幼稚園のときに買ってもらった幻灯機だから、すぐに壊れたけれど、忘れなかったのが種板だった。その中の一セットに、中生代の恐竜が登場するものがあった。わたしはすでに恐竜好きだった。山川惣治の絵物語『少年ケニヤ』に出てくるティラノサウルス・レックスにハマったし、そもそもわたしが自腹で買った最初の本は、直良《なおら》信夫《のぶお》考古学博士が書いた『地球と生物の謎』（昭和三十一年、偕成社刊）なのである。この分厚い本を自分の意志で購入したのは、小学校五年か六年のときだが、そのころ、世界文化社が子供向きに創刊した絵解き科学百科に『科学大観』というのがあり、これに恐竜が登場した。教室で奪い合いになり、その本の所有者がついに泣き出したというほど人気があった。直良博士の本は、古生代からの生物史が詳しく書かれており、なかでも「ネアンデルタール人の想像図」という絵がモノクロで掲載されていて、わたしは恐竜以上に、この原始人類に興味をそそられたが、いったいこの刺激的な絵がどういう用途に描かれたものであるか見当もつかなかったし、だいいち絵自体がそこらで見かけるものではなかった。小学生以来忘れられなくなったこの絵は、老齢に近づいてからついに、その原画と対面できた。このうれしさは今も忘れられない。

ネアンデルタールの絵との遭遇場所は、ドイツのイエナ市だった。ポツダムの近くに位置し、ツァイスというレンズ会社があるところとして知られるが、もう一つ、エルンスト・ヘッケルが住んでいた市としても有名である。かねてわたしは、「個体発生は系統発生を繰り返す」という名言を吐いたこの進化論博物学者に関心を寄せていた。ポツダムに出かけたついで、イエナまでレンタカーで行きたいと妻兼マネージャーに頼み込み、宿願としていたヘッケルの自宅「メドウサ」を訪問できたのだった。ヘッケルの家は、「メドウサ・ハウス」（群体クラゲの意味）と綽名《あだな》が付いたように、クラゲの絵の装飾にあふれている。無理もないことで、結婚後わずか十三か月ほどで病死した妻の生まれ変わりかと思えるような金色の長い髪を連想させるクラゲの新種を発見し、これに妻の名アンナ＝ゼーテという学名を付けた人だったからだ。しかも自分でそのクラゲをスケッチし、彼の主著の一つである『自然の造形』という美しい図鑑に収めたのだった。ヘッケルにとっては、クラゲは妻の生まれ変わりだったのである。

そして、わたしが記憶していたネアンデルタールの絵が、このメドウサ・ハウスに飾られていたのである。その絵は油絵のように見え、彩色されていた。ヘッケルが執務した二階書斎の壁に飾られていて、暗い色調だったので、直ぐには気づけなかったが、記憶に残る絵柄はすぐに、あの絵だ、とわかった。ネアンデルタールの女性が赤ん坊を抱いて座り、男性のほうが傍でやや後ろ向きに立っている。係の女性学芸員に質問したら、ネアンデルタールの最初の骨はドイツ、デュッセルドルフの鉱山で発見されたそうで、最初は大型猿類と思われたが、ヘッケルがこれを研究して人類に限りなく近い猿人の一種と結論づけて、ホモ類すなわち現世人の同属に含めた。人類とサル類の間をつなぐ「ミッシング・リンク」であると提唱したことで、ヘッケルはネアンデルタールと因縁深い人物になった。わたしはその現物と対面し、小学生時代に直良博士の本で観たネアンデルタールとの再会を果したのだった。

著者が小学校時代から親しんだネアンデルタール人の想像図。この原画はイエナにあるエルンスト・ヘッケルの書斎に飾られていた。

メリエスの仲間たちと魔術的な映画

横道にそれすぎた。サイレント映画をコレクションするという問題にもうすこし目を向けよう。

それで思い出すのは、コレクターを自任する先達の努力である。どのコレクターも同じ想いだろうが、コレクションとは「永遠に廃棄できないゴミ」でもある。したがってコレクターは、ゴミの番人なのである。植草甚一のほぼ出版社書庫に等しい、本が紐でくくられて積まれている仕事場がそうだった。昆虫関係書籍の大コレクター長谷川仁さんの書庫は、小学校講堂を小さくしたような板張りの道場みたいだった。象《ぞう》設計集団がデザインした、書棚の上にベッドがある船曳由美《ふなびきゆみ》さんの書斎は、本を積み上げた須弥山《しゅみせん》のようで、その上で寝る船曳さんは兜率天《とそってん》のようだったし、いくら手を伸ばしても上の方に届かない高い書棚に囲まれたフォーリー・アッカーマンの大図書室も、本の牢獄さながらであった。

　いろんな図書室や書斎を見てきたが、しかし杉本《すぎもと》五郎《ごろう》さんのコレクションは、ほんとうに時間と手間暇の集積を感じた。フィルムや映画雑誌の収納された空間は、感じだけ言うと、すこし金属臭と油気がある町工場の倉庫のような硬質な匂いが漂っていた。聞けば、一度ならず収集品を火災で失ったという。それでもなお、この分量なのだから、もう黙して礼するほかにない。後で知ったことだが、杉本さんはマンガ家を仕事にしていたことがあり、水木しげる大《おお》先生とも古くからの知り合いで、水木作品にモデルとして登場したこともあるという。あいにく、杉本さんのお宅を訪問したのは、水木師匠と知り合う前だったので、そんな話もまったく存じあげなかった。それと、杉本さんの書斎には、すっぱい匂いがかすかにあったのが気にかかったので、訊いてみた。すると、

「昔の映画フィルムは、保管が悪いと、酢の匂いが出るんですが、慣れるといいものです」

　と、杉本さんが大きなリールに巻かれたフィルムの匂いを嗅がせてくれた。そのあと、目的の『ニーベルンゲン』を観せていただき、フィルムを手作業で巻き戻し、雑誌に載せるカットを探して、その小さなコマを撮影してもらった。これには時間がかかるので、杉本さんが自慢のコレクションの中からメ

リエスの短編作品を選んで、上映してくれた。そのなかで、メリエスのトリック撮影に新鮮な関心を抱いた。たしか、奇術をテーマにした映像で、急に人が消えたり現れたりするマジックだった。実際に行うなら大掛かりな準備が必要だが、映画で撮ると簡単にこの奇術は達成できる。時間を過去にもどすという奇術も、フィルムなら逆回しするだけで手軽に実現できる。奇術師だったメリエスが、奇術にトリック映画を利用する方法を考えつくのは、必然であった。

じつは、メリエスはフランスの奇術王だったロベール＝ウーダンと関係が深い。杉本邸訪問をきっかけにして、わたしは初期の映画製作者が多かれ少なかれ、映画をマジックとして活用していたことに気づいた。わたしの頭の中で、自動人形＝光学機械＝奇術＝アニメーション＝映画という不思議な相関図が組みあがった。そのスタートにロベール＝ウーダンが座るのだ。

ロベール＝ウーダンは十九世紀中葉に活躍した大奇術師だった。アメリカでもっとも有名な奇術師フーディニは、フランス人名ウーダン（Houdin）を英語読みにした芸名を名乗ることで、敬意を表した。また、ロベール＝ウーダンが創り出した「ミステリー・クロック」は、カラクリ技術としても殿堂入りするくらいの名作で、カルティエでもこのカラクリを応用した装飾時計が製作された。

ロベール＝ウーダンといえば、大道芸だった手品を劇場で見せる舞台型のショーに変え、科学や映像をマジックに応用した最初の人物である。たとえば

フランスの奇術師ロベール＝ウーダンが創造したミステリー・クロック。著者は本物をパリで見つけて購入した。

磁石。これを金属の樽に張り付けて、力自慢の巨人に引き剝がさせる奇術を得意とした。その彼が一八四〇年ごろ、長短両針がまるで空中に浮いているかのように見せる時計を開発した。これがマジックの領域を超えて、新しい装飾品にまで発展し、ミステリー・クロックというジャンルをつくった。そのロベール＝ウーダンの魔術劇場を、彼の死後一八八八年に買い取ったジョルジュ・メリエスが、世界最初のトリック映画『月世界旅行』を公開する舞台としたのだ。この辺の歴史を描いたのが、マーティン・スコセッシ監督が製作した名作『ヒューゴの不思議な発明』だ。わたしにとってはウェス・アンダーソン監督『グランド・ブダペスト・ホテル』と並ぶ現代のベスト作品である。

このロベール＝ウーダン考案になるミステリー・クロックをパリの骨董屋で発掘し、苦心惨憺のすえ日本まで運んだ話を、わたしはどこかに書いたことがある。そのころは、ロベール＝ウーダンや杉本五郎に学んで、十九世紀の自動人形を収集することに熱中していた。海外オークションでフランスのコレクターたちと繰りひろげたバトルは、今思いだしても興奮する。「ピエロ・エクリバン」という文字書き自動人形を落札したはいいが、あまりにデリケートすぎるカラクリなので、ＪＡＬのファーストクラス席に置かせてもらい、おそるおそる東京へ運んだことも、すばらしい思い出だ。

そういうわけで、わたしはアニメーションをどうしても映画という意味だけに限定することができない。

これは自動人形と同じような一種の「人工生命」だと考えている。そもそもアニメなる言葉はアニメーション animation（命を吹き込むこと）という英語を縮めたものだ。語源も、anima すなわち命に由来する。アニマの本質は魂あるいは霊とされたので、あらゆるものに霊が宿るという古い理念もアニミズムと呼ぶ。そう、自動人形や映画は、機械・器物にも命が宿った人工物なのである。これを日本の妖怪にたとえれば、百年経つと器物が妖怪になるという「付喪神《つくもがみ》」に相当するかもしれない。『帝都物語』に学天則が出てくる理由も、ここにあった。

『リトル・ウイアード』の復元に挑む

そんな化石のようなフィルム集めや自動人形集めの記憶に言及してしまったのは、青春期に熱中したコレクションに半世紀ぶりに再会する出来事が起きたからである。やはり大学時代の記念物への想いが再燃したのだ。それは同人誌発行の思い出だった。わたしは大学一年になってから、高校で同級生だった竹上昭（現在はSF翻訳を手掛ける）と、怪奇小説の翻訳紹介雑誌を発行した。このことについては、すでに本書でも論じたが、今回は少し意図が異なる。

同人誌を出す企画は、高校三年になって、SF関係の新世代に属する人たちと交流を持ち始めたときから胚胎した。大きなきっかけは、アメリカの有名な怪奇小説雑誌『ウイアード・テイルズ』（パルプマガジン）に掲載された小説、俗にラヴクラフト・スクールの作品群を紹介しようと考えたことだった。わたしは中学三年生から、平井先生や紀田順一郎先生の後押しを受けて、海外の怪奇小説を原書で読む訓練を始めた。べつに勉学が好きだったからではない。怪奇小説の翻訳が日本にはきわめてすくなく、原書で読むしかなかったからだ。

最初に選んだ洋書が、レイ・ブラッドベリの短編集だったのがよかった。高校生の学力でもなんとか読みこなせる英語だったのである。そこから、ラヴクラフトやマッケンに手をのばしていったが、何だか一作読み終わるごとに英語力がぐんぐんついていく実感が、たしかにあった。

高校二年までは神田や渋谷の洋古書店を漁って、それこそアッカーマンの『フェイマス・モンスターズ・オブ・フィルムランド』や『アメージング・ストーリーズ』などの定期刊行物とペーパーバック集めに熱中した。でも、高三の後期ともなると、本物の『ウイアード・テイルズ』を大量に集めなければいけないという想いが強まった。さあ、洋書の古本をどうやって集めたらいい？　そこで気がついたことがあった。かつて『ウイアード・テイルズ』に寄稿したラヴクラフトの弟子たちが、今は大家になって、それぞれに本を出し、それが「バランタイン社」というところでペーパーバックになっている。そうだ、このバランタイン社に手紙を出し、作家の住所を教えてもらって、その伝《つて》から古いパルプマガジンを入手しよう、と思いついた。

　よいアイデアかと考えたが、結果は無残だった。日本の高校生を相手にしてくれる怪奇作家は、残念ながら存在しなかった。それで、今度はSF雑誌の広告欄に載っているSF系専門らしい古書店に、カタログを請求する方法に切り替えた。これが結果を出した。最初に手紙を送った古書店から返事が来て、自分の店は海外取引しないが、代わりに日本と取引できるイギリスの古書店を紹介してやる、と言ってきたのだ。

　これがちょうど大学受験準備の真っ最中にあたる、昭和四十一年の年明けだった。さっそく平井先生にも、取引できる店がみつかったと連絡を入れると、たくさんの探求書リストを送ってくださった。ここからわたしたちは受験もそっちのけで本格的な古書収集を始めたのだった。「おい、日本の怪奇小説で、ゴールデン・ゴブリンというタイトルの本が売りに出てるぞ」と言えば、竹上が「安いから買っちゃえ」という。送金して本の到着を待った。本が来たので、さっそく包みをほどいて開いてみると、「なんだ、これは、『金色夜叉』の英訳本じゃないか！」と怒りに震えたこともあった。

　そういう苦労の末に、大学入学直後から発行準備を始めたのが、同人誌『リトル・ウイアード』だった。大学四年間で、出した雑誌が十五号、ほかに十六号草稿の一部、それに「fantasy literature への誘い」と題し日大の学園祭で配った勧誘パンフレット。加えて、毎号に挿入した挿絵の原画が残っていた。挿絵の係に島村君という日大生を引っ張り込んだのも、このときだった。まことにもって、島村君には申し訳ないことをしたものだが、これがじつは最大の幸運だった。なんと、われわれの同人誌を大切に保管してくれたからだった。

わたしと竹上は、同人誌作りに全精力を注ぎこんだが、雑誌の保管ということには手が回らなかった。

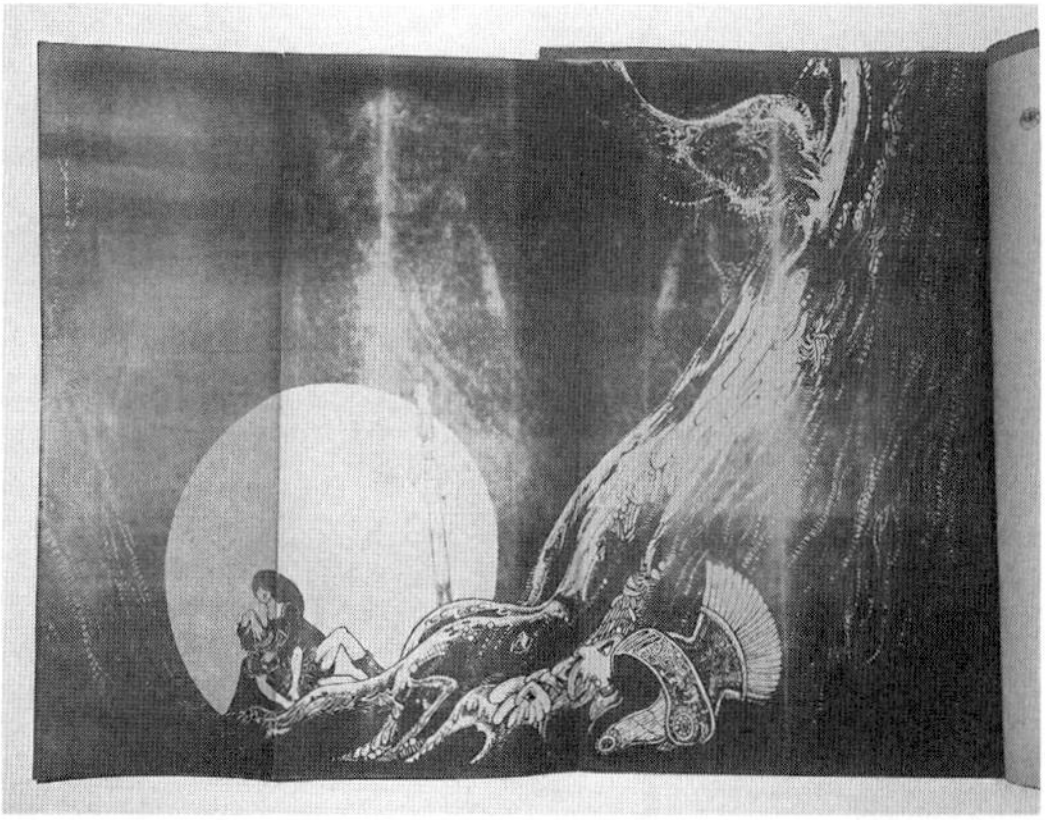

『リトル・ウイアード』復刻3号に収録された挿絵。著者と級友の竹上昭の共同制作だった同人誌『リトル・ウイアード』は、2019年にデジタル復刻が実現した。

とりわけ創刊号は、わずか二十部を大学の謄写版を使って印刷したにすぎなかった。二冊だけ残して、平井先生、紀田先生、柴野拓美、矢野徹の両SF先生、パルプの大コレクションをお持ちの野田宏一郎先生などに発送した。残った二冊も、あとから入会してくれた人たちに贈呈してしまい、三号だか四号だかを出すころには影も形もなくなった。

それで歳月だけがただ無意味に半世紀も先へ進んで、今、薄汚い爺さんになった自分たちだけが残されたのだった。そんなあるとき、わたしの執筆履歴を詳細に記録保存してくれている大阪在住の伊吹博さんから、耳よりな情報が届いた。『リトル・ウイアード』のバックナンバーをすべて揃えている方がいらっしゃる、と。わたしはあわてて、そのサイトを開いてみた。そうしたら、SF界では有名な同人誌コレクター高井《たかい》信《しん》さんだった。氏のサイトには、まことに詳細な同人誌の研究資料が載っていた。半世紀ぶりに見る『リトル・ウイアード』の初期号も、ほぼそろった状態で写真掲載してあるではないか。

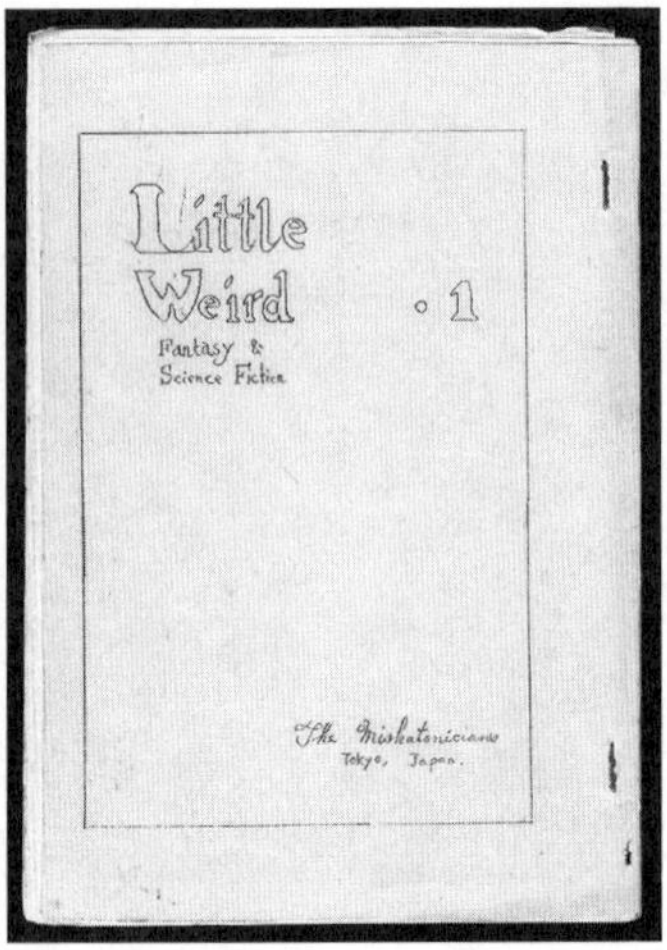

『リトル・ウイアード』創刊号の現物。ガリ版刷りで印刷部数二十。製作者二人も所蔵せず。挿絵担当だった島村義正氏が保存していた貴重な一冊。

正直にいうと、『リトル・ウイアード』の復元はもう不可能であると、観念していた。ガリ版で切った創刊号なんぞは、半世紀以上お目にかかったことがない。しかも無価値に見える紙屑同然の同人誌であったから、古本市場に出てくる可能性もない。ところが高井さんが守ってくださっていた。高井さんは寛大にも、わたしたちの手元にない号のスキャンデータを提供してくださった。これで一気に全巻復刻が現実味を帯びた。高井さんが所持されていなかった号は、唯一、創刊号だけだった。

すると、我が願いがペガーナに届いたのか、あるいはダゴン神に届いたのか、創刊号のありかを突き止めてくれた人が出た。今度も伊吹さんだった。ネットをググり倒した結果、早川書房が管理している野田宏一郎さんの旧蔵書に、『リトル・ウイアード』創刊号が収められている事実を掘りだしてくれたのだ。わたしは野田文庫が早川書房に移されたことすら知らなかったので、さっそく編集部へお願いに行った。さらにタイミングがいいことに、わたしは早川書房の雑誌で、福澤諭吉の生涯を描いた小説を執筆することになった。そのおかげで早川社長が創刊号の複写を許してくださったのである。これで全巻が揃った。あとはデジタルに直して、全巻復刻版を作成するだけだ。我が人生が尽きようとする間際に、心残りがなくなった。わたしは島村、竹上、両同人に相談し、復刻版をいつか公開したいと思っている。

第十一章

理科室の解剖台でリュウグウノツカイと妖怪が出会う

ウォーレス・スミス画　アーサー・マッケンへのオマージュ。

「（ワヘイの人々の霊は）まず、「死霊」、「邪術霊」、「超自然霊」の三種に分類される。（中略）死霊たちは固有の界に棲み、ときおり人間界に現れては人間の生活をのぞき見したり、人や竹に憑依して人間と直接に話したりする。人間たちの問いかけに応じたり相互コミュニケーションが可能なのは、この死霊だけである。

　邪術霊は、特定の呪文を知っている人間によって出現させちれ、コウモリやムカデに化身して人間を襲うと考えられている霊である。男性の邪術によって生じた霊はソクィグ（sokwij）、女性の邪術による霊はソクィス（sokwis）と呼ばれて区別される。基本的にはある大木に棲む超自然霊の一種であるとも説明されるが、人間の意志によってコントロールされるという点で、他の超自然霊とははっきり別の種類に分けられる。（中略）超自然霊は、その棲み処によって大きく六種類に分類され、それぞれが異なる名前や性質をもっている。その全体をくくる呼称はない。霊の棲み処とは、川や湖の底やほとりにある岩、川のそばの木や草、山の岩穴や大木、池や沼地の中、川ぞいの大木、川の入り江、などであるが、こうした自然自体に霊的性質が賦与されて、自然がいわば霊格化されたものが超自然霊である。どこに棲む霊に関しても、男性と女性の区別は明確に認識されており、霊は自在に人間の姿に化身して人間と同じように振舞うことができるとも考えられている」

山田陽一「ワヘイのうた・霊の語り：パプアニューギニアの一社会における音の民族誌」

推理小説の「下戸」

勝手なことをだらだらと書きつづけていたら、あっという間に最終章まで来てしまった。一生のことはどのみち書き尽くせっこない、などと安心していたけれど、いざ書いてみると人生の思い出なんぞは大した量にもならなかった。あっという間に底をついて、盛夏のどろ干潟《ひがた》みたいにどす黒い滓《おり》を曝《さら》すだけのことだった。

ずいぶんあった本を角川文化振興財団のミュージアムに引き渡し、暮らしの場をおびやかすように増殖していた新聞雑誌の山も、あらかた消えた。がらんとした書棚が、まるで自分の頭のなかのように見えてくるから、おもしろいものだ。わたしは現在、頭も心も家の中も、空っぽである。

いや、わたしの場合はほんとうに頭が空っぽになったらしいのだ。昨年秋に脳の影像を撮ったら、ロールシャッハテストのブロットにそっくりの気味わるい影がうつった。ヒトデみたいな形が、頭蓋骨内の暗い空間の中にすかすかと浮いていた。脳の萎縮がひどいという。もう高齢ですからね、と医者は慰めてくれたけれど、たぶん緻密な仕事はできなくなるだろう、という宣託だったと思う。

だが幸か不幸か、作家なんて仕事は、結局のところ頭脳がわりの本があればなんとかなるようにできている……と思ったところが、肝心の本もこのタイミングでみんな売り払ったことを忘れていた。

それでも、今回の断捨離にはいいこともあった。二年間にわたって蔵書を処分する中で、忘れかけていた発見をあらためて思い出す「最後の機会」に恵まれたからだ。そこに運よく、平井呈一先生の年表を編むという仕事も重なったので、自分の人生を蔵書の処分という形でまるっと回顧する結果にもなった。

紀田順一郎先生が一足先に蔵書を処分され、『蔵書一代』に書かれたことも刺激になった。わたしは諦めがよいから、蔵書を手放すことに紀田先生ほどの感慨はなかったが、人生を過ごす上での大黒柱が本であったこと、そしてその本は平井先生の導きで自然に溜まったもの、ということを身に染みて味わった。

いま、やっと思いだしたのだが、わたしは平井先生と文通を始めたころ、こわいもの知らずにも程があって、「お化けとか超自然現象とかいうもんは、いずれ真相が解明され、存在しないことがはっきりします。そのとき、怪奇幻想小説も絶滅するでしょう」と、書き送ったことがある。正岡子規ら明治の俳人が、十七文字の組み合わせにはやがて数学的に限界が来て、新しい句の生まれる余地がなくなるのじゃないかと杞憂したようなことを、考えたのだ。そのとき平井先生は「大いに研究なさい。それにはたくさん読むことです。ただし、私は怪奇小説はなくならないと信じています」という、激励とも悪戯《いたずら》ともとれる返事をくださった。わたしはその御言葉に励まされたのかだまされたのか、知らぬうちに半世紀ものあいだ、幻想怪奇の世界を歩き回った。それが自然の神秘世界だったのか、あるいは脳内の異世界だったか判然としないが、少なくとも焼け跡や墓場ではなかったような気がしている。

たとえば、わたしをそもそも怪奇文学党に仕立てた作品であるH・P・ラヴクラフト作、平井呈一訳「アウトサイダー」にまつわる、ちょっと奇妙な現象に気づいたのも、今回の蔵書譲渡の副産物だった。

わたしは七十歳になるのを前に、東京創元社のお世話をいただいて『怪奇文学大山脈』という三巻の大著を著した。動機は、平井先生に課された宿題に答えようとしたことだったが、そのときに気づかなかった問題が、この断捨離で見えたのである。それは、『怪奇文学大山脈』三巻からラヴクラフトの作品を除外してしまったのが、きわめて不覚だったという発見である。

じつは、ラヴクラフトの名作怪奇小説「アウトサイダー」の翻訳には、前からすこし疑問をもっていた。この作品は平井呈一先生が東京創元社の「世界大ロマン全集」に『魔人ドラキュラ』（昭和三十一年刊）を訳出し、はじめて戦後世代に怪奇専門の翻訳者として注目された直後、おなじ叢書の後続として出された江戸川乱歩編の『怪奇小説傑作集Ｉ』（昭和三十二年八月二十日刊）のために訳された短編だった。ところが、同じ三十二年八月、雑誌『宝石』八月号（宝石社、十二巻十号）にも平井訳でＬ・Ｐ・ラヴクラフト作「異次元の人」なる作品が掲載されたのである。タイトルも著者も違っていた（Ｈ・ＰでなくＬ・Ｐになっていた）。これはいったいどういうわけなのか。

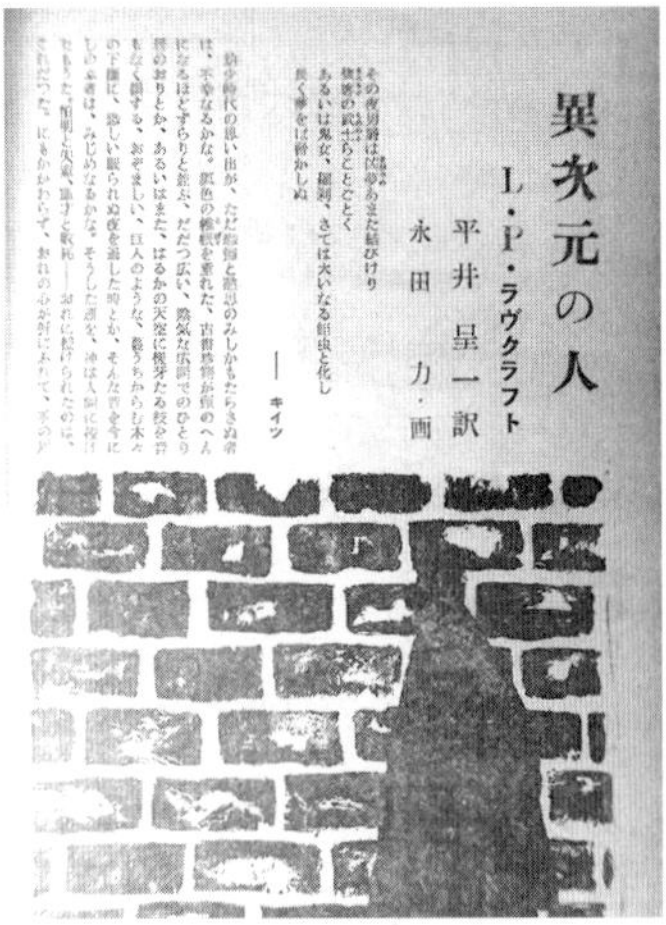
異次元の人
Ｌ・Ｐ・ラヴクラフト
平井呈一訳
永田力・画
— キイツ

『宝石』昭和32年8月号。

今回の蔵書の処分中に、その掲載雑誌である『宝石』が出てきたので、いい機会と思って調べた。「異次元の人」を読みかえしてみると、これはラヴクラフトの「アウトサイダー」そのものであって、乱歩が編んだ東京創元社版『怪奇小説傑作集Ｉ』に収められた訳文と変わらなかった。ふつうは同年同月に同作品を二つの出版物に掲載するという原稿の二重使用は行わないのがマナーだ。したがって、こういうことをおこなうには何等かの理由がなければいけない。雑誌『宝石』は平井先生が「下戸」だと言い切る推理小説雑誌であるから、ご本人が東京創元社から引き受けた翻訳を『宝石』にも横流しするような権限があったとは思われない。とすれば、どちらにも顔が利く乱歩が、タイトルを変更して両方にこの偏愛作品を載せたと推定するほかない。江戸川乱歩が『怪奇小説傑作集Ｉ』の序文で「私の最も好きなものの一つ」と絶賛しているので、ラヴクラフトへの愛があまって、『宝石』のほうにもタイトルを変更して載せたのではないか。

たしかに、『宝石』昭和三十二年八月号は、乱歩にとって特別な号だったのである。というのは、この号から江戸川乱歩自身が編集に乗り出した開始号であったからだ。その新方針を喧伝《けんでん》するために、表紙に棟方志功《むなかたしこう》の版画を用い、「江戸川乱歩編集」と黒文字で大きく掲げてある。それによれば、乱歩は自分の編集方針に海外作品の翻訳を重視する姿勢を持ち込み、これまで『幻影城』などの研究随筆で紹介してきた愛すべき未訳傑作短編を一気に訳出紹介しようとしたのである。この月に掲載した海外名作は五編。チェーホフ、ノックス、ベン・ヘクト、トムスンに加えてラヴクラフトを担ぎ出した。一ページを費やしたまえがきで、乱歩はこうも言っている。「わたしが編集をするからには、翻訳ものにも大いに力を入れたいと思う。『幻影城』『続幻影城』に書いた短編名作は、早川ミステリの『黄金の十二』『名探偵登場』、創元社の世界推理小説全集の『世界推理短編傑作集』、同じく世界大ロマン全集の『怪奇小説傑作集』などに取り入れられて、残り少ないように見えるけれども、しかし、まだまだ取っておきの珍品が数十篇ある。(中略)本号には海外名作五篇を並べた。……「異次元の人」(原名「アウトサイダー」)は、アメリカの人であるが、アメリカらしからぬ異常の怪談作家ラヴクラフトの傑作のひとつで、『ダンウィッチの恐怖』と共に、わたしのもっとも愛する作品である。ラヴクラフトの怪談への狂熱は、二十世紀最大の怪談作家ブラックウッドにもおさおさ劣るものではない。実にふしぎな作家である」

この文章からみると、ここに東京創元社の『怪奇小説傑作集』が挙げられているので、順序経過からいうと、創元の怪奇小説アンソロジーがまずあって、その後『宝石』から編集長就任の要請が届いたようなのだ。おそらく急な話だったため、優秀な短編をそろえなければならない『宝石』のほうへ先に掲載し、同月内でもあとから出される『怪奇小説傑作集』には題名を変えて収録したのではないか。乱歩としても苦肉の策だったのだろう。

乱歩は実際、およそ六か月間、『宝石』のためにみずから印刷工場に陣取って朱をいれたり、ページ数を調整するために掲載作品を変更するなどの実務を取り仕切った。だからこうしたことができた。ただ、この時期にちょうど、東京創元社で企画した『怪奇小説傑作集Ⅰ』の作品セレクトともぶつかってしまい、読者を喜ばせるような他の未訳作品を探す暇がなかったのではあるまいか。現にチェーホフの作品の選び方についても、初め「安全マッチ」というのを選んだが、「創元の企画だった『短編傑作集』に選んだので、ここには『賭』を再録した」と謝っている。だが、『怪奇小説傑作集Ⅰ』とダブって選んだラヴクラフトのほうは、代替させるべきほかの名作が見つからなかったと推測される。それでも乱歩は『宝石』のほうで「異次元の人」を未訳と銘うたねばならなかったので、東京創元社の傑作集には題名を変更したと考えられる。じつをいうと、同じ号に未訳で入れられたベン・ヘクトの「奇妙な殺人犯」という作品も、人形を扱った怪奇小説なのだが、こっちの作品は『宝石』に掲載した九か月後の昭和三十三年三月に、東京創元社の『怪奇小説傑作集Ⅱ』に再録してある。訳者も同じ宇野利泰《うのとしやす》であり、訳文も変わらない。タイトルだけ、「奇妙な殺人犯」をすこし洒落た「恋がたき」に変更しただけだ。まさしくラヴクラフト「アウトサイダー」で採った方法の再利用である。これを勘ぐれば、「まだ珍品は数十篇ある」と豪語したのとは裏腹に、乱歩の手持だった未訳傑作のストックは、すでに底をついていたのではないだろうか。昭和三十二年は、乱歩の編輯《へんしゆう》企画作業が本格化し、いよいよ彼が偏愛した欧米の怪奇小説が、読書市場に放たれる最初の年になったのだろう。

そこで、ラヴクラフトの二重掲載が発生した昭和三十二年に、平井先生がどういう環境のもとにおられたかが気になってくる。ちょうどできあがったばかりの自作『平井呈一年表』を当たったところ、非常に興味深いことがわかった。この昭和三十二年なる年は、前年に『魔人ドラキュラ』の邦訳が出て、少なくとも東京創元社のような推理小説畑の出版社から定期的に翻訳の仕事が入るようになった、記念すべき年だといってよい。

もちろん、一般の読者に西洋の怪奇小説っておもしろいという認識を初めて持たせた功績は大きいのだが、しかし版元の東京創元社のほうは、平井先生の技量に注目し、いろいろと翻訳を依頼する方針をとり出していた。「世界恐怖小説全集」という大企画が俎上《そじょう》にのぼったものの、まずは売れ行きのよいミステリ系の作品の訳出を依頼した。ところが平亭先生は「おれは推理小説の下戸だよ」と公言されたように、マリー・コレリの『復讐（ヴェンデッタ）』のような小説や推理小説は、すべてこれまで読んだことのないジャンルに属していた。いかに天下の名作ミステリといえども、先生ご自身は読んだこともなかったし、だいいち文学だとは思っていなかった。ただ、怪奇文学とことなり、大衆小説、とりわけ海外推理小説は売れ部数の桁がちがったので、仕事と割り切ればありがたい。「下戸だ」と称してきた推理小説の仕事を引き受けたのも、千葉での新生活を安定させるために歓迎できたと思われる。

昭和三十二年の段階とは、まだ推理小説を訳したご利益が金銭となって懐に入る前である。しかも、そのとき平井先生は、経済的にのみならず翻訳家としても窮地に立っていた。ライフワークとも位置づけていた小泉八雲の全集がみすず書房から刊行される話があったのに、けっきょく道半ばでダメになり、小泉家に顔向けできないほどの迷惑をかけたからだった。みすず側が在野の平井呈一では心もとないと思ったのか、数人の大学教授クラスに共同編集者を依頼したのである。当然のように、全集編纂の決定権は教授連に奪われた。その人々と意見がぶつかって、版元も教授連のほうに傾いたため、アカデミーに属さない先生はひどい扱いを受けたらしい。ご本人いわく「悪魔の出版社と海坊主の学者さま」のやり方に、平井先生は堪忍袋の緒を切らし、この企画から降板した。その結果か、みすず側も資金面に問題が出て、平井先生が翻訳を担当した四巻分が刊行されたあとこの企画自体を中絶してしまった。

　平井先生はこの苦い体験を通じ、在野の翻訳者は「翻訳屋」という職人に過ぎず、大学の研究者の下請けにすぎないという現実を思い知らされた。もう二度と学者を入れての共同企画には参加しないと心に誓い、ならばおれは最上等の「翻訳屋」になってやると覚悟を決められたようだ。その証拠に『文藝年鑑』昭和三十二年版では、それまで代表作として八雲の翻訳を挙げていたのに、『魔人ドラキュラ』一冊のみを挙げ、別に「赤木赤平」というペンネームも公表した。この赤木赤平は、なんだか売文作家みたいな響きがある。お金くれるなら何でも書くという気分だったのか、もう一つのペンネーム（小説を書く場合に使用した中菱一夫）と異なり、いったいどんなジャンルにこの筆名を使ったのか分からない。たぶん、あまりいい仕事にはありつけなかったと思う。

　ついでに、年表を作成したおかげで発掘できた事実も書いておく。平井先生は戦争末期の昭和十九年末に、新潟県小千谷に疎開した。食うものも住むところもない、一家挙げての「東京脱出」だった。しかし、運よく旧制小千谷中の教員になったことから人生が一変した。型破りの東京文化人として小千谷の中学生に「中央文化」の風を吹き込み、昭和二十二年ごろからは小千谷中の教職員組合でも主役になり、ゼネスト休校などを体験したからだ。組合の仕事で東京に出張したりするうち、戦後への希望と自信が生まれた。年齢も四十代半ばを過ぎ、無気力になって不思議はないのに、東京へ復帰する気になった。都会はとにかくいろいろな原稿書きの仕事があり、小千谷にいては「本来の仕事」に乗り遅れるかもしれないと、焦りを感じたようだ。東京で一人待っている吉田ふみという女性からも、「もう中学校教員はおやめなさい、こっちで進駐軍の仕事でも何でもして、しっかり文学に精進してください」と意見され、奥さんと娘さんを小千谷に残して帰郷した。これだけ書くと女房を新潟に置いて愛人の許に走ったひどい人に見えるけれども、平井先生にはまず二つの家族を支えるために、文学で稼げるようになるしか道はなかった。

そんなわけで東京創元社は、平井先生が読んだこともなかった大物推理小説作家の翻訳をさせる一方、そのご褒美として、かねて提案されていた恐怖小説の系統的な叢書企画に、ゴーサインを出した。おそらくこの企画は、江戸川乱歩編集という看板で「前振り」として実現した『怪奇小説傑作集』二巻の売れ行きが好調だったことで、思いがけずスタートが早まったのだろう。いや、ひょっとすると、怪奇小説の魅力に開眼した乱歩のほうが、そもそも先に平井先生に声をかけていたのかもしれない。

推理小説畑の大御所であった乱歩をはじめ、中島《なかじま》河太郎《かわたろう》もまた、本職の推理小説研究のかたわら、怪談や怪奇小説を愛好した人だった。星の文学者として有名な野尻抱影も、大正後期には研究社が刊行していた『中学生』という雑誌の編集を行っており、中学生読者に欧米の怪奇小説のおもしろさを喧伝しつづけた。むろん推理小説も紹介したが、野尻は怪奇小説のほうにいっそう惹かれており、夏の特集などでは「恐怖小説」という名前を考案して、多くの翻訳を載せていた。モーリス・ルヴェルの英訳短編を重訳して載せたことはよく知られている。中島河太郎も「恐怖小説雑談」というエッセイで、野尻抱影編集時代の『中学生』について「現在の中学生、高校生向きの学習雑誌などとは全く類を異にしたもので、海外の大衆小説翻訳がたくさん紹介された。もちろん推理小説・科学小説の名作も続々現われた」と書き残している。中島によれば、怪奇小説への力の入れ具合は推理小説を圧倒しており、「幽霊実話会」とかいう怪異な体験談の投稿欄まで設けたほどの熱心さだったそうだ。わたしも昔から野尻抱影の仕事を愛していたので、今さらながらだが野尻編集時代の『中学生』の内容を再調査し始めている。平井先生も野尻さんとは知り合いだったようだ。

いずれにせよ、ラヴクラフトの「アウトサイダー」は、乱歩や河太郎が隠し玉として準備していた怪奇小説の日本への移入における、いわばテスト版だったのであろう。したがって、自分を推理畑の翻訳に まず引きずり込んだ乱歩や河太郎の思惑は、先生の ほうにも伝わったと見える。生活を安定させるため に翻訳に新たな可能性をもとめようとしていた平井先生サイドの事情を、乱歩も知っていたから、ひょっとすると怪奇小説の普及面ばかりでなく経済的な支援も意図して、異例の二重掲載を決断したのではないか。生前一切の名声や経済的成功と縁のなかった孤高の人ラヴクラフトの人生に、平井先生のそれを重ねたのかもしれない。

翻訳の達人と「二枚櫛」の比丘尼

ちょうどこの連載に取り掛かったころから、わたしは並行して平井年表の制作を開始したと、すでに書いてきた。いわば不肖の弟子の「義理返し」というべき、まことに田舎芝居めいた気持ちから発した仕事であった。何しろ、平亭先生はご自分の過去を語ることがお嫌いで、すくなくともご機嫌よく語ってくださる話題といえば、小千谷の田舎中学に東京の尖端文藝の風を吹きいれた自慢話に限られていた。それなのに世間はというと、やれ永井荷風の偽筆を作って売りさばいた門人だの、あの秘書『四畳半襖の下張』を勝手に持ち出して世間に漏洩するきっかけをつくった人物だのと、悪い噂ばかりがささやかれていた。どうも出版社間に回覧状でもまわったかのような騒ぎだった。しかし、荷風の側から出たこの濡れ衣を晴らそうと『断腸亭日乗』に仕組まれた「日記の虚実」を執筆された紀田順一郎先生の尽力や、不遇な文学青年の運命に託して平井呈一の内面的な葛藤を掘り下げた岡松和夫《おかまつかずお》さんの小説『断弦』が出てから、風向きが少し変わった。汚名もいくらかは返上されたけれども、やはり平井呈一の歩んだ一生を事実によって跡づける作業がなければいけない。だが、そうはいっても平井先生と同居した吉田ふみさん（世間的に言えば愛人）を直接知る人間は、おそらくもう、わたしと紀田順一郎先生ぐらいしか残っていないだろう（牧神社の社長だった菅原孝雄《すがわらたかお》さんも、数年前に他界されたと聞いた）。これは自分が何とかしないといけない問題だ、と気がついたのは、平井先生が鬼籍に入られた年齢とほぼ同じ、七十歳を目前にした時期であった。

もう遅い、とも思ったが、さまざまな方々にお目にかかれたおかげで、想像以上に詳細な平井呈一の生涯が掘りだせた。そこには、苦しく不条理な境遇こそあったけれど、世間に隠さねばならぬような暗い側面は見いだせなかった。平井先生の姪にあたる婦人を妻にした芥川賞作家、岡松和夫さんと同じく、明治から昭和を生き抜いた一人の文学青年の人生があったのであり、それは荷風の晩年に比べてはるかに充実し実りが多かったのだった。

永井荷風が筆誅小説『来訪者』で、自分の門人にとりついた妖女というふうに描写した女性、吉田ふみさんには、とくに注意ぶかく関心を寄せた。わたしは大阪万博が開催された年に、千葉県富津《ふっつ》の古風な田舎家でお二人にお目にかかっていた。もちろん、紀田先生から荷風の『断腸亭日乗』のことを聞いていたが、そういうことにまるで無頓着だったから、ご本人に会ったときは奥様だとばかり思った。いいや、あまりにも控えめな婦人だったので、近所の農家からお手伝いに来ているおばさんかと勘違いしたほどだった。

そのおふみさんのプロフィールが、ようやくわかった。夫唱婦随の典型といおうか、彼女は戦後、俳句の会に加入して、平井先生亡き後も俳句を友とし、自費出版の句集まで出した人だ。平井先生にとって一歳違いの幼馴染みだった正妻美代《みよ》さんが、いわば人生の戦友であったとすれば、ふみさんは「二櫛を挿した比丘尼《びくに》」だったように思う。戦国時代にあって、戦場に侍《はべ》る遊女役の比丘尼は、いつも二つの櫛を携えており、一本は、討ち死にした相愛の武将の乱れ髪を梳《す》いて菩提《ぼだい》を弔い、もう一本は自分のために使ったそうだが、ふみさんはそんな役廻りだったのではないか。

二人の出会いは、呈一一家が暮らしに困窮して千葉の布良《めら》に転居したときだった。近所づきあいで親しくなった吉田武雄《よしだたけお》という人の奥さんだったが、御亭主に急死された。平井先生が相談に乗るうち、ふみさんの不幸な境遇を知って涙し、やがて同情が愛情に変わった。自然に男女の仲になったのであろう。二人が交わした書簡は、戦争が終了して一緒の暮らしができるようになるまで交わされたが、いつもどちらかの涙に濡れている。

先生は文学者として世に出られず、家族にもつらい思いをさせていたから、いつまでも原稿料の取れる文学者になれないことで、深い負い目を負っていた。だから戦後、印税が取れるようになると、税金の確定申告はすべて美代さんにまかせている。これで妻の面目がいくらかは立つ。それで先生は毎年、別居してはいたが、使った経費の明細を美代さんに報告しつづけた。お孫さんからその書類を見せられたとき、わたしは、収入がすこしずつふえていくのを先生と奥さんが喜ぶ姿が目に浮かんだ。美代さんはまた信仰もお持ちだった。

とはいっても、平井先生は戦前、作家として独立することができなかった。人気絶頂だった佐藤春夫の門人になってはみたものの、いつまでも師匠の小間使いに留まった。それでも、永井荷風の門を叩いたところ、信頼を得るようになった。だが、荷風先生の許でも運命は変わらない。その負い目を晴らしてくれる「文学の女神」が、地味なふみさんだったのだ。

ちょうど戦争に突入して庶民の生活は苦しくなるばかり、荷風から大金を借りたが返済できず、家族で引っ込んだ千葉の布良からも追い出される羽目になった。これで万策が尽きた。男女の関係を結んだおふみさんも自活の道を選ぶしかなく、親戚だった本所《ほんじょ》もゝんじや（有名なしし肉料理「豊田屋」）で下働きを始めている。いっぽう、住む家を失った平井先生が思い余ってふみさんの親族に貸家探しの相談をしたところ、ふみさんが東京に出たため空いている家に一時入居するよう勧めてくれた。むろん、恋愛関係となった婦人の手前、その親族の親切に甘えるわけにはいかない。だが、事情をまだ知らない人たちの厚意を無下に断れず、一家でその空き室に転がり込むことになってしまった。その家はふみさんの帰郷先でもある。ちょうど御亭主の一周忌にふみさんが帰省することになったので、そのあいだ一つ家で正妻の美代さんと子供たち、それにふみさんが同居することになった。平井先生は「地獄だ」と苦悩し、正妻にすべてを打ち明けるほかなかった。

平井先生は家族会議を開き、ふみさんと男女の関係になったことを告白したが、自分は妻も家庭も守るつもりだと宣言したという。しかし、文学で名をなすためには「芸術の女神」も欠かせないと、美代さんに許しを請うた。江戸っ子の美代さんは夫を恨んだろうけれど、あえて責めたてなかったようだ。江戸娘らしく「意地」を張ったのだろう。だから、デカダンというのではない。平井先生は赤貧ながらに妻と女神を得た、一人の果報者ともいえる。それだけにものすごいプレッシャーがかかったはずだ。

戦争最中の昭和十九年晩秋、平井一家はふみさんの知り合いもいる小千谷に疎開した。しかし小千谷疎開を手配してくれたのは、今もある丹青社の専務だった広川仁四郎《ひろかわにしろう》氏というご仁である。小千谷では西脇順三郎の実家だった西脇家に次ぐ素封家だ。さいわいにも中学教師の職にありつけたが、このときも、ふみさんは、父方の実家が船具屋で櫓《ろ》の製作に必要な材木屋の知り合いがあった関係から、東京でも有数の履物屋に生まれたおかげで、小千谷にも

平井呈一（前列中央）、旧制小千谷中教員時代、昭和21年。

知り合いを有していた。そこは下駄屋の「花甚」という店だったが、狭い田舎町ではすぐに噂が立つ。そこでふみさんは花甚の紹介で下宿屋「堀儀」という家に間借りした。ともかくも荷物を持ち込んだけれども、結局、人目を避けて晩まで談話する仮宿にしか使えなかった。終戦になってからも食糧事情などで平井家は東京に戻ることができない。ふみさんだけが東京にいて洋裁を学んで自活し、平井先生の娘さんにも洋裁を習う手助けをしている。ふみさんと平井家の女性たちが親しい間柄になったのは、そんな助け合いの結果だったようだ。

　終戦時、平井先生は四十代半ば過ぎ、ふみさんはそれより九歳ほど若かった。平井先生は弱気に傾いたけれど、ふみさんは覚悟のある女性だった。終戦後も食うために小千谷中学の教師をつづける平井先生を叱咤し、文学者になるなら東京に戻り、文学に精進するべきじゃありませんの、と勧めた。一方、奥さんと娘たちは小千谷で人脈も生まれ、長女にはやがて縁談が持ち込まれたから、他の家族はしばらく小千谷で暮らす方がいいのでは、という話になった。美代さんも娘をかかえて小千谷で働きながら自活する道を選んだ。どちらの女性も、最後まで平井先生を見捨てなかったといえる。

　でも、復讐心のつよい荷風は、ふみさんのことを詳しく知らなかった。ふみさんがつきまとった相手の白井《しらい》魏《ぎ》（すなわち平井呈一）は、彼女の財産を狙って接近したことにし、ふみさんのほうは重病に冒された挙句に、狂乱に陥り車に轢かれるという最期を与えた。だが、まったくのフィクションである。江戸っ子の二人だったが千葉という異郷でつましく暮らし、ふみさんも先生と俳句に親しみ、その最期を見取ったのち二十年余も平井呈一の家を守り抜いて、静かに亡くなった。

――星月夜他郷といえど親しき地　文女

「中パッパの守、権助ノ正」

わたしはどういうわけか、平井呈一先生と紀田順一郎先生の本を、自分でも驚くくらいたくさん所蔵している。とくに平井先生の本が多く、推理小説の翻訳本もけっこう残っている。そう、わたしにも海外の推理小説に熱中した時期があって、平井先生の翻訳で怪奇小説の魅力にハマる前は、推理小説が大好物だったのだ。その中には、推理小説が肌に合わず読んだこともないと常日ごろ豪語していた平井先生の翻訳もかなりある。たぶん、知らずに平井訳の推理小説を読んでいたはずである。

昭和三十年ごろに始まった海外推理小説の出版ブームは、現在でいうなら民放テレビ局のドラマ枠が刑事ものか医者ものに占領されているのに似た隆盛ぶりであった。したがって、翻訳者は推理小説さえやれば餓死せずに済んだ。そこへ乗り込んだ平井先生は、『Yの悲劇』にしてもドルリー・レーンの台詞《せりふ》をちょっとべらんめえ口調の歌舞伎役者じみた節まわしにしたりして、江戸文藝の教養をたっぷりと注ぎ込んだ。批判もあったけれど、翻訳術のみごとさに虜《とりこ》となる読者も出た。難解な「西洋鳴鐘術」という鐘打ちの蘊蓄《うんちく》で有名なドロシー・セイヤーズ作『ナイン・テイラーズ』の翻訳を頼まれたときには、まず原語の意味をブリタニカで調べ、訳語の選択は上野図書館へ行き、江戸の能楽文献を漁って適当な語をみつけると、すらすら訳しあげてしまった。この名作は、専門の推理小説翻訳者がそろって、翻訳不能と兜《かぶと》を脱いだ「いわく付きの佳作」である。これには、推理小説好きだった荒正人《あらまさひと》も、「少々古臭い訳だが、すばらしかった」と賛辞を贈っている。平井先生も鼻が高かったのであろう。ご本人いわく、「なあ、おい、ひとつ看板かけるか、翻訳御係、はじめチョロチョロ中パッパの守権助《かみごんすけ》ノ正《しょう》なんてな」というほどの自信であった。

むろん、歌舞伎調の翻訳がまるで不評だったわけでもなかった。推理畑にも歌舞伎調をむしろおもしろがってくれる読者がいた。たとえば、舞台物のほか自分でも推理小説を書いた歌舞伎評論家の戸板康二《といたやすじ》は、その一人だったし、曾野綾子《そのあやこ》や福永武彦《ふくながたけひこ》（東京創元社から『世界推理小説全集』を訳出してさえいる）だって、江戸文化がわかる推理小説愛読者だった。また、大物の幸田露伴《こうだろはん》も『新青年』の推理小説がまとまって載る別冊増刊号を愛した読者であって、ペダンチックな推理小説を書いた小栗虫太郎《おぐりむしたろう》の絢爛たる文章にも、ちゃんと注目していた。娘の幸田文《あや》だったか、露伴のハマった探偵趣味を語る一文を読んだ記憶もある。推理小説の影響があってか、露伴は汽車で旅をする場合、乗り合わせた人々のいでたちや持ち物を片っぱしから観察して、その人の経歴、暮らしぶり、職業などを言い当てるのを道楽にしていたそうだ。文は父親を「名探偵ホルムズ」のように思っていたという。露伴は昭和二十二年に亡くなっているから平井先生訳の推理小説を直接読んだことはなかったが、ヴァン・ダインを読んで推理小説にはまったそうだ。そのヴァン・ダインを平井先生が訳しているので、もし露伴翁が呈一訳を読んだら喝采したと思う。

たしかに、平井先生が訳した推理小説は、ふしぎな味わいがあった。あらためて読み返すと、訳文の自由闊達さには驚嘆してしまうし、自分で訳した作品さえも訳者あとがきでかなり手厳しく原作にダメ出しするあたり、じつに平井先生らしかった。こういうことって、今ではなかなかできない。あとがきや解説のお役目とは、つまりその本をほめそやすことにあるからだ。もっとも、さすがの先生も、やりすぎを自覚することはあった。たとえば講談社の『世界推理小説大系』で邸宅を丸ごと消失させるという未曾有のトリックに挑戦したエラリー・クイーン作『神の灯』というのを訳したあと、こう書いている。

「『神の灯』は今度新しく追加したものだが、あの奇想天外の大トリックには、正直いうとこっちが面くらってしまって、あの二軒の建物の距離感が最後までつかめなかった。それと、オリヴィア・フェルの最期の科白《せりふ》、あれはふてくされたあの莫連女《ばくれんおんな》の正体を割る科白なので、すこしアクをきかせておいたのだが、ちと場末の緞帳《どんちょう》芝居になりすぎたかもしれない。訳しおわったあとで、この二つが気にかかっていることを白状しておく」と。

この文章は、平井先生に妥協の二文字がなかったという見本だ。それでも、五十年以上前に東都書房が『世界推理小説大系』という叢書を出したとき、あろうことかエラリー・クイーンの『Yの悲劇』やヴァン・ダインの『僧正殺人事件』を平井先生に翻訳させたのだから、よほどのことだったにちがいない。乱歩や中島河太郎のような旧知からの推薦がこれを実現させたに違いないのだが、おもしろいから、『僧正殺人事件』に寄せた「訳者のことば」もついでに引いておこう。

「ヴァン・ダインの『僧正殺人事件』は、数年前、ある人の翻訳ではじめて読み、正直なはなし、その愚劣さ加減にほとほと呆れた経験をもっている。ことに、その翻訳を通じて見た主人公ファイロ・ヴァンスのきざさかげん、鼻持ちならないそのペダントリーの浅薄さには、嘔吐をもよおすほどの嫌悪を感じ、当時何かのアンケートにも、わたしは、何ともはや箸にも棒にもかからぬ愚劣な作品だといって、罵倒した記憶がある」と。

なんという大胆さ！　おまけにヴァン・ダインの巻に併載されるはずだった『グリーン家殺人事件』の訳者村上啓夫《むらかみひろお》さんが途中に体調を崩し、当時まだ売り出す前の若手訳者田《た》中潤司《なかじゅんじ》さんに交代するという事件まで起きたというから、なにか疫病神にでもつかれたような一巻である。どうやら推理小説翻訳陣には、平井訳の出現は大きな脅威になったようだ。

でも、先生の手厳しさはまだこんなもんじゃない。同じ叢書でジョン・ディクスン・カーの割り当てを受けたのだが、こっちの「おことば」も過激だった。いちおうは東都の顔を立てる必要があるから、間接的に東京創元社で体験した話にたとえて、こう喝破した。

「先年、東京創元社でカーの選集が編まれたとき、お前は怪奇小説が好きだし、オカルティズムに関心があるから、訳者にぜひ一枚加われといわれて、ひっぱりだされたことがあった。その時、編集部がわたしの担当分として選んでくれたものは、たしか『夜歩く』、『黒死荘』、『弓弦荘』の三篇だったと思うが、とくにわたしのために、編集部でも怪奇趣味の濃厚なものを選んでくれたのだろう。なにしろ、カーのものは何一つ読んでないし、乱歩先生のカー礼賛を読んだぐらいで、おもしろそうだが肌に合うかどうか、危ぶみながら打ち合わせの会に臨んだわけだが、手始めに、作者の処女作だという『夜歩く』をまず読んでみて、こいつはいけないと思った。処女作のせいもあろうが、文章がなんともはや素人くさくて、どうにもついていけない。そのうえ、人狼の殺人狂が剃刀で切った妻の首を眺めて喜ぶという、それでなくとも無惨な殺しの嫌いなわたしは、この見世物の看板じみたグロテスクな、なんともはや泥臭い、目もあてられないドぎついプロットに一も二もなく辟易して、二十枚ほど訳しかけたがとても駄目だと観念し、ちょうど恐怖小説全集の仕事もかかえていたので、編集部に泣きついて担当を棄権させてもらった経験がある」と。自分が翻訳担当する作家を、ここまでこき下ろすか、という毒舌ぶりである。しかも今度は翻訳の罵倒でなく、原文の罵倒なのだから、さらにこわい。

どうも、東都書房に恨みでもあったかのような「おことば」なのだが、これにはもしかしたら、このわたししか知らない伏線があったかもしれない。というのも、わたしが中学三年生のとき、平井先生に初めてファンレターを書いたのがちょうど東都の企画が固まった時期だったのだが、中三の子供にこんな話をしてくださったのである。

「この叢書には別巻がついて、『世界恐怖小説篇』というのが出ます。もっとも来年のことになるかもしれませんが」と。

わたしは大喜びで、先生に、「早く読みたいです」と返事を書いた。先生も自信満々で作品の選定にあたっていらした。ところがその話は以後、先生の口から出ることがなくなった。疑問に思い、『世界推理小説大系』を買ってみると、全二十四巻に別巻が一冊ついていたが、恐怖小説篇は消えて、広告によれば『世界推理小説事典』に変更されていたのだった。うーん、何かの祟りかなァ、と中三の子どもはいぶかしがった。

破門を言い渡された思い出

こうやって、蔵書を搬出する仕事の手を休めて、平井先生の旧著を眺めていると、大学生の頃の記憶が次々によみがえってくる。まだ元気溌剌《はつらつ》たる白髪の平井先生が、わたしとおなじく「下戸」であるから、うさぎやの和菓子などをほおばりながら、大好きなアーサー・マッケンの話をしてくれたときの逸話だ。平井先生の江戸弁と話術は、浜町《はまちょう》仕込みの軽やかさにあり、街頭のアジテーション演説家として人気があった赤尾敏氏のそれに似ていた。

さて、ちょうど五十二年前に、こんなことがあったのだ。神田神保町にある和書の殿堂「大屋書房」(江戸の妖怪絵本もよく出していた)は、その頃、店の右端に「大屋書房洋書部」を併設していた。そこでわたしはマッケンの短編集『ハウス・オブ・ソウルズ』初版、S・H・シームの装丁・口絵入り本を掘りだしたのである。この珍本には、かねて海外で評判が高かったマッケンの怪奇短編「白魔」というのが収録されていた。この傑作がまた未訳だったので、取るものもとりあえず「いもや」でてんぷら定食をかっこんでから、ジャングルの山小屋みたいな喫茶店「さぼうる」で一気に読み通した。全身がしびれる快感。この喫茶店は、後に水木しげる先生をお誘いして、二人でクリームソーダ六杯、ナポリタン三皿を平らげた場所でもある。

で、さっそく平井先生に獲物を見せに行くと、いつもながら先生は赤尾敏と瓜二つの江戸弁で、「おれもね、あんたと同じ年代に『パンの大神』を読んでさ、興奮しちまって寝られないんで、浜町から上野まで夜中歩き回った憶えがあるよ」と、例の有名なエピソードをナマで話してくださった。「白魔」に心酔したとご注進したら、うなずかれ、微笑された。この先生は、ご自分の眼鏡にかなった作品をけなすと、恐ろしい勢いでお叱りになる。しかし、その日の肴《さかな》はマッケン、それも「白魔」だったから、叱られる心配もなく、安心して賛辞をまくしたてた。でも、その後がいけなかった。勢いづいて、いろいろな小説の感想をお話し申しあげているうちに、シンシア・アスキスという女流作家の怪奇短篇に対し、「退屈で詰まらなかった」と、つい口をすべらせてしまったのだ。それは先生お気に入りの一編で、後にたしか『こわい話　気味のわるい話』に自ら訳された作品だったから、逆鱗にふれてしまったにちがいない。いきなり、破門である。「ったく、お前はイギリス正統怪奇小説をまるで分っていねぇヤ。そういうやつとはお付き合いを御免こおむらぁ」と一喝されて（たぶん、二回目の破門）。冒頭に紹介した推理小説への厳しい批判に何ら劣らない激烈なお叱りのことばを頂戴した。今時の子なら、泣いて帰るところだろう。でも、それはまだいい。なぜなら、「白魔」についての感想だけは、先生から叱られなかったのだから。

アーサー・マッケン肖像。

アーサー・マッケン『ハウス・オブ・ソウルズ』初版、S・H・シーム画。

ところがまさか、そっちの感想までも何年か先に鉄槌を頂戴することになろうとは、想像もしていなかった。そんな話も忘れかけた昭和四十八年に、牧神社から刊行が始まった平井全訳『アーサー・マッケン作品集成』の第一巻を読んで、わたしの目の前が真っ暗になった。この巻は定評ある初期マッケン怪奇小説の名品をそろえており、「パンの大神」も「白魔」も収録されていた。さっそく「白魔」のページをひろげ、「妖法と浄行《じょうぎょう》、これは二つながら実相さ。どちらも法悦だ。日常生活からの逃避だね」というエピローグの名翻訳を一読、仏教用語を散らした平井訳の精華を堪能してから、古代の「妖精」や白く輝く「彫像」が登場する、得意のケルト神秘ワールドを楽しんだ。そのあとで、さて、平井先生はこの作品にどういう賛辞を贈っているかしら、と思って、解説ページを読んでみた。そうしたら！

「……『白魔』を英米ではいやに高く買う人が多いようでありますが、楽屋をいうと、（中略）この一篇で、「罪悪論」を額縁にして、ミスティックな淡彩画を中に入れたものでそれはそれで成功していますが、いわば複合的な一種の風変りなエッセイぐらいに、私は考えています」

と、さらり書き流されていたのだ。要するに、「こんなもんはたいしたもんじゃねえ」と軽くかたづけられていたのである。うわー、あんなに褒めた作品が、まさか平井先生に「風変わりなエッセイ程度だ」と思われていたのか、と愕然となったのだった。

「恐怖の未来形」は「ナチュラル」にある

さらに、これには第二の衝撃が控えていた。「白魔」に魅せられ、紀田先生と一緒に雑誌『幻想と怪奇』を創刊したときも、鳴り物入りでこの作品を訳出したのに、いったいどうしたことなのか。さらに解説を読みすすめると、同じ巻の最後に「生活の欠片」なる地味な中編がはいっていて、これにも先生のコメントが寄せられていた。

正直に書くが、「生活の欠片」は、飽き飽きするような瑣事《さじ》が長々と書き連ねられた退屈な小説で、おまけによく意味の分からないラテン語がやたらに出てくるので、英語原文で読んだときも、なんだかボーッとした筋書きとしか思えなかった。読んだすぐその場で忘れてしまったほどおもしろくない作品だった。だのに——

「……これは、あるいは怪奇ファンの方々には、なんだこんなものと思われる作品かもしれませんがじつは白状しますと、わたくしもずっと前に"The House of Souls"を読んだとき、この作品を読みかけたところ、どうも勝手がちがうので、そのまま途中で投げ出したままになっていたので、こんどこの「作品集成」のために初めて読み通してみて、マッケンにこんなすぐれた作品があったのかと、じつはびっくりしたのであります。『パンの大神』と別の意味で、マッケン初期の作品の中での傑作だと信じます。これは熟読玩味していただきたいと思います。ここにはナチュラリズムとスピリチャリズムとの巧みな融合がみごとに遂げられており、同時代の誰もが試みなかったものが達成されています。(中略)『白魔』や『輝く金字塔』を好む読者が、この『生活の欠片』を自分の好みの埒外《らちがい》の作品と思うとしたら、その人はマッケン文学の真の愛好家ではないと、わたくしは断言して憚りません」と。

さぁ、えらいことになった。とくにショックだったのは、最後の一行だった。このセリフは、わたしがいつも、お小言をいただいたときに聞かされる締めのことばでもあった。「生活の欠片」を傑作と思えない奴らはみんな破門だぞ、というも同然の殺人的な一言である。

わたしはあわてて、平井訳で読み直した。しかし、平井先生もずるい。自分だって、最初は退屈して読み通せなかったと書いているじゃないですか。だが、さいわい、今のわたしは、この冗長な中編を訳されたときの平井先生に近い年齢になっている。ここでしっかり、よく読めば味わいぶかいスピリチャルな小説であったという印象を抱けるかもしれない。

わたしは、賞《ほ》めようとして読んだ。今度はたしかに読み通せたが、やはり好きにはなれなかった。つまり、マッケンの真の読者じゃなかったのである。この物語を要約すれば、こんな具合である――ケルトの薄明に閉ざされた地で少年時代を送ったサラリーマンが、中年になってまことに散文的な日常を、誠実な奥さんと一緒にロンドン郊外で送っている。どこで何を買えば何シリング安くなる、とか、親戚関係のわずらわしさ、とか、若いお手伝いの娘との微妙な行き違い、とかいうみみっちい話が、四章の内の三章までを占めている。そんな中に、わずか、ほんとうにわずか、日常の退屈な連続をかき乱す些細な事件が起きる。それも、事件は親戚の夫婦におこるだけだ。ときどき旦那のほうが散歩の途中に奇妙な子どもに後をつけられたり、ときどき意味不明な口笛を聞いたりする。それで奥さんのほうが、旦那に「性質《たち》のわるい女」でも付きまとっているのではないか、と下世話な想像に悩む結果となる。

この小説は中年夫婦が無意識に過ごす散文的な都会生活の「吐息」というようなものを丁寧に書いたのであって、神秘とか怪奇とかにはほとんど接点がない。ただ、すぐに忘れられる些細な出来事に、じつは途方もない神秘の欠片がとりついているのだ、ということを微に入り細を穿《うが》って描写してあるのだ。「欠片」という題が非常によく利いている。それだけに、まるで殺風景な日常に宿る古代の神秘のかけらとでもいうべき瞬時の輝きが、透明に浮き上がる。いかにも俳人好みの生活観察実記だとは言える。ここ五年ほど平井先生の俳句を追いかけた縁で、俳諧趣味がすこし分かったことも、わたしには助けになった。俳句として読めば、滋味がふかいかもしれないと、納得した。しかしマッケンのベストワンといえるかどうか。『夢の丘』という青春の孤独をあつかった傑作から見ると、老境の静かさはやはり食い足りないところがある、とわたしは思う。

平亭先生は十五歳で自由律の河東碧梧桐に弟子入りした。碧梧桐の句は、定型句にはないモダンな言語感性をもっている。だから平亭先生の初期作には、「米の相場表くばる男が相場表ずさと下した」

（大正七年）とか「白鼠のはっきりした姿でふむ車でぞんざいにふみます」（大正八年）といった碧風の句を見かける。これはつまり、日常に「奇」をうち放つ句といえる。いわば青春である。「ナチュラル」に対する「スーパーナチュラル」の言葉使いである。しかし先生が碧風に染まった時期は短く、やがて本来の定型句に回帰して、「蟬もきかずにもう朝夕の此頃の空」（大正十五年）や「秋風や物の音する壁の穴」（昭和十六年）という具合の作風に還った。まさに「生活の欠片」である。ここではすべてがナチュラルだが、どこかに大自然に対する深い「不思議」も宿している。

そういうことを念頭に置けば、平井先生の怪奇趣味が「パンの大神」や「白魔」のような「奇」の探求から、「生活の欠片」にみるような自然を見つめ尽くしてのち「奇」を垣間見せる、といった定型俳句的なスタイルへと変化したことも当然といえよう。わたしなんぞはまだまだ「奇」の狩人にすぎない若輩者なのである。

そう考えたところ、「生活の欠片」から読み取れる輝きが、思いがけない方向から瞬いた。

世紀末期のマッケンは、要するに文明がまだ届かない森の奥から、パンや妖精のような「生き残った奇」すなわちスーパーナチュラルを召喚することの名手だった。日本でいうなら、古い妖怪を担ぎ出してきた明治期の水野葉舟《みずのようしゅう》や藤沢衛彦《ふじさわもりひこ》のような人々を思わせる。だが、第一次世界大戦以後のマッケンは、森の奥から文明をおびやかす別の存在を呼びだした。こんどは文字通りの「ナチュラル」である。そのもっとも顕著な実例が、マッケンの場合には中編「恐怖」（一九一七）であった。

この「恐怖」は、技法面からいうと、「生活の欠片」に似て、日常に起こる些細なできごとを根気よく積み上げていく構成といえる。新聞のすみにちょっと載った事故とか、森で死体がみつかったとか、あるいは今年は紅葉がなかったとか、河に魚が少なかったとか。まったくどうということもない普通の事件を積み上げていく。これが一定の分量を超えるあたりで、待てよ、どっか妙だな、と気づかせる仕立てである。どうも妙な事態が進行しているのじゃないかと不安を覚えてくる仕掛けだが、じつはこの作品は第一次大戦のさなかに書かれたという点に秘密がある。マッケンは初期のころから自然を信仰し、古い文化や暮らしを破壊する物質文明を嫌悪してきた。その嫌悪は、第一次大戦をきっかけに、極限に達するのだ。二十世紀の戦争は近代文明の戦争であり、数多くの破滅的な殺人兵器が登場する。ことに、毒ガス発生や環境激変のような「大規模すぎて人間には感知できない」自然現象が曲者《くせもの》である。この小説もウエールズの寒村に起きた気にも留められぬ事件からはじまり、原因のわからない惨事の連鎖へ発展してゆく。たとえば飛行機がハトの群れとぶつかって事故を起こす。森で謎の人殺しや行方不明が起こる。なにか野生の動物に襲われたような死に方で。だのに、ジャーナリズムはそれをまったく報道しない。しかし、村人たちに襲いかかる怪事はその頻度を増し、発生する領域も広がっていく。しまいに村人は、これがドイツ軍によるまったく新手の攻撃ではないかと噂するようになる。折からの対ドイツ戦争が振り撒く恐怖も手伝って、ヒステリー状態が発生する。だがしかし、このような攻撃は、ドイツ軍の新兵器ではなく、じつは森に住む動物たちの大規模な反撃によるものであった。自然が人間の文明を圧殺しにかかったのである。

粗筋を読むだけでも、この話が後年デュ・モーリアが著しヒッチコックが映画化した『鳥』に似ていることを知るだろう。あるいは、第二次世界大戦にあってイギリスの空軍パイロットだったロアルド・ダールが戦争用のプロパガンダ童話として書いた『グレムリンズ』を思い出すかもしれない。戦闘機に悪戯する邪悪な妖精グレムリンは、二十世紀に誕生した「妖怪」としても有名だ。

マッケンは「自然や伝統文化がたくらんだ機械文明への反抗」をテーマとする怪奇小説の先駆者である。いわば物言わぬはずだった自然が、人間に反逆を開始したことを、まるで戦時デマを流すかのように語ったのである。これはたぶん、戦時中にジャーナリストとして食いつないだマッケンが、世界のあちこちでささやかれた戦時のうわさ話を知り得る仕事についていたせいがあるかもしれない。その意味において、怪奇小説を単なるヒュードロから脱皮させた画期的な一篇であった。これを評価する人はあまり多くないが、「パンの大神」とは別の意味でマッケンの最大業績だとも考えられる。

世界大戦までおっぱじめた人間に堪忍袋の緒を切らした森の獣たちが、文明に対して攻撃をかける。言い換えれば、機械文明の進展に危惧を抱いた古代の魔神や妖精族が現代世界に侵攻していく物語だが、それをマッケンはひとひねりし、妖怪や魔神に代えてこんどは野生生物や山の樹木や野鳥たちといった自然物に復讐の役割を振った。なるほど、ここだったのか！　この流れを前提とするならば、「生活の欠片」もその位置が定まる。

近代科学に対抗するには、結局のところ、魔神や妖怪のような非在物ではダメだ。この世に生き残っているきわめてナチュラルな実在物たちに頼るしかない。マッケンはそう思ったに違いない。

山に住む野生獣はリアルな存在であるから、スーパーナチュラルの非在的な力（神や妖怪）が衰えた場合、ナチュラルな力（自然の生き物）に救いを求めるほかにないだろう。ヒッチコックの『鳥』と同じ発想だ。近代科学に滅ぼされた自然そのものが、復讐に来る。それも地震や津波ではなく、絶滅間近い野生動物が。それに対し、パンの神や白い妖精が出てくるのなら、それは世紀末デカダンやプチ・ロマン派の想像的な世界の枠内に留まる。けれども、リアルな野獣がリアルに文明人を襲いだせば、それはロマンスではなくなる。リアルな恐怖は、第一次世界大戦が産み落とした「次に来る天誅」すなわち新しき因果応報の結果である。マッケンが幻想作家から、晩年はこのような事実主義の方法、ニュース・レポーターとして「事件」を報道するような筆運びの作家に変わったポイントは、こうである——スーパーナチュラルから生まれるワンダーやホラーは、さらに上位の段階では、ごく自然な現実の事物から人目につくことなく発生するのだ、と。マッケンはその現実感というか実感に、「恐怖の未来形」を託したにちがいない。

「生活の欠片」や「恐怖」は、その第一波だった。「パンの大神」や「白魔」より上位の文学であるというなら、その理由は、おそらくそこにある。マッケンはこれが二十世紀にはじまる怪奇幻想の新展開であると予知したのだ。たぶん、そういう大きな変革が起きたので、それまでの幻想文学は、役に立たなくなった。怪談では役に立たなくなった何かを、マッケンは戦争を通じて得たといえよう。

山田陽一《やまだよういち》さんという京都市立芸大の教授が書いた「生き物としての精霊たち」という論文に、ちょっとマッケンの「恐怖」を彷彿させるレポートを見つけた。パプアニューギニアの熱帯雨林に暮らすワヘイ族という人々の間で音楽の調査をしていたとき、一匹の大きな野ブタが集落に入り込んできて、川べりで編み物をしていたおばあさんに激しく体当たりし、重傷を負わせたという。まったく突然のできごとだった。ワヘイの人達は、「ヤボスガス」という森の精霊が野ブタにのりうつったと言う。河のそばにある小島はヤボスガスの住みかだが、それを知らずにこのおばあさんは精霊の通り道を塞いでいたから、怒った精霊が野ブタに化身し、老婆をはねとばした。おばあさんは二か月前、この神聖な小島付近に不浄とされた後産《あとざん》の胎盤をも埋めていたので、祟りにあったのだ。集落では野生獣をリアルに恐ろしいものと認識しており、精霊を怒らせない方法を文化として共有していた。野獣は人間が太刀打ちできない力を秘めており、精霊とはまさしく「生き物の力」にほかならず、決して想像の上の存在ではなく、不気味な音を発し、血なまぐささをただよわせながら人を襲う、きわめてリアルで生々しい「実在」だった、と結んでいた。精霊の道を塞いで編みものをしたおばあさんは、精霊を怒らせた「文明」独特の鈍感さのシンボルだったともいえる。折あたかも、第一次世界大戦の恐怖が、古い民俗学的な精霊の仮装を捨てさせ、ただひたすらにリアリティー部分をさらけださせたのであり、恐怖小説や怪奇小説といった想像上の神話を脱して、ごくリアルでナチュラルなものからの「警報予知」にたどりついたのである。

大正十年前後というから、文字通り一九二〇年——すなわち第一次世界大戦のあとであって、日本でも芥川龍之介がそういう変革に気づいた。マッケンが手掛けた戦争レポーターの仕事について、最初に日本に紹介したのは彼だったことも暗示的である。題して「近頃の幽霊」という談話である。アメリカで南北戦争時に発生した同じような人間の狂気や自然の変容をテーマにしたアンブローズ・ビアスも加えて、芥川はこのような新しいタイプの「怪談」に関心を向けた。芥川の言い方を用いれば、それは「何となない不安」である。わが平井呈一も、芥川のこうした紹介に、真っ先に反応した日本人のひとりだった。

新しい「ナチュラル」の冥界へ

ところで上の話は、スーパーな「ナチュラル」話のまだ序章にすぎない。ここで本章の冒頭に引用した山田陽一さんの文章を読み返していただきたい。山田さんの本職は科学者だと思うが、パプアニューギニアでフィールドワークをおこない、そこで今なお生きている精霊と村人との関係を「音」をキーワードに研究している。わたしもパプアニューギニアには二度出向き、同地における霊の文化に触れた。そこは水木しげる大先生が戦時中に出征した場所であった。とくに二回目の旅行は、水木大先生たっての願いで、戦時中に暮らした「電気のない生活を再体験したい」という悲願を果たしていただくために、テレビマンユニオンの最強スタッフにお願いして、パプアのマサライ（邪霊）を探訪する旅となった。

その一部始終はテレビ番組になる予定だったが、過酷な環境での取材がつづき、ついに水木先生が熱中症らしき病に倒れられ、おまけにいくつかのトラブルも発生したので、ついに旅番組にできなかった。
ただし、拙著『水木しげる、最奥のニューギニア探検』に、そのとき起きたマッケン風な出来事のことは触れておいた。水木先生は旅の途中で熱中症に倒れたのだが、水木大先生はこのときの情況を「マサライに取りつかれた」とみなし、「貴重な憑依体験だったのに、どうしてお前たちはその様子を映像に記録しなかったのか」とわたしたちを叱ったのだった。

叱られたわたしたちは、それどころではなかったので当惑するばかりだった。深夜に至っても、ほぼ十分おきに小便をもよおしたといって起き上がり、たんすや戸棚の中に用を足すお姿は、正直、わたしも悪霊がついたと信じざるを得ないものであった。しかしそんな突発事の中にあって、ご自分の症状を冷静に観察していたのが、大先生自身なのだった。

実際、そんな異変がマサライの祟りだと実感してしまう奇妙な力が、このパプアニューギニアには存在していた。水木大先生のリクエストで、セピック河をボートで登り、電気がない村まで行くという過酷な旅に挑戦したのだが、わたしたちはなんどか村人たちが行う儀式を見学した。まず、全員が歌い、踊る儀式では、いつの間にか私達の脳に回路が開いて、勝手に体が動いてしまう体験をした。

さらに夜を徹して行われた通過儀礼では、まさに人がマサライに変身していく光景を見た。若い男たちが対象となる「通過儀礼」では、全身にワニのうろこのような傷をつけ、ワニのマサライと一体化する。これがまたおそろしく痛々しいのだが、これに耐えないと成人に認められない。呪術師に施術された後、若者たちが薬品を塗られて、うめきながら回復を待つ姿は、正視できないほどであった。こうして数日すぎると、わたしたち自身も村の精霊たちがほんとうにリアルな存在に思えてきたのだった。

このような共感現象に関心を持った山田陽一さんのレポートを読んだとき、わたしは自分の経験と対比しつつ、非常に納得できる意見に出会ったと思った。パプアニューギニアでは、霊は基本的に人間に祟りをなし、暴行を加える力をもつ存在だ。そしてこのような霊とのつながりは主に「音」によって亢《こう》進《しん》されるのであった。とくに「うた」は人間が理解できる唄にはじまり、竹のそよぎや虫の声にいたるまで、どれも意味を持つメッセージとして人間に感受されるという。山田さんによれば、今までに訊いたこともないような音が、ときどき村人には聞こえ、「そんな旋律を聞く者は、例外なく眠りに至った夢見の状態にある。彼はすぐに目をさまし、記憶が薄れないうちに、例の口笛のような音で他の者たちにその旋律の輪郭や息を吹き込む順序を教える。そうして響いてくる語りは、はじめは意味がわからないが、やがて旋律で口をついて歌っていくうちに、音の揺れ動きから何らかの神話的＝霊的イメージが感じとられるようになる」という。まさしくこのような現象が、通りがかりの旅人であるわたしたちにすら起きてしまうのである。

おそらく、山の中の動植物も、このような方法によって交信しあっているのだろう。わたしの眼科の主治医を務めていただいている慶應義塾大学医学部の坪田《つぼた》一男《かずお》教授は、現在近視の画期的な予防法を研究中と聞くが、この先生は眼科だけでなくアンチエイジングを日本に伝えようとされた方だ。学会を創設しようとしたが、当時はアンチエイジングが民間医療か呪術治療とまちがわれるような時代であり、科学の学会としては設立が認められなかったそうだ。そのころ、坪田先生から最新の仮説を聞かされて鳥肌が立った覚えがある。

長寿遺伝子といわれるサーチュインの研究から、この遺伝子は何らかの方法で環境が悪くなることを察知するセンサー機能があり、これがオンになると、人体は「長寿」の方向にスイッチがはいるという。その仮説を坪田先生から聞いた後、どうやらおなじように「環境悪化現象」に気づくのが早い植物をスタートとして、それを食う虫から人間までがその情報を次々に伝えあって、地球全体の生物が環境悪化に対する防禦《ぼうぎょ》態勢をとるのではないか、という話も聞いた。

坪田先生の話は、ある意味で、人間が自然の声に感応するメカニズムの存在を認めるものではないだろうか。昔から「精霊の声」と呼ばれてきた現象も、そんな地球全体を覆う情報伝達物質の作用だと考えると、スーパーナチュラルの根源がナチュラルであるという発想も了解できる。

話はマッケンに始まったが、とんでもない方向に発展したので、元の自伝に戻ろう。

この自伝でも、わたしはつねに「奇」を求めてきた天邪鬼《あまのじやく》というスタンスに立っていた。だが、その「奇」にちょっと意外な要素も含まれていることを、わたしは故意に言明せず、ここまできた。それは、リアルに存在し、ナチュラルにありつづけるものこそ、真に恐ろしいのだが、あいにくそこからのメッセージが感受しにくい、ということなのである。

もっとわかりやすく、さっき書いたマッケンの「パンの大神」と「恐怖」の違いになぞらえて書こう。これまでの回顧は、いってみれば「パンの大神」を探す旅路だったのだ。妖怪やら霊的なモノやら。しかしそれらは目に見えない存在だから、想像力を発揮し、虚構あるいは「たとえ話」にしないと可視化できなかった。江戸時代の妖怪趣味は、まさしくこの方向で、想像力に見立てや風刺というスパイスを効かせるところに妙味があった。いいかえれば、スーパーナチュラルの流儀である。

わたしもおおむねその精神で「奇」を探求し、表現してきた。でも、こうして過去を顧みたところ、わたしには別に、きわめて当たり前なものにも等しく異常な興味を抱いてきたことに気づいた。ほかでもない「自然」そのものへの好奇心である。とりわけ生命、つまり生き物の驚異に魅惑されつづけていたのだ。

この気づきのおかげて、これまでもやもやしていた疑問が晴れた。すなわち、自分はどうしてお化けと自然物の両方に好奇心が向いているのだろう、という疑問がである。オカルトのようでいて、科学のようでもある、そんな中途半端な好奇心とは、いったい何なのだろう、と。

始まりはたぶん、保育園のころ海に行ったときに体験したことにある。潮だまりでウニやイソギンチャクを見て、いきなり無脊椎動物の「かたち」に魅せられた。なかでも驚いたのはカニであった。水槽で飼っていたら、ある朝、カニが二匹に分裂していた。今なら、殻を脱ぎ捨てた「分身の術」と判るけれど、子どもだったので飛び上がるほどショックだった。イソギンチャクも、はじめは縮こまった梅干しみたいなものだったが、水に馴れると、大きな毒のある触手を広げるのだ。歯のない膨れ上がった口（これは排泄腔でもある！）で、獲物を飲み込むというよりも包み込むように呑む姿にちり毛立った。あらゆる生命の形には、なにか悪魔の誘惑のような快感と苦痛が仕掛けられていると、電撃的に直感した。

中でも恐ろしかったのは、磯で初めて、紫色のウニを見た瞬間だった。わたしは、棘《とげ》を立てた紫色の球体に触れて、激しい痛みを感じた。そのウニはガンガゼという種類で、毒棘《どくきょく》で刺す生き物だった。そいつは長い棘をよじらせ、意味ありげに棘を向けた。目があるとは思えないのに、わたしの動きをちゃんと正確に追っているのだ。あのダーウィンは、キリスト教説話に出てくる楽園のヘビを指して、樹上生活をしていた原始の時代から人類を脅かした悪の概念を視覚化したものと主張した。アダムとイヴを堕落させた楽園のヘビというのは、「悪」を想像力で神話化したものにちがいない。いま、文明化したわたしたちは、その反対に、脳が想像した「悪の観念」を、リアルに存在する蛇の形に投影しているだけなのだ。それが、スーパーナチュラルを超えたナチュラルの正体だった。このナチュラルは、マッケンが描いた「恐怖」と同じく、文明に襲いかかった自然からの逆襲形態なのである。

現にわたしは、二人の小学生を連れて磯観察に行ったとき、生まれて初めて生きたウニを見た子らが、恐怖に駆られて泣きわめく姿を見ている。ただ、ウニが「怖い」というのだ。

野生からの復讐は、子供の壊れやすい感受性に毒を流し込む。南方熊楠は「相手の目に悪意という毒を注ぎ込む邪眼」というものを研究したが、目はもっとも強烈な「野生の魔力」だった。であるとすれば、ウニの棘は邪眼そのものだ。視覚があるはずもないウニの棘は、わたしたちの目をつぶそうとする邪眼の権化なのだ。

こうした非言語的な警鐘やワンダーを、ポランニーが暗黙知などと学術語化する前に、作家たちは物語として表現しようとしたし、博物学者は病理や生物形態学の素材として問い詰めようとした。この世界には、言語でなく、形やエネルギーとして人間に語りかける「何か」が存在する。その意味を科学と直感によって解読しようとしたのが、日本ではたとえば熊楠や宮沢賢治のような稀有《けう》なる「ナチュラル幻視者」だった。

そういえば、二十一世紀の自然哲学を先ぶれした南方熊楠は、五色の珠《たま》になるエボシガイの一種を尾に寄生させる小さな龍または蛇を実際に見て、これを古代から伝わる「ウガ」と同一視した。いまも紀《き》州白浜《ゆうしらはま》にある「南方熊楠記念館」に実物が展示されている。ウガとは、豊穣の神宇賀（ウガ、またはウカ）に由来し、紀州では古くから、海の幸を得ようとすれば珠を尾につけたウガを切って船玉《ふなだま》に供えるのがよい、とされた。つまり、幸を恵んでくれるリアルなものの形が、「珠を持つ蛇」に結実したのである。

ところが熊楠の場合、もっと劇的なのは、動き回れる動物相と動かない植物相という二つの「相」を輪廻しながら生きる「粘菌」の発見だろう。熊楠はこの生きものを見て、死を乗り越えて霊を蘇らせる永遠の存在の「リアル形」という概念を想起した。怖さが形に出るナチュラル性が、形態でなく生態に出る場合もある。粘菌は、聖なる生態の具体物であり、スーパーナチュラルのほうから言うならば、「不老不死」の現世態に他ならない。

とはいえ、そういうリアルでナチュラルな「物質的ワンダー」を熊楠の本で知るだけなら、単なるお説教を聞くにすぎない。お化け話にすぎない。マッケンも、賢治も、熊楠も、それを「リアルなエネルギー」として実感させる思想や表現を探し求めた。自然物の神髄である「生命」の魔力に、骨まで舐《しゃぶ》りつくされる快感を、伝えようとした。なぜなら、そうした五感への魔的な圧力が、文明の理知力のおかげをもって、無毒化されてしまったからだ。しかし、マッケンや熊楠のように、善悪を超えた「恍惚／覚醒」の電撃を雷神のように放射する人物は、まだ残っていた。わたしも、運悪く、海の無脊椎動物によって、その恍惚に感電してしまった一人だった。

リュウグウノツカイという「異世界物質」

今から七年前に、わたしは、熊楠における「粘菌」や「ウガー」にあたるような、「リアリティのエーテル的な電撃」を見つけた。簡潔に言うなら、この世で「霊界」を視たともいえる。そこからもう、世界の見え方が一変してしまった。電撃の残像は、イメージや記号だけの記憶と違って、直接的に精神や脳に焼きついた。言ってみれば火傷に近い。その経緯は、こうであった……。

二〇一三年秋、わたしはパラオからの誘いを受けて、竜馬号という大型ダイビング船に乗せてもらう幸運に恵まれた。その航海の目的は、真夜中の海に潜って暗黒の海面に集まるプランクトンを観察することであった。なぜなら、その一年前にミッドナイト・ダイビングの初テストをおこなったところ、これまでの常識を覆すような自然界の「奇」に遭遇したからだった。中には、悪夢の妖怪に見えるような「見知らぬ形態と生態」が無数に含まれていた。

真夜中、海面から海底にかけてライトを照らす「光のトラップ」を仕掛けて、そこに浮遊生物を集めたら、深海にいると思われた未知の生物の「幼生」が大量に発見できたのだ。チョウチンアンコウの仲間、ウナギ類の透明幼生、エソの幼魚など、正体の知れぬ生物が大量に発見された。これがまた、そろいもそろって透明で、まるでかたびらを羽織った亡

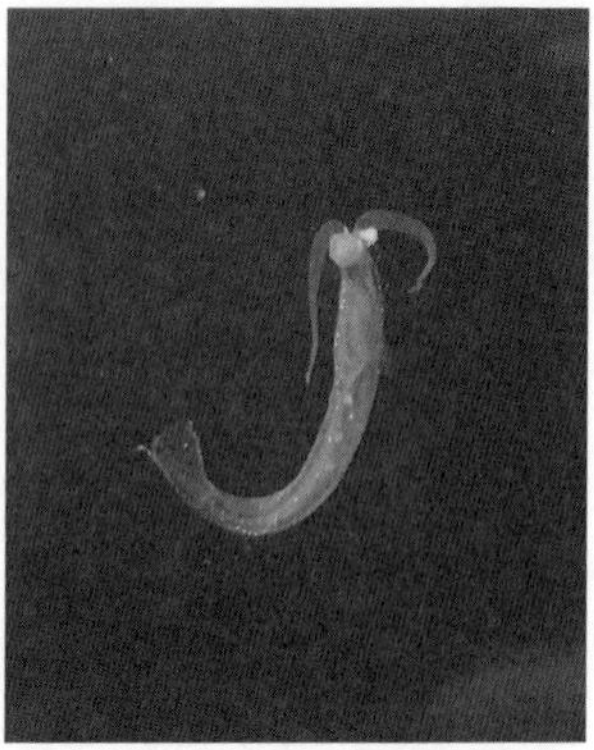
コノハウミウシ　まるで天女のような姿の浮遊生物。アラマタが小笠原で撮影。

霊のようにひらひらとしたヒレや膜を広げて浮遊している。それがみんな生きていて、霊体のように水中を漂っている。魚類学の先生やベテラン水中カメラマンもいたが、専門家ですら見たことも聞いたこともない生物ばかりだった。それが真っ暗な海の中で、誰にも知られずに漂っていたのだ。この発見が世界のトップニュースにならなかったことが、わたしには今もって信じられない。それほどの「奇」であった。そこでさっそく、第二回の航海が企画され、学者さん、水中カメラマン、およびわたしのような生物好きに声がかかった。

真夜中の海に飛び込むことは、たとえて言えば月面に降りるくらいの異界感がある。真っ暗な中に、小さなライトが点々とともる海中を、ロープを頼りに潜っていく。しかも、新月で雨が降っている真夜中という特別な気象条件でないといけない。最も暗い時間帯が必要なところは、どこか天中殺・空亡《くうぼう》の発想に近い。それで、参加者は毎夜「雨乞い」の儀式をとりおこなって悪天候の到来を祈った。わたしはその前にアメリカで無重力状態を体験するパラボラ飛行にも参加したが、それに匹敵するほど高揚する気分であった。

真っ暗な海中でわたしが最大のワンダーに凍りついたのは、全長五メートルを超えるという噂のリュウグウノツカイの、わずか十センチにも満たない「幼体」が浮かび出たときだった。人魚のモデルとされる幻想的な魚のミニチュアが、長細い刀に似た魚体を四十五度の角度にかたむけ、背中すべてを覆う長いヒレを波打たせている姿だった。水深は水面

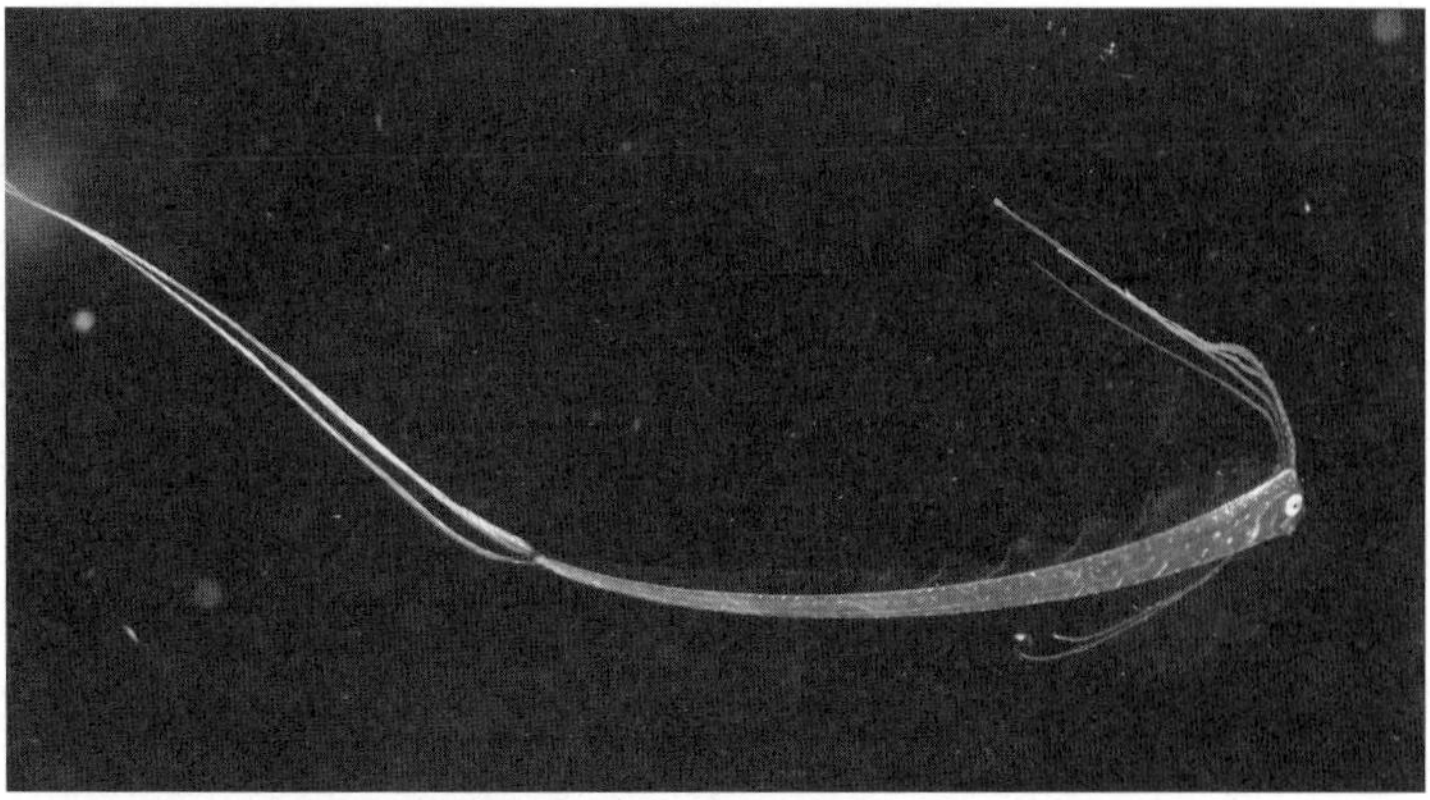

リュウグウノツカイの浮遊期幼体。2019年12月、伊豆大瀬崎にてアラマタ撮影。

下のわずか三メートル。妖怪アマビエと化して現れた化け物絵のように、赤い髪を流れに乗せて、浮いていた。一瞬、妖怪と自然物とが完全に溶け合い、幽体のようにこの世に現われた。この実感は文章で伝わるものではない。わたしは二十分ほど、荒く冷たい波にもまれながら、無心に写真を撮りつづけた。

それから七年、わたしは完全にミッドナイト・ダイビングの虜となり、毎年命をかけて深夜の浮遊系生物の観察に出ている。二〇一九年には伊豆《いず》の大瀬《おせ》崎《ざき》に海流異変が起き、湧昇流《ゆうしょうりゅう》という深海から海面へ流出する潮によって、リュウグウノツカイもフリソデウオも、ユキフリソデウオも、ひょっとしたらダイオウイカまでも、考えられないような幻の生きものが吹き上ってくる現場を見ることができた。そこでは岩の隙間に隠れて暮らす伊勢エビの仲間が、中層をただようクラゲの傘に乗って、その乗り物の一部を食糧にしながら、広い海を漂っていく光景も見られた。つまり、自分たちの生態に合った環境を脱出して、冬の海面という「あの世」に漂いでた幽体もさながら、生前の暮らし方をすべて止めて、まるで「混浴」みたいに闇の世界を舞いおよぐのだ。

それを目撃した瞬間、わたしはこれまでお化けや妖怪のような「奇」を求めてきた生き方がガラガラと崩れ去るのを感じた。なぜなら、そこに見える生きものの世界は、「奇」という捉え方で想像してきた霊界ではなく、霊界以上に信じがたい「リアリティ」で出来上がっていたからだ。たとえば、リュウグウノツカイと伊勢エビは、昼の世界では姿も形も生きざまもまったく違うため、お互いにこの世で出会う可能性をもたない。だが、その二種が、夜の海中では出会い、交流している。つまり、霊界と同じ現象がここに存在しているのだった。このリアル霊界に参入する資格は、たった一つ。「幼生」であることだけである。言い換えれば、成体とはまったく生態を異にする「幼児期」を暮らすこと、それだ

フリソデウオの浮遊期幼体。

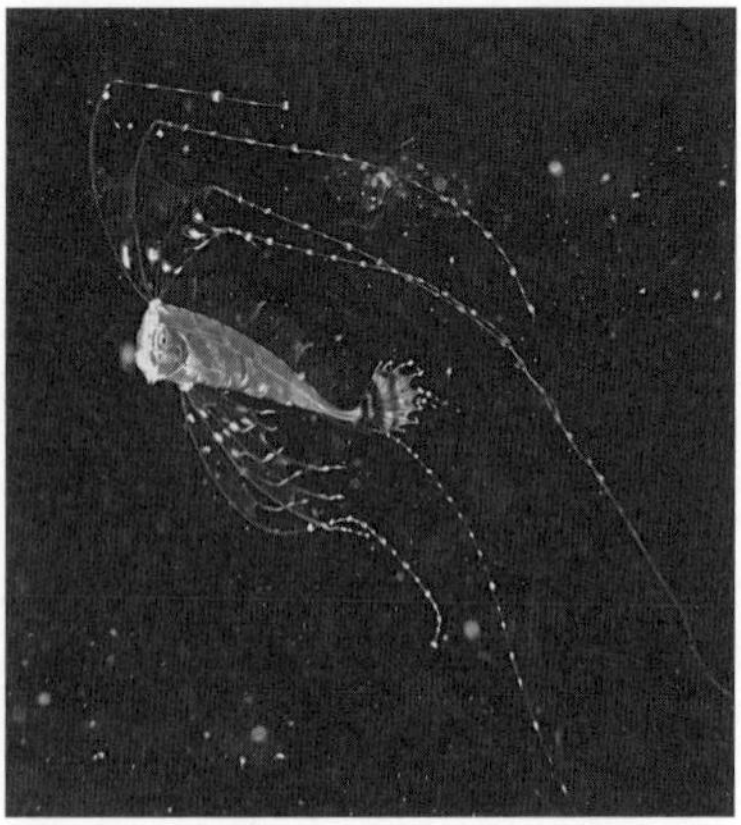

テンガイハタの浮遊期幼体。驚異的な各ひれの長さに注目。

けだ。だからわたしは、幼生期の生き物を「霊体」と呼ぶことに躊躇しない。

その証拠ともいえる「霊界写真」を少し用意できるので、ご覧に入れる。いちばん有名な霊界生物の例を引こう。ウナギである。このウナギ型魚類は、生まれてから約半年間、黒くてニョロニョロの蛇みたいな姿をとらない。平たくて、透明で、骨まではっきり見える「木の葉」状の姿で生きる。

この時期をレプトケファルス期と呼ぶ。頭だけは目玉があり透明にできないので、危険を感じると全身をトイレットペーパーのように丸めて頭を守る。海で見つけたら、頭をチョンと叩くと、海苔巻きみたいに丸まる。カレイやヒラメの類も、幼生期は目が左右にあって横に泳ぐこともない。頭の上に不思議なひらひらを持ち、全身が透明だ。もっとすごいのは、カクレウオの仲間で、この世ではナマコの肛

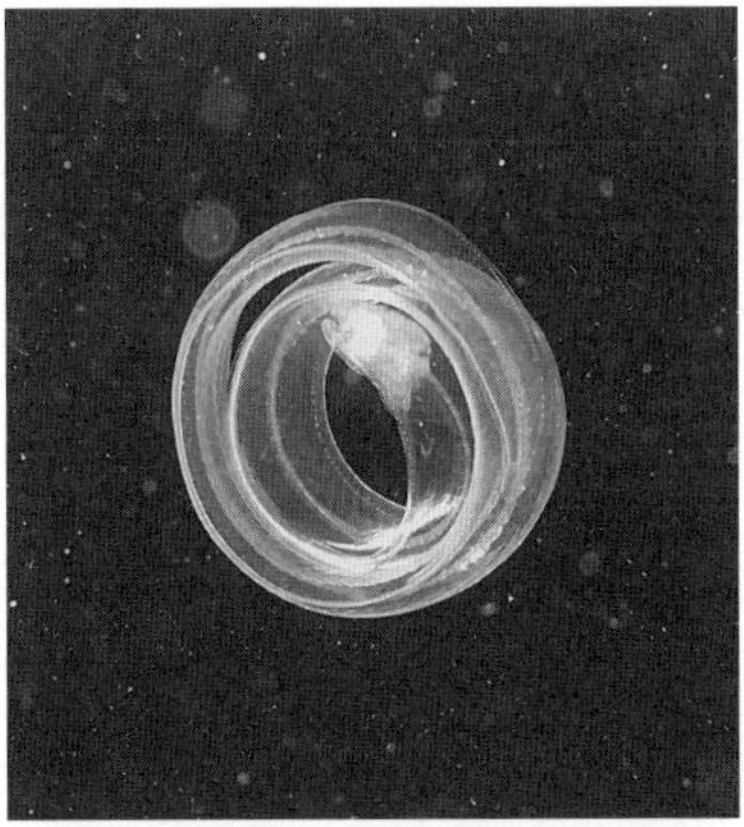

ウナギ類の透明葉状幼体。

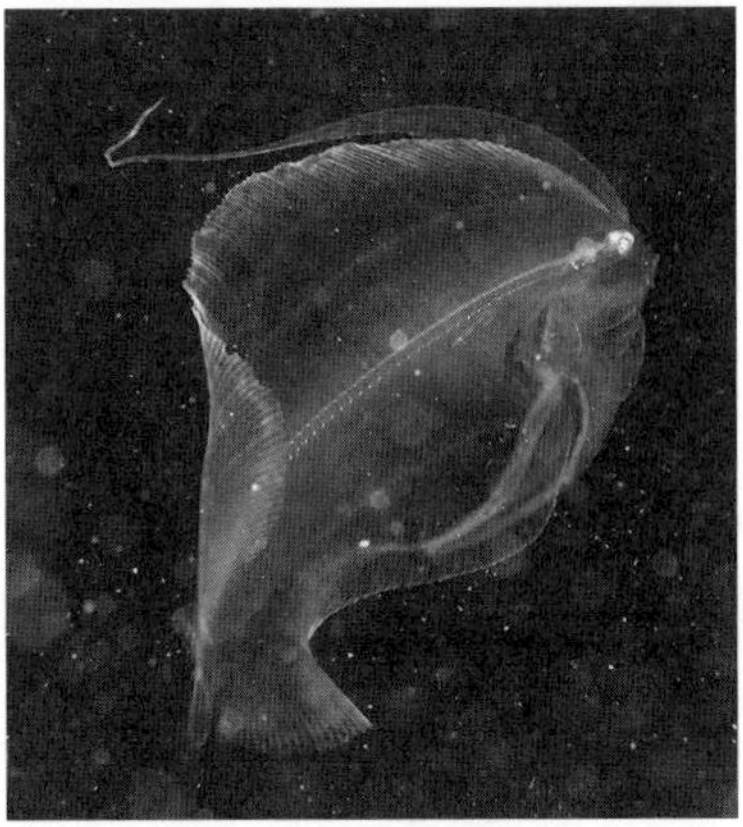

ヤリガレイの一種のみごとな透明幼体。

門の奥に潜り込んで暮らしている。ところがこの幼生は成魚の何倍も長く、透明で、おまけにホンダワラという海藻に似た長い頭飾りを被って、中層をクネクネと泳いでいる。そしてリュウグウノツカイの仲間も、幼生期にはとてつもなく長いヒレをさばきながら海面下に漂っている。アンコウの類は、体全体を比重の軽い液体で満たしているので、まるで風船だ。

では、なぜこんな姿で幼年時代を送るのか。その理由は、極小のプランクトンが無数に群れる「自然のスープ」の中で暮らさねばならないからだ。自然のスープとは、深夜に海面近くに集まるプランクトンである。プランクトンとは、「浮遊する生きもの」を意味する。深海には赤ん坊が食べられる餌がない。しかし赤ん坊はまだ弱くて泳げない。そこで沈まない体に変身して、餌になるプランクトンが群れをなす海面ちかくまで浮き上がっていく。そこにただよいながら口を開けていれば、いやでもスープ状態の海面に群がる微小生物が口の中へながれ込んでくる。

したがって、中層に浮いているのに便利な、平たくて透明で、ぷかぷか浮く霊体みたいな姿を取るのだ。これを驚異といわずに何と言おうか。粘菌が生死の両世界を生きる「不老不死」なら、こっちは「幽界と娑婆を行き来できる霊魂」に違いない。洒落て言うなら、この世の物質的なワンダーに与えられたひとつのアフォーダンス(非言語的な実感性)といえる。

この体験から、わたしの目と脳が変わった。「奇」やスーパーナチュラルだけが生命のワンダーなのではない。それらがリアルな自然の中に混浴状態で共存していることがワンダーなのだ。ただし、ワンダーはそのまま伝達できないから、その自然物あるいは実物をこの目で見るほかない。

幽界と娑婆とは同じ紙の裏と表だと突き止めたのは、平田篤胤だったが、篤胤はその実感を伝えるために、天狗小僧寅吉《とらきち》をはじめとして幽界や仙郷に行った人やこの世に生まれ変わって出てきた人、鳥のことばが理解できる人といった、幽界の実感とでもいえる感覚を持ち合わせた人達を「収集」した。

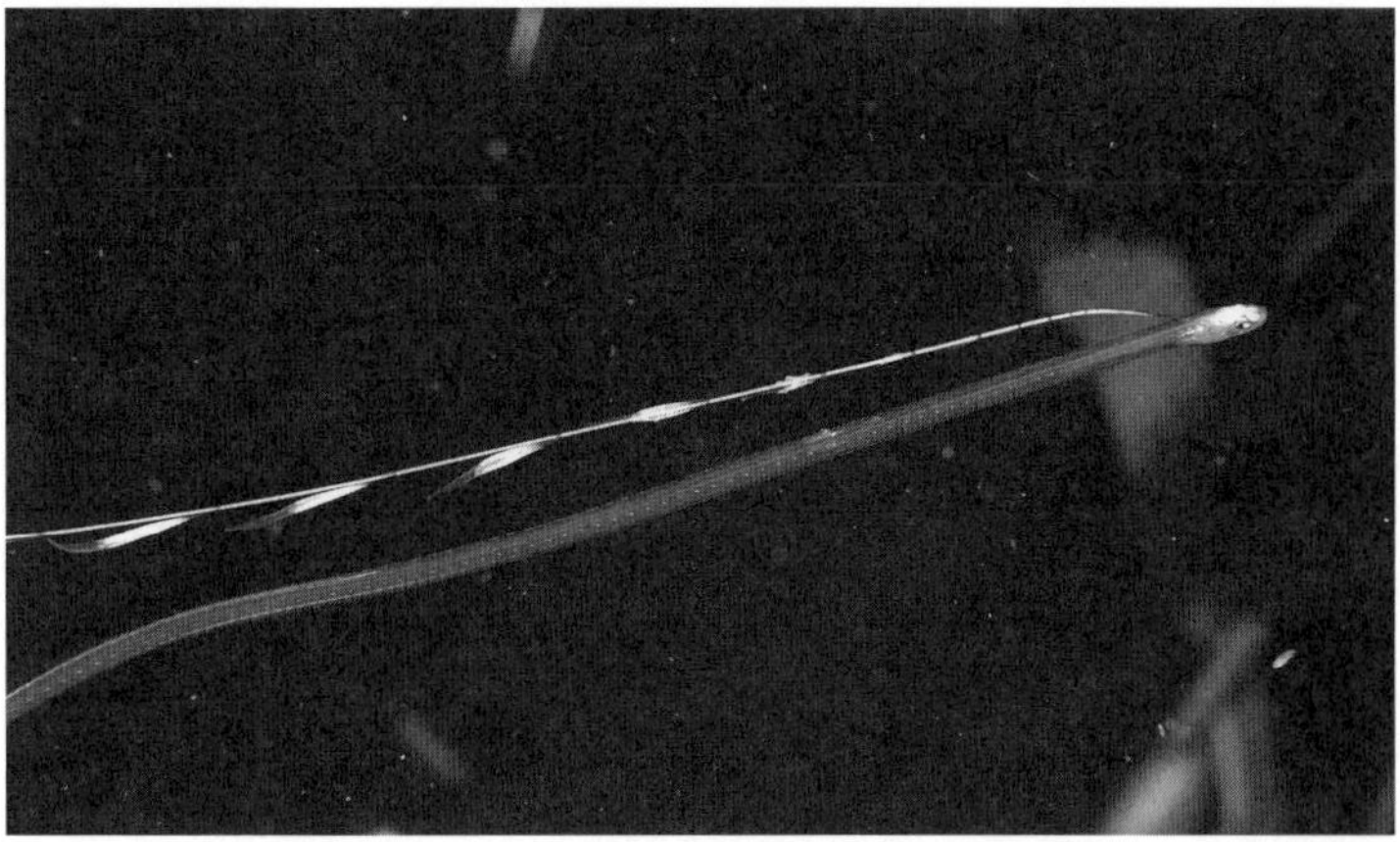

カクレウオの一種の透明幼体。頭におどろくほど長い突起を付けている。成魚がこの世なら、幼生は冥界の生きものといえる。

わたしも今はそういう感覚になっている。夜の海の中を探せば、生きた妖怪はみつかる！

わたしはやっとのこと、六十歳を超えてやる気が出た。人生はどこで奇蹟が起こらぬとも限らない。今、予想もしなかった誘いの手が差し伸べられたのである。『帝都物語』以来、敬愛する角川書店（現ＫＡＤＯＫＡＷＡ）から埼玉県所沢に「博物館」と「お化け屋敷」を作ってみないかと、オファーされたのだ。この伝記が世に出るころ、それは実際に開館しているはずである。本書でも、我が一生の最後の試みの記録として、この博物館計画の由来を書き残す。

付録

「妖怪と生命のミュージアム」誕生する

角川武蔵野ミュージアム。巨岩をイメージさせる外観。

角川武蔵野ミュージアムが令和二年十一月六日に開館する。わたしがこの文章を綴っているのは、オープン直前の十一月四日である。ここ四週間、ほぼ徹夜の日々がつづいた。すべての展示物の運び込みと据え付けが集中し、わたしは七十三歳になって、人生で最も忙しい時間を過ごすことになった。いかなる妖魔に見込まれたかは知らないが、この試練が実を結び、開館準備がたったいま終了したところだ。

ここまで行けば、たとえわたしが倒れても、博物館と妖怪展は支障なく始まるに違いない。自伝の最後に、人生最大にして最後の大仕事について、その実現を報告できることを喜ぶ。

今どきの小学生はこわい

わたしの仕事は、まず所沢の子どもたちに妖怪と仲良くなってもらうことから始まった。平成三十一年から地元の小学校に声をかけて、みんなが抱いている妖怪のイメージを、なんでも自由に描いてもらい、それをきっかけにプレ・イベントを兼ねた「妖怪教室」を開いた。わたしはもうすでに本物の妖怪にもなれそうな歳だというのに、手作りのヅラを冠《かぶ》って「お化けだぞ〜」と出ていくことにしたが、最初は少し哀しかった。

しかし、そのイベントを通じてとんでもないことが分かった。近年はメディアの大発展により、子どもの知識量が驚くべきレベルに達しているのだ。すでに二年前から京都で妖怪教室を開いていたので、その前兆をすでに感じてはいた。京都の地元妖怪のナンバーワン「土蜘蛛」を紹介したとき、わたしは集まった子どもにいたずらをしかけてみた。

「みなさん、蜘蛛という生き物はお化けよりもすごいんです。ピーコック・スパイダーというちっちゃな蜘蛛がいます。信じられない姿をしてるんです」と前置きして、その驚くべき姿と生態を話した。この蜘蛛は巣を作らないが、ものすごいスピードでジャンプすることができ、またみごとなリズム感ですばらしいダンスが踊れる。両手を上げ、孔雀《くじやく》みたいにカラフルな「母衣《ほろ》」を広げてだ。しかもこの丸い母衣には、人面が描かれている。この映像をみんなで鑑賞したあと、わたしは最後に、

「この蜘蛛、ボクも探しています。こんど造る博物館に〈実在する妖怪生物〉というコーナーを用意したいんです。みなさんも、もし見かけたら捕まえてくださいね」

と頼んだら、前に座っていた小学生がボソッと、

「あれならオーストラリアへ行けば捕まるよ」とつぶやいた。

仰天した。まさにその通り、ピーコック・スパイダーはあまりに小さいためにごく最近まで知られることのなかった現生種だ。たぶん、日本には標本もないだろう。なんでそんなことまで知っているのだ、とこわくなった。

同じことが所沢の妖怪教室でも起きた。さらに超絶的な知識をもつ小学生がいたからだ。「では、問題です。妖怪とはいったい何でしょうか?」と質問してみた。これは答えがむずかしい。素朴な子供には歯が立たない「哲学センス」か、あるいは「洒落《しゃれ》」心を必要とする設問といえる。

ところが、また、いちばん前に陣取った小学校の一年生にしか見えない子が、やおら手を挙げて、

ピーコック・スパイダー。オーストラリアに棲息する1cm 弱の蜘蛛。クジャクのように美麗な求愛儀式をおこなうことで急激に有名になった。この生体と模型を展示するのは本邦初と思われる。

「妖怪は、見えません」と答えた。

思わず、のけぞりました！　こんな答え、プロですよ。

それでわたしは決心した。こういう小学生がおもしろいと感じてくれるものを創れば、この仕事は成功する、と。そのとき、みんなに四〇〇枚ほど妖怪の絵を描いてもらった結果、かれらにはもう妖怪センスというものが備わっていることが分かった。妖怪という異質な姿を使って、自分たちが住んでいる地域の産業や文化、あるいは歴史を、ちゃんと表現しているのだ。たとえば、所沢は団子が名物、サトイモも名物、そしてお茶の産地でもある。それをあらわした団子妖怪やサトイモ妖怪がたくさん集まり、われわれをびっくりさせた。中には、「ガドガワ」という全身活字だらけのダンゴ型妖怪を考えてくれた子もいた。なんとまあ、気遣いのある子であろう。こういう新時代の子どもたちに、もっとすばらしい地上のワンダーを発見できる「好奇心のミュージアム」を提供したい、と常々考えてきた。

「荒俣宏の妖怪伏魔殿 2020」公式ポスター。

そんな願いが、今回、実現することになった。KADOKAWAグループを率いる角川歴彦会長が、所沢に新たな文化拠点を建設する計画をたてられ、その一隅に図書館、美術館、そして博物館を配することが決まった。オープニングのイベントには「妖怪展」を開催するという。

あまりにおもしろい計画なので、妖怪展のひとつに彼ら所沢の子どもの妖怪絵を展示することにした。

それも、ただ壁に貼るのでは喜んでくれないだろう。すべての絵をデータ化し、専用のアプリにとり込んだ。名前などを入力すると、すぐに妖怪が呼び出され、壁に大きく表示される。もちろん、多くの子は携帯をもっているので、QRコードを読みこめば妖怪と一緒に写真が撮れる部屋も作った。

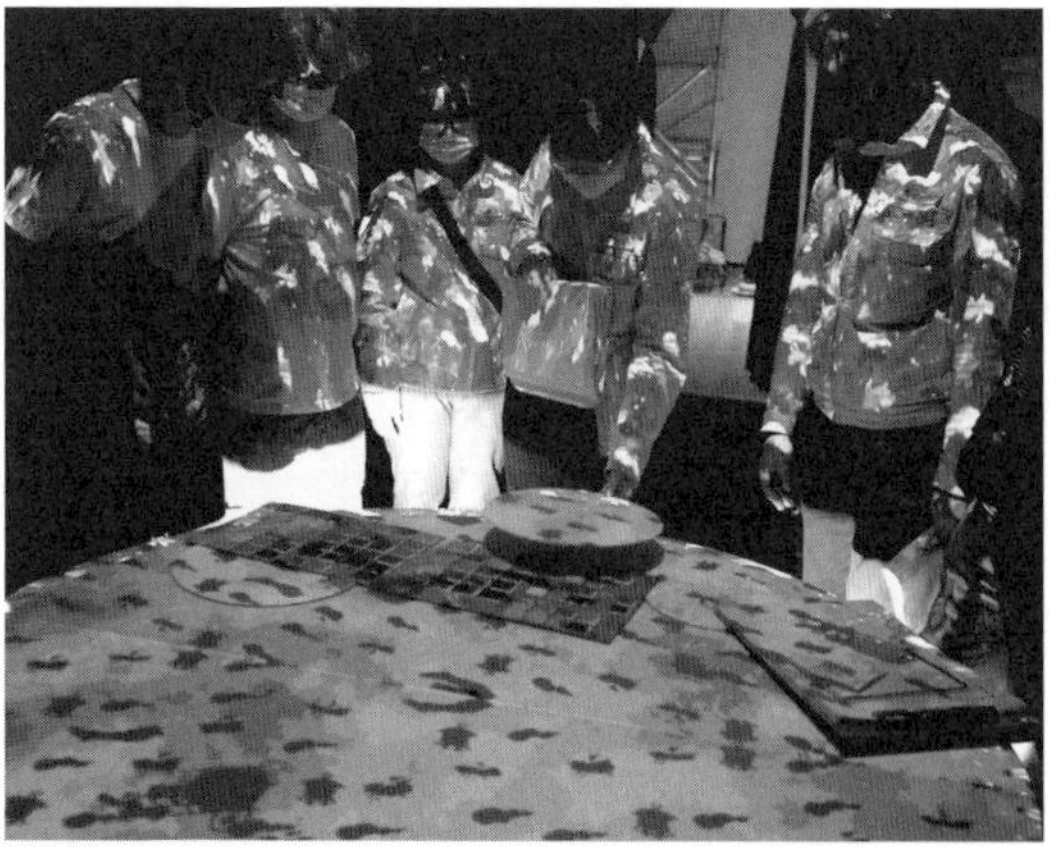

妖怪盆踊り。重田佑介氏がプロデュースした装置により、白いお盆や白いTシャツに無数の妖怪が映りこむ。妖怪たちが動くので、一緒に踊れる。

　でも、妖怪と遊ぶなら、盆踊りである。お盆という習慣は中国から伝わったが、日本古来の行事もこれに重なり、祖先の霊や自然の霊をこの世に招き寄せ、御馳走を食べ、楽しく踊るという「この世とあの世の交流祭」が定着した。それが終われば、祖先の霊にもとの国にお帰り願うのが、五山《ござん》送り火に代表される日本的な霊界とのお付き合いである。

　その習俗を活かして、眼に見えない妖怪との盆踊りを行えるところが、「妖怪盆踊り」の会場だ。ここでは、部屋の真ん中に用意されたお盆を持って、それをあちこちにかざしながら踊ると、いっしょに踊っている妖怪が見える。白いTシャツなどを着て踊れば、妖怪たちが自分のシャツの上で踊るのが見えてくる。

　ここで構想した「妖怪と遊ぶ」というコンセプトは、令和二年、コロナが猛威をふるう真夏にでき上った。ハイテクを用いた仕掛けはでき上りが早い。ITクリエーターの重田《しげた》佑介《ゆうすけ》さんが日本大学芸術学部とコラボして仕上げた。これが非常におもしろいので、前途に希望を持った。というのも、コロナウイルスがこの仕事を全面的にストップしてしまったからだった。

わたしは『妖怪伏魔殿』と名をつけた妖怪展に、「お化け屋敷」のような使命を与えたくなった。

それもバーチャル技術を活用し、妖怪の世界と人間の世界が接続するような空間をつくりあげたかった。子どもに自由に遊んでもらえる場所をつくっても、妖怪は実体がないからコロナに感染しない。とすれば、妖怪と遊べる場所こそは、二十一世紀型の「想像力の遊園地」になるのではないか。

そう思ったわたしは、この企画に世界の人が理解できる妖怪のイメージをまず確立する必要に迫られた。「妖怪」というから、すでに固められたイメージに制約されるのだ。「妖怪的」なものでいい。妖怪的なものは人類共通の文化遺産として現在も生きている。「妖怪」と呼ぶから日本的になる。ならば、実際の歴史をたどってみようか。大昔は「名」がなかったから、どこでも、超自然の力でわたしたちを支配する見えない存在を、「あのお方」と呼んでいたのではないか。というよりも、「あのお方」というしかない正体不明の存在であったのだ。言葉では表現できないのだ。こういう存在と付きあうには、まず体でそのリアリティを実感するほかはない。

勿怪《もっけ》の幸いが訪れた

そこで、この展示会の入口には、あのお方を体で体験できる場所を二つ作ることにした。一つは、まだ「あのお方」が生きている土地へ行って、そこに祀られている神道とも仏教ともつかない古い造形をのこす「各地の道祖神」にお出ましいただけばよい。そこで祀られる「あのお方」たちは、アートで表現できない「実体性」を持っておられる。つまり、ひ

バリ島のオゴオゴ人形。年の変わり目に登場する道祖神。現地で制作を依頼した本物が展示される。「あのお方」の進化型だ。

ざまずいて祈りを捧げたくなる。そういう気分を醸しだすのは、アートではできない。やはり畏敬の念を発散させる原始の造形にしか表現できない。わたしたちは、そのような異形の道祖神にあのお方の似姿を重ねることにして、秋田県で現在なお村の辻々に安置されて禍を防いでいる「かしまさま」や「しょうきさま」といった人形道祖神においで願うことにした。これらの巨大な藁人形は、ぜんぶ本物だ。

　こうして遠路はるばる、妖怪の祖型ともいえるかしまさまや、バリ島のオゴオゴ人形にお越しいただけたことで、計画が進みだした。このような、神に助けられたかのような幸運を、「勿怪の幸い」という。もともと勿怪なる語は「物怪《もののけ》」のことであるから、モノノケに出くわしたようなあり得ない幸い、という意味がある。

　わたしはこの幸運の流れに乗りつつ、もう一つの「勿怪」を呼び込むことにした。「妖怪伏魔殿」の正門につづく「妖怪回廊」の製作である。当初の予定では、五十メートルに及ぶ暗い直線道を設置し、百鬼夜行が出たという深夜の都大路を再現する予定であった。両側の壁には、まさに百鬼夜行がほんとうに練り歩くかのような、直筆の妖怪画を描くというものだった。描くのは、まだ世に出ない新人の妖怪画家がいい。力を貸してくれたのは日大芸術学部の学部長、木《き》村政司《むらまさし》さんだった。検討の結果、ペン画で細密画のような画面を描き出す吉川《よしかわ》ひなのさん

妖怪回廊　『妖怪伏魔殿』の正門を吉川ひなの氏の描く妖怪絵巻が飾る。妖怪のおもしろさを一言に尽くした「垂れ幕」が100本以上も天井からさがっている。妖怪の見え方が宇宙的にひろがるはず。

と、打って変わって愛嬌ある妖怪キャラクターを描く安江祐奈《やすえゆな》さんにお願いすることにした。約二年にわたる個々の構成案を経て、おおむね絵柄が決定した頃、コロナにたたられた。ふたりとも木村教授の教え子で、アルバイトしながらの製作だったが、アルバイトとのかみ合わせがたいへんになり、店のほうを休むことができない時期もあった。しかし、オープンまで一か月という時期に、みごとに完成した。回廊の両壁に描き出された妖怪画は、令和の若い女性が創造した新たな百鬼夜行図といえる。

　が、この回廊にはもう一つの仕掛けがある。入場した人々は、回廊の上に垂れ下がる百本もの垂れ幕にも注目しなければならないからだ。ここには、百鬼夜行図の絵柄に即して、短い警句が認《したた》められている。「妖怪は見えない」から始まって、「あのお方とはフーテンの寅《とら》さんである」といった、名言やキイワードが読める。一本に一つの「妖怪を知る知識」が詰まっている。これを読んでいくうちに、何か非常に大きな「見えない文化」の全貌を浮き上がらせてくるはずだ。その長い行列を眺めながら、回廊を進むうちに、知らず知らず、妖怪世界へ入り込むのである。

わたしは、写真撮影禁止などの「束縛」を極力排除することにした。コロナ対策上実現できなかった自由もたくさんあったけれど、できるだけの遊行《ゆぎょう》が可能になるよう気を配った。この回廊全体を仕切ったのは、デザイナーの井原靖章《いはらやすあき》さんである。

井原さんといろいろアイデアを絞り出すうちに、頭に浮かんだのが、またしても子どもが発した思いがけない「問いかけ」であった。

「どうして最近、お化けは出てこないの?」という、淋しさを込めた声であった。わたしだって、お化けには会いたい。出てきてほしい。それで、わたしたち自身が昔、妖怪絵巻やお化け錦絵などを展覧会へ眺めに出かけたときの思いに、立ち返ることにした。お化けがほんとうに出てくるイベントにしようじゃないか、と。

わたしはこれまでにいろいろな本を読んできたが、すくなくとも、なーるほど、と膝を打つような、すっきりした妖怪の起源論を聞かせてくれた人を、折口信夫のほかに思いつけない。あとは、おもしろいが、心に響いてこない。なぜかというと、折口信夫は次のようなことを書いたからだ——

「むかしは人もバケモノも定期的に行き来していた。人の世は、みんないつか死んでしまうし、手に余る災害にも苦しむ。いっぽう、霊界は〈とこよ〉と言って死というものがない永遠の世界で、しかも明るくて楽しい。大地を制御できる〈まれびと〉が住まっている」(『「とこよ」と「まれびと」と』より)。

まあ、よくぞ書いてくれたと言えるが、このあとがまたすごかった。さぞや正統な学者から批判が殺到したことと思う。つづきはこんな具合だった。

人は「死のない世界の住人」と古くから行き来していた。そういう霊的な住人は稀《まれ》に人間界にやってくるので、「まれびと」と呼ぶ。人間界に死や禍事《まがこと》が起こるころに、まれびとはタイミングよくやってくる。別にこれといった理由はない。ちょうど、黒《くろ》澤明《さわあきら》の名作『七人の侍』のように、農民の村に蓄えがたまったころに略奪し、また次の蓄えがたまるまでは生かさず殺さずにしておく「野伏せり」のようなものだ。しいて言えば、歳とって衰えた人間界を若返らせる役には立つ、というところか。

ところが人間界に〈天〉と呼ばれる〈とこよ〉の一領域から「神」なる集団が遣わされた。まあ、『七人の侍』で言えば、志村喬《しむらたかし》が率いた浪人グループのようなもので、農民としてもボディーガードになるから、飯を食わせる代わりに常駐してもらった。すると、野伏せりも来にくくなり、それ以後〈とこよ〉と地上世界の行き来が絶えた。人間はあいかわらず死ぬ運命のみじめな存在に変わりないが、知恵をさずかって国づくりや子づくりをおこなえるようになった。

それでもまだ、海のかなたにある〈とこよ〉と往来していた頃の古い記憶は残った。それで、野伏せりが定期的に襲ってきた時期のことを祭りというかたちで再現し、民話や神話に語り残すことにした。

なぜなら、〈まれびと〉は、野伏せりと異なり、人間界にやってきて大騒ぎはするけれども、歓待すれば満足して、「お土産」まで置いて帰ってくれたからである。

また、ごくわずかだが、人間のうちには道案内を得て、〈とこよ〉を訪れた人もいた。そうした稀な人間は、不老不死という最上級の幸を与えられたが、不老不死よりも目先の欲望に惑わされて、文明だとか理性の世界だとかに執着するあまり、もらった土産の価値が分らなくなった。「浦島子《うらしまこ》（浦島太郎《たろう》）」や「かぐや姫」の場合がそれである。浦島は、助けた亀の導きで竜宮城という〈とこよ〉に迎えられる。しかし、人間界に帰りたくなって、乙姫《おとひめ》から玉手箱を土産にもらう。それで人間界に戻ってみると、「常世の時間」と「この世の時間」の断絶が起こり、老人にされてしまう。つまり死ぬべき運命に戻されるのだ。かぐや姫は人間界への愛情がもっと深く、月世界へ帰らねばならぬことに悲しみを感じるのだ。

おもしろいのは、〈まれびと〉からもらった玉手箱の性格である。開けるなといわれたが、思わず開けてしまうと、浦島は老人になった。「不死」という奇跡を恵む「よき」土産だった玉手箱が、地上では老齢を与える「あしき」土産に変じた。妖怪がくれる土産の良し悪しを決定するのは、人自身ということになるわけだ。これは究極の選択といえる。浦島の場合も、アダムとイブの場合も、みなこの世の栄達《えいたつ》とか万金を蓄えるとか、知恵をさずかるとか美女とちぎるといった「地上の幸」を選び、真の「よきもの」である「不死＝常世」を捨てる。

こうして、人間と〈とこよ〉は往来不能となった。でも、〈まれびと〉の来訪という出来事は、人間界の内部でも不思議な影のように消え残っている。折口は想像力豊かな詩人でもあったから、このような「あのお方の訪れ」が、じつは今でも目上の人や貴人の来訪、あるいは天皇の行幸のような「聖なる人の訪れ」に置き換わっている、と考える。天皇が被災地を巡幸し、それを人々が泪《なみだ》を流しながら迎える姿に、記憶が重なっている、と説く。

そのように考えると、世界に散らばった〈まれびと〉の痕跡が鮮やかに見えてくる。クリスマスのサンタクロースも、ハロウィンのお化け扮装をした子どもたちも、年末のなまはげも、節分の鬼も、〈まれびと〉すなわちあのお方の成れの果てに見える。

と、そんな気分になるような展示をしてみたい。そこで、大きくとりあげたのが、まれびとである。これは現在、「来訪神《らいほうしん》」という学術用語となっているが、リアリティの系譜からいうと、あきらかに「あのお方」の進化型であった。

こうして、つぎの展示物が、あのお方からマレビトを経由して現在の「妖怪」に進化するという系統樹に落ち着いた。垂れ幕にも書いたが、「妖怪は進化」していたのである。こういうさまざまな妖怪系統を含めた各県別の妖怪紹介を行う部屋が構成された。ここには、妖怪退散のお護りをたくさん展示し、ツチノコや天狗の頭蓋骨などをイメージさせる化石、そして人工物を取りそろえた。学術のようでもあるが、見世物のようでもある。これを取りまとめて

秋田県で今なお祀られている人形道祖神。これぞ巨大な「あのお方」である。

整理してくれたのは、妖怪研究にも精をだす京都の文化研究家應矢《おおや》泰紀《やすのり》さんだった。四十七都道府県に満ち満ちた妖怪の代表を並べるコーナーが出現するわけだが、これも、単に有名な妖怪を見せるだけには終わらせない。段ボール箱をならべて、さまざまな「証拠品」も展示してある。段ボール箱の活用は、わたしが日魯漁業時代に資材部で段ボールの発注業務を請け負った経験にさかのぼる。段ボール箱の便利さを知っていたので、これをぜひ展示に使いたかった。このままどこへでも運べるし、倉庫にも置ける。しかも蓋には手書きで解説も書ける！

WONDERを一歩踏み越えて知る「生命の不思議」

人間は、何か得体の知れないものや現象にであうと、目を見開き、口を開けて凝固する。「妖怪」はまさにそれであった。言い換えれば、妖怪は「ワンダー（おどろき）」の一種であった。ワンダーとは「金縛りになる」ほどの驚きのことである。未知なるものに対して人間が生得的に示す生理反応が、妖怪を生み出した。いや、それだけではない。知恵や理性に電撃を与え、全身を金縛りにしてしまう力をめざめさせたのも、この力なのである。

この反応を英語で「WONDER」と呼ぶ。アリストテレスは、wonderとは眼を引きつけられること、と簡潔に定義している。このことばについては、スコラ哲学者たちの時代から名言が飛び交った。ロジャー・ベーコンは「wonderには喜びがある。それも、未知のモノにぶつかるときでなく、未知のモノの正体が理解できたときにはじめて発生する」と述べ、アルベルトゥス・マグヌスはさらにうまい説明をした。「wonderに対して、無知ゆえに恐れおののけば『迷信的心情』であるが、正体の解明に夢中になることで『好奇心』の発現となる」と。最後にトマス・アクィナスが、「真のwonderに接したときは、キリストや神ですらも、ビックリおどろく」と究極の決め台詞を残したことはすでに書いた。

そう、ここでwonderなる対象を大文字にして「WONDER」と書くべきだろう。WONDERの始まりが「あのお方」との遭遇であるなら、わたしたちがとるべき次の行動は、驚きで固まりながらも一歩

ワンダー秘宝館。　アラマタが心血を注いだ常設博物館である。右が「驚異の部屋」を再現した「半信半疑の地獄」。UFOのかけらなども展示する。左は自然の造形美を伝達する店舗「ウサギノネドコ」代表、吉村紘一氏プロデュースによる「生命の神殿」(上図)。

踏み出して、好奇心を作動させることだ。これで理性が起動し、感情の面から見れば、「こわい」が「おもしろい」に変わる。このご本尊こそがWONDERであり、論理も科学も想像力も妄想も、あらゆるかたちの「理解」が、ここから発生する。

疑心暗鬼から半信半疑へ

そこでわたしは、「妖怪伏魔殿」の別室ともいうべき空間を用意して、伏魔殿の次に訪れるべき「ワンダーの館」を建てることにした。冠して「ワンダー秘宝館」と呼ぶ。ここでのテーマは、さらに一歩をすすめた「この世に存在することのおどろき」である。じつは、この世の物は、「妖怪世界」よりもさらに深遠な、謎の世界だからである。その究極に「生命」がある。つまり、わたしたち人間自体が、宇宙が生んだ最大のワンダーだったのだ。

この「ワンダー秘宝館」は二パートに分かれる。最初のパートは「半信半疑の地獄」。入り口から入って、右側にある。ここには、嘘か真か判別しがたい「地上の物体」が並べられている。たとえば、「ケサランパサラン」、UFOだと言われる「うつろ船」、宇宙人の体の一部分にUFOのかけら、それに幽霊を写した写真などなど。こういう物がたくさん集め

「うつろ船」。江戸時代に曲亭馬琴が報じた不思議な船とその乗員を再現した模型。江戸時代のUFO事件といわれるが、さてその真偽は？？　まさに半信半疑の地獄！

られ、なかには手でさわれるものもある。これら「怪しい驚き」を収集するのに苦労したが、どうやって入手したかはご想像に任せよう。

どれも「まがいもの」だという人もいるし、「本物」だと信じる人もいる。いってみれば、「疑心暗鬼」ないしは「半信半疑」の物体である。では、それを「ワンダー」の視点から調べ直したらどうなるのか。「ワンダー」の後処理として、いったん疑いを停止し、それを事実と仮定して理性的に探っていくのである。これで、「半信半疑」は理性的アプローチに切り替えることができる。嘘でもおもしろがれる精神を、平賀源内が「学問の通人」と呼んだことも、重要だ。

現在、見えない妖怪ともいえるコロナウイルスが、〈まれびと〉もさながらに押し寄せてきている。禍《わざわ》いの到来を予言したというアマビエなる妖怪が、これも正体は異界のものではなく、「海の生物」であるという点で、江戸時代以来のワンダーの典型といえる。

アマビエは江戸時代に誕生した妖怪だと思われる。妖怪が盛んに生み出された江戸時代後期は、まさに妖怪を畏《おそ》れ多い「あのお方」と敬《うやま》うだけでなく、一歩足を進めて、その正体をとことんまで探ろうとした。神秘なるものの正体をこの世界で探し回った時期でもあった。その証拠に、江戸で流行した妖怪の多くは、実物のミイラや遺体の一部、あるいは各部のサイズを測定し出現場所もくわしく書いた「調査記録」が伴っていた。これはどういうわけかと言えば、妖怪の研究が陰陽師や武士ではなく、医師や本《ほん》草《ぞう》家《か》、つまり科学的な手法を身につけた博物学者の領分にはいったからである。

結果、妖怪は〈まれびと〉から、未確認生物という位置に移動した。これには、いちはやく生物の医学的効能を中心に研究し、膨大な幻想生物図鑑を千年以上前から著した中国の影響がある。

中国では、あやしいバケモノも「生物」として研究されたのだった。

ただし、中国の化け物図鑑が明《みん》時代までにおおむね刊行され尽くしたのに対し、日本の化け物研究は、明が滅んで清《しん》に代わった時期に、その学風を吸収した江戸初期の本草学者に引き継がれた。古代海獣や魚類の化石がたくさん出るフォッサマグナ地帯の信州では、龍や狒々《ひひ》などの中国由来の妖怪の骨が発掘されたし、平賀源内は「天狗しゃれこうべ」の鑑定を頼まれ、それが「古代のイルカの頭蓋骨」と知りつつも、あえて「天狗にまちがいなし」と鑑定する風流の心を発揮してみせた。栗本丹洲《くりもとたんしゅう》など江戸の博物学者も、さかんに河童のミイラや奇獣の死骸を鑑定したが、その正体を知りつつも、みな「カッパ」「テング」の化けもの調査という姿勢を崩さなかった。これがWONDERすなわち「あのお方たち」への江戸的なアプローチ方法なのである。

そこで「妖怪伏魔殿」では、江戸から明治にかけて夥《おびただ》しく制作された「捕まった妖怪」の骨や遺骸を紹介した。現在、妖怪たちの遺骸や標本は各地に残っているが、非常に状態が悪くなったものも多く、借り出すのに許可が出ない時代になった。そのため、この展覧会では海外にまで怪獣の標本をもとめることが必要になった。

ただし、江戸後期の妖怪たちは、「伏魔殿」の視線ではなく、むしろ「半信半疑」の精神で見た方が有益かもしれない。そのほうが、作り物としての価値がたかまったからだ。なぜなら、「ワンダー秘宝館」ではこのような江戸期の妖怪を学術不純品と捉えるからである。「伏魔殿」では「あのお方」と呼ぶまれびとだったが、秘宝館に並べた段階で「好奇心」の対象となり、その視線も「半信半疑」へと切り替えられるからだ。その切り替えの本質をお知らせすると、現在、「ヴァーチャル」と「リアル」という、非常に二十一世紀的な用語に置き換わりうるものなのだから、たいへんなことである。

「リアル」と「バーチャル」が共生する博物館へ！

さて、これからお話しすることが、「ワンダー秘宝館」の楽しみ方を解き明かすキモといえる。角川武蔵野ミュージアム全体を統括する松岡正剛館長が、「これまでの博物館は、high な文化に執着してきた。その反面、low な文化の生産物、すなわち一般大衆的なもの、日々消費されていくまがいものやヴァーチャルなもの、あるいはコピーや大量生産品や自然物を模倣した人工物といった世界を無視してきたが、いま、欧米の博物館も美術館も態度が一変しつつある。high & low の双方を重視することの価値を知り始めた。今回の角川武蔵野ミュージアムはこの視点を採用したい」と、プレオープンの挨拶で明言された。「リアルとヴァーチャルの共生を果たす」という決意の表れであり、角川会長が妖怪の特別展を開館イベントに採用した真意を明確にするメッセージであった。

そもそも、博物館とは、われわれの目にWONDERを引きおこす素材を提示する場所だった。なによりも「理性」と「五感」の双方を同時に刺激する訓練場だった。おおもとは暗闇の中で聞こえる音やら叫びやらだった妖怪的現象の場合も、やがて姿をもつ具体的な妖怪が登場して絵や舞台の世界に変化している。換言すれば、妖怪も時代を経れば、「見えるWONDER」へと進化し合体していったのである。

「単眼」と「双眼」の壁

ならば、見えるWONDERとは何なのか。

書くまでもなく、「眼」という生物特有の器官が生み出した世界の把握法の産物である。「眼」の発展と進化は、生命現象それ自体の進化とまったく同じ道を歩いた。生命が、進化によって見る能力を獲得したのは確かだが、逆に、見える眼が誕生した結果、動き回ることができ美を感じうる新しい生物(動物)が出現したかのように思えるところに、偶然とも思えない不思議なシンクロニシティーがある。

簡単にいえば、地球という「リアル現象」のうち、見えないもの、隠されたものを、人は仮に見える物に置き換えようとした。この置き換えこそが「ヴァーチャル」の本質なのである。それは人間の場合、「脳を備えた眼」を手にすることで手に入れた武器だったと言える。

もっとはっきり書こう。地球の生物は、かつて「一つ目」から発展した。植物でも動物でも、最初の目は、光の熱を集めたり、光のエネルギーを使ったりして光合成という自己エネルギーを生産する装置だった。これは、光の物理化学的な力に反応し何かを生産するという意味で「リアル」であった。したがって、一つ目はリアルを感じる器官だったと言える。エネルギーが生産できる生物としては、シアノバクテリア（藍藻《らんそう》）と呼ばれる原始的な細胞体が元祖となった。つまり「眼」は見るための器官でなく、光に反応して光合成をおこなう生産器官として誕生した。したがって、生物が暮らし得る世界は闇と光に区別されたのだった。

わたしたち人間が闇を恐れ、光を善《よ》きものとみなす根本的な反応は、ここに由来するのかもしれない。だが、まだ最初の眼は自己を生産するエネルギー源として光を取り込む装置だったにすぎない。これがどうして「見るための感覚器官」に変わったかについては、生物のその後の発展を見ればわかる。生命は、光がより多く得られる場所へ自分で移動できるように進化し、やがて光を視覚情報としても受け取るようになった。植物が光の当たる方向に葉を伸ばすように。

そのうち、視覚反応をいっそう高度に利用できる「動物」が生まれた。たとえば、手をふいに近づけて光を遮った刹那《せつな》、危険が生じたとして反射的に体を縮こまらせるケヤリムシのような動物が誕生する。光が遮断されたら身を隠す。これも動けるからこその進化だった。しかし、それだけなら「一つ目」で十分なはずだ。なぜ二つ目が必要になったかといえば、「気配」としてだけ認識した「光と闇の世界」を、「はっきり高解像度で再生した画像」に再編集するためであった。監視カメラが、最初は影のような人物が動くだけの画像だったのに、いまは相手の顔まで識別できる高画質に進化したことと同じように。これが「二つ目」になった理由である。

ただし、ピンボケのカメラも同然だった眼が、クリアーな「像」を結べる能力を実現するには、二つに増えた眼の情報を編集するプロセッサー、つまり「脳」を搭載しなければならない。これが「見える眼」の発生であり、同時に脳による「分かる」という認識の誕生でもあった。

その結果、眼は形のない刺激としてのリアルを脱して、「見える」というヴァーチャルな別世界を獲得した。すると、画像が結べ、距離が測れるようになった動物は、獲物を自力で追いかけることができるようになる。その効率を高めるために、牙や爪や歯が生じ、リアルである体にヴァーチャルとシンクロするリアルな要素が追加されていく。たぶん、そのプロセスは、WONDERという「しびれる金縛り」が、好奇心によって行動のメカニズムへと変化する進化をもたらしたのだろう。

無機物と有機物の相似形。「生命の神殿」に展示される電撃放射形。奥はサンゴの仲間の枝、左右は落雷の電流が焼いたガラス板、なぜここまで似るのだろうか？

エルンスト・ヘッケルが描いた無脊椎生物の形態。ヘッケルは、人間の美術と自然の造形美には同じ原理が働いていると見抜いた。その実例が無数に展示されている。

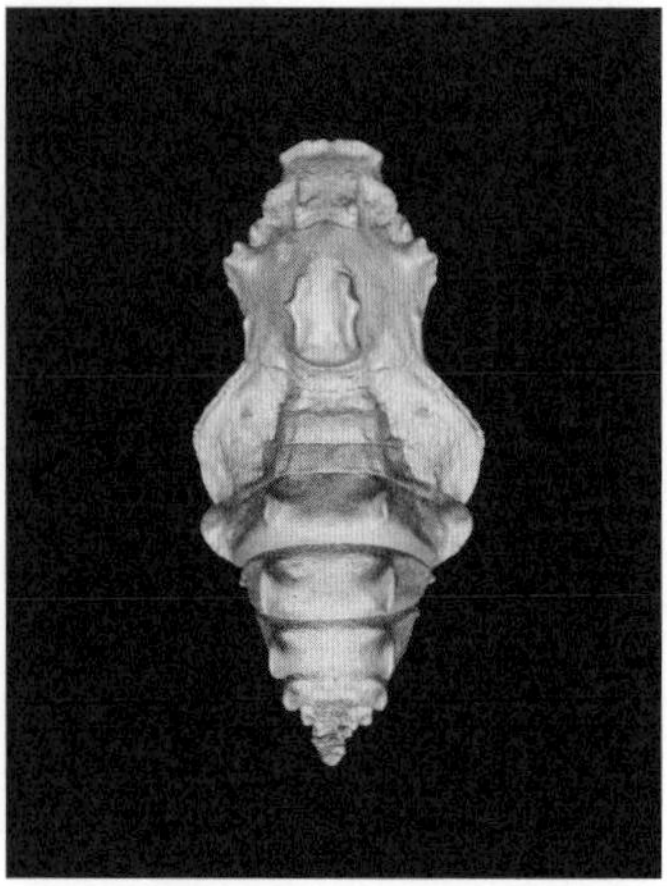

お菊虫。この標本は「自然の造形美」と「妖怪」をつなぐ珍品の極致だ。後ろ手にしばられ木に吊るされた播州皿屋敷の亡霊「お菊」の姿を模したジャコウアゲハの蛹。一見の価値あり。

最後の部屋は「生命＝奇蹟」の神殿

そこまでたどり着いたわたしは、いよいよ最後のコーナー、「半信半疑の部屋」と対向する場所へと導かれる。わたしはそこにもう一つの部屋を設けた。これを「生命の神殿」と名づける。あらゆるWONDERがリアルとヴァーチャルを超えて、「生命こそこの世の奇蹟」という結論に結晶するからである。

この部屋の展示物は、いよいよ、視覚と脳が創造した形と色へと昇華する。生命がこの世に美をもたらした記念碑とするに足りる。ここを監修し、デザインしたのは、現在「ウサギノネドコ」という非常にユニークな標本美術を手掛ける企業の代表、吉村《よしむら》紘一《こういち》さんである。そこに並ぶのは秘宝館にふさわしい high & low の真美をあらわす、まさに生命の芸術品たちである。現場で実際に観て、そして今度はおどろきを感嘆に変えてほしいのだ。この世はなんと美しい奇蹟に満ちているかということに。

この部屋で見られるのは、放射形や結晶、フラクタルにあらゆる座標系、そしてひょっとすると複雑系から四次元系までの「形相」すら備えているかもしれない生物の「構造標本」である。その宇宙的な構造を発見した博物学者エルンスト・ヘッケルは、元来画家になることが望みだった科学者だが、ダーウィン理論の擁護者として、また「エコロジー」という学術語を提唱したことでも知られる。だがそれにとどまらず、人間の芸術と自然が成し遂げた生物造形の美には、本源において差がないという説をも唱えた。

そこで「生命の神殿」には、ヘッケルが自ら描いた生物の形態構造図を展示し、同時に、多種の生物の美しい透明標本を配置し、最後に無機物の形と生物の形態との相似現象を見られる場所にした。また、「硝子昆虫作家」つのだ・ゆき氏がガラスを素材に製作した透明感あふれる生物標本も展示した。ヘッケルが生前、死ぬと形が残らない海の無脊椎動物などのためにガラスを使った標本を試作させた故事にならう。また、実際の生物の美しい透明標本も揃え、天然の生物標本が究極の美術であることを開示する。

最後に、こうした生物の形態が妖怪にも影響を与えた実例をご覧にいれたい。「お菊虫《きくむし》」と呼ばれるジャコウアゲハの蛹《さなぎ》である。この虫は、かつては姫《ひめ》路《じ》のお菊神社で参拝土産としても販売されていた。播州《ばんしゅう》皿屋敷のお菊が、皿を割った代償に後ろ手に縛られて、井戸のそばの松の木につるされた姿に似ているため、江戸時代からお菊の化身とされていた。平家の恨みが鬼面となって表れたとするヘイケガニと同じ「生物と妖怪」の結合例である。このようなワンダーがなぜ成立したか、そんな思いにふけることができる最初の博物館といえるかもしれない。これらの実物も、むろん、展示される。

いま、ワンダーを解明する博物館が所沢に誕生する。「秘宝館」という名称それ自体が絶滅の危機にあるというが、わたしはその名称を継承したい。まだ生まれたばかりの博物館だが、わたしの命のつづくかぎり、進化させていきたいと思う。

初出
本書は、「怪」Vol.47〜Vol.53、「怪と幽」Vol.1〜Vol.5に
連載されたものを加筆修正の上、単行本化したものです。

荒俣 宏（あらまた　ひろし）
1947年東京都生まれ。作家、翻訳家、博物学者、幻想文学・神秘学研究家、タレント、稀覯書コレクター。武蔵野美術大学客員教授、京都国際マンガミュージアム館長。87年、初の小説『帝都物語』が日本ＳＦ大賞を受賞し、翌年映画化もされシリーズ累計500万部を超える大ベストセラーとなる。89年『世界大博物図鑑　第２巻　魚類』でサントリー学芸賞受賞。膨大な知識を駆使してジャンルを超えた文筆活動を展開しており、児童書から一般文芸まで多数の著書、共著、訳書を持つ。

妖怪少年《ようかいしようねん》の日々《ひび》　アラマタ自伝《じでん》

2021年1月29日　初版発行

著者／荒俣《あらまた》 宏《ひろし》

発行者／堀内大示

発行／株式会社KADOKAWA
〒102-8177　東京都千代田区富士見2-13-3
電話　0570-002-301（ナビダイヤル）

印刷・製本／図書印刷株式会社

ISBN 978-4-04-109699-4　C0095